U0145930

歷史的長河

〔美〕倪豪士　著
William H. Nienhauser, Jr.

邝彦陶　编译

倪豪士《史记》研究论集

INTO THE RIVER
OF HISTORY

William Nienhauser's Collection
of Essays on the *Shiji*

北京大学出版社
PEKING UNIVERSITY PRESS

图书在版编目（CIP）数据

历史的长河：倪豪士《史记》研究论集 /（美）倪豪士著；
邝彦陶编译. —北京：北京大学出版社，2023.9

ISBN 978-7-301-34108-7

Ⅰ. ①历… Ⅱ. ①倪…②邝… Ⅲ. ①《史记》—研究—文集
Ⅳ. ①K204.2-53

中国国家版本馆CIP数据核字（2023）第123577号

书　　　名	历史的长河：倪豪士《史记》研究论集	
	LISHI DE CHANGHE: NIHAOSHI SHIJI YANJIU LUNJI	
著作责任者	〔美〕倪豪士　著　邝彦陶　编译	
特约编辑	翁雯婧	
责任编辑	武　芳	
标准书号	ISBN 978-7-301-34108-7	
出版发行	北京大学出版社	
地　　　址	北京市海淀区成府路 205 号　100871	
网　　　址	http://www.pup.cn　　新浪微博:@北京大学出版社	
电子邮箱	编辑部 dj@pup.cn　总编室 zpup@pup.cn	
电　　　话	邮购部 010-62752015　发行部 010-62750672	
	编辑部 010-62756694	
印　刷　者	三河市博文印刷有限公司	
经　销　者	新华书店	
	650 毫米 × 980 毫米　16 开本　33 印张　406 千字	
	2023 年 9 月第 1 版　2023 年 9 月第 1 次印刷	
定　　　价	128.00 元	

"古文字与中华文明传承发展工程"

中国人民大学平台成果

目 录

《史记》与《汉书》关系研究

《史记》编纂研究

《史记》翻译研究

发表时间索引

andere China, Wiesbaden: Harrassowitz, 1995, pp. 381–403。

1995·《目标读者与翻译》/页419—438

——原题 "The Implied Reader and Translation: The *Shih chi* as Example"，载 Eugene Eoyang & Lin Yao-fu eds., *Translating Chinese Literature*, Bloomington & Indianapolis: Indiana University Press, 1995, pp. 15–40。

1995·《顾颉刚与中华本〈史记〉》/页025—040

——原题 "Historians of China"，载 *Chinese Literature: Essays, Articles, Reviews (CLEAR)*, Vol. 17(Dec., 1995), pp. 207–216。

1996·《西方〈史记〉研究一百年（1895—1995）》/页087—144

——原题 "A Century (1895–1995) of *Shih chi* 史记 Studies in the West"，载 *Asian Culture*, Vol. XXIV, No. 1, 1996。中译文原载《国际汉学研究通讯》（第22期），北京：北京大学出版社，2021年，309—354页。

2000·《张文虎对〈史记〉之研究》（《顾颉刚与中华本〈史记〉》附录三）/页051—066

——原题 "Chang Wen-hu (1808–1885) and His Edition of the *Shih chi*"，载王成勉主编《明清文化新论》，台北：文津出版社，2000年，275—309页。后又收入 *The Grand Scribe's Records, Volume II, the Basic Annals of Han China*, Bloomington: Indiana University Press, 2002, pp. xxxiii–xlvii。

2002·《〈史记〉与〈汉书〉——以〈高祖本纪〉和〈高帝纪〉为例》/页163—191

——原载 *The Grand Scribe's Records, Volume II, the Basic Annals of Han China*, Bloomington & Indianapolis: Indiana

University Press, 2002, pp. xiii–xxxii。

2002·《〈史记〉的"上下文不连贯句子"和司马迁的编撰方法》/页 299—307

——原载王初庆等著《纪实与浪漫——史记国际研讨会论文》，台北：洪叶文化事业有限公司，2002年，353—361页。

2003·《〈高祖本纪〉：司马迁眼中的刘邦与传记》/页308—318

——原题 "On 'The Basic Annals of Gao Zu': Liu Bang and Biography in Sima Qian's Eyes", 载Christina Neder et al., eds., *China, in Seinen Biographischen Dimensionen*, Wiesbaden: Harrassowitz, 2003, pp. 47–55。

2003·《丞相列传：太史公的未竟之作》/页319—340

——原题 "Tales of the Chancellor(s): The Grand Scribe's Unfinished Business", 载*Chinese Literature: Essays, Articles, Reviews (CLEAR)*, Vol. 25 (Dec. 2003), pp. 99–117。

2003·《一个〈史记〉文本问题的讨论和一些关于〈世家〉编写的推测》/页341—361

——原题 "A Note on a Textual Problem in the *Shih Chi* and Some Speculations Concerning the Compilation of the Hereditary House", 载*T'oung Pao*, Vol. 89, No. 1–3(2003), pp. 39–58。中译文载陈致主编《当代西方汉学研究集萃·上古史卷》，上海：上海古籍出版社，2012年，446—462页。

2006·《有关任安的一点思考：居所、猎事和〈史记〉的文本史》/页 362—371

——原题 "A Note on Ren An: The Residence, the Hunt and the Textual History of the *Shiji*", 载Michael Friedrich, Reinhard

Emmerich and Hans van Ess eds., *Han-Zeit: Festschrift für Hans Stumpfeldt aus Anlaß seines 65. Geburtstages, Lun Wen: Studien zur Geistesgeschichte und Literatur in China 8*, Wiesbaden: Harrassowitz, 2006, pp. 275–282。

2006·《司马迁和〈史记〉的体例》（第8节）/页260—285

——原载 *The Grand Scribe's Records, Volume V. 1, the Hereditary Houses of Pre-Han China, Part I*, Bloomington & Indianapolis: Indiana University Press, 2006, pp. xi–xix。

2007·《宰夫之手:〈晋世家〉和司马迁的〈春秋〉》/页372—397

——原题 "For Want of a Hand: A Note on the 'Hereditary House of Jin' and Sima Qian's 'Chunqiu'", 载 *Journal of the American Oriental Society*, Vol. 127, No. 3(Jul.-Sep., 2007), pp. 229–247。

2007·《关于沙畹未出版〈史记〉译稿的一些问题》/页145—160

——原题 "A Note on Édouard Chavannes' Unpublished Translations of the *Shih Chi*", 载 Marc Hermann, Christian Schwermann and Jari Grosse-Ruyken eds., *Zurück zur Freude. Studien zur chinesischen Literatur und Lebenswelt und ihrer Rezeption in Ost und West. Festschrift für Wolfgang Kubin*, Monumenta Serica Monograph Series 52, Sankt Augustin-Nettetal: Steyler Verlag, 2007, pp. 755–765。

2008·《〈史记〉和〈汉书〉中的汉代史》/页192—232

——原载 *The Grand Scribe's Records, Volume VIII, the Memoirs of Han China, Part I*, Bloomington & Indianapolis: Indiana University Press, 2008, pp. xiii–xlii。

2008·《史公和时势——论〈史记〉对武帝时政的委曲批评》/页441—460

　　——原载《北京大学学报（哲学社会科学版）》，第45卷，第4期，2008年，111—119页。

2010·《希罗多德与司马迁：对两位历史学家早期卷目风格及史料之初探》/页461—500

　　——原载 *The Grand Scribe's Records, Volume IX, the Memoirs of Han China, Part II*, Bloomington & Indianapolis: Indiana University Press, 2010, pp. xi–xliv。

2010·《贺次君、宋云彬与中华本〈史记〉》（《顾颉刚与中华本〈史记〉》附录一）/页041—047

　　——原题 "Biographical Sketches of *Shih chi* Scholars"，载 *The Grand Scribe's Records, Volume IX, the Memoirs of Han China, Part II*, Bloomington & Indianapolis: Indiana University Press, 2010, pp. 401–407。

2013·《〈史记〉中的李牧：司马两公取材与列传的概念》/页398—407

　　——原题 "Li Mu 李牧 in the *Shiji*: Some Comments on the Sima' Use of Sources and Their 'Arrangements of Traditions' (*Liezhuan*)"，载北京大学北京论坛学术委员会编《文明的和谐与共同繁荣——新格局·新挑战·新思维·新机遇》，北京：北京大学出版社，2013年。

2016·《中华书局修订版〈史记〉》（《顾颉刚与中华本〈史记〉》附录二）/页048—050

　　——原载 *The Grand Scribe's Records, Volume X, the Memoirs*

of Han China, Part III, Bloomington: Indiana University Press; Nanjing: Nanjing University Press, 2016, pp. xiii–xv。

2020·《司马迁和〈史记〉的体例·附记》/页285—298

——"Note on the newly revised edition"，载 *The Grand Scribe's Records, Volume VII, the Memoirs of Pre-Han China*, Bloomington: Indiana University Press; Nanjing: Nanjing University Press, 2020年修订版。

2020·《走进历史长河——我与〈史记〉翻译》/页001—022

——原题"Into the River of History: An Account of My Translation Work with *The Grand Scribe's Records (Shiji)*"，载《翻译界》（第十辑），北京：外语教学与研究出版社，2020年，111—123页。

《读〈史记·孟子荀卿列传〉后的感想》/页408—416

——近作，未曾发表。

中文版序

司马迁肯定曾经坐在汉代的兰台石室中环顾四周。实在是有太多的材料和太多的想法想放进他父亲未完成的遗作中了。他的父亲司马谈曾经告诫他说："余为太史而弗论载，废天下之史文。"这可能是他父亲去世前（前110年）不久跟他说的。算上他的"准备阶段"，司马迁前后用了约二十年来编撰他的《太史公记》，即后人所熟知的《史记》。今年秋天，为了我们英译本《史记》最后三卷的翻译编辑工作，我频繁周转于太平洋东西两岸的工作坊，我不禁想到司马迁，以及他如何为了《史记》而殚精竭虑。他既没有 c-text（"中国哲学书电子化计划"），也没有电灯的帮助。他肯定是在白天的公务时间里偷空来完成这项工作的。

我从1980年代末开始《史记》的工作与研究，当时我的朋友王秋桂开始对帮我阅读唐传奇感到不耐烦，他敦促我说："你只要读一读《史记》，就什么都明白了。"这话只对了一半，因为还是有一些唐代文本会让我头疼。但我可以说，我现在比那时更加理解司马迁的杰作了。有人将《史记》比喻为"大海"，它的确吸纳了不少先秦时期重要的历史与文学支流。从司马迁搁笔停书那刻开始，《史记》这部不断流动的书，就从竹简（或是帛）历经多个世纪而演变为我们现在熟知的中华书局版。司马迁自己是第一个异文的制造者，因为他将这部526500余字的书抄了一个副本，他（或其助手）肯定会抄错一些内容。自此以后，无数的编辑和注疏家都想去"修正"这个文本。我们的英译本使用的是顾颉刚和其他一些编辑在1959年10月整理出版的本子。这个本子之后又经历了多次的重印和修订，直到赵生群及其团队重新对其完整地校勘修订一番，并于2013年和2014年出版了新的校订本。也许，这些版本会像1959年本一样在一段时间内作为传世文本。但有一件事是可以肯定的，《史记》一直都是中国文学与历史传统之路上的里程碑之一，从过去到现在，无人不知《史记》——尽管不一定都会阅读它。通过阅读、讨论和翻译《史记》，我感觉我自己以及我的译者同事已经成为了这个传统和这个历史洪流中的一部分，由邝彦陶主译的这个集子的文章，尽管有一些缺陷，或许也能为这个洪流增添几滴水珠。

倪豪士

书于麦迪逊至萨拉索塔的航班中

2022年10月26日

走进历史长河——我与《史记》翻译

早年的学习经历

我对中国和中国人民最早的认知，来自小时候读的一本书《东京上空三十秒》（*Thirty Seconds over Tokyo*），这是美国历史读物"里程碑丛书"（*Landmark Books*）系列的一种。书中描述了中国人民是如何帮助在山东省降落的美国伞兵的，这些美国大兵刚对日本首都进行了著名的第一次空袭。后来我就读于芬恩大学（如今的克利夫兰州立大学）的工程系，我发现我对工程师这一职业并不感冒，当然我的父亲并不喜欢我的这一想法（我的教授则相反）。后来美国征兵办的人与我畅谈了一番（当时我18岁），他们说服我去当一名间谍。1962年，我应征入伍，并且接受了两个月的新兵训练。最后，我参加了一个加州蒙特利军事语言学院的入学考试。我本来想学的是俄语，但是学院的教导员让我选中文作为第一志愿，俄语为第二志愿，等我入学后再改回来。年少懵懂的我当然就听了他们的话。等我到了后才发现美国部队并不允许这样转专业，于是我就开始与另外八名战友一起学习中文。我们每天上六小时的课，一周五天，还有一大堆作业。每个课时都由一名不同的中国老师负责。才过了几周，我就感觉到这些老师与他们的学生之间有着某种我从未体验过的联系。我逐渐相信选择中文似乎是某种宿命使然。当然，我最后没有成为一个间谍。军事语言学院的其他学员都有大学经历，在他们和风细雨般的影响和指导下，我决定在服役三年后离开部队，然后到印第安纳大学继续深造。

我当时对印第安纳大学的中文项目其实并不了解，只是因为伯明顿离我在俄亥俄东北部的家乡不远，而且印第安纳承诺可以把我在军事语言学院的成果转成26个学分。1965年春，我开始上课并报名了 Y. J. Chih（1917—2016）教授为期四年的中文课，他的课主要是让学生阅读现代政治档案和中国报纸。1966年春，我以最优等成绩（summa cum laude）获得了学士学位并开始了研究生学习，本来的计划是研究一位晚清的小说家（吴沃尧是我的第一选择）。接下来的几年，我陆续完成了八个学期的日语课，以及学校开设的所有有关中国文学和历史的课。尽管我的硕士导师是罗郁正（Irving Lo，1922—2005），博士导师是柳无忌（1907—2002），Friedrich Bischoff 也对我产生了很大的影响。我对赋的兴趣正是源自他，硕士论文便以司马相如（前179—前117）的《美人赋》和《长门赋》为题目。在伯明顿度过了两年的研究生生活后，我曾犹豫过是否要继续做研究。Bischoff 教授建议我申请德国的学校，因为那里不需要学费，我可以有多一点的时间来考虑未来。我那时申请到了《国防教育法案》①第四类的一个三年奖学金，所以我和妻子决定听从 Friedrich Bischoff 教授的建议。波恩大学接受了我的申请，在霍布理（Peter Olbricht）教授的指导下我在那里待了一年，主要学习唐代的文本（尤其是柳宗元，773—819）和德国的学术史。1969年秋天，我回到了伯明顿，继续在印第安纳大学完成我的学业。延续原来的研究，我开始阅读更多的西汉文学作品，终于在1972年完成题为《〈西京杂记〉的文学性与历史性》（Literary and Historical Aspects of the *Xijing zaji*）的博士论文。同时，我还与柳无忌教授以及其他同学合作为"韦恩世界作者丛书"（*Twayne's World Author Series*）写了一篇对于柳宗元的传记研究（1973年出版）。我发现司马迁的书写风格和结构对柳宗元的作品，尤其是他那些寓言式的传记，有着极强的影响。1971年，我开始申请教职，但一个都没找着。我以访问助理教授的身份在印第安纳大学教了一年德语，1973年来到威斯康星大学麦迪逊分校，之后便一直任教至今。

早年的教学生活与《史记》项目的开始

我能到威斯康星大学麦迪逊分校的东亚语言系任职，得益于刘绍铭教授的帮助，他当时也接受了同系的一个教职邀请。在我任教的第一个十年里，刘教授于我亦师亦友。从一开始我就有机会为研究生授课，我从他们身上学习到的与他们从我身上得到的一样多。我对叙事学的兴趣依旧——尤其是文学与历史文本之间的关系，但也因学习比

---

① 译者按，《国防教育法案》（National Defence Education Act of 1958，NDEA），是美国在1957年苏联发射首颗人造卫星后通过的法案，旨在提高美国中学以及大学的教育经费，以培养更多的人才。

较文学系亚瑟·昆斯特（Arthur Kunst）教授的叙事学理论而有所减弱。1975年，我获得了来自洪堡基金会的赞助，需要协助汉堡大学的刘茂才教授研究唐代的叙事学，这是我获得的第一个基金赞助（之后越来越多）。在汉堡大学期间，我阅读了大量关于中国叙事学的文献。其实我还是小孩时就已经被"里程碑丛书"的传记所吸引，于是我开始阅读唐代的传记，霍布理教授早在十年前就已经开始了这方面的研究。在刘茂才教授的指导下，我发表了我的第一篇文章，《韩愈〈毛颖传〉的隐喻》（"An Allegorical reading of Han Yu's 'Mao Ying Zhuan'," *Oriens Extremus*, 23〔2〕, 1976, pp.153–174）。从这篇文章可以看到我早年对历史和小说文本之间关系的关注与兴趣。韩愈（768—824）以及柳宗元的"寓言传记"（例如《毛颖传》和《捕蛇者说》）反过来促使我去考察了宋初类书《文苑英华》中的三十五篇"传"。在阅读韩愈的追随者所作的其他"古文"作品时，我愈加相信，公元9世纪的复古派是与一个更宏观广阔的社会和学术变化有着紧密联系的。受这部书将小说和历史文本混为一体的启发，我借鉴了结构主义的方法并在《亚洲研究》（*JAS*）发表了我的第二篇文章（1977年）。那时，我终于意识到韩愈和柳宗元的写作其实是模仿了《史记》的"列传"，但我还没开始对这种借鉴展开研究。1970年代的最后几年，我的精力主要用来完成了一本关于晚唐诗人皮日休（838—883）的著作（*P'i Jih-hsiu*，"韦恩世界作者丛书"，1979年）。这本书中有关诗歌的部分是由我在"向日葵诗歌朗读会"（Sunflower Poetry-Reading Group）几年的心得成果而来，这个朗读会是由罗郁正教授组织的。1975年，刘茂才和罗郁正教授编辑出版了 *Sunflower Splendor*，其中就包含了我早期翻译的一些诗歌（皮日休以及其他一些诗人的作品）。不过，让我对司马迁产生更深兴趣的是皮日休所写的两篇仿韩愈的传记，即《赵女传》和《何武传》。前者是关于一个烈女的故事，后者则是一位遭到诽谤和不公对待的男性的故事。尽管这两篇作品都应该是历史题材的，但皮日休在每个传后都附加了一段道德评价性质的后序，这明显就是对司马迁的致敬。1979年，我获得了来自美国学术团体协会（ACLS）研究基金的赞助，这是由威斯康星大学经济系的 Kang Chao 教授带领的项目，我因此有机会阅读更多关于唐代社会与经济方面的文献。随后一年，我将我的研究成果撰文发表，是为《小说初探：九世纪晚期中国的古典传统与社会》（"Some Preliminary Remarks on Fiction, the Classical Tradition and Society in Late Ninth-century China," in C. P. Adkins and W. Yang eds., *Critical Essays on Chinese Fiction*, Hongkong: The Chinese University Press, 1980, pp.1–16）。

1981年，我承担了一个延续数年的项目，即编辑《印第安纳中国古典文学指南》（*The Indiana Companion to Traditional Chinese Literature*），这是由美国国家人文基金会所赞助的研究项目。此外，我还当了两年的东亚语言与文学系主任。这两件事花费了我大量的时间和精力。虽然我为《指南》撰写有关"散文"的部分，但该文中只有一段是关于《史记》的。关于《史记》和司马迁的条目我委托给了杜润德（Stephen Durrant）来撰写，我知道他对这些问题非常熟悉。我当时的翻译兴趣也仅限于《文苑英华》中的"传"。1983年春天，为了能阅读更多其他传记文学，进一步了解《史记》，同时磨炼自己的古典文本阅读能力，我接受了台湾大学外国语言文学系的邀请，由科学委员会资助，开始在台湾大学任教。但我的主要研究兴趣仍停留在唐代。到了第二年夏天，我作为洪堡研究员再次回到德国，这次是在慕尼黑的路德维希－马克西米利安大学（即慕尼黑大学）。那里的两位著名教授，即傅海波（Herbert Franke）和鲍吾刚（Wolfgang Bauer）都已经对《史记》做了大量的研究工作。与两人的讨论增强了我对这个文本的兴趣。1985年到1987年，在斯坦福大学的校际中心基金会的赞助下，我又回到中国台湾任教。我和他们中最有名的导师之一，即梁太太，一起阅读柳宗元。我还与台大外国语言文学系主任王秋桂成了好朋友，这对我重新翻译《史记》的念头产生了很大影响。我一直在古文运动和唐代故事之间的关系上用功，并为唐传奇的语言而苦恼。我通常会在晚上11点左右去秋桂兄的家中，因为他喜欢晚上工作。我们会讨论我正在研究的文本。可能拜访了他五六次之后，他告诉我，"文建会"有一大笔资金是专门用来资助西方汉学家的，希望有人能完成四个主要的翻译项目，他敦促我将《史记》作为一个选题去申请。秋桂兄认为1959年的中华版《史记》有太多的错误，建议我也做一个新的校注本。但我很精明，一下子就意识到那是（至今也是）超出我能力范围的。可能是因为秋桂暗地里为我不停地走动协调，我最后获得了四个项目中的一个（宇文所安 Stephen Owen 和马悦然 Nils Göran David Malmqvist 获得了另外两项资助），赞助金额为125,900美元，用于翻译《史记》那些尚未被华兹生（Burton Watson）和杨氏夫妇（杨宪益和戴乃迭）译成英文的章节（共三十章）。

《史记》翻译项目

有了基金会的慷慨资助，我开始组建了一个翻译团队，包括郑再发教授、吕宗力和魏伯特（Robert Reynolds），后两位是我们系的研究生。郑教授精通中国古典文献，吕宗力曾是中国社会科学院战国秦汉研究室的成员，魏伯特是在台湾大学修的学士学位。我们编了一个术语表，这样对一些特殊用语的翻译就能保持连贯性（这是魏伯特的主意）。组建了团队后，我们就开始思考要确定目标读者人群，以及选定一种风格和形式。我意识到，要达到华兹生的风格是很难的，尤其是对一个翻译团队而言。我花了数个星期的时间来浏览法文、德文和英文学者所翻译的古希腊史。各大图书馆的书架上充斥了不少没有太多学术注释的通俗译本，以及满是注解的译本——德文译本尤甚。很明显，一个接近直译且有文本和文本背景注释的译本，似乎是最符合我们团队的人员构成，又能满足汉学研究群体的需求的，通过补充和完善华兹生的译本，我们的译本应该是可与之比肩的。

    我曾在课堂上提出在每章之后附加一个译者后序，这可能也是受到了中国文学的日语翻译的风格的影响。1960 年代中期，尚在印第安纳大学读研究生的我就已经开始翻译中国诗歌，因此这次开始翻译叙事文学对我而言是一个全新的转变。当时我参加了一个由罗郁正教授组织的唐代诗歌翻译小组，小组会每个月一次，我们会选一个晚上在罗教授家里碰面，那真是热闹非凡，会上觥筹交错而讨论激烈。我们的翻译会以小组里高年级学生的译文为底本，如杰罗姆·西顿（Jerome P. Seaton），并力求达到一种自由且具诗意的程度。但在翻译《史记》的过程中，我们选择的更为严肃的"学术风格"是更有效的。一开始，我们简单地以 1959 年的中华版《史记》作为底本来翻译，我们做好了分工：吕宗力、魏伯特和我负责"列传"（有译为"arranged traditions"的，我们将其译作"memoirs"）部分的草稿，这些翻译草稿很多是由我们的项目助理陈照明或魏伯特完成的。郑再发教授和我负责"本纪"（我们译作"basic annals"）的部分，我们主要参考劳榦先生（1907—2003）的《史记今注》；先由郑教授草译一遍，然后由我进行修改、添加脚注。我每周工作五个上午，其中四天与吕宗力和魏伯特一起，周五上午则与郑教授一起，我们会逐字逐句地讨论校正。很快，我们就发现我们还需要参考王利器先生（1912—1998）的白文版《史记注译》，泷川资言（1865—1946）的《史记会注考证》，以及王叔岷先生（1914—2008）的《史记斠证》①。之后吴树平先生的《全注全译史记》（天津古籍出版社，1995）以及韩兆琦的《史记笺证》又陆续出版，这些都是非常重要的参考书。翻译了几个月后，我认为这个项目还会持续一段时间。我致信约翰·高尔曼（John Gallman），他是印第安纳大学出版社的主编，就是他负责出版了我编写的《印第安纳大学中国古典文学指南》，我向他提出了一个出版《史记》全译本的计划。1991年8月，约翰起草了一份合同给我，内容是将《史记》全部翻译成英文，并以七卷本的形式出版，我当时预计，到1996年8月这个项目应该就可以完成。在这件事上，我可没有华兹生一样的运气，他向哈佛大学的柯立夫教授（Francis Cleaves）提出他的《史记》（*Records of the Grand Historian*）翻译计划时，他解释说他可能需要三年时间，但是柯教授当时就告诉他："你是说三十年吧！"（Burton Watson, "The *Shih Chi* and I," *Chinese Literature: Essays, Articals, Reviews* 17〔1995〕, pp.201-202）尽管我现在终于深刻领悟到柯教授的意思，回想1991年，那时的我可真是天真得可爱啊。我还夸下海口说不完成这项工作就不剪头发，并给所有小组成员买了一顶印着"史记"字样的棒球帽，在我的书房里也挂上了沙畹（Édouard Chavannes）、海尼士（Erich Haenisch，1880—1966）和顾颉刚先生（1893—1980）的照片。那顶棒球帽我现在还留着，但是从那之后，头发还是偷偷剪了几次。

————————

① 泷川资言的书1934年初版于东京，后由上海古籍出版社在1986年重印；王叔岷先生的研究在1982年由"中研院"出版。我们还参考了百衲本和景祐本，1959年中华本没有参考这两个版本。

从1991年夏天到1992年的夏天，我们一直维持了这种分组见面会。当时，我们已经完成了第一卷几乎所有章节的审稿。魏伯特编写的术语表对我们的帮助很大，他好像已经完全背诵了那个表，总是能告诉我们几周前我们是如何翻译某个术语或词语的，这大大节省了我们的时间。这个术语表也让我们的译文前后更加连贯。我们感觉司马迁的一个风格特点就是在某些章节中重复某个用语（如《刺客列传》中的"知人"），因此这个术语表也帮助我们在译文中保留了这种特点。而且，我们也希望能避免詹姆斯王《圣经》译本中的"异文合并"现象，如"有不少于十四个希伯来词汇（被翻译成）prince 这一个英文词"（A. Hunt, "The Locus Tree, Mysteries and Mistranslations in the Making of the King James Bible, Still the Most Influential Version 400 Years after Its Birth," *Times Literary Supplement*, 2011, February 11）。因此我们区分很多不同的表达，如"攻"译作"to attack"，"与战"译作"to give battle to"，"伐"译作"to lead a punitive expedition against"，"击"译作"to assault, strike at"，以及"居顷之"译作"after a short time had passed"，与之相似的"久之"则作"after a short time"，"顷之"作"some time later"，"既而"作"after some time"。之后我们还总结编写了一个风格清单，并沿用至今。

1991年，由台北"中央图书馆"出资的中国研究基金中心资助我展开自己的独立研究，我可以在"中研院"比较《史记》的诸版本。当年的夏末，我回到了威斯康星大学，我们开始为译本添加脚注，这部分工作大部分是由我和魏伯特完成的。到了1992年年末（即我们向"文建会"所许诺的时间），我们已经完成了三十章的大部分的翻译和注释。临近限期前完成的一两章则主要参考华兹生的译文。我们将这些稿件发给了康达维（David Knechtge）、杜润德、富善（C. S. Goodrich）、李克（Allyn Rickett）、许倬云、彼得逊（Jens Peterson）、韩禄伯（Robert Henricks）、何四维（A. F. P. Hulsewé）以及梅维恒（Victor H. Mair）等人校读。最后，我们翻译的前两卷，即 *The Grand Scribe's Records, Volumn 1: The Basic Annals of Pre-Han China*，以及 *The Grand Scribe's Records, Volumn 7: The Memoirs of Pre-Han China*，终于在1994年由印第安纳大学出版社出版了。但此时，我们一开始的翻译团队已经解散了，研究生们毕业离校，而郑再发教授也转向了自己的研究。

我也已经展开了其他章节的翻译，并且在北京师范大学度过了1993年的夏天，并向韩兆琦教授请教《史记》的问题（我此行是受到了美国的中国学术交流委员会的资助）。在此次行程期间，吕宗力把我引见给吴树平先生，吴先生又带我见了王利器和钱锺书（1910—1998）先生。1994—1996年，我得到了富布莱特项目（Fulbright-Hayes）和ACLS的赞助，这两个项目都是在中国台湾的，我在那里继续翻译了《高祖本纪》和《吕后本纪》。杜正胜让我在1996年夏天访问"中研院"并在其图书馆工作，我也十分有幸能够拜访王叔岷先生，并向他请教了几个关于他的《史记斠证》的问题。那年夏末，我参加了在西安举办的纪念司马迁诞辰2140周年的大型学术会议，会上我认识了不少来自中国和日本的《史记》研究大家。1996年秋，我回到美国开设了一门关于《史记》的课，我还让所有报名了课程的研究生来参加翻译的工作。我们将注意力集中在剩下的五篇本纪，然后开始翻译"世家"（hereditary houses）部分。尽管有很多学生参加了项目（我们通常将每章分成不同部分并让不同学生来负责，然后在课堂上展示），但在我心目中，1990年代后期最出色的学生有 Su Zhi、陈致（负责《吴太伯世家》的翻译）、尚玮、曹卫国（翻译了《孝文帝本纪》《鲁周公世家》和《楚世家》），黄红宇（翻译了《燕召公世家》）、布鲁斯·克尼克博克（Bruce Knickerbocker，翻译了《齐太公世家》）以及斯科特·嘉乐（Scott Galer，翻译了《孝景帝本纪》）。每周六上午我们都会在我家讨论译文，其间大家还一起享受蛋糕、咖啡或是茶。

1996年秋天，我收到来自哈佛大学普鸣教授（Michael Puett）的邀请参加十月份在马萨诸塞州剑桥举行的一个工作坊，主题为"理解司马迁《史记》的途径"（Approaches to Understanding Sima Qian's Shiji）。老实说，我被那些参会的学者给吓到了，对是否参会犹豫不决。而且，我当时还在为《哈佛亚洲研究》（Harvard Journal of Asiatic Studies）撰写一篇关于宇文所安《中国"中世纪"的终结》（Stephen Owen, The End of the Chinese Middle Ages）的书评，我有点不敢在会上见到宇文所安，尽管我跟他的关系一直很好。于是，我动身前往巴黎，并在谢和耐（Jacques Gernet）的帮助下参观了沙畹留下来的藏书，这些书现在已归属亚洲古典学会。沙畹的藏书占了整整一个书架（3.6米长，2.7米高），其中还有不少早期的《史记》版本以及一些《史记评林》。我还获得许可阅读了藏于吉美博物馆的沙畹尚未出版的手稿，包括几乎全部《史记》章节的部分译文（我当时的法文水平实在是一言难尽）①。

1996—1997年，班大为（David Pankenier）加入了小组一起完

---

①有关此次的发现，参见《关于沙畹未出版〈史记〉译稿的一些问题》（A Note on Édouard Chavannes' Unpublished Translations of the *Shih chi*, in Hermann, D. M., & Schwermann, C. eds., *Zurück zur Freude. Studien zur chinesischen Literatur und Lebenswelt und ihrer Rezeption in Ost und West. Festschrift für Wolfgang Kubin*. Monumenta Serica Monograph Series, London & New York: Routledge, 2007）。

成剩下的本纪部分，翻译了《武帝本纪》。1997年夏，我又得到了洪堡基金会的资助，并在柏林的市图书馆研究海尼士尚未出版的手稿，他在慕尼黑大学任汉学系教授时曾翻译过《史记》的一些章节，他本来的计划是将沙畹五卷本译本之外的章节翻译成德文[①]。1997年8月末，班大为与顾史考（Scott Cook）、韩大伟（David Honey）、陈致、吕宗力一起参加了在威斯康星大学麦迪逊分校举办的第一届"早期中国历史与历史学"（Early Chinese History and Historiography）工作坊。每个参会的学者都发表了演讲，接着大家一起讨论了我们的"本纪"翻译。我们将大家在工作坊提出的意见，以及张磊夫（Rafe de Crespigny）、鲁惟一（Michael Loewe）、John Page 以及普鸣的评注汇总起来，最后终于在2002年将《史记》卷8—12译成出版，即 *The Grand Scribe's Records, Volume 2: The Basic Annals of Han China*。

接下来的一年，在吕宗力的牵线下，王云度先生邀请我到徐州师范大学，并到了沛县和丰县这两个传说与刘邦出生和早年经历密切相关的地方。我还收到了一整套的《刘邦研究》（自1993年创刊起）。从1999年秋至2000年2月，我在东京大学做了一个学期的访问研究教授，最后两个月还当了某个日本基金会的研究员。我当时的东道主川合康三先生还专门安排让我阅读并誊抄一些在别处看不到的《史记》版本。他还把我引见给日本爱媛大学的藤田胜久教授，藤田教授给我

---

① 参见 E. Haenische, *Der Herr von Sin-ling, Reden aus dem Chang-kuo ts'e und Biographien aus dem Shi-k*, Stuttgart: Reclam, 1965. 在我于柏林找到的海尼士遗稿中可以清楚地看出来，他是想用自己和学生的译稿来补充沙畹的未成之作（他的学生包括鲍吾刚，鲍的毕业论文包含了《留侯列传》的译文）。海尼士的手稿包括了《史记》卷48、49、68、69、75和卷79，他还列了一个表，计划将卷50、卷70—74以及卷76—78也翻译出来。

提供了大量日本的《史记》文献材料，此后亦一直给我们的翻译提出意见。1999年末，我访问了日本东北大学，终于有机会看到了他们收藏的与泷川资言相关的材料与照片①。

与德国的《史记》研究小组共事

两年后，我又从威斯康星大学招募了一批研究生来组成新的小组。曹卫国还在威斯康星，一年后，王静、赵化，David Herrmann，Meghan Cai，Shang Cheng 以及其他一些学生也陆续加入进来。但翻译工作却有点停滞不前。同年，即2001年，我从洪堡基金会那里得到了一些新的资助，在德国的埃朗根大学待了一个夏天，并尝试与朗宓榭（Michael Lackner）一起组建一个《史记》翻译小组。朗宓榭教授提出想提名我获洪堡研究奖，并把我介绍给叶翰教授（Hans van Ess），他是慕尼黑大学新聘的教授，而且早已因其《史记》研究而闻名。2002年，我获得了洪堡研究奖，春季学期也留在了埃朗根大学，每周都与那里的教授见面，艾默里希教授（Reinhard Emmerich）经常会从慕尼黑来访，叶翰教授每周五也会带着三个研究生从慕尼黑开车过来。从这一年起，一直到2019年6月，我每年都会到德国两次，我的落脚处也从埃朗根转移到了慕尼黑。此后几年，在德意志学术交流中心（DAAD）和洪堡基金的资助下，我与叶翰的德国小组一起开始翻译先秦时期的世家和列传部分。威斯康星大学的小组也参与翻译了一些章节，这些成果也陆续出版了，即 *The Grand Scribe's*

---

① 这次旅行的成果参见：William H. Nienhanser, "Takigawa Kametarō and His Contributions to the Study of the *Shiji*, " in H. V. Ess, O. Lomová and D. Schaab-Hanke eds., *Views from Within, Views from Beyond: Approaches to the Shiji as an Early Work of Historiography*, Wiesbaden: Harrassowitz, 2016, pp.243−262.

Records, Volume 5.1（2006），*Volume 8*（2008），以及 *Volume 9*（2010）。

在这几年里，我也在威斯康星大学举办了几次国际工作坊，基本都采取了 1997 年那次的形式。藤田胜久、史嘉柏（David Schaberg）、侯格睿（Grant Hardy）、纪安诺（Enno Giele）以及很多其他学者都参加过这些工作坊。2013 年，陈致在香港浸会大学举办了一个工作坊，随后一年的夏天，伦敦大学亚非学院的傅熊教授（Bernhard Fuehrer）组织我们一起到他在巴黎多尔多涅河的家乡做客。我们在这些会议和聚会上讨论的成果，在 2019 年结集出版，即 *The Grand Scribe's Records, Volume 11*。从 2011 年到 2019 年，我每年春天都会在慕尼黑大学待上一个月，并与叶翰教授的小组一起讨论翻译，其中包括 Jakob Pöllath, Marc Nürnberger, Andreas Siegl, Clara Lohn, Maddalena Barenghi, Sebastian Eicher, Katrin Lesse-Messing，还有其他一些人，他们都得到了来自洪堡基金或慕尼黑大学前沿研究奖学金的资助。

我们是如何翻译的

在慕尼黑和麦迪逊工作的这几年，我们逐渐完善了我们修改草译稿的方法。这里以 2011 年 3 月 26 日的一次小组讨论为例加以说明。当天，麦迪逊的小组有十三位年轻的学者参加，其中一个美国人，一个俄罗斯人，还有十一个中国人，他们都是威斯康星大学东亚语言系的研究生。我们讨论的是我草译的《史记》卷一一九《循吏列传》。如往常一样，我们将其分成数个部分（即序言、五个小传以及最后的"太史公曰"），每个部分都分配给两个学生检阅。具体的做法是，先由一个学生朗读译文（不是译者，因为译者此时都在马不停蹄地做笔记），每句都停顿一下，如果没有人对此句提出意见，我们就认为译文是可接受的，朗读者就继续往后读。一旦有什么问题或评论，我们就会进行讨论。这与詹姆斯王的《圣经》翻译团队的做法不同[1]。以下是对我们某次讨论会的一个大概记录：

司马迁在《循吏列传》的开头如此写道：

太史公曰：法令所以导民也，刑罚所以禁奸也。文武不备，良民惧然身修者，官未曾乱也。奉职循理，亦可以为治，何必威严哉？（《史记》，中华书局，1959年，3099页）

草译稿作：

His Honor the Grand Scribe says, "Laws and orders are that by which one guides the people; punishments and penalties are that by which one prohibits villainy. Although the civil and military [laws and rules] are not complete, the reason good people will fearfully cultivate themselves is that those in official positions have not yet acted disorderly. As long as [officials] accept the duties of their positions and follow reasonable methods, they can still affect good government. What need is there for threats and severity?"

---

① "他们聚在一起，其中一人朗读译文，其余的人手中拿着其他语言的《圣经》版本，法文、西班牙文或意大利文的；如果他们发现朗读中出现了什么问题，他们就会说出来，否则就继续读下去。" A. Hunt, "The locus tree, mysteries and mistranslations in the making of the King James Bible, still the most influential version 400 years after its birth," *Times Literary Supplement*, 2011, February 11.

我们很快就发现要在"villainy"前面加上不定冠词"the"，接着就开始讨论"文武不备"的"文"和"武"分别指的是什么。吴树平和吕宗力的白话文翻译译作"虽然文德不备，武功不扬"。有一个学生提出，"文武"可能指的是前文所说的"法令"和"刑罚"。我们都同意这个观点，然后我们就注意到泷川资言也是这么理解的。我们都认为"备"意思为"完备"，尽管吴树平和吕宗力将"循理"的"理"解释为"法理"（jurisprudence，或 legal principles），我们认为"reasonable method"（合理的方法）甚至"reason"（合理）最能体现本卷故事的主旨。我们也在想为何三家注对此没有任何注释。这是不是意味着对三家注而言，这段文字的意思是非常明显的，又或者说，这是司马迁之后的某个人抄入正文的？我们无法确定这点，因此只好存疑。

接下来的一段是：

> 孙叔敖者，楚之处士也。虞丘相进之于楚庄王，以自代也。三月为楚相，施教导民，上下和合，世俗盛美，政缓禁止，吏无奸邪，盗贼不起。秋冬则劝民山采，春夏以水，各得其所便，民皆乐其生。（《史记》，中华书局，3099页）

我的草译稿作：

Sun Shu Ao 孙叔敖 was an as yet unemployed scholar of Ch'u. Prime Minister Yü Ch'iu 虞丘 recommended him to King Chuang 庄 of Ch'u (r. 613–591) to replace himself. Three months after he had been made Prime Minister of Ch'u, he promulgated teachings so that the common people were guided [properly], those above and those below were in harmony, society prospered and the customs were marvelous, the administration [of the people] was eased and prohibitions [on them] stopped, among the petty officials none were villainous, and bandits and robbers did not rise up. In autumn and winter he exhorted the people to go into the mountains to gather [bamboo and wood], in the spring and summer to make use of the waters [to transport the bamboo and wood], so that everyone was able to obtain that which was easy for them and the people all delighted in their lives.

这一段由另外一个学生朗读出来。她指出"正义"引了一个故事并询问是否可以附在脚注。我解释道，就像屈原一样，霍克思（David Hawkes）称其为"target figure"（对标人物），也有很多故事是归在孙叔敖头上的。我认为可以在"译者按"部分简单提一下这些故事，而不是放在脚注里。她接着读了好几行，也没有人提意见，直到"those above and those below"（上下）一句，有人提出这与我在子产的传记里的翻译是一样的，但本卷之后还出现过一次，我却译作"superiors and subordinates"。一般而言，同卷内如果出现相同的表述，我们倾向于保持一样的译法。因此我们将其改为"superiors and subordinates"。下一句中，"世俗盛美"的"俗"字不好处理，吴树平和吕宗力翻译为"民间风俗淳厚美好"，似乎对"盛美"过度发挥了，单纯的"美善"（excellent）就够了（罗竹凤主编，《汉语大词典》，汉语大词典出版社，1986年，第7册，1427页）。经过一番讨论，我们最后译作"current behavior and customs rose up to an excellent [level]"。下一句"政缓禁止"也有问题，我的译文为"the administration was eased and prohibitions on them stopped"，但我们所有人都觉得其义不通（包括我在内）。一个学生指出，华兹生的译文是"though the government was lenient, it was able to prevent evil"。吴树平和吕宗力的翻译是"政令宽和，法禁严明"（Administrative orders were lenient and legal proscriptions strict and impartial）。华兹生将"止"译作"evil"看起来是有问题的，也许吴和吕的理解是对的。《汉语大词典》（第7册，920—921页）对"禁止"的解释有：1.以禁令制止，如《管子》中的"令行禁止"；2.谓限制受弹劾官吏的行动自由，如《汉书》"延寿劾奏，移殿门，禁止望之"；3.制止，阻止，如《墨子》"欲以禁止大国之攻小国也"；4.禁令简单，即引《史记》此处的"政缓禁止"。对于这一解释，我只能找到一处文献支持，即日本学者有井进斋（1830—1889）的"其政平易，其刑简约"（凌稚隆，《史记评林》，台北：地球出版社，1992年）。我们没有解决这个疑问，只好保留原始译文然后继续往下朗读。

接下来的一句"秋冬则劝民山采，春夏以水，各得其所便，民皆乐其生"，其字面意思是说"in the fall and winter he urged the people to gather in the mountains, in the spring and summer to make use of the waters, so that each was able to obtain that which was easy for them and the people all delighted in their lives"。很多注家都对这段话作注了。《集解》引徐广（352—425）曰："乘多水时，而出材竹"，即趁着河流水涨的时节将竹木水运出去，这也是我们译文的基础。这可以从多个版本中的"下"这个异文找到一些支持，"春夏以水"有作"春夏下以水"的（见泷川资言，119.3），意即"春夏时他们用水道将（在山上采集的）运到山下"。当然，我们也认为这个异文很可能是某个人依据徐广的注而补上的。有一个学生指出，泷川引现代学者李笠的观点曰"以水，对上山而言，盖言田渔也，故下云各得其所便"（李笠，《史记补订》，1924年，卷八）。尽管这是对本段意思的另一种猜想，但确实与"各得其所便"能对应上。在结束本段讨论时，一个学生又提出华兹生对此句的翻译为："thus everyone obtained the benefits of his surroundings"，他明显将"所"理解为"地方"或引申为"周围的环境"，我们都认为他是错的。

接下来的一段，我们也没有太多意见，直到"相曰：罢"一句：

> 庄王以为币轻，更以小为大，百姓不便，皆去其业。市令言之相曰："市乱，民莫安其处，次行不定。"相曰："如此几何顷乎？"市令曰："三月顷。"相曰："罢，吾今令之复矣。"后五日，朝，相言之王曰："前日更币，以为轻。今市令来言曰'市乱，民莫安其处，次行之不定'。臣请遂令复如故。"王许之，下令三日而市复如故。（p.3100）

草译作：

King Chuang considered that the coins were too light and had the small ones changed for larger ones. The families of the hundred cognomens found this inconvenient and they all left their occupations. The Master of the Market spoke of this to the Prime Minister: "The market is in chaos! The people have not settled into their places and the order [of their stalls] is not set." The Prime Minister said, "How long a time has it been like this?" The Master of the Market said, "For three months' time." The Prime Minister said, "That's the end of it! I will now rescind the order." Five days later, when he went to the morning court session, the Prime Minister spoke of this to the King: "On a recent day the coins were changed because they were considered too light. Now the Master of the Market came to me and said that 'The market is in chaos! The people have not settled into their places and the order [of their stalls] is not set.' I request that the order after all be restored as it was of old." The king allowed this, issued the order, and after three days the market was again as of old.

正如有几个学生指出的，将"罢"译作"that is the end of it"听起来不像是正常的英语表述，于是我们将其改作"say no more"。华兹生（374页）和青木五郎（《新释汉文大系·史记·列传》，东京：明治书院，2007年，119:466页）认为其意义更接近"你被罢免了"（you are dismissed），或者是"你回去吧"（you may go back now）。吴树平与吕宗力（3121页）译作"不必慌张"。我们于是查阅了《史记》中"曰罢"的用例，发现只出现过一次，见《陈丞相世家》（2053页）："平等七人俱进，赐食。王曰：罢，就舍矣。"华兹生此处的译文为："After Chen Ping and six other guests at the interview had come forward and received gifts of food, the king [of Han, Liu Bang] announced, 'You may return to your lodgings now.'"当然，若将每个字都译出，"You are dismissed and may return to your lodgings"更佳，因此我们最后的译文作："The Prime Minister said, 'You are dismissed.'"至此，我们结束了当天的讨论，然后将剩余的部分留至下周处理。

尾声

2012年春，我受聘为南洋理工大学的访问学者，并组织了一个《史记》阅读小组，参加的人有普鸣、曲景毅、李佳，Chiu Ming Chang，So Jeong Park，Winne Song 以及 Yan Shoucheng。第十卷译稿也在2016年出版，这是慕尼黑、麦迪逊和新加坡三地众人的合作成果。我当时以为这将是我的最后一卷，而且我也会在2014年春天，即我的古稀之年退休。但是我发觉，与司马迁"相伴"多年，要离开并不容易。在叶翰的鼓励之下，我决定继续我的教学与翻译工作。

2016年，我自己出版了 Jean Levi 小说（*Le fils du ciel et son annaliste*）的英译本（我的译名为 *The Emperor and His Annalist*），这是一本关于汉武帝和司马迁的佳作。这一年，我们在南京大学举办了我们的第一届一年一次的工作坊（2016—2019年均有），每届都集中讨论《史记》的某一卷。2016年，我们只有一个12人的小组，2019年已经扩展到30余人，除了南京地区的学生，还有来自杭州和香港的与会者。我们的流程也是先朗读一段我们的翻译和注释，让学生熟悉我们使用的二手材料以及我们相对直白的翻译风格。然后每三四人会被分成一个小组，他们要准备将余下的部分翻译出来并出脚注。2019年，他们甚至出版了他们翻译的《陈涉世家》。这些工作坊都是由我原来的学生，即香港浸会大学的陈致，以及他原来的学生徐兴无组织的（他现在是南京大学文学院院长）。徐院长的慷慨与支持，让我们的相聚成果卓然。我也对威斯康星大学的研究委员会满怀感激，他们对我在2018年春至2019年秋的研究提供了全面的支持。

因着在南京大学的工作坊，南京大学出版社决定将要再版我们的所有译稿。2018年，他们先出版了第一卷和第二卷。因为第一卷和第七卷是最早出版的（1994年），我决定再版前先修订一番。整个2018年春天，我都在与一群来自中国的天资聪颖的博士后和研究员一起工作，他们分别是孙宝、张宗品、吕新福、余建平、邓琳，以及我自己的学生蔡译萱，Masha Kobzeva，Josiah Stork，苏哲宇以及王吉。我们一起修订了第一卷的内容。艾龙中心（Elling O. Eide Center）也极力支持了我们这次的修订，他们赞助我们举办了一次工作坊，让来自德国的译者，以及原来威斯康星大学麦迪逊分校的学生（如曹卫国、黄宏宇、吕宗力等）在2018年11月一起度过了一个愉快的周末，我们一起校读了第六卷的章节（*Han-Dynasty Hereditary Houses*），这些成果将在2020年出版。

而今，我正在着手修订第七卷的二十八章内容，现在在读及原来的威斯康星大学的学生，以及来自叶翰小组的一些成员共二十二人一起参与了校读修订。这些卷目还将在2019年11月由艾龙中心赞助的第二次工作坊中进行二次校读。2020年，我计划完成前汉时期的世家部分，这些部分的译稿草成已近十年。之后，我将下船登岸，正式与司马迁挥手作别。

《史记》学术史研究

顾颉刚与中华本《史记》

引言

　　《史记》①不只是一本中国人的民族史书，直到上个世纪，它还得到了全世界学者们的热爱和研究：如张文虎在1870年作的校勘，法国学者沙畹在19世纪末20世纪初所作的翻译，泷川资言在1930年代中期出版的会注考证，顾颉刚在1930年代和1950年代作的两个校本，华兹生在1960年代和1990年代的两个译本，越特金（Rudolph V. Viatkin）从1970年代开始直到现在的《史记》俄译本（即将完成），以及王叔岷在1982年出版的重要文本研究——那耗费了他将近二十年

---

① 英译作"*Shih chi*"，这是与我合作翻译和注释《史记》的几位学者共同商定的英语标题，去年已由印第安纳大学出版社出版其中两卷。但是"*Grand Scribes' Records*"可能更为合适，其中"scribes"用了复数形式，是要表示《史记》作者的非唯一性。

的时间[①]。

本文讨论的不是有关《史记》原始作者——司马谈和司马迁——的问题，而是那些与《史记》有着强烈羁绊的现代历史学家。例如，沙畹是和哪位中国学者在短短四年之内完成整本《史记》的翻译的[②]？

[①] 张文虎是在1867年从唐仁寿处接手编辑金陵书局本的；在1870年校勘完成之前，张文虎明显留下了不少标记。为了标明他自己的修订，张文虎将其校勘成果集结为《校刊史记集解索隐正义札记》（北京：中华书局，1977，第二版重印）并系于金陵本之后。

沙畹的翻译以 *Les Mémoires historiques de Se-ma Ts'ien* 为标题，由巴黎 Ernest Leroux 出版社在1895—1905年陆续出版，1967年和1969年分别由 Leiden 出版社和 Adrien Maisonnerve 重版。

泷川资言的《史记会注考证》（东京，1934年）是现代学者研究《史记》最重要的材料。

华兹生《史记》译本中大部分的汉代篇章原已以 *Records of the Grand Historian of China, from the Shih chi of Suu-ma Ch'ien* 为题，由美国哥伦比亚大学出版社在1961年出版，1993年新增一卷 *Records of the Grand Historian: Qin Dynasty*，由香港中文大学和美国哥伦比亚大学的翻译研究中心出版。亦见 Burton Watson, "The *Shih chi* and I," *CLEAR*, vol. 17（Dec., 1995），pp.199-206。

越特金的译本 *Istoricheskie zapiski*（"*Shi tszi*"）从1950年代就已经开始翻译，见下，首卷在1972年由莫斯科 Nauka 出版社出版。

王叔岷《史记斠证》就《史记》研究问题作了很多基本的考证，《史语所集刊》，第87期，亦见王氏《慕庐忆往》（台北：华正书局，1993年）的简要记录。

顾颉刚的两个文本将在下文讨论。

[②] 很明显，从1889年三月末沙畹抵达北京到1893年年中他离开这段时间里，全本《史记》译稿的草稿已经完成（这还未考虑到他中途回法国结婚以及在这四年间所从事的其他研究工作）。尽管他在1893年至1905年数次抱恙，但还是在此期间对译稿作了修订。亦见我的《西方〈史记〉研究一百年（1895—1995）》第二部分"沙畹"，收录在 *Asian Culture Quarterly, vol. 24, no. 1*（1996）。

Paul Demieville 提到过协助沙畹的"学者"："1893年离开北京时，他在一位中国学者的帮助下，完成了《史记》130卷的整体翻译。"见 "Advertisement," *Les Mémoires historiques de Se-ma Ts'ien*, v. 6, p.1。

泷川资言是否看到了他书中提到的所有版本①？为什么有关泷川资言生平的记载如此之少？以及，尽管中华书局版《史记》（1959年）——现在已经成为标准本——将其编辑之功归于顾颉刚和他的助手②，为什么他在这次编辑过程中的地位却如此暧昧不清？顾颉刚是否真的主动参与了中华书局版的编订，还是说他全部交给了宋云彬去实行（正如今天北京的一些学者所认为的）③？最后，为什么中华书局在后来的重印中做了少量的改正但却对此只字不提④？

在翻阅近期出版的一本关于"《史记》的研究者"的书时，笔者发现了一些新的线索，于是重新审查这些困扰学界的诸多问题中的一个——即中华书局本《史记》的编辑问题，它是目前使用最为广泛的一个版本。

以下的讨论不能说可以真正地解决所有中华书局本的编辑问题。

---

① 笔者在过去几年与诸多学者进行交流时得知，日本有不少《史记》学者都怀疑没有任何学术资历的泷川资言是否真的看到了他引用的全部版本。

② 顾颉刚是否参与了这个本子的编辑，下文将详细论述。

③ 见下文讨论。

④ 1982年，中华书局出版了二版的《史记》（何四维指出《史记》二版的第一次印刷是在1982年，而非1985年，1985年是第二次印刷，见其 "Shih chi 史记"，*Early Chinese Texts: A Biographical Guide*, Michael Loewe ed., Berkeley: The Society for the Study of China and the Institute of East Asian Studies, University of California, 1993, pp.405-414），在此版本前还将1959年的一版做了七次重印，但都没有新的"序言"来说明这些文本中的改动是否是因响应诸书评里提到的数量极大的断句和其他错误而做出的。实际上，1959年本和1982年本之间除了这些小的修改之外，每一次的重印似乎都有一些微小的改正。1993年7月，我曾问及傅璇琮先生这些细微改正的问题，他承认这些改正在每次重印中都会有一点（很多都是为了回应著名的语言学家吕叔湘给报社写的公开信而做出的），他们的确应该在序言或是说明中指出来（亦见我的 "The Study of the *Shih-chi* in the People's Republic of China," *Das andere China, Festschrift für Wolfgang Bauer zum 65. Geburstag*, Helwig Schmidt-Glintzer ed., 1995, 382-386）。

事实上，这些讨论还会引起更多的问题。但是笔者相信，这本关于"《史记》的研究者"的书里出现的新材料能为我们研究过去一个世纪的《史记》文本演变历史提供更多的线索与启发，以备将来的学者作进一步的解答。

顾颉刚早期的《史记》研究背景（1914—1950）

上文提到的书即顾潮（顾颉刚之女）所编写的《顾颉刚年谱》（中国社会科学出版社，1993年）。这本书厚达600余页，其中所引文献涵盖了顾颉刚及其朋友所写的信件、日记和其他正式的书写文件。

当然，这本年谱更关注的是顾颉刚和现代学术史的关系，而笔者所选择的关注点则为：（1）顾颉刚在1950年代之前对《史记》有着怎样的兴趣；（2）在1950年代后期，作为一个成熟的学者，他在编修中华书局1959年版《史记》中扮演了怎样的角色。西方研究顾颉刚的学者往往忽略了这一时期——如 Laurence A. Schneider 在1971年出版的 *Ku Chieh-kang and China's New History: Nationalism and the Quest for Alternative Traditions*，就主要集中于顾颉刚1913—1943年的著作。其他研究也都未能涉及顾颉刚在中华书局的工作，包括：Schneider 的 "From Textual Criticism to Social Criticism: The Historiography of Ku Chieh-kang"（*Journal of Asian Studies*, 1969, 28.4）；Arthur Hummel 翻译的《古史辨自序》[1]；Howard Boorman 在1961年出版的 *Biographical Dictionary of Republican China*；Ursala Richter 在1982年发表于 *China Quarterly* 的 "Gu Jiegang: His Last Thirty Years"，以及她在1992年出版的 *Zweifel am Altertum, Gu Jiegang*

---

[1] *The Autobiography of a Chinese Historian*, Leiden: Brill, 1931.

und die Diskussion über Chinas alte Geschichte als Konsequenz der "NeuenKulturbewegung" ca. 1915–1925 (*Münchener Ostasiatische Studien*, v: 60; Stuttgart: Franz Steiner), 还有她在 1982 年为顾颉刚所写的吊文（*Journal of Asian Studies*, 41.2）[①]。尽管有些中国学者已经论及顾颉刚在中华书局本《史记》项目中的功绩[②]，但与中华书局本《史记》相关的索引，如《古籍目录：1949.10—1976.12》（中华书局，1980 年，89 页），或是《史记研究的资料和论文索引》（科学出版社，1957 年），以及由杨燕起和俞樟华编撰的《史记研究资料索引和论文、专著提要》（兰州大学出版社，1989 年），都没有在他们的文字里提到顾颉刚的名字。甚者，著名的唐史学者兼中华书局副主编傅璇琮先生，以及与中华书局有着深厚关系的秦汉史学者吴树平，都曾告诉过笔者（分别于 1993 年和 1990 年），宋云彬在 1950 年代后期由于被划为"右派"而丢失其学术工作后，曾被分配到中华书局参与《史记》的最终编辑，并为 1959 年本的《史记》作了前言（出版说明）和后序（点校后记）。

在进一步讨论这些问题之前，先让我们回到 1914 年，那年顾颉刚 21 岁，他似乎已经开始对《史记》作严肃的学术研究（《年谱》36

[①] 不过，Boorman 的书中曾经指出顾颉刚"担任过我们现在熟知的《史记》中'禹贡'篇的断句和注释工作"。

[②] 王煦华是顾颉刚的最后一任研究助理，他曾在多篇文章中指出顾颉刚在中华书局本《史记》编辑中的贡献（如《顾颉刚先生学术纪年》，收录在《纪念顾颉刚学术论文集》，尹达等编，成都：巴蜀书社，1990 年，1007—1070 页）。郑树良《顾颉刚先生年谱简编》（北京：中国友谊出版公司，1986 年，27—31 页）亦如是。我又得知最近中国出版了一本名为《顾颉刚评传》的书，但并无关于顾颉刚与《史记》的更多资料。更多有关顾颉刚的研究成果，可参阅复旦大学历史系资料室编，《辛亥以来人物传记资料索引》，上海：上海辞书出版社，1990 年，1787—1788 页。

页，下凡言"某页"均引此书）。1916年，顾颉刚选了崔适（1852—1924）的课①，但他对崔适的研究并不感兴趣（41页）。《年谱》在此后十年都没有再提到与《史记》相关的事情②。到了1927年10月，顾颉刚35岁（145页），他开始与他的部分学生着力于《史记》的研究，这个项目断断续续地持续了三十余年。此年的10月，他开始在广东中山大学历史系开设古代史的课程，课程的一个目标就是要"整理"古籍，而《史记》正是当年所选定的文本。

大约一年之后（162页），顾颉刚开始为《史记》中的人名和地名编写索引。

1929年12月，顾颉刚已经迁至燕京大学任教，同时朴社欲印《史记》，于是他开始着手编辑一个新的《史记》校本，这项工作还包括了几个重要版本的校订，朴社希望能出版一部仔细校订过的版本（178页）③。

1930年秋（188页），顾颉刚讲授"中国上古史研究"课程，并指导学生作《史记》本纪和世家的研究，这个课程的学生有二十余人，其中包括徐文珊、齐思和、韩叔信、赵澄和谭其骧。他还开始（189页）为《史记》加标点，并委托徐文珊负责"三家注"的标点

---

① 崔适是《史记探源》的作者，他认为《史记》大部分篇章都是伪造的，但很多这样的论断都没有足够的证据支持。

② 我还没看完这个时期的《顾颉刚读书笔记》。

③ 译者按，作者此处所说乃据《年谱》，《年谱》的说法是"朴社欲印《史记》，校此书排样"。不过顾潮编《年谱》未必准确。据《顾颉刚日记》，顾颉刚此年下半年开设《史记》课程，但《日记》并无朴社欲印《史记》之事，反而是顾颉刚自己提出筹措一半资金来印《史记》（1929年11月13日），而且他当年10月末做了一个《史记》出版计划，每个月即出版一册，似乎不是要出仔细校对过诸版本的新版《史记》，更像是为了教学目的而对旧版的重印。顾氏有意识想出新版，可能是在1931年后。

（从10月开始，每月支付徐15元的津贴）[1]。笔者在对徐文珊的访谈中得知（采访是在徐文珊台中的家里进行的，1995年7月6日，他已96岁高龄），除了这一工作，顾颉刚还委托给他很多其他任务，因为他在燕京大学求学之前曾在高中执教数年，年龄比同届生略长一些。因此顾颉刚招徐文珊参与他即将要做的一个单独的《史记》白文本和三家注本的项目。顾颉刚先让徐文珊做后一项工作，显然他是想自己亲自做《史记》白文本的工作。

但是到了1931年（199页），顾颉刚由于其他项目而终止了《史记》的点校，并将这个文本（很明显包括了上述两个项目）交给了徐文珊和赵澄，徐负责标点，赵负责校勘，赵澄从这时开始也每个月拿15元的津贴。

1932年（204页），徐文珊完成了标点工作，赵澄也完成了蜀本和宋小字本的校勘（据徐文珊称，使用的是顾颉刚自己的藏本）[2]，但因为他们此时都毕业了，所以项目暂时搁置。

1935年的某个时间，在加入北平研究院的史学研究会之后不久，顾颉刚找到了资助，并让徐文珊继续完成《史记》白文本的草稿工作。徐文珊先生告诉笔者，他是自己一个人独立完成的，但当遇到无法理解的文段时（他说这种情况不是很多），就会去咨询他的导师顾颉刚。徐文珊完成草稿后，顾颉刚花了三个月时间（10—12月，239页）来完成《史记（白文之部）》的编辑。史学研究会在次年以顾颉

---

[1] 即裴骃《集解》、张守节《索隐》和司马贞《正义》，三家注在绝大多数的明本《史记》中常常一同出现，至今还是非常重要的注释来源。

[2] 他们使用了湖北书局翻刻的明代震泽王延哲本（即仿刊王本），见贺次君，《史记书录》，北京：商务印书馆，1958年，233页。作为他的校勘成果，赵澄发表了《史记版本考》，《史学年报》，1931年8月，107—146页。

刚和徐文珊合编的名义出版了这个新的白文本（263页）[①]。其索引和"三家注"，顾颉刚写道"亟待贡诸当世"，他希望能尽快完成，乃是因为泷川资言的《史记会注考证》已在一年前出版了！

据《国立北平研究院第七年工作报告》（北平研究院，1936年，75页）的记录，徐文珊完成了"三家注"的校勘和编辑，他和顾颉刚完成了《史记（白文之部）》，孙海波完成了《史记索引》。不幸的是，徐文珊已经记不清这个索引的内容，也不记得它之后的去向。而"三家注"是写在卡片上的，徐文珊说他在1930年代后期离开北平，不能确定这些保存在北平研究院的卡片后来怎样了。

在1940年的夏天（300页），顾颉刚开始"编辑《史记》索引及辞典"（疑即孙海波所作？），与他合作的有孙惠兰、李为衡和刘福同。1940年代到1950年代初期，顾颉刚在不同的学校里都开设过《史记》研究的课程（309、339页）。他作的索引和辞典，而今已下落不明。

顾颉刚在中华书局编辑《史记》的时期（1954—1958）

如果我们翻阅顾颉刚的读书笔记（《顾颉刚读书笔记》，由顾颉刚女儿顾洪整理出版，台北：联经出版社，1990年，后文简称《笔记》），我们能看到1953年秋天顾颉刚好像一直在阅读梁玉绳的《史记志疑》（《笔记》，5:3393），他由此作了两条关于《史记》的笔记，一是关于某些《史记》卷目的真实性问题，二是梁玉绳是如何处理早期《史记》注者的（《笔记》，5:3393—3401）。顾颉刚此时还对司马迁的生卒年问题很感兴趣。

[①]有关徐文珊编辑《史记》的详细资料，见徐文珊，《史记勘误举例》，国立北平研究院《史学集刊》1936年第1期，231—244页。

1954年，顾颉刚被招至北京并加入新成立的科学院历史研究所，在这里担任专门为他设立的一个特殊职位①。他多年来的《史记》研究在此时似乎正好发挥了作用。应中华书局的邀请，顾颉刚和贺次君（见31页注②）要准备一个新的《史记》三家注版本。同年10月15日，顾起草了一个"整理史记计划"（353页）。尽管他同时还有一个整理大部头《资治通鉴》的工作（《笔记》，6:4055），顾颉刚还是在1955年5月开始了《史记》的编辑工作。他让贺次君在北京图书馆收集整理《史记》的诸版本，以期能整理出一个《史记三家注集证》（356页）。同年，他的《笔记》也记录了他正在阅读《史记》，并常常与《资治通鉴》进行对校（《笔记》，6:4082）。随着时间的推移，他逐渐专注于《史记》的本纪、年表、书和世家（《笔记》，6:4137—4159）。

自8月到9月（357页），顾颉刚开始起草《史记序》，并且完成了关于以下问题的部分：（1）司马谈的作史计划和他所写的史，（2）《史记》五种体裁的因袭和创造，（3）司马迁的《史记》编写，以及（4）现在的《史记》已不是当时的《史记》等。他希望这篇序能成为"《史记》通论"性的研究文章。

1956年，我们可以看到顾颉刚还在继续阅读本纪和世家（《笔记》，6，多处），他还写了《史记点校说明》，其中提到：

> 现在我们利用了三十多种本子把认出来的错误能改正的都
> 改了，没法改正或不敢遽行改正的也分别在校记里加以说明，又

---

① 研究所的所长为郭沫若，另外有一批学者，如杨向奎、胡厚宣和张政烺都是自愿来京的。但顾颉刚是直到郭沫若承诺给他特级教授称号时才愿意北上，特级教授地位高于其他六级教授，每月工资为500元。

加上标点和分段，使得《史记》的正文和"三家注"都比较容易读……（358页）

1957年春，顾颉刚《笔记》的重点明显地转移到了列传的第一篇（《笔记》，7:4697、4699、4799、4704都包含了对《史记》卷63、65、66、68和卷69的评语）。4月份时他已经做到了卷81，但5月他抱恙在身，故连续两个月都甚少作笔记，更是无任何关于《史记》的记录。7月份，他去了青岛养病，重新开始了《史记》的整理。但该年的后半阶段，他的兴趣主要游走于更早期的文本，即《山海经》《国语》《诗经》和《尚书》。

1957年12月，顾颉刚尚身在青岛，他重新回到了之前的"列传"工作上（《笔记》7:5017，整理《史记》卷82）。次年1月份回到北京后，顾春夏两季都在继续完成他的"列传"工作。他也参加了书稿出版的领导工作，在1月的最后十天里起草了"《史记》校证工作提纲"，并在8月初写了"标点《史记》凡例"。12月末，他将全部《史记》书稿交给了中华书局，1959年9月，付梓出版（362—363页）。

最后，在1959年10月初，时任苏联科学院副院长的越特金（Rudolf Viatkin）为他的《史记》俄语版翻译计划来到北京，寻求帮助和建议（365—366页）。据顾颉刚的说法，越特金已经将沙畹的法语版翻译成俄语版，而且他来北京后首先见了胡厚宣、赵幼文和高志辛。次年1月到2月，越特金开始与顾颉刚共事，顾能够解决他的大部分问题[①]。2月17日，顾颉刚在火车站目送越特金离开北京。

[①] Juri Kroll 教授曾为我读过越特金译本的"序言"，他指出越特金感谢了顾颉刚在北京为他提供的帮助，尤其是在"本纪"上的帮忙，并且在他的注中至少七次提到了顾颉刚的断句。

疑团

如果阅读完顾潮的《年谱》，再回头看看中华书局本的前言和后记，我们难免会产生疑惑。无论中华书局本是怎样一个版本，它都不是顾颉刚所计划的本子。对于这种情况，有两种可能的解释：（1）顾颉刚没能达到为自己和贺次君所设立的高标准要求，最后得出的成果远非理想，或者（2）中华书局本使用的根本不是顾颉刚的成果。

除非中华书局内部参与了《史记》出版工作的人能透露更多最终版本的整理细节，否则以上两种解释都是无法得到证明的。但笔者认为，有不少迹象都表明第二种解释更为合理。笔者的猜测是基于以下证据：

（1）顾颉刚的名字没有以编辑者的名义出现在中华书局本的任何地方。在"出版说明"中，仅言及"这个本子由顾颉刚先生等分段标点"。当然，在1950、1960年代，甚至1970年代，中国出版社是很少将这样庞大的编辑工作归功于一个人的。不过，这些书籍的扉页还是常常有署名的。中华书局本《史记》6页的"出版说明"和"点校后记"都署名"中华书局编辑部，一九五九年七月"，距离顾颉刚提交他完成的书稿已经过去了很久。

（2）顾颉刚的相关研究——"《史记》序""提纲"或"标点《史记》凡例"——全都没有出现在中华书局本中。尽管我们可以想象得到，这可能是中华书局编辑部改写了顾颉刚的书稿，而这种做法并非常规。但我们并没有在顾颉刚的《笔记》中看到任何不满的反应。

就顾颉刚为中华书局准备的多种书稿问题，笔者曾给北京的同行吴树平先生致信，询问他是否清楚这些书稿是否依然存世。笔者还曾致信顾颉刚的女儿顾洪。吴树平因是拜访了顾家，他向顾的另一位女儿顾潮求证后，回信如下（1995年5月16日）：

> 据顾潮所言，至今尚存一份顾颉刚先生早期所写的《史记序》草稿，其中一部分已经出版；至于"提纲"和"凡例"，均已佚亡，连最早的草稿都找不到了。

这让笔者不得不怀疑中华书局在某种程度上，掩盖了顾颉刚的功劳。

（3）第三个让笔者怀疑中华书局是否使用了顾颉刚成果的原因是目前所见"出版说明"和"后记"之间的矛盾，即前者称赞了金陵书局本并认为以其为底本是合理的，但同时肯定了顾颉刚让贺次君整理三十余个版本的功劳。在顾的《笔记》里，他已经表达了自己对张文虎本子的批评[1]。笔者是无论如何不能相信顾颉刚会在当初设定综合诸本校订的目标后，最终却只用了一个本子。

（4）另外一条证据就是，中华书局本与顾颉刚、徐文珊在1936年出版的《史记（白文之部）》之间的异文。尽管笔者不会在本文中罗列这些共知的细微异文[2]，但它们确实为这一猜想提供了有力的证据。

（5）笔者仍为中国的人物传记书写（如杨燕起的书）未能归还顾颉刚在《史记》编辑中的功劳而感到困惑。为何只有从顾颉刚的学生

---

[1]译者按，张氏即以金陵本为底本。

[2]我已经在 "The Study of the *Shih-chi* (*The Grand Scribe's Records*) in the People's Republic of China" (*Das andere*, Wiesbaden: Harrassowitz, 1995, pp.381–403）提到了数处这样的矛盾，383—384页。译者按，中译见本书《中国的〈史记〉研究》。

和家人的叙述中才能确认顾颉刚的这份功劳呢？

（6）最后，有两位与中华书局关系密切的学者——即傅璇琮和吴树平——曾称，宋云彬负责了中华书局本最后的编辑工作并执笔了"说明"和"后记"。

尽管这些证据自身都不足以得出最终结论，但他们加起来的分量却足以说服笔者。

在笔者着手就有关中华书局在使用顾颉刚及其成果时的不妥做法写一个公开的情况说明时，笔者收到了来自顾洪的回复，笔者曾同时致信她和吴树平。她的封函日期为5月4日，但她的信却比吴树平的回复晚了一周多才到达笔者手上。她信中所言使得事情发生了戏剧性的反转。她写道："在1956年的1月，金陵书局本成了校勘和标点的底本。"她继续说道，她父亲是个理想主义者，他的一生及其研究都极力找寻最佳的解决方案，然而这常常会与现实冲突。因此，尽管顾颉刚批评了张文虎及其本子，他最后还是被说服：那就是目前所能得到的最善本，使用这个本子是合理的。顾洪这里的措辞，笔者相信，也许是想迂回地向笔者解释，也是为了说服她自己，即她父亲自己才是他早期所设定的宏伟目标不能最终实现的原因。顾洪继续道：

> 我想现在应该谈一下他（《史记》）研究的大致情况：
>
> 1955年8月到9月，他写了《史记序》，其中第五部分在1987年首次发表于《古籍整理与研究》，标题为"现在的史记是司马迁的原书么？"这部分大概有8000字。整篇序大概有40000字，但不见存有终稿，而且中华书局也没有使用这篇稿子。
>
> 1955年12月，（父亲）让贺次君起草《标点史记凡例》，基于此文，他又写了一篇《史记点校说明》。到了1956年1月，他

们在一起共同写了超过8000字。中华书局也没有使用这些文稿。

1958年1月，他写了《史记校证工作提纲》，大概一千余字。这份稿子目前已经丢失了。

同年8月，他写了《史记凡例》，总共二万余字。当时他完成了第一部分，中华书局的工作人员来取走了这份稿子。我们家中已无副本。

同年9月30日和11月6日，他参加了由中华书局举办、金灿然先生主持的"《史记》校勘与标点会议"。宋云彬和贺次君等学者都参加了这次会议。

顾洪接着说，虽然她不知道会议上具体发生了什么事，但中华书局的反应是顾颉刚的成果太过于事无巨细了——他关于异文、标点等的处理方式较他们想要的过于学术化了。据她所知，会议主持人金灿然（1913—1972），也就是最终决定使用哪个文本的人，他是中华书局的总编。

顾洪还提到，她核对了她父亲的《笔记》（7:5465）和中华书局"后记"所列的文本校勘，发现顾颉刚的《史记凡例》很可能就是"后记"的底本。

由此看来，本节开始提出的两种可能性——即顾颉刚并没有达到自己的预期，以及中华书局没有使用顾颉刚以自己所希冀的形式完成的成果——都是真实的。笔者怀疑，由于顾洪说她父亲转向了金陵书局本，大概在1956年1月，顾颉刚开始放弃了他汇校本的想法（很可能是在与贺次君商量之后，贺后来在他的《史记书录》[北京：商务印书馆，1958年]中收录了60余种不同的《史记》版本）。然后，他又为中华书局准备了一个过于学术化的草稿，后来中华书局在1958

年秋的会议上决定由宋云彬负责最后的编辑工作，他是中华书局的编辑，也是《史记》的专家。最后，顾颉刚的"前序"和"后记"都未能按时完成。这些未完成的手稿就在顾洪提到的还保存在她家的那些书稿之中，而我们又有顾颉刚会放下手头工作数年之久来处理其他研究的先例——即他的《史记》白文本校勘标点工作。笔者认为，中华书局了解顾颉刚的工作习惯，而且对他准备的草稿并不满意，因此感到有必要让他们自己的学者参与其中。不过，顾颉刚的"提纲""序"和"凡例"似乎是今天中华书局本"说明"和"后记"的基础。

这个猜测是非常合理的，因为这解释了为什么顾颉刚没有在《笔记》中公开表达对不公待遇的不满，为什么顾颉刚的原始计划和现在的中华书局本《史记》之间存在着差异，以及为什么中国的很多学者都未对是宋云彬最后编辑了书稿的说法提出异议。

结论

这些对《史记》的研究者有着怎样的意义呢，尤其是那些想要使用中华书局本的学者？首先，这是目前能看到的最好的本子之一。张文虎的校勘虽然称不上完美，但至少也尝试去校勘了不少之前的版本。顾颉刚（可能还包括宋云彬）后来重新校订了一次这个本子。但这前后的校勘都没有使用至少两个非常重要的本子，即百衲本和仁寿本，而这两个本子是在使用中华书局本时必须时常对勘的。

以上的事实和以之为基础的合理推论，也让我们能一窥一位伟大学者的一生。如果能有更好的条件、得到更多的财务支持，顾颉刚肯定能做出更多的成就，甚至远超过他为我们理解早期中国历史所提供的那些基础研究。这些成果向我们显示，他就像那些跟随着自己对《史记》的兴趣而行的人一样，从一个宏伟的目标出发，最后却不得不受制于实际环境和编辑者们的要求而做出妥协。

最后，对笔者而言，中华书局欠汉学界一个合理的解释，即他们的《史记》版本是如何、由谁来完成的。对这个问题闪烁其词是毫无意义的。笔者希望，在未来新印的《史记》版本中能加上新的"说明"和"后记"，笔者也已将本文函至中华书局并希望得到他们的回复和建议，笔者相信，这是未来的中国文学研究界所喜闻乐见的。

附一：贺次君、宋云彬与中华本《史记》

> 今汉兴，海内一统，明主贤君忠臣死义之士，
> 余为太史而弗论载，废天下之史文，余甚惧焉，汝其念哉！
> ——司马谈（《史记》，3295页）

贺次君（1914.10.5—1988.4.17）[1]，对于《史记》研究者而言最著名的是他研究六十种《史记》版本后写成的《史记书录》（1958年）。尽管这本书在西方没有得到足够的重视，但1978年鼎文书局出版的一个翻印本（收录在"史记附编"丛书中），以及神田喜一郎发表在《中国文学报》的一篇书评着实让远东的学者意识到其重要性。

贺次君出生于四川省金堂县，他的父亲贺维夔是当地的官员。父亲与祖父也都是清朝举人。贺次君的母亲是胡雨岚的女儿（浙江吴兴人），他是晚清时期四川地区教育圈的活跃分子。贺次君在四兄弟中年纪最小，跟随父亲在家学习期间，他的表现并不好。1925年，他在

---

[1] 在此感谢张振军教授（现就任于圣劳伦斯大学，原在北京任编辑），他在2009年6月采访了贺次君的女儿贺德玮，还帮忙整理这篇短文所依据的有关贺次君生平的其他材料。

成都宝盟公学（中学）开始接受正式的教育。1929年，他考进了志诚高中。

1930年，贺次君考进北京大学历史系，师从顾颉刚（1893—1980）和熊十力（1885—1968）。当年秋天，顾颉刚与一些学生已经开始《史记》的工作，他开设了一门中国古代史的课，与学生一起阅读本纪和世家部分。课上的学生还有徐文珊（1900—1998）、齐思和（1907—1980）以及谭其骧（1911—1992）。贺次君很有可能也参加了这门课①。1934年，由于导师的支持，贺次君成了钱穆（1895—1990）的研究助理，专门为钱穆的"近三百年学术史"与"中国上古史"这两门课作课堂笔记②。接下来一年，可能也是得到导师的支持，他根据钱穆课上的一些评论，发表了一篇题为《说儒质疑》的文章③，主要是批评胡适（1891—1962）的《说儒》。胡适并不喜欢这一批评，1935年下半年的时候，贺次君离开了北京大学。

很快，当时广东中山大学的教授兼图书馆馆长罗香林（1906—1978）邀请贺次君到中山大学任教，同时担任中山图书馆研究院的主任。1937年④，中山大学开始向云南迁移，贺次君也辞职了。然后，经熊克武（1885—1970）推荐，他入职四川省政府成为一名秘书，后又成为《华西日报》的总编。1940年代的头几年，他还担任过国立编译馆的翻译员。抗战结束之后，受北平市市长熊斌（1894—1964）的邀

① 这门课后，徐文珊参与了《史记》的校点；顾颉刚将这些工作汇总后，于1936年出版了《史记（白文之部）》，编辑为顾颉刚和徐文珊。
② 见钱穆，《北京大学杂忆》，收录于《八十忆双亲 师友杂忆》，北京：生活·读书·新知三联书店，1998。"近三百年学术史"这门课的笔记最后整理为《中国近三百年学术史》一书出版。
③ 此文发表于《益世报》，这是一份由北京大学历史系学生创办的报纸。
④ 译者按，当在1938年。

请，贺次君回到北京，担任立法委员和《北平国民新报》的主管（直到1948年）。在对当地和国民政府做了一系列批评之后，国民党施压让贺次君卸任。于是他回到成都，并担任钢铁机械工会的秘书。

1952年，贺次君再次回北京，协助其前导师顾颉刚负责《中国上古史》的编辑工作。接下来的十年，他都在中华书局和商务印书馆担任编辑。1950年代中叶开始，贺次君协助顾颉刚对《史记》进行标点和校对工作，1959年作为"点校本二十四史"之一由中华书局出版。贺次君被分配的任务是研究所有能看到的《史记》版本，1958年，他将其研究成果结集出版为《史记书录》。同年6月，他与凤淑琴步入婚姻殿堂，凤是北京同仁医院的护士。婚礼在峨眉酒店举行，顾颉刚被邀请为证婚人。1961年2月5日，他们的女儿贺德玮出生。

"文化大革命"初期（1966年），像其他许多中华书局的编辑一样，贺次君被定性为"反动分子"并受到批判。他的财产被充公，并被遣返回到家乡成都。他在当地的一家印刷厂工作，工作内容是折纸和制造纸箱子。

1979年，贺次君再次受聘回到中华书局任编辑。他开始了几个主要的出版计划，其中包括校订出版新的梁玉绳《史记志疑》（1981年）和李吉甫《元和郡县图志》（1983年）。1981年6月，贺次君中风，整个1980年代中叶他都因此瘫痪不能行动。1988年4月17日，贺次君溘然长逝。如果他能早两千年出生的话，他的一生应该也会被载入《史记》吧。

宋云彬（1897.8.16—1979.4.17）[1]，与贺次君一样曾长期从事编辑

---

① 在此感谢邹昕和张淳婷，她们协助整理了宋云彬的生平材料。宋的文章后被结集出版为《宋云彬杂文集》，北京：生活·读书·新知三联书店，1985年。

工作，在1959年中华书局本《史记》的最终版本中发挥了重要作用。他似乎在中华书局"点校本二十四史"其他几种的工作中也发挥了不少作用，只是都没有得到太多认可。

宋出生在浙江海宁附近，1912年初入读杭州中学，很快就卷入了民国初年瞬息万变的文化世界之中。几年后，他就开始为杭州市的几家报纸编稿、写稿。由于这些新闻工作，他认识了徐志摩、茅盾和泰戈尔等文学家。1924年，宋云彬加入中国共产党。三年后，他在上海开始其编辑生涯，为商务印书馆做《资治通鉴》选本出版工作。1920年代中期，他还担任开明书局的编辑和作者。1927年春，他移居武汉，曾在《民国日报》任编辑，后又回到上海，还应茅盾之邀参加了文艺界协会的成立仪式。1930年代，他以现代方式整理点校了《后汉书》。1938—1946年，他转移到西南地区，主要活跃于桂林，在当地的桂林师范学院任教。在这期间，他结识了柳亚子（1887—1958）。战后，他在香港待了两年，在大德学院执教，之后又在北京待了四年（1949—1953），最后回到杭州，主持当地的文史馆，担任过不少政治职务，并定期发表文章。1957年，宋云彬被划为"右派"，他的很多成就也因此被淹没了。1958年暮春，他在北京中华书局找到了一份编辑的工作。

尽管宋云彬二十年来编辑和撰写了超过二十种书，主题从汉代宗教到中国现代史，但他是从1920年代末在上海从事整理和标点古代文献的工作后才开始与《史记》产生关联的。从宋的日记看[1]，很明显他最早当是从1945年年中才开始标注《史记》的某些卷目的。他在杭

---

[1] 宋云彬，《红尘冷眼——一个文化名人笔下的中国三十年》，太原：山西人民出版社，2002年。

州进行的《史记》校点逐渐发展成编纂《史记集注》的计划。这个项目共有16名学者参与，每人负责一部分，其中包括叶圣陶（1894—1988）、王伯祥（1890—1975）①、郑振铎（1898—1958）以及夏承焘（1900—1986）。宋负责的应为本纪部分，1958年3月他主要在校对和翻译卷七和卷八（即项羽本纪和高祖本纪）。与这个《史记》项目相关，他还为中华书局准备了一个钱大昕（1728—1804）《史记考异》的抄本。1958年暮春，他在注释《高祖本纪》，同时给《范雎蔡泽列传》做白话的注译。

1958年年初，中华书局的编辑对顾颉刚的《史记》编辑工作产生了一些顾虑②。点校本《史记》本来是计划在1959年出版的，作为中华人民共和国成立十周年的国庆献礼，因此压力非常之大。中华书局同时也在找人负责"点校本二十四史"的项目。主编们最后一致认为宋云彬是能解决这两个问题的最佳人选。如此看来，《史记》的最后编辑工作以及整个项目的总体指导和监督工作，此时都逐渐移交给了宋云彬。由于一年前才刚被打为"右派"，他的新职务并未对外公布③。同年秋天，他开始校对金陵书局本（即顾颉刚所选的底本）、黄善夫百衲本以及殿本。1958年9月末，宋在其日记中说（480页），顾颉刚标点的《史记》"标点问题甚多，改正需要甚长之时间"。顾颉刚的大部分标点与《史记（白文之部）》十分相似，这是顾与徐文珊在

---

① 据《红尘冷眼》，455页。王伯祥当时出版了非常著名的《史记选》，北京：人民文学出版社，1957年。

② 顾颉刚已经为中华书局点校《史记》数年，见上文。译者按，实际上，这里的顾虑不只是时间问题，还有稿费问题，顾颉刚不满中华书局的稿酬，另外顾的身体不佳，也未能按时交稿。见《顾颉刚日记》，下文将述及。

③ 见钱伯城，《从宋云彬日记看一个高层"右派"的经历》，《东方文化》2003年第2期。

1930年所点校的版本①。顾本甚多的"问题"促使中华书局在当年9月30日召开了一次编辑会议，总编辑金灿然出席了会议。

参加会议的除了金灿然②，还有顾颉刚、齐思和、聂崇岐（1903—1962）以及其他一些编辑。会议的结果是，他们让宋云彬将对顾颉刚版本的反对意见整理成文。两周后的10月16日，他向金灿然提交了一篇七千字的文章，即《关于标点史记及其三家注的若干问题》。

很明显，处理顾颉刚版本所遗留的问题需要很长一段时间。不过，由于时间的压力，宋云彬必须尽快完成《史记》的最后编辑，并在1959年4月完成一份校订草稿，然后在5月初完成前言（点校说明）和后记（出版说明）。尽管顾颉刚已经写过一些前言性质的文字，但宋似乎最后并没有使用③。5月末，宋又根据叶圣陶和其他人的意见校订了一次文本（《冷眼红尘》，502页）。从6月到9月，宋再次校读了《史记》，最后在1959年10月及时提交了最后的版本。因此，多年来

---

① 见42页注释①。

② 金灿然1936年入北京大学，1938年抵达延安并加入共产党。1950年代，他担任过数个政治职务，很多都与出版相关（例如他曾任《人民日报》编辑）。1958年，中华书局被委任出版经典文献的新校本，以及现代学者对这些文献的研究著作，金灿然也因此就任中华书局的总编辑和总经理。金灿然主持了很多重要文献的出版工作，包括"点校本二十四史"和《全唐诗》。他与宋云彬的关系似乎并不十分熟络。

③ 顾颉刚写了《史记点校说明》（1956年）和《史记校证工作题纲》（1958年年初）。不过，据其女儿顾洪又述，顾颉刚的手稿被中华书局拿走并保存起来，今本《史记》的后记似乎是根据顾的草稿而成的（见上文）。不过，顾洪的猜测似乎与宋云彬的日记矛盾。译者按，根据宋云彬的日记（1959年5月），他自当月4日开始搜集资料，12日开始动笔，连续六天至17日"点校史记"脱稿，达万六千言，后据金灿然意见，在25日终于将其分为"点校说明"和"出版说明"两部分。检今"出版说明"与"点校后记"，正合万六余言的数目，与顾颉刚的四万言不合。

众多学者所发现的中华本《史记》的标点问题，似乎终于找到了其中一些原因，那就是最后点校时的仓促。

在完成《史记》校对后不久，宋云彬开始将注意力放到了《后汉书》。他的《后汉书》点校本1965年由中华书局出版，前言中也清晰地说明了他的工作。尽管他已经开始了这项新的工作，但他还是回头检查了他的《史记》点校，并从已出版的《史记》中找了很多错字和其他错误。1961年4月，中华书局根据这些校证作了修改并二印出版。1963年3月，又出版了有更多改正的三印版。

宋云彬的《项羽本纪》白文翻译也在1963年由中华书局出版了①。他继续编辑正史文本，1963年年末完成《后汉书》的点校，然后继续点校《南齐书》（1964）、《陈书》（1965）以及《梁书》（1966）。与《史记》一样，他的工作并没有出现在这几本书的前言里。1964年，宋云彬还校读了杨伯峻（1909—1992）的书稿并给出修改意见，这就是后来鼎鼎大名的《春秋左传注》（中华书局，1982年）。此外，在1961年和1963年，宋云彬至少在北大开过两学期的《史记》课程。

但是，1966年6月，他被卷入了"文化大革命"，他的日记也到此停止了，之后几年的活动几乎无迹可寻。他被分配到湖北咸宁县下乡，1970年回到中华书局继续点校中华二十四史剩下的部分。1966年年中的日记条目似乎是他最后的亲笔所记。此后由于红卫兵的缘故，他几乎绝口不言。有传言说，1970年他从咸宁回到中华书局后，直到离开人世，都没有在公共场合再发表过一句话。

---

① 他还翻译了《汉书·高帝纪》，并以《刘邦：选自汉书》为题出版，北京：中华书局，1964年。译者按，据其日记（457页），宋云彬在1958年3月18日起翻译的是《史记·高祖本纪》。

附二：中华书局修订版《史记》

> "时机已经到了。"海象说。
>
> —— "The Walrus and the Carpenter", Lewis Carroll

  过去这一年有两种重要的有关《史记》的著作出版。第一是叶翰（Hans van Ess）教授的两卷本 *Politik und Geschichtsschreibung im alten China, Pan-Ma i-t'ung* 班马异同，2014年由德国 Wiesbaden Harrassowitz 出版社出版，这是叶翰研读《史记》和《汉书》十余年的成果结晶。第二是新的修订版《史记》[1]，由赵生群教授带头，八位南京师范大学的学者完成，其修订花费的时间与叶翰的著作差不多。

  叶翰教授的书值得读者仔细阅读，这里便不过多介绍。可以说，过去十一年我一直与叶翰教授一同阅读和翻译《史记》，他的许多观点早已渗入了本卷的诸多译文和"译者札记"之中。

  由于新版《史记》出版于2013年，本卷很多内容并未以之为

---

[1] 新版《史记人名索引》《史记地名索引》和《史记三家注引书索引》也即将出版。

参考，因为我们很多译文在此前已经完成。新版的开篇为"点校本二十四史及清史稿修订缘起"，解释了新修订"二十五史"的原因。然后是赵生群教授的"修订前言"，其中包括了1959年中华本"出版说明"的内容，新增了一些1959年本的演变细节。他说："点校本《史记》由顾颉刚、贺次君标点，宋云彬参考顾颉刚、贺次君标点本重新标点并编辑加工，最后由聂崇岐复校，于一九五九年由中华书局出版。"

《史记》新修订版与1959年版都是以金陵书局本为底本，但新修订版参校了诸多早期版本和抄本，此外还参考了梁玉绳、钱大昕、王念孙、张文虎、泷川资言以及水泽利忠等的札记、考证和注释，同时还参考了《汉书》的对应文段（见"修订前言"，5—7页）。

据八位学者之一的苏芃介绍，新版的编校分工如下：方向东负责校对金陵书局本，吴新江负责元彭寅翁本，王永吉负责毛晋汲古阁单索隐本，苏芃负责黄善夫和其他一些早期的抄本，赵生群负责北宋景祐本与一些早期抄本。最后的介绍性文字由赵生群执笔[①]。

第十卷最后包含了"点校后记"（今已改为"史记点校后记"，4055—4077页），但新收录了一个"主要参考文献"的目录，里面给出了他们用以校勘的版本（包括敦煌出土的材料以及日本的抄本），以及参考的研究文献（主要是1959年以来出版的150种经典文献的新校本）。

我们试以1959年版与新修订版的卷一一五《朝鲜列传》为例，以看两者的差异。首先两版的页码不同，1959年版是2985—2990页，新版是3593—3600页。新版卷后有一页校勘记，但页码的变动主要

①另外，王华宝、王锷和曹红军也参与了校订编辑工作。

是因为新版的字号变大了。赵生群教授及其团队在文本中作了两处改动：一是改正了一个误字，即3597页第一行的"朝"字改成了"期"字；二是最后一段的"洌口"改成了"列口"（新版3598页第一行）。此外还有两到三处标点断句的改动，还有一些地方，尽管校勘记中说需要改动，但实际并没有，如3599页注6说"韩阴，疑当作'韩陶'"，但正文仍作"韩阴"。这些校勘记也被标序放在正文内（《朝鲜列传》有九处）。但它们与1959年版的三家注重合了，因此有时候颇难区分（尽管它们是用灰色而不是黑色文字标注出来的）。因此在3598页"楼船将军亦坐兵至列口"下有两个脚注序号，一个"9"（灰色）和一个"1"（黑色）。注9在3600页，说因为景祐本和其他文本"洌"作"列"，故改。注1是原"索隐"，引苏林曰："县名，度海先得之。"

　　除了这些瑕疵，新版可以说有非常重要的提升和改善，而且必然会成为新的标准本。所有《史记》的研究者都将会从赵生群教授及其团队的努力中得益。

附三：张文虎对《史记》之研究

自从司马迁和他的抄手们（史官？）放下手中的书写工具，《史记》就成了一个充满争议的文本，人们一直在讨论其背后的"影子作者"①。这里不再赘述《史记》缺佚或是部分《史记》据《汉书》所补的问题，一个最基本且又未被解决的问题其实是司马迁的父亲司马谈究竟给他儿子留下了多少文本②。这种"诅咒"一直蔓延到当下。例如，尽管博学且笔耕不辍的沙畹为其伟大的法译本花费了不少精力和时间，但沙畹在中国早期的阅读和翻译其实是得到了一位不知名

---

① 在此要感谢威斯康星大学麦迪逊校区东亚语言与文学系的三位博士研究生，他们对本文贡献良多，可作为共同作者，他们是曹卫国、黄淑媛以及尚琤。我也要感谢 J. D. Schmidt 教授对本文提出的周全批评。若本文在事实考据或判断上有任何错误，都是作者本人的责任。

② 司马谈在《史记》写作上贡献几许，可参见张新科、俞樟华编著，《史记研究史略》，西安：三秦出版社，1990年，184—186页。

的中国学者的指导，1893年他回到巴黎后似乎也得到了唐复礼的帮忙①。相似的是，中华书局1959年出版的《史记》点校本，尽管众所周知顾颉刚是第一个开始其点校工作的，但也有人指出实际上是宋云彬，甚至有可能还有中华书局的其他编辑人员，完成最后的点校工作的②。

带着这些疑问，我最近购买了一套原版的金陵书局1873年刊印的《史记》，并想重新考究一下这个版本校勘出版的历史过程。我一开始对原来的认知——即张文虎在这个1860年代的重要《史记》版本中占据了重要地位——是深信不疑的。我在我们的译本 The Grand Scribe's Record 第一卷的前言中是这样说的：

> 金陵书局本是在1866年至1870年间编辑完成的。第一年由唐仁寿主持，1867年张文虎参与了工作，而且很明显最后的成果被冠以了他的名字。③

但当我重新找来中华书局本《史记》的"出版说明"来读时④，我发现了一句之前没注意到的话：

---

① 关于"得到一位中国学者的帮助"这一说法，是沙畹死后戴密微教授（Paul Demieville）整理出版其遗稿提出的，见"Avertisement", *Les Mémoires historiques de Se-ma Ts'ien*, Paris: Adrien Maisonneuve, 1969, p.3。
有关此事，可参见本书《西方〈史记〉研究一百年（1895—1995）》以及《关于沙畹未出版〈史记〉译稿的一些问题》。
② 有关此事，参见本书《顾颉刚与中华本〈史记〉》。
③ William H. Nienhauser ed., *The Grand Scribe's Record, Volume 1: The Basic Annals of Pre-Han China*, Bloomington: Indiana University Press, 1994, p.vix.
④ 《史记》，北京：中华书局，1959年。

这个本子经张文虎根据钱泰吉的校本和他自己所见到的各种旧刻古本、时本加以考订，择善而从，是清朝后期较好的本子。

这里又出现了一个与《史记》研究非常重要的本子有关的"影子人物"，他就是钱泰吉①。因为金陵书局本是中华点校本《史记》的底本，钱校本对金陵书局本的编校产生了多大的影响，这对我们研究这段历史而言是非常重要的。因此，我最近开始研究张文虎的生平与写作，本文就是这些研究的成果。我希望能对已经出版的有关张文虎的研究作以下的补充：1.给出更全面的生平介绍；2.补充之前被忽略的金陵书局本《史记》的序跋的文本（与译文）；3.考察一些张文虎校勘《史记》的实例。我要强调的是，本文是一个初涉清代学术的人的初步研究而已，因此请诸大方之家不吝指正。

1.张文虎的生平

有不少材料记载了张文虎的生平，如他自己的著作，以及他的墓志铭②。不过，就本文的目的而言，我们只引《清史稿》③中记载即可：

同时以耆年笃学主讲席者，有南汇张文虎④。文虎，字啸山⑤。

---

① 有关钱泰吉，见 Arthur W. Hummel（恒慕义），*Eminent Chinese of the Ch'ing Period*，台北：成文出版社重印，1967年，155—156页。
② 见缪荃孙，《艺风堂文集》，后收录于张文虎，《舒艺室诗存》"出版说明"，台北：大华印书馆，1968年，1—5页。
③ 朱汇森编，《清史稿校注》，台北："国史馆"出版社，1990年，482:11123页。
④ 在今上海市区东南25公里，上海海岸附近，见谭其骧，《中国历史地图集》，北京：地图出版社，1987年，第8册，17页。
⑤ "啸山"与其名"文虎"对应，他还有别号"梦彪"。

诸生。尝读元和惠氏[①]、歙江氏[②]、休宁戴氏[③]、嘉定钱氏诸家书[④]，慨然叹为学自有本，则取汉、唐、宋注疏、经说，由形声以通其字，由训诂以会其义，由度数名物以辨其制作，由语言事迹以窥古圣贤精义，旁及子史，莫不考其源流同异。精天算，尤长校勘。同治五年，两江书局开[⑤]，文虎为校《史记》三注，成《札记》五卷，最称精善。卒，年七十有一[⑥]。著有《舒艺室遗书》。

这个简单的生平介绍里有几个重要的因素对下面的研究非常关键。首先，传记强调了张所读的书而不是给他授业的先生，这里所列

---

① 惠栋（1697—1758）是苏州的一个校勘学家和学者（见 Arthur W. Hummel, *Eminent Chinese of the Ch'ing Period*, pp.357—358）。惠栋是后来吴派经学（苏州学派）的创始人。这个学派是汉学学派（乾嘉学派）的一部分，他们都注重文本校勘和考证研究。

② 江有诰（1790？—1851）是著名的文献学家，他的著作受到了段玉裁（1735—1815）和王念孙（1744—1832）的高度赞誉，见其传记，《清史稿》，481:13220—13221页。他的著作包括《诗经韵读》《群经韵读》等，其中《诗经韵读》可能对张文虎的吸引力是最大的。

③ 戴震（1727—1777），休宁人（今安徽），是一位伟大的学者，他与当时诸多著名学者都有联系，如历史学家王鸣盛（1722—1798）；他还是著名学者王念孙的老师。戴震参与了《四库全书》的编修工作，他一生共编辑过50部以上的书籍，见 Arthur W. Hummel, *Eminent Chinese of the Ch'ing Period*, pp.696—699。

④ 这里的钱氏指钱大昕（1728—1804）与钱大昭（1744—1813）兄弟，今上海嘉定人。钱大昭是汉代研究的专家，作品有《汉书辨疑》和《后汉书辨疑》，见 Arthur W. Hummel, *Eminent Chinese of the Ch'ing Period*, 152页。钱大昕是著名的历史学家，著作有《廿二史考异》，张文虎正是经常借鉴这本书来校勘《史记》的（见 Arthur W. Hummel, *Eminent Chinese of the Ch'ing Period*, pp.152-154）。

⑤ 即金陵书局。金陵是两江首府（江苏与浙江）所在，也许可以与"两江"这个名字互换使用。

⑥ 据缪荃孙《续碑传集》卷七五，张文虎卒年七十八。"1808—1885"这个生卒年是比较被广泛接受的，也能与张文虎的生平事迹对应上。

之书我们在张文虎自己的书写（《札记》）中也能看到。张是自学成才的。他十五岁便失去双亲①，因为"家业维艰，不欲应童子试"，故不得不开始自学，以及频繁变换工作来维持生计②。第二，他因所读书而进入的学术圈明显地把他引导到了汉学学派（乾嘉学派）里，因此他会致力于校勘学和考证学。第三，他从所读的书中学来的做学问的功夫让他得到金山钱氏的资助（金山在今苏州东南45公里，上海市区西南30公里，地处江苏—浙江交界，西距张文虎家乡南汇仅30公里③）。他父亲死后十年，年仅二十五岁的张文虎受藏书家钱熙祚（1800—1844）④之邀至其藏书楼守山阁工作⑤。张成年后大部分的时间都与钱氏家族在一起，除了有八年，他曾受聘于曾国藩（1811—1872）校勘《史记》三注，又曾短暂旅居杭州文澜阁两个月，其间共"校书八十余种，抄书四百三十二卷"⑥。道光十五年（1835），张文虎入赘金山姚氏。1839年诞下一子，但我们对这个孩子几乎一无所知⑦。整个1830年代，张文虎主要校辑了《守山阁丛书》以及其他一些书稿。钱熙祚也邀请了其他几位学者来帮助校辑书稿，其中包括李

①见张文虎，《悝斋姚师家传》，《舒艺室杂著》，台北：大华印书馆，1968年，381页。
②参见张文虎致阮元的第二封信，"上阮相国"，1844年书，见《舒艺室尺牍》，17b。
③见谭其骧，《中国历史地图集》，第8册，17页。
④Arthur W. Hummel, *Eminent Chinese of the Ch'ing Period*，p.36.
⑤这个信息及以下大多生平事迹均据张文虎的碑铭，见缪荃孙，《续碑传集》，75:1a。
⑥见《清史列传》，北京：中华书局，1987年，第73册，6067—6068页。
⑦他的女儿嫁给了一个叫王保如的人，他们育有一子，名为王孝曾。

善兰（1810—1882）①，他后来与张成为了密友与同僚②。1843年，张文虎随钱熙祚至北京（此行很可能是为了将新刊印的丛书呈给首都的学者和官员）。在北京期间，钱氏仙逝（1844年年初）。张氏将钱氏棺木带回金山，但他似乎中途去了一趟扬州访问著名的学者兼官员阮元（1764—1849），阮元当时已八十高寿，正退休赋闲居家③。张文虎送了阮元一套他校辑的书（《守山阁丛书》），并且致书阮氏数封，也许他当时想找一位代替钱氏的新资助人④。不过，回到金山后，钱氏的侄子钱培荪很快就填补了这个位置，他坚持让张文虎留在金山并完成从他叔父时就开始的项目。

1850年代初，李善兰离开金山，与英国学者艾约瑟（Joseph Edkins）和亚历山大（Alexander Wylie）在上海合作。李善兰是著名的数学家，他在上海协助将一些数学专著和其他著作翻译为中文。张氏继续他在金山的工作。1856年，他携妻（名掇）、子移居张泾堰，至此才真正成立了自己的家（"至是始有家"，张泾堰也许是指张堰镇，在金山东南10公里，见谭其骧《中国历史地图集》，第8册，17页）。不过，此后数年，因太平天国之乱，张不得不带着家人到处躲避。

1863年，曾国藩（1811—1872）⑤为清朝收复安庆后便在那里设立了金陵书局，目的是将近十年长江下游地区因遭战火而不见的书籍

---

① Arthur W. Hummel, *Eminent Chinese of the Ch'ing Period*, pp.479-480.

② 见郑伟章，《金山钱氏刻书考》，收入氏著，《书林丛考》，广州：广东人民出版社，1995年，115—125页。据张文虎，1830年代末，有四十人在守山阁编书。

③ Arthur W. Hummel, *Eminent Chinese of the Ch'ing Period*, pp.399-402.

④ 阮元为张文虎的丛书作了一个序，并回复了两首诗，见"复阮相国""上阮相国"，《舒艺室尺牍》，15a和17a。

⑤ Arthur W. Hummel, *Eminent Chinese of the Ch'ing Period*, pp.751-756.

文献重新校辑和刊印。实际上，大部分主要的《史记》版本都没有被太平军毁坏，曾国藩的动机可能有更多自我吹嘘的成分。1863年年末①，曾国藩邀请张文虎作为他的幕客②。第二年夏天，曾国藩的部队收复南京，于是书局的大部分工作也从安庆转移到南京。1865年，曾国藩被派北上到安徽西北部追剿捻军，但他似乎早已预见此事，于是委任了张文虎一个校席③。而且更幸运的是，李鸿章（1823—1901）④上任两江总督，并马上将重新刊印在战火中毁坏的经典和历史文献一事搬上日程。此时的金陵书局由周学浚主持⑤。很可能是周学浚将张文虎安排到《史记》的校辑工作的。但无论是何人将张文虎招募到书局的，他在书局的八年，参与了不少史书、经典及相关文献的新版校勘，其中包括"四书"、《汉书》《三国志》《文选》《读书杂志》，当然还有《史记》⑥。

经典文献的刊印享有优先地位，因此这些新刊本在1867年春已

①我们部分是根据张文虎在周学浚家中为庆祝苏轼诞辰而作的一首诗来推算他到达安庆的时间的，见《舒艺室诗存》，台北：大华印书馆，1968年，268—269页。张文虎经常赋诗纪念苏轼和其他古代诗人，见其在南汇家中等类似场合中所写的诗，《舒艺室诗存》，39—41页。李善兰也出席了周学浚的聚会，也许就是在此时被招至曾国藩幕下的。张文虎加入曾国藩幕僚的具体时间，可见张文虎在曾国藩六十大寿时所写的文章，《舒艺室杂著》，201页。

②有关曾国藩幕府，见 Kenneth E. Folsom, *Friends, Guests, and Colleagues: the Mu-fu System in the late Ch'ing Period*, Berkeley: University of California Press, 1968, pp.58-77.

③见缪荃孙，《续碑传集》，75:1b。

④Arthur W. Hummel, *Eminent Chinese of the Ch'ing Period*, pp.464-471.

⑤刘尚恒，《金陵书局小考》，《图书馆杂志》1987年第5期，54—55页。

⑥刘尚恒，《金陵书局小考》，《图书馆杂志》1987年第5期，54—55页。

经出版了①。《史记》的校勘工作一开始由唐仁寿（1829—1876）主持②。唐仁寿是钱泰吉（1791—1863）③的学生，我们将在下文看到，他在金陵书局本《史记》的校勘中也扮演了重要角色。钱泰吉加入曾国藩部队，并在安庆参与平定太平军。但他在曾国藩幕下不久就病逝了。他的儿子钱应溥似乎留在了曾国藩的部队中，然后又随之来到南京，1865年年末或1866年的某个时间，他们向李鸿章推荐了唐仁寿。唐仁寿和张文虎曾一起校勘过《史记》，但后来全部工作交托给了张文虎④。张在其序言中交代了此事的细节以及校勘工作是在何时完成的，而且这个刊印本被称为金陵书局刊印过的最好的版本，因此也证实了前引《清史稿》传记中所说的"最称精善"。1873年张文虎离开书局，在钱氏的复园（松江东门之外）度过了人生最后的岁月。应家乡南汇县长之邀，张文虎要编辑一部地方志。他似乎在1870年代后期完成了这部方志的编辑⑤。1883年，张文虎被聘为江阴南菁书院院长，但由于足疾，他没有到任。他的疾病进一步恶化，最后于1885年逝世。

---

① 见张文虎致曾国藩弟弟曾国荃（1824—1890）的书信，"上曾沅浦宫保"，1867年8月，见《舒艺室尺牍》，33b—35a。曾国荃，见 Arthur W. Hummel, *Eminent Chinese of the Ch'ing Period*, pp.749–751。

② 以下叙事据张文虎，《唐端甫别传》，《舒艺室杂著》，165—169页。

③ 钱泰吉是钱陈群（1686—1774）的孙子，也是终生致力于《史记》的学者，见 Arthur W. Hummel, *Eminent Chinese of the Ch'ing Period*, pp.155–156。

④ 唐仁寿似乎在离开这项工作后很久还一直被认为与校勘本有某种联系。因此张文虎在1869年致信曾国藩解释说，唐仁寿已经在校勘《晋书》，而他才是《史记》校勘的负责人，见《舒艺室尺牍》，35b—37a。

⑤ 《南汇县志》二十二卷，赵尔巽（1844—1927）将其收录于《清史稿·艺文志》，见《清史稿校注》，台北："国史馆"出版社，1986年，4080页。

2.张文虎的"跋"及其新《史记》校勘本之工作

1867年，张文虎接任校勘工作后，用了数年时间完成了一个新的《史记》校本。尽管他在1869年给曾国藩的一封信上说到，他一开始只是想找一个善本重刊，然后出一个校勘记，但他最后被周学浚说服，要趁此机会作一个全新的校勘本[①]。但我们也不要太期待张文虎自己在完成这个《史记》版本时所写的跋文。这个跋文被中华书局负责《校刊史记集解索隐正义札记》（1977年）的编辑删去了[②]。以下是我对这个文本的断句，就我所知，这是第一次有人对此文本进行标点整理[③]，故请大方指正。

校勘史记集解索隐正义札记跋[④]

《史记》自汉已残缺窜乱。迄今又千数百年，展转传写，积非成是。盖有明知其误而不能改者矣。裴氏【集解】序称，采经传百家，并先儒之说，豫是有益，悉皆钞纳[⑤]。今史文之下，箸注

---

①张文虎，《舒艺室尺牍》，35b—37a。

②中华书局没有说明为何要省略这个"跋"。而且，中华书局的"出版说明"还指出："整理过程中，承吴则虞同志惠借所藏张文虎批校金陵书局本《史记》，我们用它校正了《札记》的一些版刻错误，并补入几条校记。"我猜测，这里的"批校"可能是书于页眉或页边的批注，这里我们再次看到了一个我们无法复核其底本的文本。与1970年代末之前的其他出版物一样，我们不知道究竟是谁点校了《札记》。也许值得指出的是，徐文珊曾在《史记（白文之部）》的前言中说过他已经点校过《札记》并准备将其出版（北平：国立北平研究院历史研究会，1936年，1—2页）。似乎这个点校本应该会与"三家注"以及其他"说明"一起作为单独的第二卷《注释之部》出版，可惜这部分一直没有出版过。也许，中华书局用的是徐文珊的点校本？

③译者按，指在西方学界。

④《舒艺室杂著》，104页。

⑤《史记集解序》，《史记》，北京：中华书局，1959年，第十册附录。

寥寥，大非完帙。惟索隐有汲古阁单刻①，所出正文，每胜通行之本。然其注改宋本大字为小字，颇有混淆。又或依俗改窜，反失小司马之真。张氏正义仅存于南宋以来之合刻本，删削既多，舛误弥甚。三家注又有互相重复错乱者。

先是，嘉兴②钱警石学博泰吉，尝汇校各本，历三十余年。点画小殊，必详记之。乌程周缦云侍御学浚③，借其本过录，择善而从。

同治五年，请于署江督肃毅伯，今相国合肥李公，以属学博高弟海宁唐端甫，文学仁寿④，复校付刊。及明年春，相侯湘乡⑤曾文正公自淮北回金陵，命文虎与侍御及唐君议同校。文虎以新刊史文及注皆不主一本，恐滋读者疑，请于刊竣之后附记各本异同及所以去取意。文正颔之。

七年冬，公将移任畿辅⑥，命凡已刻之卷，有宜改者，随时剜

①1628—1660年，毛晋汲古阁编修"汲古阁十七史"，他们收录了北宋秘省大字本的《史记索隐》；这部《史记索隐》刊印于1641年，见贺次君，《史记书录》，台北：鼎文书局，1990年，34—49页。

②在今浙江省嘉兴市附近，南距苏州市45公里余，见谭其骧，《中国历史地图集》，第8册，31页。

③1866年，周学浚成为金陵书局局长，见陶湘编，《昭代名人尺牍》，台北：文海出版社，1980年，277页。乌程在今湖州市附近，浙江太湖西南边。

④见闵尔昌编《碑传集补》以及汪兆镛《碑传集三编》，《近代中国史料丛刊续编》，台北：文海出版社，1980年，1733—1737页，亦见58页注④。

⑤在今湖南省长沙市西南40公里附近，见谭其骧，《中国历史地图集》，第8册，37页。

⑥见 *Cambridge History of China, v.10, Late Ch'ing, 1800–1911, Part I*, Cambridge University Press, 1978, p.456.

补。以是，至九年夏始克印行。乃属稿为札记①。

是年冬，公复任江督。文虎以先成稿二卷呈公，公以为善。去冬，既蒇事，请公序其简端。公命先以札记授梓氏，并附述缘起于末。乌乎，孰意写未竟而公薨，不及为之序乎②。

所记异同，大半取资于钱校本。其外兼采诸家绪论，则梁氏【志疑】，王氏【读书杂志】为多。文虎与唐君管见所及，不复识别。其有偶与前贤暗合者，悉归之前贤，以避攘善之讥。余例散见记中，限于闻见，不免挂漏。有志于校史者，以此为质而益精考之，以成善本。庶有当于两爵相嘉惠来学之意云。

此跋告诉我们的一个最重要的新事实就是，钱泰吉在金陵书局本《史记》的校勘上发挥了巨大作用，以及张文虎非常依赖梁玉绳的《史记志疑》。由于钱泰吉是曾国藩的幕僚，而且他的学生唐仁寿就是《史记》校勘的负责人，因此钱泰吉很可能曾经跟周学浚提过他的《史记》校本。这可能就是钱泰吉的《史记》校本被引入金陵书局的途径。

不过，这也意味着，金陵书局并未校勘多少珍本，而更多地是根据前人的校勘（部分版本可能是张文虎自己也无法看到的）以及其他考证研究成果。由于看不到钱泰吉的手稿，我们只好逐条考察张文虎的《札记》，看他提出过怎样的订正，他又是依据什么而提出的。我将挑选一部分《郑世家》的札记来作为本文考察的例子。

---

① "札"是古代用来作批注的木牍；不过，到了清代，"札记"已经成了读书时所作笔记的统称，如卢文弨《钟山札记》《龙城札记》等。
② 李鸿章似乎也受邀写序，但未收录于金陵书局本中，我也没有在李鸿章的文集中找到这样的序。

张文虎在《郑世家》共出44条札记。很多是关于"三家注"中可能存在的问题，这部分与我们的论述关系不大。由于张文虎说他要订正的是19世纪中期的"通行之本"，因此我们此处用武英殿本（台北文馨出版社，1978年重印）作为底本进行比较。

张文虎提出的第一处要改正的是一个名字。殿本（700页）作"祝瞻射中王臂"，张文虎指出"各本讹'瞻'，依《考异》改"。所谓《考异》即钱大昕的《廿二史考异》（1782年），其中有一百余页是关于《史记》的札记。上引《清史稿》载张文虎的传记中提到，张文虎曾向钱大昕和钱大昭两兄弟学习（亦见54页注④）。《考异》中确实有关于此人名的考证①，而且证据充分足以让张文虎据之将金陵本《史记》改作"祝耽"。值得注意的是，殿本"索隐"亦注曰"左氏作祝耽"，与《考异》一样，也许这也让张文虎产生改字的念头。

张文虎的另一条札记则是完全不同性质的。殿本（700页）作"夜令祭仲问王疾"，张文虎指出："旧刻无'王'字。"这是可能的，不过由于没有文本证据或早前学者的注，而且张文虎并没有指明"旧刻"究竟是哪个版本②，他这里的札记似乎是值得怀疑的。

张氏指出的第三个错误是与日期相关的。殿本（700页）作"九月辛亥，忽出奔卫。己亥，突至郑，立。是为厉公"，张指出："《志疑》云《传》是'丁亥'。案，下文有己亥，则此文'辛'字误可知。"

---

① 见《廿二史考异》，京都：中文出版社，1980年重印，58页。

② 中华书局的编辑者指出当为"上海郁氏藏本。字形古朴，杂采集解、索隐颇略，似元明间刊本，无序跋年月，卷尾多缺坏，盖书估去之以充宋本，今不敢定，只称旧刻本"。见《札记》，北京：中华书局，1977年，第一卷，1页。译者按，此段文字实为张文虎引据版本说明。

尽管有这些证据，张文虎并没有将金陵本《史记》改定作"丁亥"，而是保持了"辛亥"。不过，以金陵书局本和张文虎的《札记》作为依据的中华书局的编辑却将"辛亥"改作了"丁亥"（中华书局，1959年，1762页）。

第四个例子也是关于名字的。殿本有郑大夫作"甫瑕"（701页），张文虎曰：《索隐》本作'假'，故引《左传》异文以证之。各本作'瑕'，盖后人依《左》改。"在这里，这个19世纪中期通行的版本（殿本）得到了张文虎的支持（作"瑕"）。但据《史记索隐》（即汲古阁《索隐》单刻本），张感觉将这个他怀疑是传统版本的写法保留下来会更好一些。由于此处文本有误，而且张文虎认为作"瑕"的文本都是后人所改，那么他似乎认为"假"这个错误是司马迁留下的。但这是十分值得怀疑的，毕竟司马迁自己在本卷的"太史公曰"中就是写作"甫瑕"的。

第五个例子，我们可以看到，张文虎有时只是根据《史记》的内部文本证据来作出订正，如殿本作"十三年，定公卒"，对此，张氏云："案，表云'十六'年，此'三'字误。"这个错误殿本的《考证》早已指出（707页），因此张文虎的札记似乎没有增加什么内容。尽管张氏注意到"十三"是错误的，金陵书局本最后还是作"十三年"。

第六个也是最后一个例子，相比而言较为复杂。殿本（705页）作："孔子尝过郑，与子产如兄弟云。及闻子产死，孔子为泣曰：'古之遗爱也。'兄事子产。"张氏札记（421页）曰："各本此下有'兄事子产'四字，与上文'与子产如兄弟云'复，且不当杂出于此……《志疑》……说同。此盖后人旁注误混……今删。"这是张氏在本卷中作出的最大胆的改动。百衲本和黄善夫本《史记》（台北商务印书馆，1995年，579页）有此四字，而现代学者，如顾颉刚和徐文珊（见其

《史记（白文之部）》，国立北京研究院史学研究会，1936年）也保留了这四个字，尽管顾颉刚和徐文珊都读过张氏的《札记》，而且徐文珊还在其《史记》点校准备阶段就点校了张文虎的《札记》，并计划将其附在他们版本的第二卷后！此外，张氏这里的删文也因中华书局本《史记》而给现代中国的《史记》研究带来了很大的影响。例如现代两部非常重要的白话文《史记》，即王利器的《史记注译》（三秦出版社，1988年，1298页），以及吴树平、吕宗力等编的《全注全译史记》（天津古籍出版社，1995年，1625页）就是用中华本作为底本的，他们的白话文中就没有这四个字的翻译，而问题就在于，他们根本不知道这里是有删略的，因此没有给出任何说明。

3.结论

十年前我刚开始《史记》的英译本项目时，我一下就相信了张文虎的金陵书局本是经过仔细校勘的本子，后又经顾颉刚以及在中华书局工作的其他学者进一步改善。我现在才发现，我对中华书局的编辑以及其他声称金陵书局本"最为精善"的人的信任是如何地幼稚。毫无疑问，张文虎对我们理解《史记》文本及其问题贡献巨大，不过，正如他自己在"跋"中所说，他的校勘工作的原则只有在拿着他的《札记》来校读金陵书局本《史记》时才能显现出来。我们从上面的六个例子中可以看到，订正或删除文本的决定是基于多种不同的标准的，很多甚至并不是以文献证据作为基础的。故此，张氏的《史记》版本依然很重要，但这个本子，以及以其为底本的中华书局本，必须要配合张氏的《札记》，以及其他张氏没看到的版本作为对校本，其中就包括百衲本和仁寿本（即北宋景祐国子监本，台北：二十五史编刊馆，1955年重印）。

不过，还需指出的是，所有这些异文大概也只是"茶壶风暴"

（关系不大），因为这些主要版本之间的文本差异大都既不重要也不多见。我将百衲本和中华书局本的《郑世家》进行对比，除了上面提到的"假/瑕"，以及张文虎说的"兄事子产"，我只找到了以下这些差异：

中华本（1766页）：而卒立子兰为太子；百衲本（576页）：卒而立子兰为太子。

中华本（1769页）：或欲还；百衲本（576页）：或从还。

中华本（1769页）：解扬；百衲本（576—577页）：解杨。

中华本（1769页）：为人臣无忘尽忠得死者！百衲本（577页）：为人臣毋忘尽忠得死者！

中华本（1775页）：三十六年人；百衲本（579页）：二十六年人。

中华本（1776页）：共公三年，三晋灭知伯；百衲本（579页）：共公三年，晋灭知伯。

中华本（1776页）：三十一年，共公卒；百衲本（579页）：三十年，共公卒。

如果说这几个异文能说明什么的话，那大概就是使用百衲本时要小心谨慎一些！

最后，我必须要指出一点，在准备这篇文章时，又出现了另一个与《史记》版本相关的隐藏人物。在重读现代点校本《札记》的"出版说明"时（中华书局，1977年），我发现其中提到今在北京的"吴则虞同志惠借所藏张文虎批校金陵书局本《史记》"，这可能是张文虎的原始手稿。这个本子的《史记》以及张文虎的批校被用到了校正中华书局所据《札记》底本的"一些版刻错误，并补入几条校记"。但是"说明"中并没有给出更多这个本子的信息。不承想，到了我们的时代，笼罩在《史记》头上的迷雾竟是不减反增。

中国的《史记》研究

序言

很高兴能有这个机会为鲍吾刚（Wolfgang Bauer）教授的《纪念文集》献稿①。由于我过去四五年一直在研究司马迁的《史记》，所以我在这里选择讨论《史记》也并不奇怪。而且，既然是纪念鲍吾刚教授，我讨论的主题也不是不合时宜的，因为他的博士论文正是关于《史记》其中两卷的研究与翻译②。从另一种意义上说，这篇文章可以看作是对严复礼（Fritz Jäger）教授 "Der Heutige Stand der Schi-ki-

---

① 在此，我要感谢中国学术交流委员会以及威斯康星大学麦迪逊分校研究生院研究委员会对本研究的支持。
② "Chang Liang and Ch'en P'ing, zwei Politiker aus der Gründszeit der Han-Dynastie"，慕尼黑大学，1953年。

Forschung 史记研究现状"①所开创的研究传统的延续。

放在今天，要像严教授那样对《史记》学术史展开总体的调研，其体量肯定不是本文所能容纳的。因此，由于20世纪的《史记》研究学者所做的和将来要做的大部分工作都是以北京中华书局1959年出版的《史记》为基础的，因此我决定将本文的考察范围限制在1949年以来在中国出版过的学术著作，而且下面关于"文本（Texts）"的部分也将特别关注于这个中华书局本。此外，在中国众多的《史记》今译本中，王利器教授的译本无疑是质量最高的，这也是我讨论"今译本"时的重点。第三部分我将讨论一下"参考著作/工具书"，而第四部分则是关于《史记》的"研究"②，最后会做一个小结。

文本

不知是出于有意的政治意图，还是纯粹的巧合，1949年之后，海峡两岸出现了两种《史记》版本。台北一直是影印四库本来出版的。另一方面，他们的很多点校本都是由缺乏相关文本专业知识的学者匆匆完成的，或是挂学者名，实际工作则由学生完成。以《史记》为例，近几十年来，台北重印过北宋监本③和百衲本④。但在大陆，虽然我在旧书店曾经看到过明代的版本，但自1949年以来⑤，没有重印过

① *Asia Major*, 9（1933），pp.21–37.
② 本文不讨论1949年以来出版的关于司马迁的研究。
③《北宋景祐国子监本二十五史》，台北：二十五史编刊馆，1955年。
④《百衲本二十五史》，台北：商务印书馆，1968年。
⑤ 有几位中国大陆的学者告诉我，商务印书馆曾经在1950年代重印过他们自己在1936年出版的《四部丛刊》本，即黄善夫百衲本，但我们在正式的出版目录中都找不到相关信息，如《史记研究的资料和论文索引》或《史记研究资料索引和论文、专著提要》，杨燕起、俞樟华编（有关这两本书的讨论，请见下文第4部分）；最近岳麓书社也出版了由李全华点校的百衲本《史记》。

任何重要的《史记》版本。这种政策，如果真的是一种政策的话，很可能与中国的普遍观念有关，即出版一些节注本以获得更多的读者。这也许可以看作是中国大陆不愿意与外国学者分享他们的文学遗产①，是对过去两个世纪西方学者不断窃取中国宝藏的一种回应。因此，以下的讨论将主要围绕其点校本而展开。

1949年以前，最容易获得的全本《史记》是那些包括在各种丛书中的版本，如"四部备要"本和开明书店的"二十五史"本。19世纪90年代，沙畹所使用的版本是1739年武英殿本的重刻本，由上海图书集成印书局1888年重印。鲍吾刚教授在1950年代初阅读《史记》时，是以日本泷川资言的《史记会注考证》为底本的（参见鲍吾刚教授博士论文第25页）②。因此，我们就不难理解，中华人民共和国成立后，北京方面组织的第一个重大学术项目就是出版一本容易得到的、无删减且标点过的《史记》版本。

我们对这一过程的了解主要来自中华本《史记》的"序言"。尽管"序言"通篇使用的都是"我们"，而且最后的署名是"中华书局编辑部"，但在"序言"第六页，我们看到这版《史记》的标点和分段其实是由"顾颉刚等"完成的。顾颉刚曾在1936年与徐文珊合作出版过一个重要的《史记》文本，即《点校〈史记〉白文》（北平：国立北平研究院史学研究会，以下简称"白文本"）③。不过，对比白文本与中华本之后，我们发现了不少细小但重要的差别。例如在《秦始皇

①与台湾地区较为完善的图书馆设施相比，中国大陆的图书馆则不甚方便，以至于一些外国学者在图书馆的不愉快经历的故事都快成了一种流派。
②《史记会注考证》，10卷，东京，1934年。
③这也是鲍教授博士论文所参考的文本，见氏作博士论文，25页。

本纪》（256页）中①，"发北山石椁，乃写蜀、荆地材皆至"，三家注②和现代人编著的地名词典③都没有提供"北山"位置的关键信息。顾颉刚和徐文珊（白文本，105页）认为这是秦首都以北群山的统称。钱穆的解释也是一样的（《史记地名考》，610—611页）。

　　同样地，在同一卷后（260页）我们读到秦始皇"浮江下，观籍柯，渡海渚"。中华书局本没有在这些地方加专名线以表示它们是地名，我也不知道该如何处理它们。"籍柯"可能表示"混乱的根茎"或"混乱的手柄"，但这是一种迫于无奈且难以理解的解释。"海渚"看起来似乎只有一种解释，即"海中小岛"，但这根本不符合上下文语境，因为从下一句我们得知，秦始皇在最后抵达海边前，经过了现在南京④附近的丹阳。司马贞《正义》认为此处距海尚远，故"疑海字误"。顾颉刚和徐文珊（白文本，217页）则在"海渚"旁加了竖线，明显将其理解为地名，是最为合理的一种理解⑤。

　　这种差异，在中华本和顾颉刚、徐文珊白文本之间非常多，这表明，要么是顾颉刚在1930年代中期之后对自己的标点做过很大的改动，要么就是有另外一个编辑者参与了中华本的点校。我曾与北京的学者谈及这个问题⑥，的确有一个人参与了，那就是宋云彬（1897—

①以下所引《史记》内容只标页数，见《史记》，北京：中华书局，1959年。
②中华书局本只含三家注。
③如钱穆，《史记地名考》，台北：三民书局，1984年；谭其骧，《中国历史地图集》，北京：地图出版社，1982年；王恢，《史记本纪地理图考》，台北：编译馆，1990年。
④见谭其骧，《中国历史地图集》，第二册，12页。
⑤见王叔岷，《史记斠证》，台北：史语所，1982年，221页；沙畹，*Memoires Historiques*，第二卷，185页，注2—3。
⑥关于宋云彬在中华本编辑中的作用与地位，是我在1991年夏与中国社科院的吴树平教授、1993年8月与中华书局的傅璇琮先生的谈话中得知的。

1986）①。宋云彬在中华书局工作多年，1950年代尚在北京大学。"双百"期间，他丢掉了大学的工作，然后来到中华书局全职工作，与此同时，中华书局正计划要点校古代国朝史。宋被安排负责《史记》的"终审"和为新的中华本写前言和后序。作为这些工作的成果，他还分别出版过一些"历代政治人物传记译注"的单行本，如《项羽》（中华书局，1962年）和《刘邦》（中华书局，1964年）②。由于缺乏更多信息，而且主要负责人几年前都已经离世，我们只能认为，顾颉刚肯定是中华本的"编辑"，而且他提供了一个与其白文本非常相似却不完全相同的本子。宋云彬是"助理编辑"，但他似乎完成了最后的大部分工作。

不过，也许比谁是"编辑"更为重要的问题是，他们的点校工作是如何完成的。宋云彬的前言（"出版说明"，第4页）讨论了早期版本的重要性，如百衲本、明代二十一史本、汲古阁本、武英殿本（还说此本是最常被重印的版本）。不过，中华书局的编辑选择了金陵书局的《史记集解索隐正义合刊本》③，这是张文虎的校勘本。他们只提到这个版本是"清朝后期较好的本子"，而且选择这个本子似乎只是因为张文虎的校勘记（见下文）。

金陵书局本编于1866年至1870年间。第一年是由唐仁寿负责的，

---

① 有关宋云彬，参见陈荣富、洪永珊主编，《当代中国社会科学学者大辞典》，杭州：浙江大学出版社，1990年，539页。

② 《项羽》前言最后的几行字也强烈地暗示了他曾主持中华本《史记》的编辑工作。

③ 金陵书局是由曾国藩1864年年初在安庆设立的，不久之后，同年，清政府从太平天国手中夺回南京，故名"金陵书局"。书局招募了汪士铎、莫友芝、张文虎等著名学者，让他们抢救和重刻太平天国运动期间被毁或消失的文献，他们还出版了数种经典文献和正史的校勘版本。见 Arthur W. Hummel, *Eminent Chinese of the Ch'ing Period*, pp.581、753。

第二年张文虎加入编辑小组，而且很明显最后的成果被冠以了他的名字。张文虎还编了《校勘史记集解索隐正义札记》来解释他对文本的校订（北京：中华书局重印，1977年）。张文虎参考了近二十种早期文本，其中包括一些宋代的残本，而且根据梁玉绳和王念孙的研究作出了一些校改①。不过，如前所述，他似乎没有看到百衲本和仁寿本。因此，依据张文虎校勘本的中华本编辑们，以及那些准备底本的学者也没有看到百衲本或是仁寿本。对于小心的学者而言，这意味着在使用中华本时，还必须参考这两个重要的早期版本。

1982年，中华书局再版了《史记》，但新版的"出版说明"并没有提到他们就很多校注和断句上的错误进行了改动。实际上，不单是1959年和1982年两版之间有不同，就算是同一版的不同印次之间也有小改动。这里试举一例，1959年版《史记》258页："于是使御史悉案问诸生，诸生传相告引，乃自除犯禁者四百六十余人，皆坑之咸阳，使天下知之，以惩后"；1982年版断句如下："于是使御史悉案问诸生，诸生传相告引，乃自除，犯禁者四百六十余人，皆坑之咸阳，使天下知之，以惩后"。在"乃自除"后增加逗号的原因是很明显的。1959年的断句较为牵强且逻辑欠妥，意思好像是在说"那些能免除所曾犯下禁忌的人（those who were able to dispense with their having violated prohibitions"②，这里的问题就在于为什么要惩罚这些已经"自除犯禁"的人。1982年的断句则更加通顺，"诸生辗转告发，就能免

① 梁玉绳的《史记志疑》和王念孙的《读书杂志》是古代《史记》文本研究最重要的两部著作。

② 传统上一直将"坑"解释为"活埋"，许多现代学者反对这种解读，认为这只是想进一步诋毁秦始皇的行为。实际上，前人所引以支持"活埋"理论的文段其实也支持"诱困（to trap）"这种解读，故事大概是说，秦始皇令人冬天在骊山山谷温凉处种瓜，然后以"瓜冬有实"为由将博士诸生至谷中，然（转下页）

除自己的罪过。触犯法禁的四百六十多人……"①新版的改动当然是更好的，但我是偶然发现的，因为新版的"出版说明"根本没有提到这些改动。1993年夏，我曾询问傅璇琮先生，他承认不同印次之间也有改动（很多是根据语言学家吕叔湘给他们写的一封信而改的），而且他们确实应该在"出版说明"或"后记"中提出来。现在中华书局正在计划由吴树平主持一个新注本，不知道他们会否在"出版说明"中作出说明②。

译注本

1950年代，出版了两本非常重要的《史记》注本。第一本是张友鸾等编的《史记选注》（北京：人民文学出版社，1956年），共选注了二十六卷（本纪三卷，世家三卷，列传二十卷）。因为张本包含了《秦始皇本纪》，我们不妨看看张友鸾与上面提到的诸家在处理上有何不同。中华本将"北山"看作是一个专有名词（加专名线表地名，256页），张释"北山"为一个普通名词（北边的山），他还认为同行的"椁"可能是后人所加（45页，注250）。同样地，张（14页）将"海渚"理解为专有名词（地名）。对于更为复杂的解释问题，张也是比较周密的。例如，在《史记》（225页）中我们可以看到这样的句子："河鱼大上，轻车重马东就食。"张指出对这句的"河"字有两

（接上页）后诱发机关从上用土将诸生"压死"，也有一个版本说是诱发机关后"从上土填之"，参见王叔岷，《史记斠证》，史语所，1982年，219页。

① 关于这句话的理解，亦可参见 G. G. Warren, "M. Chavanes' Edition of Ssu-ma Ch'ien," *Journal of the North China Branch of the Royal Asiatic Society*, XLII（1916），pp.12–13。

② 译者按，有关每版改动以及吴树平新注本，皆见文末；顾颉刚在中华本中的作用，见《顾颉刚与中华本〈史记〉》。

种解释（30页，注22）：1.指来自黄河（即原文的"河"）的鱼逆流而上进入渭水，导致秦人都挤到东边去捕鱼；2.指渭河发洪水，将里面的鱼都冲到岸上，秦人于是都到东边的下游去寻找这些鱼（和其他食物）[1]。不过，张并没有谈及那个经常被讨论的问题，即为什么秦人要带"重马"去"就食"。又比如，对"斯卒囚，就五刑"（272页）这句，尽管注家都同意第一句的意思是"李斯最后被囚禁了"，但第二句（字面意思是"受到了五刑的处罚"）则有点令人惊愕。已经有学者指出，五刑之一是死刑，但李斯是在五刑之后才被处决的。张（52页，注377）认为，"五刑"应该只是一种比喻，指代李斯在狱中受到的刑罚之严酷，他的解释看起来颇为合理。

第二个重要的注本也是1950年代出版的，即北京大学王伯祥教授的《史记选》（北京：人民文学出版社，1957年）。王氏详细注释了《史记》中的二十卷（本纪一卷，世家三卷，列传十七卷），还写了一篇关于《史记》、其作者及其影响的长篇序言。作为目录学专家，王伯祥教授在参校早期版本（以及泷川资言的版本）的工作上比中华书局的编辑认真多了，因此他的注释和翻译至今仍然是非常有用的。

杨宪益和他的夫人戴乃迭将王氏的序言作了删减，并翻译成英文，附在其英译本 *Records of the Historian* 中（上海：商务印书馆，1974年）。杨氏夫妇的译本选了本纪两卷，世家五卷，以及列传二十四卷，按纪年顺序从孔子开始进行排序。杨氏的译本只有五卷是与张友鸾和王伯祥重复的。他们的译文总体而言风格较为自由，同时也相对准确。让我们来看一看杨氏夫妇是如何翻译我们上面说的"试金石"段落

---

[1] "河"在古代中国一般指黄河。第二种理解可能是有问题的，因为如果渭河发洪水，洪水便会向下游蔓延至黄河，当作"大下"而不是"大上"。

的："there was a great flood, and to get food men rode east on horse back or in fast carriages 河中发大水，为了得到食物，人们骑着马或驾驶快车向东而行"（161页）；"Stone was quarried from the northern hills 石头被从北边的群山运送来"（179页）；"then they sailed down the Yangtse to inspect Chiko, cross Haichu… 于是他们沿长江而下，以观'籍柯'，穿过了'海渚'"（183页）；以及"Li Szu went to prison and suffered the Five Tortures 李斯去了监狱，遭受了五种折磨"（192页）。

在此之后，由王利器主编，张烈、陈秉才、曹相成副主编的全本《史记注译》出版，该译本共四卷，达三千余页（西安：三秦出版社，1988年，1991年重印）。在中国的学术圈，出版物挂着名学者之名，但该学者实际甚少参与编写工作，这是相当常见的（也许这就是顾颉刚和中华本《史记》的关系），但由于这个注译本是目前现代汉语世界中最全、最仔细的译本，因此有必要弄清楚王利器先生在这个项目中所担任的真正角色。这需要一点调查工作。1990年夏天，我和王利器先生首次见面，他向我保证，他在这个项目中没有发挥任何作用，而是由他"在北大的学生及他们后来的学生，大部分来自湖南"所完成的。为了验证他的话，他还给我看了他为这本书所写的书评（《评〈史记注译〉》，收录于《古籍整理研究学刊》1990年第5期，1—8页）。

《史记注译》的后序中详细列出了四十五名翻译者的名字，其中很多的确是在湖南的高中老师。这个项目的主要组织者似乎是三位副主编的一位，即张烈。张烈1932年出生于湖南益阳，1964年毕业于北京大学历史系，师从王利器先生。他与另一位副主编陈秉才关系密切，他们是北京大学的同学和校友。八位编委中的祁念曾，1968年毕业于北大历史系，应该也是因为与张烈和陈秉才的校友关系而成为编委的。还有很多翻译者来自湖南益阳，最具代表性的是主编之一的曹相成，该书后序写成时，他已经七十高寿，是湖南的一名退休高中老师。

该书的前言出自曹相成之手，他说这是"给青年一代学习《史记》设置阶梯，为后来的研究工作者提供工具，创造辅助条件"。尽管这个前言的学术性不强，但该书收录的王利器《太史公书管窥》和易孟醇（湖南人民出版社的编辑）《史记版本考索》却是非常重要的研究。该书采用了中华书局本作为底本，但他们对其标点断句作了很多修改。该书使用简体字，但容易造成误会的姓名、头衔和其他术语都保留了繁体字。

该书的注释和翻译在准确度和深度上有不少差异，无疑是注译者繁多造成的。不过，我们这里还是引一下上述的"试金石"段落来与其他译本作对比以说明该书的价值。《秦始皇本纪》是由夏伯炎和谷千帆注译的，前者是湖南某高中的退休老师，后者出生于1940年，目前正在益阳教书。

关于《史记》（225页）的"河鱼大上，轻车重马东就食"，夏和谷没有给出注释，他们的翻译为："黄河的鱼成批地涌上河岸，人们轻车重马到东方去找食物"。另外一段（256页），他们在"石椁"下出注（131页）："作椁的石材。一说'椁'是衍文。椁，棺材外的套棺。"他们的译文作"开发北山的石料，运输蜀、荆等地的木材都到了"。至于"籍柯"和"海渚"（《史记》，260页），他们注说"籍柯，不详。海渚，《括地志》认为在'舒州同安县东'。舒州在今安徽庐江县西。海，疑为'江'之误。江渚，又名牛渚，即今安徽马鞍山市采石矶"（133页）。他们的译文作"然后乘船顺长江而下，观览籍柯，渡过海渚"（155页）。最后一段，即李斯入狱那段（272页），夏和谷出了一个注解释"五刑"，说"五种刑罚，商周时指墨刑（黥刺面孔）、劓刑（割鼻子）、剕刑（断膝盖）、宫刑（阉割生殖器官）、大辟（杀头）"，译文作"李斯结果被囚禁，遭受五刑"，并没有解答为何会在这里写李斯遭受死刑（五刑之一），在本卷之后又写李斯遭处决的问题。

尽管这里举出的例子其实都比不上张友鸾和王伯祥的处理，但就他们对三家注的解读，对地名和人名的注意，以及翻译的完整性而言，《史记注译》仍是1949年以来所编的最重要的注译本。它对后来译本的影响是非常明显的，尤其是张大可的《史记全本新注》（四卷本，西安：三秦出版社，1990年），以及杨钟贤和郝志达主编的《文白对照全译史记》（北京：国际文化出版公司，1992年），但笔者对这两本书都不推荐。可以说，不管这两本书给出了怎样的注释和翻译，读者都能看出他们与"王利器"注译本之间的关系。

此外，在过去十年里，还有两位翻译者的工作是值得一提的。第一位是韩兆琦教授，他任职于北京师范大学中国文学系，是史记研究协会的主席。1982年，韩教授出版了《史记选注集说》（九江：江西人民出版社，1982年，笔者未能亲见此书），此后他陆续出版了四本有意思的"注译集说"：《史记评议赏析》（呼和浩特：内蒙古人民出版社，1985年），《史记赏析集》（成都：巴蜀书社，1988年），《史记选注汇评》（郑州：中州古籍出版社，1990年），以及《史记文白评精选》（长春：吉林人民出版社，1992年）。尽管这些书中有重复选入的卷目，他的注释和解说分析却往往有精彩之处。不幸的是，这些书都没有选《秦始皇本纪》或我们上面提到的段落①。

第二位值得一提的是来新夏，他与南开大学的另外四位学者一

---

① 译者按，韩兆琦在2004年出版《史记笺证》，完成了全本《史记》的注释，但在对比中发现，韩兆琦很多内容是直接援引泷川资言和王叔岷的，但他却很少说明，倪豪士教授后来在其《史记》翻译小组会上也经常提到这一点。

起出版了《史记选》（北京：中华书局，1990年，前言写于1983年）。这本书的优点在于它的注释非常认真仔细，选目也很好：本纪五卷（有两卷为选注），年表两卷（只录序部分），书两卷（一卷为选注），世家四卷，列传十三卷。在详细讨论了《史记》的版本后，来新夏承认他们只是用了中华书局本，这是一大遗憾。不过，来的文本与中华本有异文，因为他会就一些问题提出解决方案，如他在注译上引《史记》260页的"观籍柯，渡海渚"时，将"籍"和"柯"理解为山的名字，并认为"海"字是衍文而删去（见来书，62页，注3和注4）。他对上引其他文段的解释价值不大，故不赘述。

工具类参考书目

毋庸置疑，1949年以来中国出版的关于《史记》的最具价值的书是其参考书。下面的讨论依然会按照时间先后作简要介绍。

1.目录类

1957年，科学出版社出版了第一部《史记》研究目录：《史记研究的资料和论文索引》。该书详列了《史记》版本、研究（专著与文章）、译本以及讨论《史记》的各种旧文。对这些文章的概述，以及对诸版本的说明都具有极高的价值，可惜后来的研究目录再也没有收录过。

一年之后，1958年，贺次君出版《史记书录》（北京：商务印书馆）。他从最早的版本到现代的校本，详细地讨论了《史记》的七十四种版本，这些版本都可见于泷川资言、顾颉刚和徐文珊的版本中。

最近又出现了一本大型且全面（至少收录了全部中国的出版物）的目录：《史记研究资料索引和论文、专著提要》，由杨燕起和俞樟华主编（兰州：兰州大学出版社，1988年）。其中关于史记研究的旧文部分似乎是从上述《史记研究的资料和论文索引》中照抄过来的。这三部书互有长短，可补充使用。

2.索引类

第一部索引是吴树平1977年出版的《史记人名索引》，中华书局出版。这部书非常有用，一部分是因为每个人名在整部《史记》中出现过的地方均作索引，而不是像《二十五史纪传人名索引》（上海：上海古籍出版社、上海书店，1990年）那样只对在传记中出现的作索引；另外是因为它可以作为额外的线索以证明某些特殊的两字或三字组合是否为人名。由于《史记》中就有不少同一事件的平行文段，这个索引还能帮助我们定位到这些人物。

第二部索引是段书安的《史记三家注引书索引》（北京：中华书局，1982年）。书中列出了三家注所引书目。由于三家注所引文段有一部分已不见于流传至今的版本，所以此书对文本校勘与分析非常有用。

此外还有《史记地名索引》，由嵇超、郑宝恒、祝培坤和钱林书编辑，中华书局1990年出版。该书有助于我们定位古代的地名（只要这些地名能被定位），指示了某地名在《史记》中第一次出现的位置，通常我们能在那里找到最为详细的注释。

这些书中最重要也是部头最大的是由李晓光和李波所编的《史记索引》（北京：中国广播电视出版社，1989年）。全书超过2000页。该书以中华书局本《史记》为底本，前1761页是单字索引，然后是人名索引（1763—1962页，与《史记人名索引》差异无几），地名索引（1963—2073页），援引著作索引（2075—2082页），专有名词索引（2083—2090页），以及中华书局编辑对金陵书局本所作校勘改动表（2095—2099页）。

3.辞典类

1986年，杨燕起、陈可青和赖长扬出版了《历代名家评〈史记〉》（北京：北京师范大学出版社），这是一部收录了历史诸家对《史记》评论的书。第一部分（3—312页）囊括了自扬雄至现代学者李长之的总体性评论；第二部分（313—749页）则是从本纪到"太史公自序"逐卷列出诸家批评；最后是"所录作者、书名及版本"，为我们提供了很好的历代《史记》评论清单。

最后一部要提的参考书是一本真正的辞书：《史记辞典》，由仓修良主编，山东教育出版社1992年出版。这部书共854页，收录条目数千余条，但大部分只是抄录《史记》文本，并未提供进一步的解释。例如，"三父"（13页），有将其理解为人名的，也有解释为地方官职的，但这里没有超出两种解释。总体上而言这部书还是很有用的，例如当某个名词有几种可能的解释时，像"三河"，书中就解释为：既是古代地名，也是黄河别称。但是，一般来说本书中的解释只是让读者回到原文出处，并未像三家注那样提供更多信息。

研究

过去四十年，中国大陆的《史记》研究主要分成两种，一种是对传统研究的重新出版（常常是整理编辑和标点分段），另一种是现代学者的原创性研究。我们首先看看传统研究类。

1.传统研究

梁玉绳的《史记志疑》（贺次君点校，三卷，北京：中华书局，1981年）和王念孙的《读书杂志》是两种最重要的《史记》传统研究。梁玉绳的书达1506页之巨，他的《史记》校勘所涉及的范围非常之广。有时候只是《史记》文本之间的对比，如《史记》180页作

"是为宁公"，他据《秦始皇本纪》（285页）最后所列诸公顺序，以及《十二诸侯年表》（552页），将其改为"宪公"（梁书，123页）。其他地方则是逻辑分析更为突出。例如《史记》181页载"遣兵伐荡社"。梁玉绳引《索隐》所引徐广注，说"荡社"一作"汤杜"，其意即汤邑与杜县之界相邻。梁玉绳进一步将此次攻伐与随后的伐戎人亳王（181页）联系起来，他认为西戎亳王号汤，不管是"社"字，还是"杜"字，在这里都是错的，然后他又引《水经注》引此纪作"汤"，无"社"字，以证明他的观点，他猜测"杜"是后人所加的注，后来混入正文，又衍为"社"（梁书，123页）。虽然颇为复杂，但这正是《史记志疑》考证分析的典型特点。梁玉绳的研究对后来的两位学者影响巨大，一位是泷川资言，另一位则是王叔岷。

崔适（1852—1924）《史记探源》（张烈点校，北京：中华书局，1986年）是由梁玉绳开创的打破崇拜的学术传统下最重要的研究之一。他一开始讨论一些与《史记》相关的题目，如《古文尚书》《汉书》与《史记》的关系，以及"传记寓言"等。接下来他从《史记》每卷中选择一些段落来进行考证分析。如果用一个字来形容崔适的风格，那就是"莽"。他常常用"今删"或"今正"来结束他的分析。另外，他还认为很多后加的卷目是从《汉书》抄来或补入的。

另一本具有梁玉绳学术风格的著作，是由吴树平主持点校、中华书局1982年出版的《史记汉书诸表订补十种》。尽管这本将近1100页的书实际包含了十三种著作，但对于学者而言使用价值最高的当属梁玉绳的《人表考》①和汪越的《读史记十表》。

---

① 王利器、王贞珉著《汉书古今人表疏证》可作为梁玉绳书之补充，济南：齐鲁书社，1988年。

这里要说的最后一种传统研究是陆永品点校的《史记论文 史记评议》（长春：东北师范大学出版社，1986年）。《史记论文》是17世纪晚期吴见思（活跃期1680—1690）所著，但直到1886年才付梓刊行。吴书主要是想描述司马迁的书写技法，明显与其他试图找到并讨论太史公作书意图的《史记》研究不同。他的札记有时只有几句话，有时则有几段。在讨论《秦本纪》时，吴见思主要分析本纪将很多早期年份联系起来的叙事结构的散文风格，此本纪为衬托周朝而作的可能性，以及为何作《秦本纪》和《秦始皇本纪》两个本纪的原因（第3页）。《史记评议》是李景星1930年代开始所写《四史评议》的一部分，因此可以看做是本文下一部分现代研究的过渡。《评议》之所以与《论文》合刊，是因为李景星非常明确地想要进一步推进吴见思的工作，为《史记》每卷的技法都提出一些看法（札记）。他在《秦本纪》下写道（6—8页），秦是一个例外，其本纪不属于两种基本的本纪体例（即以人为纪和断代为纪）。司马迁为秦作本纪是因为他从秦国的历史中看到了从古代到现代的巨变（在司马迁的视角下）。李景星接着将《秦本纪》分成不同部分，并总结道：通过叙写秦孝公以及东方诸侯对其迅速崛起的力量的反应，司马迁描述了真正推动从春秋到战国政治变革的主要动因之一。

2.现代研究

陈直《史记新证》（天津：天津人民出版社，1979年）所涉及的面非常之广。例如，在提到秦始皇葬于骊山时，他非常兴奋地提到他和郑振铎（1898—1958）在此墓发掘中的发现，并指出"近年在陵区掘出人马俑千余件"（此书序言写于1958年，所以他大概是在说1950年代）。他也驳斥了泷川资言的诸多论断，很多都是据考古发现作出的，而且他征引的文献范围极广。他的书结合了他的个人经历、考古证据，还引据了让人意想不到的文献，是非常有趣的研究。

徐朔方《史汉论稿》（南京：江苏古籍出版社，1984年）的上编收录了他的研究文章，下编是《史记》《汉书》的对比研究札记，此外还有两篇附录，分别是《帛书〈战国策〉①和〈史记·苏秦列传〉的分歧》和《〈史记·张仪列传〉和〈战国策〉》。对于那些对"班马异同"感兴趣的研究者而言，这是非常重要的参考书。

张衍田的《史记正义佚文辑校》（北京：北京大学出版社，1985年）是据泷川资言《史记会注考证》及其学生水泽利忠《史记会注考证校补》，辑校未见于中华书局1959年本《史记》的"正义"条目②，共1645条（泷川资言1418条，水泽利忠227条），按卷目排序。这是王利器建议张衍田去做的一个项目。书末节录了《四库全书总目提要》、泷川资言《考证总论》和水泽利忠《校补自序》等。

程金造的《史记管窥》（西安：陕西人民出版社，1985年）为其论文集，主要讨论一些学者之前甚少关注的问题。例如，有五篇是关于三家注的，还有一些是关于司马迁所使用文体的起源，《史记》这一标题的含义，司马迁的生平，司马迁的兵学思想，还有对某些篇目的深层考察，如《项羽本纪》和《河渠书》。

郭双成《史记人物传记论稿》（郑州：中州古籍出版社，1985年），正如其书名所言，是关于太史公如何塑造人物的研究。在论述了以文学分析方法研究《史记》的合理性后，郭追述了司马迁的人生背景，《史记》人物塑造背后的思想，"纪传体"的历史编纂方法以

---

① 见福岛由美子（Yumiko Fukushima Blanford）的博士论文，"Studies of the *Zong-guo zonghengjia shu* Silk Manuscript," 华盛顿大学，1989年。

② 上海古籍出版社1985年曾将泷川资言和水泽利忠的书合刊出版，题目为《史记会注考证附校补》。

及如何评价这些人物传记，等等。尽管司马迁的生平影响了他对《史记》传记人物的描绘，这不是什么新鲜的话题，但这本书还是提供了一些新的视角，而且较前人的研究细节更丰富。最后的索引也能让读者迅速找到某些注释在《史记》中的位置。

周经的《司马迁、〈史记〉与档案》（北京：档案出版社，1986年）指出，很多我们今天看到的追述早期中国历史的文献都是在司马迁死后所编辑的。在司马迁的时代，它们与我们今天所见的形式十分不同。周经认为，除了研究、阅读和旅行，司马迁还通过这些"档案"的学习和使用来扩大他关于历史的知识。周书的第三章和最后一章（35—75页）通过爬梳学术史和一些推理猜测，描绘了一部分档案文本的属性以及它们在《史记》编纂中的作用，是这方面的第一篇研究长文。

最后要提的两部著作，都是比较重要的通论性研究。张新科和俞樟华的《史记研究史略》（西安：三秦出版社，1990年）是最好的两部以中文写作的《史记》通论性著作之一。该书第一章以《史记》在汉魏六朝时期的传播与形成开头，然后转入讨论早期的续作者和注家，并以一些一般性讨论作为收尾：如《史记》的体例、内容、史学思想以及文学价值。第二章描述了三家注地位的建立，以及《史记》作为历史和文学作品在唐代的地位。第三章和第四章则总结了《史记》在宋元明的发展，最后六章则是关于清人和现当代学者的研究。书后还附了一个非常有用的日本《史记》研究概述。该书的书写风格有相当的吸引力，对关心历史研究和文学批评的人来说都是非常有趣和有价值的。

最后一本书，是韩兆琦主编，韩兆琦、俞樟华等主笔的《史记通论》（北京：北京师范大学出版社，1990年），这是我看到的第二本最好的介绍《史记》的书。我们在上面已经提过几次韩兆琦和俞樟华的名字，他们都花了很长的时间研究《史记》。在这本书中，他们先讨论了司马迁，然后转入这个文本的历史，太史公的思想，他的文学成就，《史记》与先秦历史、文化的关系，以及《史记》对后代文学的典范作用。书后还附了一份重要的《史记》研究专著目录。

结论

像这样的综述文章往往会带来更多问题而不是答案。例如，自1949年以来的《史记》研究发展是否顺应了一般的学术潮流？其所关注的是什么？未来还需继续做什么工作？

1950年代，由张友鸾、王伯祥以及中华书局所作的这些注本反映了当年学术出版的盛况。而且，他们标志了一种对《史记》学术研究采取的中心计划的方式：首先准备一个底本和几个通行的文本，然后进行文本批评分析。尽管《史记》能置身于"文化大革命"等运动对学术的打击之外，但在此期间还是甚少能有相关研究出版。1980年代的改革开放标志了一个新时代的开始，人们对整理出版传统学者的《史记》研究产生兴趣，梁玉绳、吴见思等人再次出现在人们的视野。1950年代的《史记》版本埋下的种子，以及1970年代末的《史记》重版，在1982年至1992年这近十年间结出了无数丰硕的研究与翻译成果。这些新的研究，不但得益于越来越多的随手可得的传统与现代学术成果，同时因自由开放的学术氛围而蓬勃发展。自1949年以来百花齐放的学术研究所带来的影响，将持续为未来的学人与研究铺垫阶梯。而且，现在越来越多国家和地方也涌现出了《史记》研究组织，他们正致力于维持当下学术的质量与数量。唯一令人担忧的是，当前中国出版行业出现了向"有利可图的"出版物转移的潮流。

我现在的一个愿望就是，能出版一部新《史记》，将1950年代中华书局编辑们没使用的早期重要版本都纳入校本之列。因此，我们寄希望于吴树平以及他的同事们在准备他们的新版《史记》时能将这些早期版本都考虑进去（听说第一卷在中华书局已经进入出版流程，但未来一年内应该还不能出版），期待他们的版本能在未来促进新一轮《史记》研究的蓬勃发展。①

---

①译者按，查中华书局出版目录，1990年代未出版吴树平新版《史记》，天津古籍出版社1995年出版其《全注全译史记》。虽不知个中原委，但吴树平最后应未与中华书局对洽，而是由天津古籍出版其注译本。

作者前面同样提到希望吴树平此版能参考更多版本，但检1995年版《全注全译史记》，只是说以金陵书局本为底本，并参考中华书局点校本，没有参考本文作者所期待的其他早期版本。1994年8月文化部通过"今注本二十四史"项目并于1995年启动，直至2021年年初才由中国社会科学出版社出版由吴树平主持的《今注本史记》，据称此本是选取金陵书局本为底本，以学界公认的版本价值较高的北宋景祐本等10种刻本为参校本。对照《今注本》和《全注全译》本，《今注本》实际是删去《全注全译》本中的全译，将今注进行修订并在其前增加古注，然后精心校勘诸本而成。想来也许是吴树平和中华书局认为当时此书尚不足以超过前人著作，故未能在中华书局付样。

另外，中华书局的新点校本《史记》缘起2007年"点校本二十四史修订工程"，《史记》修订由赵生群主持，南京师范大学承担修订工作，并于2013年出版。新修订本"修订前言"中增加了如下说明："点校本《史记》由顾颉刚、贺次君标点，宋云彬参考顾颉刚、贺次君标点本重新标点并编辑加工，最后由聂崇岐复校，于一九五九年由中华书局出版。"明了了顾颉刚在此本中的作用，而且还提到新修订本全面而系统地校勘了北宋至清有代表性的多种《史记》刻本，以及十余种日本抄本、敦煌写本，见赵生群，《〈史记〉相关重要问题和新版〈史记〉修订情况》，《文史哲》2017年第4期。

西方《史记》研究一百年（1895—1995）[①]

《史记》研究

引子

一直到1840年代初期，在巴黎设立首个中国研究的教席之前，西方都没有任何关于中国的学术性的、有组织的研究。早期有关中国

① 本文讨论的范围主要包括以英语、法语和德语写作的研究，偶尔会在注中提及以俄语和其他语言写作的成果。鲍格洛（Timoteus Pokara，1928—1985），"Bibliographie des traductions du Che ki, Chapitires 48–130, non traduits par Édouard Chacannes dans les tomes I–V des *Mémoires Historiques*"，*Les Mémoires Historiques*, v.6, Paris: Adrien Maisonneuve, 1969, pp.113–146；又参见：颜复礼（Fritz Jäger，1886—1957），"Der heutige Stand der Schi-ki-Forschung"，*Asia Major*, 9（1933），pp.21–23；倪豪士（William Nienhauser Jr.），"A review of recent *Shih chi* translation"，*Asian Culture Quarterly*（*ACQ*），XIX.4（1991），pp.35–39；俞樟华、张新科，《国外〈史记〉研究概述》，《陕西师范大学学报（哲学社会科学版）》1990年第3期，103—106页。在此还要感谢太平洋文化基金为本文写作提供的极大帮助。

的研究，都是由16世纪至17世纪居住在中国的传教士所作的，19世纪后一些官员、宗教人士和外交官也陆续加入了这一行列。除了对中国经典文本的研究，学者们的文学兴趣一般都限于那些通俗流行的文本类型，如元明清的小说和戏剧。

一直到19世纪后叶，一些主要来自法国和德国的受过专业训练的文献学者来到中国，现代意义上的汉学（Sinology）才正式发端。实际上，有人会说，西方对司马迁（前145—约前86）《史记》展开正式的研究，始于1889年北京的东交民巷①。这位先驱当时年方二十余，刚从巴黎抵达北京。我们知道，这位年轻人在离开巴黎之前，曾有一位德高望重的学者建议他学习和翻译"一部国朝史"（见下文）。我们还知道，他一开始是拒绝这个提议的。不过，他的兴趣为何最终转向《史记》，我们尚不得而知。也许，他在回忆前一日的课堂时，被老师教授给他的一段文字所吸引，又或许他对占据他青年时代的修昔底德感到厌倦。无论出于何种动机，这位年轻学者最终迷恋上了《史记》，他的名字就是沙畹（Emmanuel Édouard Chavannes，1865—1918）。

沙畹

沙畹出生在里昂一个颇有地位的家庭——他的祖父（Édouard L.，1805—1861）是著名的植物学家，他的父亲（F. Émile，1836—1909）是当地某汽车制造厂的技术指导②。沙畹是家中的次子；他母亲在其

---

① 早期曾有过数部《史记》的选译，但都不是像沙畹那样要计划翻译整部《史记》，见鲍格洛，"Bibliographie"，114—115页。

② 沙畹的生平，参见柯蒂埃（Henri Cordier，1849—1925），"Nécrologie: Édouard Chavannes"，*T'oung Pao*，18（1917），pp.112-147，以及倪豪士，"Travels with Édouard: V. M. Alekseev's Account of the Chavannes' Mission of 1907 as Biographical Source"，*ACQ*，XXII.4（1994），pp.81-95。

出生后不久即离世。他父亲再婚后又生育了八个孩子。沙畹的一部分童年是与其祖母一起度过的，他曾在里昂和巴黎读预科（lycees），最后考入了法国高师（École Normale）。法国高师当时的校长是佐治亚·佩柔（Georges Perrot，1832—1917），他是一名考古学家，1855年成为雅典学院的成员，并在1860年代在近东地区开展过一些考古工作。他后来还编写了《古代艺术史》（*Historire de la Art dans l'Antiquité*，10卷，1881—1914年），又在《考古学家评论》（*Revue archéologue*）杂志当了数年编辑[①]。佩柔对沙畹很感兴趣，并引导他做与中国相关的研究。到毕业时，沙畹去拜访当时法国汉学界的翘楚——亨利·柯蒂埃（Henri Cordier，1849—1925）。他告诉柯蒂埃，他想学习中国哲学并向其请教建议。柯蒂埃回答说，理雅各（James Legge）有关于中国经典的著作，能为西方学者进入该领域提供很好的基础，而且，考虑到沙畹已有一定的底子，他去研究相对冷门的中国历史的话会更好。柯蒂埃甚至建议沙畹从二十四史中挑选一部来做译注。于是，在校长佩柔的推荐之下，由公共教育部长雷内·哥布莱特（René Goblet, Minister of Public Instruction）资助，沙畹作为"attaché libre"（译者按：自由随从人员，主要是作为受资助学生）来到了位于北京的法国公使馆。

1889年3月21日，沙畹抵达中国首都。不久后他便致信柯蒂埃，他在信的开头就表达了自己想从事哲学研究的决心：

自我抵京以来，已过三月半……时间飞逝，真让人惶恐不

[①] 有关佩柔的信息见 *Grand Larousse encyclopédique*, Paris: Larousse, 1963, p.352。有意思的是，沙畹的学术生涯与佩柔很相似，先是在中国游历，然后写了诸多让他成名的作品，最后在一本顶尖的期刊里长期担任编辑。

已……我已阅毕《仪礼》，即在巴黎见面时与您谈及的那本书，唯此译本有诸多疑难，故我不得不半途弃之。近来我又重读《史记》，并计划翻译其第一部分，即自神农至汉的中国历史。您觉得这部作品可能会激发人们的兴趣吗？

四个月后，即1889年11月10日，沙畹再次致信柯蒂埃：

> 我继续阅读了司马迁的书，而今也更明晰我想做的事：我希望能写一本关于司马迁本人的专著，讲述他的跌宕人生及其人格精神，分析《史记》哪些部分出自司马迁之手，哪些不是，最后讨论《史记》的书写计划及其历史价值。如无他事耽扰，我相信我能在这两年的资助期内完成。

不过，沙畹所说的"专著"最终只作为长篇"序言"刊登在其《史记》法译本上（详见下文），而他最开始也只是将《封禅书》的译文以单行本的形式出版①。从这第一篇译著中，我们就可以看到沙畹对整部《史记》有着敏锐的洞察力。除了借助于"三家注"②——这是他对全书理解和批注的基础（必须提醒的是，在沙畹开始此项工作的19世纪后期，连《辞海》这样的基本工具书都尚未出版——他还参考了其平行文本《汉书·郊祀志》，颜师古（581—645）的注，以及马端临（1254—1325）的《文献通考》。他所用的底本是由南京国子监冯

---

① *Le Traité sur les sacrifices Fong et Chan de Sseu-ma Ts'ien, Extrait du Journal of the Peking Oriental Society*，北京：北堂，1890，p.xxxi，p.95。

② 即裴骃的《集解》，张守节的《索隐》和司马贞的《正义》，三家注常常一起出现在明朝的《史记》版本中。

梦祯（1546—1605）负责刊印的《史记集解索隐正义》。尽管这个版本没有完全涵盖三家注，但它是以北宋的一个本子作为底本的，而且它后来也成了几个重要版本的底本。这部译著的"序言"（iii—xxxi页）也颇有意味。让人惊奇的是，这里使用的大量材料都没有出现在沙畹《史记》法译本（*Les Mémoires historique*）第一卷的长篇序言中。这卷的风格更加果敢而生动。他对汉武帝迷信淫奢的朝廷，以及司马迁怀疑主义态度的描画，不论是在风格还是隐喻上，都揭示出了某种戏剧性：

> 与其父亲一样，司马迁必须现身于重要的宗教仪式中，在这里上演的所有喜剧里，他既是一个演员，也是一个观察者。但他从不轻信任何人。他善于从旁观察，这种习惯使他能看穿这场表演的威严性。（viii 页）

这段描写或许会让人想到近来一部关于司马迁的小说（即 Jean Levi 的小说）。在北京余下的日子里，沙畹继续完成他的翻译工作。值得注意的是，他在"序言"里对汉武帝时期内政的描写，与他在 *Les Mémoires historique* 第一卷所写的存在很大差距[1]。

沙畹在这两年里似乎只粗略地完成整部《史记》130卷的翻译，然后在1893年下半年，他就动身回到巴黎，并出任法兰西公学院（Collège de France）的教授，他是第四个坐上这个令人羡慕的职位的人。他当时年仅28岁。

---

[1] 在这四年多的时间里，他还曾写过一本关于山东画像石的书，*Sculpture sur pierre en Chine au temps des deux dynasties Han*, Paris: Ernest Leroux, 1893。他之后便回到法国成家立室。

回到法国之后，在1894年5月，沙畹收到了一份翻译津贴（来自亚洲学会Société Asiatique）。然后从1895年到1901年，沙畹陆续出版了其他五卷的法译本《史记》，约共3000页。其中第二卷还赢得了儒莲奖（Stanislas Julien Prize）。除了译文本身，沙畹作的几个附录和序言性文章，也为这几本巨著添色不少。

沙畹的译文，我们将在本文的第二部分讨论，这里主要关注沙畹的"序言"（第一卷，vii—ccxlix页）。这篇序言长达250页，其最大的贡献在于：1.它全面地讨论了有关《史记》及其作者的基本问题，而且有些论述如此详尽，至今还是西方语言学术界中最好的；2.他对中国的历史学有诸多洞见，而且还常常与西方的历史著作进行比较。

这些基本问题包括：作者的生平，他们在《史记》编撰中的地位，《史记》的增补，书写的历史背景，史源材料，编撰方法，以及对后世写作的影响。沙畹关于过往《史记》注释家的论述（ccx—ccxvii页）极为精彩，至今西方学术界都无出其右。必须承认的是，他所用的有些材料已经过时，尤其是关于版本和"太史公"这个头衔的部分①。但考虑到沙畹所处时代尚无现代校勘本或其他参考书，这篇序言就显得格外引人注目。我们还能看出，沙畹对传统的《史记》研究非常熟悉②，他通读过整部《史记》文本以及绝大多数的注疏。吉美博物馆藏有诸多他尚未出版的研究③，除此之外，他在此序言中还对列

---

①沙畹将"太史公"译作"Duke Grand Astrologer"（译者按，astrologer指占星家或天文学家，在古代偏数术性质）。他对《史记》版本的讨论相对简单（ccxvii页），而且他相信司马迁之死比现代一般所认为的公元前86年晚数年。

②不过，他似乎没有使用清代中叶的重要著作，如梁玉绳的《史记志疑》，或者是王念孙的《读书杂志》，这两部书最早出版于1812—1831年间。

③他在注中还引用了第四九、六一、八四、九六、一〇四、一一〇、一一二至一一四、一二〇、一二一、一二四至一二六和一二八至一三〇卷。

传作了全面的讨论。他指出，对于现代读者：

> 我们要在眼中唤起（这些历史人物的）形象，逝去的他们才能得以重生。列传在《史记》中的比例远高于其他部分的总和，它们能极大地满足这种共情的渴求。中国人阅读这些传记，就像我们法国人阅读自己丰富的文学传记一样，历史人物在这出波澜壮阔的喜剧中扮演着不同的角色，我们则从中重新发现他们的性格和品行。（clxxv 页）。

他又说：

> 列传在《史记》里是最多样和最丰富的，它们几乎包含了所有的传记。只有六篇有关异国历史的比较特殊，即《南粤列传》《东越列传》《朝鲜列传》《匈奴列传》《西南夷列传》和《西域列传》。

他又总结出三种类型的列传：1.单个人物的传记，2.两个或以上拥有相似命运的人物传记，3.拥有相似技能或职业、且有杰出成就的人物传记。

沙畹的洞见太多，实在是难以完全总结出来。下面的几个例子能很好地体现出他的关注点和方法论。例如，他指出，韩城不只是司马氏的家乡，还是早期中国文明象征的中心，其所处之地在最早记录的历史里扮演着非常重要的角色，这些都有可能会引导司马迁去追思这片他每天踏足的土地的久远历史。对有人批判司马迁将游侠纳入《史记》的叙事，他是如此争辩的：

正如手刃仇人的绿林好汉同样会得到科西嘉岛农民的尊敬一样，司马迁也会赞扬那些被正常社会所摒弃的人。

他还指出，就《史记》的叙事而言，如果没有经历文、武帝两朝的学术和文化复兴，很多古代文本重新被发现和恢复，甚至被献呈到朝廷中，司马迁和司马谈是不可能去构想或者编辑他们的通史的。

但最有意思的还是沙畹对司马氏作为历史学家的评价。他对《史记》诸表及其问题的讨论令人印象深刻。他指出，与其他部分不同，诸表完全是司马迁的创造，他想借此来调和不同材料之间的矛盾，它们每个都有着自己明显的事件发展顺序。他的这个尝试并不十分成功，不过沙畹也指出，至少司马迁成功地告诉我们不同的历史事件会有不同的叙事传统。然而，对于大部分内容，司马迁主要还是依据某些特定材料的。但某种程度上，沙畹又在他序言的第一章第三部分否定了他关于可能是司马谈写成或准备好的部分的分析，他总结道，我们无须如此纠缠于中国历史学家的个人性格，因为：

> 借化学来举例，我们可以称西方历史学家的作品为化合物，而中国作者的作品只能是混合物。司马迁在其作品中的精神，就像是一块磁石，将散落其周遭的文本碎片聚合起来。因此对司马迁批评的标准就不能与对修昔底德、李维或是塔西佗的相提并论：我们几乎不用去考虑司马迁或司马谈的心理面具，实际上，争论他们二人谁对《史记》的贡献更大，是没有太大意义的，因为这两父子谁也没有在《史记》里留下他们性格的印记。（"结论"部分，ccxxii–ccxxiii 页）

沙畹因此认为，司马父子只是（单纯的）历史记录者（historian），而不是史学家（historiographer）（xi 页）。

1905 年，沙畹的第五卷译本出版后（包含卷四七《孔子世家》），他从一开始称之为"完不成的任务"——即翻译整本《史记》——中抽身，转而出版了一系列其他领域的著作，一直到 1918 年突然离开人世，享年 52 岁[1]。沙畹的身体一直不佳，德国汉学家海尼士（Erich Haenisch，1880—1966，见下第二部分）曾在汉口见过沙畹，其时电闪雷鸣，他是如此描绘沙畹的："一个瘦弱的男人，浑身湿漉漉地来了。"[2] 不过，沙畹死后，就连民族主义者福兰阁（Otto Franke，1863—1946）也不得不承认，沙畹是那个时代最顶尖的汉学家[3]。

在 1905 年至第二次世界大战期间，不少人（包括海尼士在内的德国学者）都曾尝试继续完成沙畹的法译本，这些将在本文第二部分进行讨论。在这四十年之间，西方世界再也没有出版过任何有关司马迁和《史记》的重要研究。

现代学术界的通用语已经变成英语，所以我们似乎需要一个用英语写作的研究来代替（至少是补充）沙畹的"序言"。而且，那场世界大战也促使了英国和美国政府去培养一大批精通亚洲语言的专家。

华兹生（Burton Watson，1925—2017）

在这批年轻的专家中，华兹生就是其中一个。他服役结束后，在

---

[1] 沙畹在第一次世界大战时离世，1918 年 1 月 29 日，他死于尿毒症。柯蒂埃在其讣告 "Nécrologie" 中详细列出了沙畹所有出版的著作。

[2] 这是傅海波（Herbert Franke）教授在 1995 年 5 月 25 日告知我的，他是海尼士教授的爱徒。

[3] 见福兰阁，"Édouard Chavannes", *Ostasiatische Zeitschrift*, 5/6（1916/1918），pp.87-94。

哥伦比亚大学继续完成他的中国研究学业①。1950年秋天，华兹生25
岁，他的一门研究生课作业需要他查阅"游侠"这个名词，他由此
对《史记》产生了兴趣。他发现《史记》和《汉书》都有这些游侠的
传记，于是就以此为主题写作硕士论文。完成硕士论文后，由于没有
资金继续攻读博士学位，他便接受了日本同志社大学的一个（英语）
教职，并担任时任日本京都大学中国研究主任的吉川幸次郎（Kojiro
Yoshikawa）的研究助理。华兹生还被邀参与编写狄百瑞（William de
Bary）的 *Sources of Chinese Tradition*（后由哥伦比亚大学出版社出
版，1960年），负责其中关于汉代思想的章节。这项工作迫使他更全
面地研究《史记》和其他文本。之后他还尝试与导师吉川幸次郎合
译《文心雕龙》，又申请了福特基金来翻译《颜氏家训》。不过他后
来改变了想法②，拿到福特基金的资助后，华兹生便开始阅读泷川资
言的《史记会注考证》（10卷，东京，1934年），将之作为底本来认
真阅读《史记》。到1955年年初，他已经草成了一本关于司马迁的专
著。同年夏天，华兹生回到哥伦比亚开始着手他已基本完成的博士论
文。1956年，除了继续完成博士的课程，他还对论文作了修改润色。
1958年，他的书稿最终由哥伦比亚大学出版：《司马迁：伟大的中国
历史学家》（*Ssu-ma Ch'ien: Grand Historian of China*）。

　　这本书至今仍是英语世界中出版过的唯一一本关于司马迁研究的
专著，其影响是深远的。在越来越少学者会阅读（英语外的）其他欧
洲语言的著作的时代里，华兹生的书和他之后所翻译的《史记》（哥

①更多关于华兹生早期对司马迁和《史记》的研究，见其 "The Shih chi and I"，
Chinese Literature: Essays, Articles, Reviews（*CLEAR*），12（1995）。
②有意思的是，他和沙畹的经历很像，沙畹从早年对《仪礼》的兴趣转向了《史
记》。

伦比亚大学出版社，1961年至今，见第二部分），四十年来一直都是最重要的西方（英文）语言材料。

与沙畹的序言相似，《司马迁》一书分为如下五章：1.司马迁的世界；2.司马迁的生平；3.中国史学史的开端；4.《史记》的体例；5.司马迁的思想。

华兹生的这个研究，以及他随后的译本，都是为受过教育的读者和汉学家而写的。因此难免有人会对他"有意地忽略了《史记》在历史编纂学上某些方面的问题，如司马迁所据原始材料的复杂性和难解之处，又或者是更为广泛层面的问题，如后来的中国学者对《史记》的批评"（《司马迁》，x 页）而有所微言。而且他也没有探讨《史记》的文本历史这一同样棘手的问题。华兹生的成就，与沙畹一样，主要在于他将司马迁的作品鲜活地带到了西方读者的面前。以下的两个例子足以说明他是如何做到的。第一个是关于司马迁在人物传记上的创新：

> 在他写的传记里，司马迁不只是勾勒单个人物的生平事迹，也不是如一般人所期望的那样，用年代或是地域来划分主题。他坚笃于他之前的经典和诸子书的理念，即人类事务进程之下自有深远和不可改变的道德模式。他只是在方便之时才按时间的顺序来书写，但这都遵从于他从先人生活中所得出的模式。司马迁以人物的生命轨迹以及激发他们行为的抱负来将他们分成不同群体……无论我们对这些不同分类的生命个体有着怎样的看法，我们都必须承认，在探寻这些模式时，激发着司马迁及其同胞的基本历史哲学终会显现于我们眼前。司马迁之前的时代已经在历史中树立了不同的人物类型，暴君与仁君，忠臣与奸臣。道德模式

的这种思想，以及这些模式本身，在司马迁的时代已经相当古老。是他提出这些模式不单可以应用在历史人物中，还可以应用到他所处时代的人物身上。他借用了已故的原型并用它们塑造出一个个鲜活的有血有肉的人物形象：他在非黑即白的刻画方式中发现了留有灰色空间的微妙之处。但他始终没有摒弃这样的思想，即在所有的人类生活中，存在着一种基本的道德准则，它决定了生命真正的意义，也是生命在历史中唯一的意义。后世的中国历史书写，从一种私人写作演变成了官方主导的集体创作，也就不再珍视这种古老的意义，只是为那些获得高官爵位的人书写传记，而不管他们的故事是否有真正的价值和意义。但《史记》的传记书写传统，即不只为当时位高权重的人、而是为那些对后世有道德楷模作用的人立传，一直影响了后来的中国文学创作。司马迁死后不久，也许是受他的影响，开始出现了一批传记作品，如刘向的《列女传》，皇甫谧的《高士传》，也都主要是书写那些有着相同道德模范作用的人物。这种衍生自《史记》和《汉书》"传"的新文体，一直到现在，都占据着中国传记书写的重要位置。（129—130页）

正是这一段文字向西方学术界呈现了：1.《史记》的文学性，这在中国早已被认可，但却不为接受过古典学训练的沙畹所重视；2.《史记》对传记文体发展的影响。

华兹生能从更大的语境中看待这一伟大历史著作的能力，同样可见于另一段我认为是最让人印象深刻的文字中，他提出可以用《史记》的形式来写美国史，以便向美国读者阐明《史记》的不同部分是如何交织互动的：

《史记》分为五部分：本纪十二卷、表十卷、书八卷、世家三十卷和列传七十卷。

这种形式与西方对历史书写形式的一般认知有着极大的差异，需要很仔细的解释。这五部分的重要性，以及这种形式对《史记》作为一部完整作品的编排和使用上的影响，我认为最好的解释方法，就是将美国的历史想象成是以这种方式来编写的。如果读者能接受这个奇怪的想法，以及中美历史之间明显的差异性，那我就来尝试勾勒一下这种模式下的美国史是怎样的。

本纪是关于那些在国家层面上有重要权力的人的生平。如果将英国看作殖民时代的主要势力，那么在编年顺序上就会有一个"英本纪"，这个本纪的结尾会是关于乔治三世的负面记录，懦弱，堕落，被邪恶的大臣所害。随后就是"总统本纪"。对于那些不是特别重要的人，则只会简略地列出他们的名字和就职时间。但对于那些重要的人，那些成了一个时代标志的人，比如华盛顿、林肯，以及罗斯福父子，就会有他们完整的人物生平记载，从他们的童年开始（樱桃树、小木屋等，这些记录是为了彰显他们从童年开始就有着非凡的个性和决心），并会集中讲述几个他们人生中的重要事件。

本纪之后就是表，每表前还有一个简短的序言介绍该表所覆盖时代的历史。第一个表会在第一行书年份，然后在余下各行平行地记录各殖民地的建立时间，也会简要地记录这些殖民地总督的信息，以及历史上的一些重要事件。第二个表则以相同的模式来记录在旧领地上建立的州。第三个则会罗列与总统有关的副总统和重要内阁大臣的在职时间。有一些表则会以月而不是年来分列，记录美国革命和内战时的重要战役和事件。

接下来是一系列关于政治、经济、社会和文化主题的"书"。它们会囊括美国的经济史，水道和铁路的发展（让读者了解像《伊利运河》和《我在铁路工作》这样的民谣），殖民地的宗教历史，民族，科学，战争和音乐（在这会出现诸如《扬基歌》《星条旗之歌》《我的国家属于你》等歌词的文本），以及任何其他历史学家认为有必要单独讨论的话题。不过，就如其他部分一样，"书"的重点也是在各领域对国家做出重大贡献的人，而不是对这些领域本身的抽象讨论。

下一部分是"殖民地和领土"（对应《史记》的"世家"），主要是关于在美国国土上不同殖民地的简要历史，尤其是它们的创立……

最后也是最大的部分，即一些关于单个人物的短篇传记。第一卷应该是关于莱弗·艾瑞克森（Leif Erison）的故事，以及对他的传奇故事的可靠性的一些猜测和对历史写作难度的评论。然后就是一些简短的传记，如关于殖民地的杰出官员，早期的探索者，独立战争的将军，诸如此类。有些人物在前面的部分已经出现过，有些则是第一次出现，基本都按时代的先后来排列……还有一些卷目会记录和描述印第安部落，墨西哥和加拿大，讲述美国政府与他们及其领土的关系……最后，这部历史会以著史者的自传来结束，以及介绍他编写这部历史的目的和方法。（104—107页）

可以毫不夸张地说，很多后来研究《史记》的美国学者或是学生，都是通过华兹生天才般的介绍而了解和接触这个文本的，当然，笔者本人也不例外。

但欧洲的汉学界有他们自己的《史记》研究传统，有自己的译本（见第二部分），并一直受沙畹对《史记》的批评和译本所影响。不过，华兹生还是成功地通过自己的分析和优美的英语文风，给西方世界带来了一本关于《史记》文学方面的研究专著。跟随着华兹生的步伐，我们将在文本、文学、史学以及哲学研究四个维度来解读1960年之后的西方《史记》研究。

1960年以来的文本研究

高本汉（Bernhard Karlgren）在他那篇极具开创性的文章《司马迁语言拾零》中（"Sidelights of Si-ma Ts'ien's Language", *Bulletin of the Museum of Far Eastern Antiquities*《远东文物博物馆馆刊》，42期，1970年，297—310页）[1]，总结道司马迁并没有严格地使用"他从先秦文本中学来的文学语言"，而更多地受到了他同时代的汉人影响（306页）。不过，尽管高本汉的文章诞生于《史记》文本研究盛产的年代，但他的结论和方法，并没有得到足够的关注。

1970年代有两个新的《史记》翻译项目：吴德明（Yves Hervouet，1921—1999）的《司马相如列传》（*Biographie de Sseu-ma Siang-jou*，巴黎：法国大学出版社，1972年），以及何四维（A. F. P. Hulsewé，1910—1993）的《中国在中亚——早期史：公元前125至公元23年》（*China in Central Asia: The Early Stage 125 B.C.–A.D.23*，莱登：博睿出版社，1979年），鲁惟一序，含《史记》卷一二三及《汉书》相

---

[1] 我们无须讨论鲍格洛的 "The First Interpolation in the *Shih chi*", *Archiv Orientalni*, 29（1961），pp.311–315，或是克罗尔（Jurij L. Kroll）的 "O nekotorych obsobennostjach metoda ispol'zoyanija istochnikov v' *Istoricheskich zapis kach' Syma Czyanja*", *Dal'nij Votok*, Moscow, 1961, pp.117–139（《司马迁〈史记〉在使用史料上的几个问题》）。

关卷目的译注本。他们激发了译者对《史记》和《汉书》关系的研究。吴德明发现《史记》和《汉书》的《司马相如传》之间存在800多处异文（《〈史记〉和〈汉书〉文本的相关性》"La Valeur relative des texts du *Che ki* et du *Han Chou*"，*Mélanges de sinologie offerts à Monsieur Paul Demiéville*《戴密微先生八秩大寿汉学学术论文集》，巴黎：高等中国研究院，1974年，55—76页），而且有将近一半他都无法找到合适的理由来解释。但余下的几乎有70%（293/413），出于文本语境的需要，在仔细考察其韵律、字形差异以及其他因素之后，吴德明发现《汉书》版本"似乎更优"（75页）。另一方面，吴德明也发现有29%的异文《史记》版本优于《汉书》版本。他的结论非常谨慎，即他承认这样的结果可能源自早期的《汉书》曾被多次传抄致误，但他同时也提出一种可能，即这些异文是传抄者根据《汉书》版本来修正的，目的是要重构那些遗佚的《史记》篇章。他还告诫我们，这只是对这些异文的一种可能的解释，它必须根据这两本伟大历史著作其他篇章的进一步比较来做出调整。

不过，何四维对吴德明文章的评论（*T'oung Pao*《通报》，65卷，1978年，112—113页）似乎曲解了吴德明谨慎的语气，他说："这个研究结论是基于413个例子中的293个，吴德明教授完全可以证明《汉书》的版本更优。这让他认为，《史记》卷一一七是后世某个人依据《汉书》来重写的，以补作《史记》的佚卷。在补作时，他们随意地修改文本来'改善'之，但他们又缺乏充分的理解，故而导致了诸多错误。有意思的是，本评论者对《史记·大宛列传》的研究也得出了相同结论（见《〈史记〉卷一二三的真伪性问题》，《通报》，61卷，1975年，83—147页）。"同样地，吴德明文章中的那种警惕性，亦全然不见于何四维的研究。在仔细地对比了《史记》和《汉书》的用字和用词之后，何四维总结道："今本《史记·大宛列传》并非史公原本，而是从《汉书·张骞李广利传》和其他的《汉书》卷目中抽取信息来重构的。"但他没有提出要对其他卷目作更多研究，而是为自己的结论辩护："我相信，将来的研究也会证明，《史记》余下的汉代部分卷目也是不可靠的。"（89页）

鲁惟一为何四维《中国在中亚》所作的序，也有相当一部分讨论了这个问题。在分析众多数据后，包括文本内部的和外部的，鲁惟一的结论是，《史记》文本是次生的。他找到两条新的外部证据来支持他的观点：1.根据《太史公自序》对本卷的综述，即"汉既通使大夏，而西极远蛮，引领内乡，欲观中国"，是绝不可能出现本卷所描述的主要人物和重要事件的，即张骞和李广利，以及与大宛的战争和汉朝获得汗血马的故事。2.今本《大宛列传》的前半部分毫无疑问就是张骞的传记……（但）《史记》卷一一一《卫将军骠骑列传》不但有一段关于张骞的非常短的记载，而且与张骞一起还罗列了其他几个将军，而太史公明确说过他们是"无传者"[①]。（24—25页）

然而，榎一雄（1913—1989）教授也用了外部证据（《〈史记·大宛列传〉与〈汉书·张骞李广利列传〉的关系》，《东洋学报》，64期，1983年，1—32页），第一个向何四维教授的观点提出挑战。榎教授指出，《史记·大宛列传》沿用了比较古老的名号用例，因此不能认为是抄自《汉书》。最近，吕宗力也提出，尽管何四维和鲁惟一认为《史记》在公元100—400年并不流通，但这三百年里有很多著作曾引用过《史记》的事实，让何四维和鲁惟一的观点不攻自

[①] 尽管本文只是一篇综述，但我还是觉得有必要就鲁惟一的观点指出几点：1.卷一三〇中还有一些概述，例如卷六五《孙子吴起列传》，也没有直接提到该卷的主人公，2.鲁惟一教授所引的卷一一一的内容本身也是值得怀疑的。

破，而且，何四维引以"证明"《史记》派生于《汉书》的语言例子，总体上也是完全不能令人信服的（《重审〈史记·大宛列传〉真伪性的问题》，*Chinese Literature: Essays, Articles, Reviews*《中国文学》，17期，1995年）。

自此，这几篇由顶尖的中国语言学者所写的文章，在20世纪的西方学界，带动了一个领域的蓬勃发展。高本汉没有找到确凿的证据来说明《史记》和《汉书》的关系。我们似乎还需要更仔细和更多的语言学研究，又或者是一些辅助性的证据，如意象、情节和叙事结构等，来更加接近这个问题的真相。

1960年以来的历史研究

西方第二本关于司马迁的专著，是左景权的《司马迁与中国史学》（*Sseu-ma Ts'ien et l'historiogphie chinoise*，巴黎：法兰西东方出版社，1978年）[①]。因为我在台湾尚不能看到该书，下面的讨论均来自著名的历史和语言学家蒲立本（E. G. Pulleyblank，1922—2013）的书评文章（载 *The Journal of Asian Studies*《亚洲研究学刊》，38卷，1979年，745—746页）：

> 左先生是中国学者，他在巴黎有一个长期的项目，是比较司马迁和希罗多德，以及他们各自所建立的史学传统。这本书便是该项目的成果……本书分为两个部分。第一部分，左先生站在相当传统的角度，对中国史学史作简要的介绍。第二部分，他将

---

① 这里我没有讨论克罗尔的《司马迁——历史学家》（*Syma Cjan'—istorik*, Moscow: Nauka, 1970），这部著作长达500页，在其中关于秦崩汉兴的章节里，主要讨论了司马迁的历史哲学和他对史料的使用；鲍格洛曾介绍过他的研究，见其评论文章，收录在 *T'oung Pao*, 58（1972），pp.236—239。

《太史公自序》和《报任安书》重新译为法文，对诸多前人已经论及的有关司马迁的生平和作品的问题，也提出了自己的观点。

左先生是中国史学和他的英雄司马迁的坚定拥护者……有部分的西方历史学家对中国史学传统的重要性和多样性，以及其中高度的知识品质缺乏充分的认识。对于非汉学家来说，语言障碍尚可作为借口，但因缺乏兴趣，并高傲地认为西方传统至上，则是应该批评的。不过，左先生的辩护能否获得他想要的效果，则令人存疑。他的态度过于传统，对现代学术寄望于历史学者（不论是西方的还是东方的）的那种客观公正的探索精神，可谓理解甚浅，因此他最终只会进一步牢固读者的偏见，而不是将其稀释……当然，左先生的书并非毫无价值。他十分熟悉《史记》的研究史，尤其是中国方面的，他的评价也值得我们参考。

左景权想更全面地将司马迁呈现给西方的读者，但明显这是一次不成功的尝试。我们现在转向一个相对较小的研究，它只考察了《史记》及其作者，即姜士彬（David Johnson）的《早期中国的史诗与历史：伍子胥问题》（"Epic and History in Early China: The Matter of Wu Tzu-hsu"，《亚洲研究学刊》，40卷，1981年，255—271页）。这篇文章在塑造西方对早期中国传记的概念上有开创性意义。姜士彬考察了五篇构成"伍子胥"故事[1]（如其事迹和性格等）的古代文本，它们是：1.《左传》，基本包含了他生平的主要情节，如朝廷密谋致使伍子胥的父亲入狱，伍子胥决定逃亡，多年后他为吴王复仇，但却愚

---

① "故事"原文作"matter"，是借用法语中的"matiére"，如"Matiére de Bretagne"，即"亚瑟王传奇"，其含义为故事、传奇或演义等。

蠢地没有灭掉越国（255—256页）；2.《吕氏春秋》，"它用与《左传》同样的篇幅来描写其生平……但呈现了伍子胥生平的更多场景"（256页）；3.《国语》，很可能就是《吕氏春秋》的材料依据；4.《史记》，"提供了伍子胥完整的生平经历，也比之前的版本更长……有着更多细节"（258页）；5.《吴越春秋》，"它关于伍子胥的材料是之前的三倍之多"，包括伍子胥作为"熟知天文地理之师"时的一些演说词（259页）。姜士彬对《吴越春秋》额外材料的来源提出了疑问，并认为它们可能源自两种口述材料，即"关于伍子胥的民间传说，以及某些与伍子胥祭祀有关的更长的故事，有大量证据能证明它们在两汉及之后的时间里逐渐传播和衍化"[1]（262页）。他随后展开了对司马迁的想象：

> 在研究《吴越春秋》很久后，我重读了《史记·伍子胥列传》，我突然感觉司马迁必然是熟知不同版本的伍子胥故事的，它们比司马迁所采用的有着更多细节，这解释了为何此列传的一些部分看起来像是缩写和概述。当然，如果司马迁收集到的是很多单独的伍子胥生平故事，也会产生这样的效果。但在我看来，这会让他更像现代历史学家那样一点点地将故事拼凑起来。我感觉，他更像是在概括一些已有的、形式连贯统一的复杂故事，而不是在分散错落的材料基础上拼凑创造一个连贯叙事。（263页）

姜士彬猜测，"在秦汉大一统时期，必然存在大量的历史传奇传统，对统治者和被统治者来说皆然。但这些传统不是唯一的——它们有很多不同的版本……我猜想，说书人会把这些故事讲述给贵族或是

---

[1] 见姜士彬，"The Wu Tzu-hsü Pien-wen and its Sources: Part II"，*Harvard Journal of Asiatic Studies*, 40（1980），pp.472-498。

平民"（268页）。"这些传奇的流行，可以解释为何司马迁会在没有前情和后续的情况下突然提到'伍胥未至吴而疾，止中道，乞食'。"（258页）因为司马迁假设我们已经知道这个故事了。姜士彬相信，历史传奇叙事曾受到汉统治阶层的审查限制，因为：1.在中央朝廷努力维持全国一统时，这些传奇却曾一度作为地方主义的温土；2.它们反对精英贵族所支持的儒家原则和真理；3.它们挑战正在迅速发展的官方历史写作垄断权。尽管姜士彬强调他的结论也是一种猜测，也没有说他已经证明这些口述和地方材料的存在，但他对司马迁可能见到的材料的描绘，是非常睿智的创见，正反衬出前辈们的研究是多么地谨小慎微。

接下来，如果只讨论富善（Chauncey S. Goodrich）的《司马迁的〈吴起列传〉》（"Ssu-ma Ch'ien's Biography of Wu Ch'i"，*Monumenta Serica*《华裔学志》，35卷，1981—1983，197—233页），却将卜德（Derk Bodde，1909—2003）和弗兰克·基尔曼（Frank Kierman，1914—1992）放到第二部分的"翻译"来讨论，似乎略显不公，因为他们的研究都综合了翻译和历史评论。但富善与姜士彬一样，跳出前人的研究范式，向我们展示了一个纯历史的研究，他只是以《吴起列传》作为分析评价司马迁历史编纂学的基础。富善的主要目的是要分清，在这个文本中，哪些是史实，哪些是如马伯乐（Henri Maspero，1883—1945）对苏秦的猜想一样属于历史传奇①，司马迁究竟使用了哪些材

---

① 见马伯乐，"Le Roman de Sou Ts'in"，*Études asiatiques publieés a l'occasion du vingtcinquieme anniversaire de l'École Française d'Extrême-Orient*，2（1925），pp.127-141，以及"Le roman historique dans la litterature chinoise de l'antiquité"，*Mélanges posthumes sur les religions et l'histoire de la China Ill: Éludes historiques*，Paris，1950，pp.53-62。

料？富善的结论有二：一是，此列传是情节化和传奇式的，实际上是一系列有关吴起的不同叙事被按照编年顺序组合起来（203页）；二是，把通篇传记都看作传奇小说的观点也是不对的：

> 很明显，本传的某些部分包含让人难以置信的情节和严重的年代错乱，但其他部分却保持了非常格式化的文学修辞，这也削弱了它们的历史价值。很多一流的学者……早就关注到这些特征。无论如何，我们至少可以认为，在文本所暗示的时代里，的确存在过一个吴起，他担任过魏国的将军，以及文本提到的其他国家的将帅。（214—215页）

尽管卜德的《秦国与秦帝国》是以《史记》作为主要的史料之一（《剑桥中国史》卷一《秦汉史》，剑桥大学出版社，1986年，20—102页），但他仅在三处讨论过《史记》的编纂问题，即其附录（1）材料与现代研究（90—94页），和（2）《史记》中的篡改增添部分（94—98页），以及（3）《史记》及其他史料的统计数字（98—102页）。他在这里的态度，更多是批评的：《史记》所记录的秦国的大部分叙事都是错误的、夸大的，甚至是编造的。

除此之外，格兰特·哈代（Grant Hardy）的《〈史记〉的客观与阐述》（"Objectivity and Interpretation in the 'Shih chi'"，耶鲁大学博士论文，1988年，未出版）是这三十年来首部关于《史记》的英文专著。哈代与沙畹一样受过西方古典学训练，他深知自己的研究"可以分成两个截然不同的部分。第一部分（1—4章），［他］构建了一种阅读《史记》的新的理论框架，第二部分，［他］解释了如何将这种框架应用于具体列传的阅读，他认为整本《史记》都可以作相似的解读"（342页）。

第一部分有很多有价值的地方——他用西方语言对顶尖的中西《史记》研究作了综述，全面地分析了列传在《史记》整体结构中的作用，以及对其史源作了一些分析。他的结论是，司马迁的主要目的是对道德原则进行甄别，纠正历史不公，尽管哈代总能独具慧眼地摆出证据，但这些观点前人已经略有涉及[1]。

在第二部分，哈代对《伍子胥列传》和《汲郑列传》作了非常细致和有趣的分析，总结出司马迁所使用的六种编辑方式:（1）筛选史料,（2）逐字复制史料,（3）调整史料顺序,（4）改善史料的用字措辞,（5）在基本史料中插入其他史料内容,（6）插入自己的想象。这是天才式的、基本前无古人的研究[2]。与很多学者意见不同，哈代相信"司马迁是一个非常活跃的编辑者，他常常塑造历史来指导读者的历史想象"，而"《史记》叙事的矛盾之处，正揭示了司马迁的历史思想，即历史事实包含道德意义，但可能不只存在一种绝对正确的解释；同一个事件在不同的语境中有不同（但同样合理的）含义"（345页）。

哈代对司马迁最后的论述同样值得我们注意，沙畹认为《史记》的作者主要是一个"汇编者"，哈代不同意这种观念，他认为:

---

[1] 例如，以下所引可以看作是受到对司马迁口述材料之猜想的启发:"H. D. F. Kitto 曾经就希罗多德的问题写到，考虑到他能接触到的材料之巨,'他首要的工作肯定是要删除一些内容'。当我们去想象整个世界被遗忘和失落的故事传统时（以及那些尚能看到的），然后与《史记》相对少得多的信息量比较一下，我们只好认为司马迁写《史记》也作了同样的努力。"

[2] 哈代没看到霍克思（David Hawkes，1923—2009）对司马迁是如何编辑另一篇问题更多的列传的精彩分析，见霍克思，"The Biography of Ch'u yuan", *The Songs of the South*, Harmondsworth: Penguin, 1975, pp.52-60。

司马迁是一个非常独特的人，在探索他为其所处世界赋予意义的过程中会得到意想不到的收获。在他所有的平衡和编辑中，司马迁一直保持着感性和仁爱，他对读者也有着同样的期待。对司马迁而言，历史不是冷漠的科学。他相信历史学家可以对其书写的历史人物动情（这也是他著史方法的一部分），他认为历史对于活出高尚人生是极其重要的。他希望通过生动的行文风格，简短的评述，以及反问等方式来感化读者。他想让我们感受背叛的悲剧，胜利的快感，反转的震撼，并将这些历史知识和通感应用到实际生活。他的作品既是文学的，也是历史的，而且，这很大程度上解释了《史记》在整个中国历史的深远影响。

我认为，这段文字既体现出沙畹和华兹生对哈代的影响，又有他自己的创见，达到了一个很好的平衡。沿着哈代对《史记》文学方面重要性的强调，我们接下来就讨论一下《史记》的文学性研究[①]。

---

① 哈代有一个观察似乎缺乏说服力。在第19页，他写道："西方关于《史记》的观点用几页纸和引几段文字就可以概括完全了。"我发现情况并非如此。而且在这里还不得不省略五个最近的研究：（1）杜润德（Stephen W. Durrant），"Liu Chih-chi on Ssu-ma Ch'ien"，*Proceedings of the First Annual International Conference on T'ang Studies*（台北：台湾学生书局，1989），36—53页；（2）倪豪士，"A Reexamination of The Biographies of the Reasonable Officials' in the *Records of the Grand Historian*"，*Early China*, 16（1991），pp.209–233；（3）哈代，"Form and Narrative in Ssu-ma Ch'ien's *Shih chi*"，*CLEAR*，14（1992），pp.1–23；杜润德，"Ssu-ma Ch'ien's Conception of *Tso chuan*"，*Journal of the American Oriental Society*（*JAOS*），112（1992），pp.295–301；（4）哈代，"The Interpretive Function of *Shih chi* 14, The Table by Years of the Twelve Feudal Lords"，*JAOS*, 113（1993），pp.14–24；以及（5）哈代，"Can An Ancient Chinese Historian Contribute to Modern Western Theory? The Multiple Narrations of Ssu-ma Ch'ien"，*History and Theory*, 33（1994），pp.20–38。

1960年以来的文学研究

1981年，约瑟夫·艾伦（Joseph Roe Allen）发表题为《〈史记〉叙事结构研究初探》的论文（"An Introductory Study of Narrative Structure in the *Shi Ji*"，《中国文学》1981年第3期，31—66页），他指出，"有关《史记》文学方面的研究真是出奇地少"。我们可以看到，在他文章发表后的十五年中，这种情况已经有所改善。但他的文章还是那十几年里最重要的《史记》文学分析研究[1]。

艾伦是用 Robert Scholes 和 Robert Kellogg 提出的西方古典叙事学方法论来研究中国的传统叙事文学[2]。王靖宇（John C. Y. Wang，1934—2018）早在1970年代发表的两篇文章里就已经尝试用过这些方法[3]。但王靖宇的文章只分析了很少的例子，艾伦则考察了《史记》不同部分的叙事模式，也对其中两章做了深入分析，即《伍子胥列传》和《李将军列传》。以下所引很好地阐明了艾伦诸多创见和结论中的两项：

> 就情节而言，这两个列传各有不同。我们应用了托多罗夫（Todorov）关于法律故事和定语故事的理论来讨论两种情节模

---

[1] 克罗尔发表了名为 "Ssu-ma Ch'ien's Literary Theory and Literary Practice" 的文章，但它在东欧之外似乎影响甚少，见 *Altorientalische Forschungen*, 4（1976），pp.313-325。

[2] 他们的理论可见于 *The Nature of Narrative*, Oxford: Oford University Press，1968。译者按，中译本《叙事的本质》，于雷译，南京：南京大学出版社，2014。

[3] "The Nature of Chinese Narrative: A Preliminary Statement of Methodology"，*Tamkang Review*, 6.2/7.1（1975.10—1976.4），pp.229-245；浦安迪（Andrew H. Plaks），"Early Chinese Narrative: The *Tso-chuan* as Example"，*Chinese Narrative: Critical and Theoretical Essays*, Princeton University Press, 1977, pp.3-20。

式①。以此，我们看到《伍子胥列传》以线性叙事和行为导向为主，而《李将军列传》则以情景和描绘导向为主；其一以人物行动来组织行文，另一个则是以故事的主题。这两种主要的情节模式，彼此并不互斥，可以用来分析《史记》其他列传的叙事，它们时而独立，时而又混合使用。Scholes 和 Kellogg 指出："这个编年记录者可能只是简单地记录具体日期，但自传作者和历史学家则寻求一种能将历史一般化的模式。"（86页）司马迁追求历史模型，也就是说他想超越单纯的事件编年，这在列传中尤为明显，这两种叙事模式（的例子）我们都可以从中找到，即法律的和定语的。（52—53页）

伍子胥和李广的性格是稳定的，没有发展的，也就是说，他们没有任何变化，几乎只有一个维度。伍子胥的性格主要围绕其复仇来塑造，尤其是他复仇的决心，而李广则主要以其军事才能和个人的勇敢，还杂糅了一定程度的非正统性和傲慢。Scholes 和 Kellogg 在关于人物的讨论里花了大量篇幅来分析单性格的史诗英雄，但要说他与这里有任何对应性是很危险的（尚存疑问的）。Scholes 在另一个研究中确实提供了一个更为细致的模

---

① 译者按，即 tale of law 和 tale of attribute，这是托罗多夫《〈十日谈〉的语法》一文中的概念，前者指在故事一开始设立一些法律或规则，而故事的情节主要由违背这些法律的行为所组成；而后者是指在故事伊始就提出一些特定的定语命题，故事情节主要是对这些命题的肯定或否定。在艾伦的借鉴分析中，伍奢在一开始就预言伍子胥会为自己复仇，伍子胥故事也主要围绕这个预言而展开，伍奢的预言就相当于法律故事的"法律"，情节以预言为中心而环环相扣、层层递进。而李广的故事之间则没有太多联系，是以文帝一开始对李广的评价展开的。文帝说若李广生于高祖时则当万户侯，此后的故事只单纯展示李广有着怎样的不同特点来呼应文帝的评价。也就是说，李广的故事是对一开始的命题的肯定与否定。

型，即诺思洛普·弗莱（Northrop Frye）的主人公个性模型。这个模型主要讨论就主人公与现实世界（人及其所处环境）的关系而言，其模仿的高下[①]。不过，虽然西方文学批评的类型分类不能完全适用于中国，尤其是因为这些历史人物的群体如此之大，但这种分类的方法总体而言还是有用的。在这个模型里，这种模仿可以从高至低排序：在上面的是那些超越于普通人，但受限于其所处自然环境的主人公（超越环境的属于传奇和神话），而处于下面的则是劣于二者的主人公（如喜剧中的人物）。当然，伍子胥和李广都处于这种模仿的上层。不过，我们还要指出，李广的位置极高，也许已经接近传奇和神话，而伍子胥则近乎中层，更接近现实生活……这两个人物在文学和历史意义上都是真实存在的，但李广比较单调而缺乏生气，这是他的性格刻画和故事情节造成的结果。（60—61页）

与其分析一样，艾伦在结论中提出了这部历史巨著对中国后世文学的影响：

《史记》由许多独立叙事组成，这些叙事在结构上存在很大差异。我们所讨论的这两篇，无疑比其他的叙事更具象征性和意义，但正如我们指出的，他们不是非典型的。我们怀疑，大部分为传统所重视的叙事其实更具象征性而非模仿性[②]。我们已经看

---

① 译者按，根据荷马，艺术模仿生活，史诗中的人物是对生活、行动的模仿，这里模仿的高下，在中国古典语义下应该可以说即主人公的品质高下。
② 译者按：前者可能是说司马迁的目的是要建立供模仿的楷模，后者是指司马迁参照已有的模范来塑造人物。

到，情节、角色、观点和意义相互交织，赋予了这两个叙事各自不同的形式……因为这些有意义的模型，《史记》可能代表了史学上的重要一步，即摆脱其之前的帝国历史传统，而向更为小说化的方向迈进。我们猜想，这两篇传记的叙事模式不但见于《史记》的其他部分，而且亦见于中国后世传统中更为虚构性的叙事作品。（66页）

艾伦之后的首篇《史记》文学性的研究，是南薇莉（Vivian-Lee Nyitray）的博士论文《道德之镜:〈史记〉的四篇传记研究》（"Mirrors of Virtue：Four 'Shih chi' Biographies"，斯坦福大学，1990年，未出版）。但由于我身处台湾，未能翻阅其文。《国际博士论文摘要》（Dissertation Abstraction International，1990年9月，51.3，857-A）概括了其研究之范围，及其与艾伦叙事结构研究的关系:

> 该论文使用了一种文学批评的方法来分析司马迁……《史记》……四篇相互关联的传记……卷七五—七八（即孟尝君、平原君、魏公子和春申君"四君子"的列传）……他们生活在公元前3世纪，一直以来都被认为是战国贵族的楷模。她借用法国结构主义、英美"新叙事学"、西摩·查特曼的电影叙事批评，以及传统的中国美学理论等方法，辨析出文本中重要的结构元素，并详细描述出这个分析过程，让读者得以学会判断人物行动所蕴含的道德内涵。
>
> 该文的核心是对信陵君和监门小吏侯嬴之间紧张关系的分析，即勾勒了仁和德的区别（前者指慈悲仁爱，后者指报答他人德行的社会心理冲动，亦即"感恩"），然后指出即使是最具道德

的人也摆脱不了天命。

文章的最终结论为，就算是人类楷模也必然是有缺陷的，但这种非完美性也增强了他们的魅力，同时为这些文本持久的文学力量提供了解释。

简小斌的博士论文《〈史记〉的空间化》（"Spatialization in the *Shiji*"，俄亥俄州立大学，1992年，未出版），主要讨论的是《史记》的叙事力量，以及其空间（而非时间）的基础。他的论文分为五部分：1.序言（1—33页）；2.空间化：作为理解的模型（34—59页）；3.《史记》的书写与"史"的传统（60—124页）；4.《史记》的构建与特征化（125—180页）；5.结论：建立整体化的系统和多维空间的图像（181—189页）。

尽管简小斌明显对现代理论非常了解，不过最让《史记》研究者感兴趣的，还是他第二部分对《史记》的编纂、第三部分对《孔子世家》以及《范雎蔡泽列传》的讨论。他的主要观点是认为《史记》应作为中国伟大修史传统的一部分来解读，而这一"空间"定位是比（仅将其看作是）编年史重要的。他如此总结道：

> 总体而言，《史记》各部分似乎共同形成了宝塔式的系统，每个层次和分部虽截然不同，却又相互联系。这个系统建立在一个空隙里，其中各个方向的空间都被考察过，所有过去的时代也被统一整合了。诸表和人物传记中的具体日期给人以历史真实性的感觉，以及在必要时可以作为事件时序的参考，但这个系统的非行为和非时序的结构仍然强烈地彰显了一种永恒感……司马迁……更在意的是，人物的总体形象和他们在整个系统中是否处

于合适的位置上。（181—185页）

为西方读者提供一个文学体系，一种阅读《史记》的新方法，正是杜润德（Stephen Durrant）博士论文《谜镜：司马迁书写中的张力与矛盾》的目标所在（*The Cloudy Mirror: Tension and Conflict in the Writings of Sima Qian*, Albany: State University of New York Press, 1995）。杜润德过去十年一直致力于《史记》的研究和出版，他的论文是西方世界第一部关于《史记》文学性及其作者的研究集。他的论文分为以下六个部分：1. 第二个孔子的失意；2. 司马迁的孔夫子；3. 司马迁、六艺和《春秋》；4. 将死之父与不灭之忆；5.（没）有姓名的（女性）；6. 空想家与叙事者。我们无法在这里介绍全部的章节，因为它们实在非常丰富，这里我将主要介绍其中最长且最具洞见的一章："将死之父与不灭之忆"（70—97页）。

杜润德开篇先引刘知几对司马迁笔法的批判，尤其是他与孔子春秋笔法的不同，说他是"多聚旧记，时采杂言"。对此，杜润德为司马迁辩护道，司马迁的史料肯定比某个中国当代学者所辨析出的八十余种多得多，至于《史记》中不同、甚至是相互矛盾的记载，杜氏也提出了其他的原因：

> 另外，在处理《史记》结构上的内在问题，以及处理众多史料的困难之外，司马迁将自己看作已经中衰的太史家族后人的这种观念，必然会影响他对历史，甚至是对自己的书写。正如前文指出的，读者能时不时在《史记》中感到一种回响，即他在《报任安书》和《太史公自序》中对自己的描绘，与其对历史伟人的描述之间的相互呼应。（73—74页）

他接着转向《伍子胥列传》，这篇传记很好地体现出了以上的三个问题；杜润德将伍子胥看作是与孔子同时代但又与之对立的人物。在他失意的时候，伍子胥没有像圣人那样书写编辑历史，而是转向"一种不断扩大的反抗，最后以自杀和残疾收场"。杜润德考察了伍子胥在《史记》五个不同传记中的资料，它们呈现出"相当程度的重复"。但他发现最有趣的是伍子胥的父亲伍奢所说的话。显然，这部分内容并没有其他更早的史料，因此杜润德猜测很可能是司马迁自己编的，同时也指出伍奢这个角色创造了新的矛盾，这是在早期的叙事中所没有的：

> 如前所述，司马迁给出了伍奢两个版本的演说词，皆不见于《左传》，而且在《左传》里，伍奢都是沉默的。一个将死的父亲所说的话……对司马迁而言有着特殊的意味（因为正是他父亲的临终遗言命令他去完成《史记》，杜润德已经讨论过这个问题）。在这里，伍奢对他的儿子们作出了独具只眼的评价——他准确地概括他们的性格，并预言他们接到君主诏命时截然不同的反应。伍子胥在他和他的兄长被叫到父亲床前所说的话，既不见于《左传》，亦不见于《楚世家》。伍子胥当然是其"列传"的主角，所以从一开始就将其确立为叙事的主要人物是很正常的。但是，除了出于这种考虑，他强烈的存在感和说辞创造了一种张力，这是不见于其他两个版本的叙事的。伍子胥没有消极被动地听取兄长的建言，而是提出要逃亡。因此，他兄长的反应成了两种相反欲望中妥协的一方，并切合他们父亲的预言。在司马迁的叙事里，这个决定的关键，正如《左传》那样，不在于兄弟二人各自的德性，而是在于更具智慧的兄长对这些德性的深刻理解，即他要解

决一个两难的困境：孝子要服从父言，所以他也必须要遵从君主的诏令并接受死亡，同时孝子也要为父报仇，所以他必须要拒绝君命并采取行动。两个儿子一起可以做到从孝，而且满足这两种要求，但他们只能以团队而不是个人的方式来实现。伍尚当下即完成了他的责任，而要实现这一责任，他的后果是被处决，获得他的"荣誉"后，便消失于后续的叙事中。（87—88页）

杜润德接下来分析伍子胥最不可思议的复仇行动，他不但挖出了楚王的尸体，并对其进行鞭尸：

> 注家一般都主要关注于"史实"而非文学效果，他们已经指出在早期的叙事里，只提到了"挞平王之墓"，因此也质疑了司马迁叙事的历史真实性。
>
> 我们这里的目的不是要重建过去。从文学角度来看，对平王尸体的亵渎是本章的中心，也是这个情节的转折点。伍子胥的成功在这件事上达到了顶点，他的衰败也从这里开始，并且以另一个可怖的事件而结束。司马迁在满怀同情地刻画伍子胥的同时，也在这里将其展示为一个做事太过的人。伍子胥被极端复仇情绪所驱动，他的双眼被蒙蔽，看不到其极端行为所带来的后果。是申包胥而不是伍子胥自己，看到并暗示上天不会毁灭他之前的朋友（即楚国）。伍子胥疯狂的复仇行动，正好与《伍子胥列传》下半部分的另一主要人物形成反差，即吴王夫差，他为其父亲复仇所做的远远不如伍子胥。（91页）

在考察这种"父—子"的对照后，杜润德继续转向另一主题，即吴王夫差和伍子胥各自的"所见"，及其相对重要性：

> 　　根据司马迁的完整叙事，与其参照者伍子胥一样，夫差最后也死了，而且也涉及"看"的这个问题。不过，伍子胥想要看到的是［吴国为敌国所征服］，而夫差想要的是屏蔽自己的视力[1]，正如他为确保伍子胥看不到他所想要的，［于是挖了伍子胥的眼睛］[2]。
>
> 　　伍子胥精于谋略。因此他能看得更远，一直看到他的计划实现，或是他的预言成真。他积极主动，被强烈的复仇心理所驱动。他曾两次因为"死亡"（不能复仇）而沮丧——一次是楚平王之死，一次是自己的死亡——因此他持续不断的行动，或者说是想要行动的愿望，就变得相当荒诞。但如果说伍子胥是动态的，那么夫差就是静态的。在司马迁的整个叙事里，夫差一直逃避其父加于他的行动。就像《史记》中其他"看不见"（目光短浅）的君主一样，他也看不到（预见）其政治战略的后果，直到他最终死去也没能看清，大概也是得其所宜了。（95页）

　　杜润德具有辨析和阐述《史记》背后隐藏的文学模型的能力，这些模型是前人未能看到的，这使得他的研究成为一种新研究流派的重要基础，又根据哈代和其他学者开拓性的历史研究，文学研究者得以

---

[1] 译者按，《史记·越王勾践世家》：吴王夫差最后"遂自杀，乃蔽其面，曰：'吾无面以见子胥也！'"

[2] 译者按，［ ］内皆为倪豪士所加，非杜润德原文。另据《史记·伍子胥列传》，伍子胥是自己要求舍人"抉吾眼县吴东门之上，以观越寇之入灭吴也"，不是吴王挖了他的眼睛。

重新考察司马迁是如何熟练地处理史料的。

下面，我们将继续讨论《史记》哲学方面的研究①。

1960年代以来的哲学研究

华兹生认为："司马迁不是哲学家，而是历史学家……［他］与其他中国历史学家一样……很少有自己的评论，他的那些零散的观点不能归类到任何已知的思想流派里。"（*Records of the Grand Historian, Han Dynasty* 2，修订版，香港中文大学香港－纽约翻译研究中心，哥伦比亚大学出版社，1993年，xv 页）不过，近来也有一些研究开始关注司马迁这些"零散的观点"，我们可以将其看作"哲学性"研究。

最早的两种均为杜润德所作。一是《在传统十字路口的自我：司马迁的自传书写》（"Self as the Intersection of Traditions: The Autobiographical Writings of Ssu-ma Ch'ien"，*JAOS*《美国东方学会杂志》，106卷，1986年，33—40页），杜润德在此想探讨的是司马迁自传书写中的"内在逻辑"，他认为，《史记》里存在着一个司马迁回顾自己整个人生的基点，且常常是在他进行批判的时刻显现。这个基点就是他被卷入李陵之祸这件事。杜润德认为，这个基点：

> 非常深刻地将司马迁对历史的解释和他对未来的期盼联系起来。如其所述，他过去的生命主要围绕着孔子所说的孝道；而他的未来则冀望于"扬名于后世（以显父母）"。（35页）

---

① 译者按，原文本有对法国汉学家、小说家 Jean Levi 历史小说作品 *Les Fils du Ciel et son annaliste*（《天子及其编年史作者》）的介绍与引述，倪氏曾将其译为英文出版（*The Emperor and His Annalist: A Tale of Han Wudi*, Createspace Independent Publishing Platform, 2016）。由于多为引述，此处省略不译。

这种孝并不限于对其父亲司马谈，而且扩展到中国最受尊崇的古人，即孔子身上：

> 对（壶遂）的第二个责难，即将其与孔子作对比，司马迁的回应是非常聪明的，他说："余所谓述故事，整齐其世传，非所谓作也。而君比之于《春秋》，谬矣。"也就是说，司马迁将自己限定为传述者，而不是作者，这正是他与孔子的区别。不过，司马迁当然会意识到，他这里的否认其实掩藏了孔子的另一句话。在《论语》里，孔子也否认了自己"作者"的身份，自称是"述而不作"。（38页）

但如果司马迁只是"述"，那么他所述的正是帮助他塑造"自我认知"的（新）传统。司马迁：

> 描述他的至暗时刻，基本也是在历史先例的母题范围之内。在从西方典型的自我认知到中国古代历史学家的自我认知如此大的范围里，在处理他成为阉人的情感创伤这件事上，都找不到比司马迁更为忧郁而鲜明的。我们可以想象，作为西方现代自传写作之父的卢梭，也许会将这样的黑暗经历写进自传里，如果这是他的命运的话。这个法国人曾以著名的独立宣言——"我在这个世界如此独一无二"——来作为他《忏悔录》的开篇，他也许会告诉我们——不过会略显委婉，但肯定不止一点难为情——关于"去势"后会如何影响男女关系，又或者至少在其生命中留下过怎样的深刻记忆。但司马迁不同，他引经据典，强烈地哀叹自己"刀锯之余"的命运。通过引述诸多前贤的例子，司马迁向我们

说明历史上的伟人常常耻于与宦官同行，所以就这种权威的历史界定而言，他的状况也是让人耻辱的。在说到为何没有因辱自杀时，他也找了同类的历史人物来进行解释。[①]（39页）

杜润德接着思考了西方"以个人为中心"的自传传统和中国"关系或关系中心"的传统之间可能存在的二元分歧。他发现，古代西方和中国的自传书写需求有着相当的相似性，并指出"个体生命［都］是不断地接近和模仿那些受人敬慕的或是典型的人物的"，他总结道：

> 一如西欧主流的宗教那样，耶稣常常是自传作者想要模仿的楷模，但他们的重点通常不是模仿耶稣的特定行为，而是某种适当的基督式生活所代表的永恒和神话式的模式……没有西方的传主会如司马迁那样迫切地为他自己的行为寻找某些历史上的同类或先辈。实际上，司马迁的书写几乎将历史本身升华成一种宗教。是历史定义了个人，而在这个意义上，历史学家变成了救世主。

在《混乱与缺裂：司马迁对前贤刻画的几个方面》一文中（"Tangles and Lacunae: A Few Aspects of Ssu-ma Ch'ien's Portrayal of His Intellectual Antecedents"，收录在《陈奇禄院士七秩荣庆论文

[①]译者按，《汉书·司马迁传》载《报任安书》言："昔卫灵公与雍渠载，孔子适陈；商鞅因景监见，赵良寒心；同子参乘，爰丝变色：自古而耻之"，这是有关君子以宦官为耻的例子；同文司马迁列举了西伯、李斯、淮阴侯、彭越等人来说明古代的王侯将相在无妄之罪降临时，也"不能引决自财"。这些人物不能自裁，对于司马迁而言，是"在尘埃之中，古今一体，安在其不辱也"。

集》，陈杰先编，台北，1992年，439—450页），杜润德的野心有所收缩，他主要考察司马谈以及司马迁的两个老师，即董仲舒和孔安国，在塑造年轻的司马迁方面各自起着怎样的作用。他的结论是：

> 一方面，司马迁对父亲临终遗言的记忆……是非常儒家式的，而且为司马迁放弃自杀而继续活下去完成《史记》提供了最强有力的支撑——即孝道。另一方面，司马迁对董仲舒和孔安国这两位可能是他老师的描画，则省去了那些以儒家的发展和合法性为中心的事件。当然，在司马迁生活和写作的年代里各种思想驳杂互存，而儒家的崛起，正如德效骞（Homer Dubs）所证明的那样，是非常缓慢的。而且，我们也不应该将司马迁，或者其他任何历史学家，看作客观的历史记录者，认为他们的生活经历对其历史书写没有任何的影响。上文所讨论的奇异冲突和令人惊讶的缺裂，很可能是出于司马迁自己内心的迟疑，以及他在这些深刻影响着自己的先贤中定位自己时所遇到的困难。（449—450页）

杜润德之后，叶翰（Hans van Ess）也开始对这些哲学先辈展开研究。叶翰的论文题目为《〈史记〉〈汉书〉中"黄老"的意义》（"*The Meaning of Huang-Lao in Shiji and Hanshu*"，*Etudes Chinoises*，XII.2，1993年，161—177页），这看似是完全哲学性的研究，不过，他的结论反驳了过去被普遍接受的观点，即"黄老"（在司马迁的语境中）是一个哲学性的、甚至可以说是宗教上的术语，叶翰以《史记》和《汉书》某些传记的记载作为证据，指出：

> 过去，汉学家中流行着一个共同的观点，即在公元前2世纪，

黄老哲学是"主流的学术思想"。但是，我认为这种印象的产生，只是由于司马迁为自身政治派系的人物标上了"黄老"的标签，而且出于同样的原因，他还为这个派系留出比其他派系更多的篇幅。因此要更好地理解司马迁的《史记》和班固的《汉书》，我们最好不要继续使用像"因为A是道家的，所以他不会做行为B"这样的表述，而是说"某人A做了行为B，这说明他是黄老流派的成员"。这里的B是指：

　　1. 反对北方的战事；

　　2. 与远离首都的豪强、独立且有权力基础的家族有关系；

　　3. 反对削藩。（173页）

叶翰相信汉儒的胜利和公元前124年官学的建立，不是代表某个学术流派的胜利，他说：

　　（这）更多地是汉武帝采取的一种手段，目的是为提拔那些支持他军事扩张政策的官员。与《史记》法家源于道家的说法相反，汉廷里反对黄老道家的一部分人正是由法家转为儒家的。（174页）

他认为，司马迁反对这批新儒家，但支持李广和李陵，是因为他们与自己一样都属黄老一系：

　　（司马迁）不是因为在朝廷上为李陵说情求赦而遭腐刑的，而是因为他在廷中站错队伍，并且在不合宜的场合中大声为李陵求情。（173页）

从这个结论出发，我们也许能找到证据（又或者说是另一种解释）来支持杜润德对司马迁献身于孔子事业所提出的质疑。

李惠仪的《〈史记〉中的作者概念》讨论了有关作者问题的诸多方面，包括文本的、哲学的和历史的（"The Idea of Authority in the *Shih chi*"，*HJAS*《哈佛大学亚洲研究杂志》，54.2，1994年，345—405页），此文也是本节要介绍的最后一篇研究。

李惠仪考察的问题是，在一个主流反对历史书写的时代里，司马迁却反其道而行，欲将历史叙述的地位置于理论叙述之上。司马迁用以创造新权威（作者权）的方法之一，就是在自己和孔子之间建立身份认同。李惠仪认为这种身份认同是通过个体的磨难来建立的，这是非常有创见的：

> 在将自己放置于由道德驱动的历史书写传统中时，即孔子和左丘明所代表的传统，司马迁在历史求真的要求之外，还加入了抒情的维度，他强调个体经历和自我表达在先贤的作品里有着重要意义。根据司马迁的论述，历史学家的道德视界要经由他的磨难而得以鉴定，因为这些磨难影响了他对历史中个体自由的可能性和界限的理解；同时，他的视界和书写又赋予了生活的苦难和绝望以意义。（363页）

司马迁的这种做法反过来让他与众多历史人物之间产生共情和认同，并且证明这种认同是一种理解历史的有效方法：

> 司马迁着迷于反抗精神，不管它是显现为复仇心，如伍子胥那样，还是如项羽那样急促的人生大起大落，又或是刺客列传的忠

诚与自我牺牲精神，或是如鲁仲连的博辩和对世俗名利的淡漠，伯夷和叔齐的避世隐居，游侠列传中的个人勇气和对当权者的挑战，佞幸列传中的嬉笑谩骂，以及范蠡善于经商的能力。（367页）

李惠仪还看出了司马迁的另一个创见，即他能对史料进行批判，就算是他在单纯地编排古老材料时也能体现这一点——例如，他在吕不韦和李斯列传中插入诸多刺客和家臣的行迹言辞——司马迁借此建立"一种既为集体、又是个人的声音"。

在回顾以上提到的关于司马迁哲学倾向的研究后，李惠仪对《伯夷列传》的有关问题也作了重新考察：

司马迁借伯夷和叔齐的反抗来说明就算是再正义的伟业也有其灰暗的一面。真理不是唯一且不可分的。人类精神中有些东西甚至不会妥协于理想的政治秩序（如周武王和周朝所代表的）。这里的叙事非常简短，只有很少的细节。司马迁将此卷构建成一连串对个体存在在历史中的意义的思辨……伯夷和叔齐虽均非儒、道之列，却也提出了有关人类存在的基本问题，因此也许可以说，像司马迁更加偏向儒家还是道家这个经常被讨论的问题，实际上是不重要的。（381页）

但是，李惠仪逐渐地又在司马迁的许多不同态度之间建立起了连续性：

在《史记》众多的态度背后，从讽刺否认到共情认可，或是从确证到怀疑，都有着一个统一的声音……这个历史学家声音中的作者性（译者按，原文为 authority，亦可作权威性）不仅仅来自每卷最后的"太史公曰"，还源自他的技艺，即在叙事和评论的交织中周旋和协调不同的观点和视角……以他在《陈丞相世家》最后的论曰为例，他说："陈丞相平少时本好黄帝、老子之术。方其割肉俎上之时，其意固已远矣。倾侧扰攘楚魏之间，卒归高帝。常出奇计，救纷纠之难，振国家之患。及吕后时，事多故矣，然平竟自脱，定宗庙，以荣名终，称贤相，岂不善始善终哉！非知谋孰能当此者乎？"陈平精于道家自我保存（self-preservation）的技艺，故能在风云际会的秦汉年间数易其主。他的"奇计"不总是为人称道，有的还陷害曾助刘邦取得天下的功臣，如韩信和黥布。他还一直存活下来并在吕后时期位极人臣，在朝中也很少受到阴谋和权力斗争的影响。在这样的语境里，"善始善终"这一评价看起来就像是对他机会主义和从众行为的批评。太史公评价里的这种讽刺在本传叙事的最后尤为尖锐，即当陈平回顾自己的一生时，他预言自己的子孙将会没落，"我多阴谋，是道家之所禁。吾世即废，亦已矣，终不能复起，以吾多阴祸也"。因此，对陈平"智谋"的赞誉同时唤起读者对其"阴谋"的批评，他"善始善终"的能力同样讽刺地与他子孙不得善终的一语成谶形成极大反差。（388—390页）①

李惠仪还发现，就算是在前述文段中可能解读出的不确定性，也可以理解为是司马迁的作者性（权威性）：

因此，怀疑主义反助《史记》建立起可信性。司马迁常在句子的最后加上"云"这个语气词（表据说，据称），其作用是表示

---

① 考虑到这里也提到黄老，加之本段内容的内涵，也许叶翰教授能对本段提出很有意思的观点。

他相信某件事或是这件事背后思想的可能性或真实性，但又对这件事的细节描写有所怀疑。例如在《孔子世家》中有曰："（孔子）适周问礼，盖见老子云。"这次会见有着非常重要的隐喻性，是独立于事件的文学真实性的：它隐喻了儒家和道家之间一次可能的对话，尤其是在两个流派扞格互击的背景之下。老子的传记同样提到了这次会晤，但没有用"云"这个字。两篇传记都提到了老子对孔子的建议，但只有在老子的传记里，孔子被老子所折服，并叹道"其犹龙邪"。这里，司马迁给这次会晤提供了两种背景。他又常反复使用"或曰"这个短语，于是在黄老道家神话化的追述之外，建立了几个其他的老子形象，他在历史上可能是如此而非彼的。他因此在某种意义上将老子重新拉回到哲学的层面。（393页）

在讨论了命运的无常之后，李惠仪总述了她的观点，这里也以之结束我们的"《史记》研究"部分：

> 在天命不可知或天命无常这种观念的语境下，通过与天命的对抗，以及赋予那些可能会被遗忘或谴责的落败人生以不朽生命，司马迁的历史书写伟业在与逝去的历史搏斗中赢得了（人物生命的）意义。他肯定了历史书写的意义，由此调和了历史命运和个人奋斗这两个层级的因果律之间的冲突。这个过程因此也成为司马迁作者性（权威性）的基础。（405页）

《史记》翻译

引子

除了上节提到的诸多作品，西方关于司马迁《史记》的著作主要以翻译为主。沙畹、华兹生和越特金（R.V.Viatkin）的译本在西方汉学界都是里程碑式的。现当代中国和日本的翻译与研究也为西方读者理解这部伟大的历史著作做了重大贡献，不过当然，它们并不在本节的讨论范围内。

本节将分成两个部分（及一附录）。第一部分主要考察自1895年以来西方学者将《史记》翻译和引介为现代语言的成果。第二部分则以《秦始皇本纪》为例，分析五家重要翻译之间的异同（沙畹、华兹生、道森、杨宪益和威斯康星大学麦迪逊分校的译本）。

1895—1995年，《史记》译本小考

尽管在1895年以前，西方就已经开始对《史记》有所研究[①]，但直到孜孜不倦的沙畹在当年出版首卷的《史记》译本，对司马迁这部鸿篇巨著的严肃研究才真正开始出现。自1895年至1905年，沙畹精心注释的《史记》前四十七卷译本也陆续出版。沙畹的研究是法国汉学界的典范。而且，除了西方另外三个翻译计划[②]，沙畹要完成《史记》全译本的梦想也一直没有实现[③]。

1930年代，有几个学者曾分别希望接续沙畹的未竟之业：卜德翻

[①] 见鲍格洛，"Bibliographie"，114—115页。

[②] 日本也有几部重要的选译本，以及一个正在进行的全本译注项目（由吉田贤抗、水泽利忠和青木五郎负责）。另外，现在已出版有五本白话文《史记》，但只有王利器的版本可以称得上是学术著作，参见附录。

[③] 前五卷以 *Les Mémoires historiques de Se-ma Ts'ien, traduits et annotés* 为名在 1895—1905 年之间由巴黎 Eenest Leroux 出版社陆续出版。到1969年，另外三卷（四八—五〇），与 Max Kaltenmark 翻译的两卷（五一、五二）一起作为第六卷由巴黎 Adrien Maisonneuve 出版社出版。
沙畹早年在中国时已经完成了整部《史记》翻译的草稿，不过他后来对佛教产生兴趣，于是就没有继续修订这些译稿。见鲍格洛，"Bibliographies"，V.6, pp.115-116，剩下的手稿据称现藏于吉美博物馆。

译了一些有关秦朝的内容①，另外两个德国学者也翻译了其他一些篇章（大部分都没有出版）②。1950年代也有过两次小规模的《史记》翻译计划，一是苏联学者 V. Panasjuk③，另一个是由美国学者弗兰克·基尔曼发起的④。

第二个主要的翻译计划发起于1950年代的北京。杨宪益（1915—2009）及其妻子戴乃迭（1919—1999）以相对自由的风格翻译了其中的三十七卷，其中部分首先发表于《中国文学》（*Chinese Literature*）期刊上⑤，后来则合编成两卷以 *Records of the Grand Historian* 为题出版（香港商务印书馆，1974年）。

直到1962年，西方才出现了沙畹之后第二个最令人钦佩的六十六卷《史记》译本（包含五十七卷全译，以及九卷选译），此本为美国汉学家兼翻译家华兹生所译，主要选取与汉朝相关的内容。出版书名为 *Records of the Grand Historian—Han Dynasty*（二卷，纽约出版社，1961年）。华兹生的译本文字优美，但正如他自己所说，此

----

① *China's First Unifier, A Study of the Ch'in Dynasty as Seen in the Life of Li Ssu*, Leiden: Brill, 1938, 以 及 *Statesman, Patriot, and General in Ancient China*, American Oriental Society, 1940。

② 此处指的是海尼士和颜复礼，见鲍格洛，"Bibliographie"，pp.114。海尼士有两部著作都收录了他的一些译文，即 "Gestalten aus der Zeit der chinesischen Hegemoniekaempfe, Uebersetzungen aus Sze-ma Tsien's Historischen Denkwuerdigkeiten"，*Abhandlungen fuer die Kunde der Morgenlaendes*, p.XXXIV, 1962, 以 及 "Der Aufstand von Ch'en She im Jahre 209 v. Chr."，*Asia Major*, N.S., 2（1951），pp.72–84。

③ Panasjuk 的译本面向一般读者，含七卷，收录于氏著 *Syma Czjan', Izbrannoe*, Moscow, 1956。

④ 基尔曼翻译了四卷，收录在氏著 *Ssu-ma Ch'ien's Historiographical Attitude as Reflected in Four Late Warring States Biographies*, Wiesbaden Press，1962。

⑤ 例如，1955年刊上发表了四篇传记。

本主要面向普通读者，因此甚少注释①。

在过去的二十五年里，《史记》研究已经从法国、德国这些传统的汉学重镇转移到苏联和美国。有两个《史记》全译本的计划被提上了日程，华兹生也在此领域继续补全其杰出的贡献。

在展开这些庞大的计划之前，有必要说一下另外三个特别的《史记》译本。第一部是法国学者吴德明的《司马相如列传》详注译本（*Le chaptire 117 du Che-ki*，法国大学出版社，1972年）。吴德明为此传写了整整一卷书，为后来的学者提供了良好的范例。

杜为廉（William Dolby，1936—2015）和约翰·司各特（John Scott）的工作颇为不同，他们主要翻译了与"四君子"相关的篇章，语言更趋口语化，他们认为这更能准确地传达司马迁的风格（*Sima Qian, War-Lords, Translated with Twelve Other Stories from His historical Records*，爱丁堡南边出版社 Southside，1974年）。不过他们的同行大多对此表示怀疑。

最近最受瞩目的《史记》选译计划可能要数捷克学者鲍格洛的。

---

① 见华兹生，"Some Remarks on Early Chinese Historical Works"，George Kao（高克毅）ed., *The Translation of Things Past*，香港：香港中文大学出版社，1982年，36页。他写道："中国伟大的历史著作，不仅篇幅宏大，而且不拘一格，对不同读者有着各异的意味：它是对过去历史伟人和重要时刻的连续记录，为某些领域研究提供宝贵的数据，是对未来的警示教育集，文学风格的学习手册。所以，对这样一部作品的翻译必须尽量满足不同类型读者的需求。但如果要作很多注来满足研究者的需求，就会打消普通读者纯粹想阅读本书的欲望……在我的《史记》《汉书》译本中，我希望能专注于该作品的文学魅力，所以会尽量少出注释。已经有这样的译本将古希腊和古罗马的著名历史学家介绍给英语读者，因此我觉得也需要以同样的方式向读者介绍司马迁和班固。但我没有考虑到的是，我们可以出版通俗本的古希腊和古罗马的历史学家作品，因为这些作品早已经出版过有详细注释的版本，可为希望了解更多的读者提供帮助，但对于大多数的中国历史著作而言，情况就完全不同。"

鲍氏的学术生涯主要以汉代研究为主，他计划要翻译由褚少孙所补的《史记》部分。他译著的其中一章《〈史记〉卷一二七：两位历史学家之共生》已于最近出版，其博闻的风格和注释中透露出的敏锐触觉，都暗示着鲍氏的整部作品会是一部杰作[1]。可惜的是，鲍氏不幸离世，其遗作或已在整理，我们只能期待早日出版。

现在让我们回到近期的两个全译本计划。第一个始于1970年代，即越特金的俄文译本，*Syma Tsyan, Istoricheskie zapiski*（*Shi Tsi*）。越特金从20年前即着手这一工作。尽管前两卷是他与另一位匈奴专家塔斯金（V. S. Taskin）合作的，大部分的译文还是由他独力完成[2]。这个翻译计划，最近被人称为"当前最大的中国文学中翻西项目"[3]，他已经完成了本纪、表、书和世家部分的翻译和注释。越特金完成了《史记》65%以上的翻译工作，比之前最高产的沙畹（65%）和华兹生（45%）都要多[4]。

第二个是由笔者带领的，由威斯康星大学麦迪逊分校的研究者共同完成的项目[5]。我们开始的想法是只对其中三十卷作译注，因为

---

[1] 本章发表于 Charles LeBlanc（白光华）and Susan Blader（白瑞德）eds., *Chinese Ideas about Nature and Society*，香港：香港中文大学出版社，1987年，215—234页，已经在第一节讨论过。

[2] 目前为止已经出版了六卷（含卷一至卷六〇），见鲍格洛的评论文章，收录于 *Orientalistishe Literaturzeitung*, 82.3, 1987, pp.229–239；以及卜德的文章，收录于 *Journal of the American Oriental Society*, 110.1, 1990, p.183。

[3] 见卜德对第四卷和第五卷的评论文章，同上。

[4] 这些数据来自卜德的评论（同上），但在越特金和华兹生的译本出版后，又有所改动。我从越特金教授的同事 Juri Kroll 教授处得知，越特金已经完成了全部130卷的翻译，其中第七本（列传的第一部分）亦即将付梓。

[5] 这个团队的成员包括郑再发教授、倪豪士教授，以及三位博士生：吕宗力、魏伯特（Robert Reynolds）和陈照明，陈氏获得博士学位也离开了这个项目，目前正在新加坡任教职。

这部分缺乏令人满意的西方语言译文。此三十卷均来自列传（沙畹已经几乎翻译完了其他部分），主要为前汉时期的内容（因为华兹生的译本已经翻译了大部分汉朝部分）。不过，这个项目逐渐变得庞大起来。目前已有两卷出版，分别为 *The Grand Scribe's Records, Volumn I: The Basic Annals of Pre-Han China*，含本纪一至七卷，以及 *The Grand Scribe's Records, Volumn VII: The Memoirs of Pre-Han China*，含列传一至二八卷（均由印第安纳大学出版社出版，1994 年）。接下来我们计划于 1998 年出版世家部分，并将以两卷本的形式出版①。

华兹生最近的工作关注于《史记》秦朝部分的内容。1993 年，他出版了 *Records of the Grand Historian—Qin Dynasty* 第三卷（香港中文大学香港－纽约：翻译研究中心，哥伦比亚大学出版社），包含《秦本纪》和《秦始皇本纪》，以及十卷与秦朝相关的历史人物传记。华兹生也称已对 1961 年出版的前两卷做了修订②。

有意思的是，一年后英国学者雷蒙·道森（Raymond Dawson，1923—2002）也出版了一卷与秦相关的译本（*Historical Records*，牛津、纽约：牛津大学出版社，1994 年）。道森的译本包含《史记》卷六、七、四八、八五至八八等全部或部分内容，正好与华兹生的译本相似，两个译本可作为对比的范本。

西方《史记》译本对比：以《秦始皇本纪》为例

本节将对比《秦始皇本纪》五个译本中的几个文段。他们分别为沙畹（1905）、杨宪益与戴乃迭（1979）、华兹生（1993）、雷蒙·道

①整部《史记》翻译完大概共需九卷。
②华兹生没有说清楚他究竟修订了什么内容；我简单对比了卷六和卷八四的开头数页，感觉他修订的地方十分有限。

森（1994）以及威斯康星大学麦迪逊团队（1994）的译本。第一段原文（中华本，256页）为：

> 为直道，道九原，通甘泉，直通之[①]。
>
> 乃营作朝宫渭南上林苑中。先作前殿阿房……阿房宫未成；成，欲更择令名名之。作宫阿房，故天下谓之阿房宫。
>
> 于是立石东海上朐界中，以为秦东门。

如"直通之"三字，五个译本的译文分别如下：

> 沙畹："la communication fut établie en ligne droite"
>
> 杨宪益和戴乃迭："to make it straight"
>
> 华兹生："so that the road could run in a straight line"
>
> 道森："to make it run straight"
>
> 威斯康星大学："to connect them in a straight manner"

可以看出，沙畹对"通"的处理（communication）是相当忠于原文的。杨的处理则相对自由，保持了他们总体上的风格。道森的译文似乎承自杨氏。华兹生在前面已经提过"the road"，这里又重复，略显啰唆。而且，华兹生也似乎没有将原文最后的代词"之"译出。沙畹就漏掉了这个字。杨氏和道森都将其译作"it"，威斯康星大学的

---

① 译者按，《史记》本作"除道，道九原抵云阳，堑山堙谷，直通之"，徐广注曰："表云'道九原，通甘泉'"，而《六国年表》曰"为直道，道九原，通甘泉"，倪氏及五个译本此处均以表为是，不知何因。

译文则非常明确地将"之"译为"them"，即道路两头的"九原"和"云阳"。

第二个有趣的点是诸家如何处理司马迁对秦始皇新宫殿名字的解释。原文作：

> 乃营作朝宫渭南上林苑中。先作前殿阿房……阿房宫未成；成，欲更择令名名之。作宫阿房，故天下谓之阿房宫。

沙畹："alors il entreprit la construction d'un palais pour les audiences, au sud de la riviére *Wei*, au milieu du parc *Chang-lin*; il commença par bàtir la salle antérieure a côté de（la capitale）... Quand le palais *Ngo-pang* n'était pas encore termine; on voulait quand it serait achevé, choisir quelque nouveau nom honorable pour le lui décerner mai, comme on avait construit le palais voisin de（la capitale），tout le monde I'appela donc le palais *Ngo- pang*."

杨宪益和戴乃迭："He had palaces constructed in the Shanglin Gardens south of the River Wei. The front palace, Apang, built first... Before the completion of this palace, the emperor wished to choose a good name for it. But because of its proximity to the old palace, it was commonly called Apang, which means beside the palace."

华兹生："He accordingly began construction of a state palace in the Shanglin Park south of the Wei River. First he built a front hall at Epang... The palace at Epang had not been completed at this time. The emperor intended to select some appropriate name for it when it was completed, but meanwhile, since it was being built at a place called Epang, everyone referred to it as the Epang Palace."

道森: "So he constructed a palace for the court in the Shanglin park south of the Wei. First of all he built the front hall, Epang... The Epang palace was not yet finished; but when it was finished he wanted to make a fresh choice and name it with a good name. But because the palace was built at Epang, the whole world called it the Epang palace."

威斯康星大学: "Thus he laid out and started to build the audience halls to the south of the Wei in the Shang-lin Menagerie. He started first with the front hall, O-pang, which was five-hundred *pu* from east to west, and fifty *chang* from north to south. Above in the hall it could seat ten-thousand people, below a *five-chang* flagpole could be erected. From all sides ran colonnades reaching directly from the hall to the Nan Mountains. He marked the top of the Nan Mountains as [its] main gate. He built an elevated colonnade from O-pang across the Wei [River] to connect the hall to Hsien-yang, thereby to symbolize the Colonnade, [which runs] from near the Celestial Pole across the Milky Way to connect with the House Constellation. The O-pang Hall was not completed. At its completion, he would have selected a better name to call it. As the hall was built with a hipped roof, the people of the world called it the O-pang Hall."

这里以沙畹对"阿房宫"名字的注释来开始我们的讨论。他写道（注5，174—175页），据《康熙字典》，"房"字此处读作"pang"，义为"室在旁也"。他又引《史记正义》所引颜师古注指出，"阿"此处义为"近"。因此，沙畹认为"阿房"是一个同义复合词，意思是"临近"①。

尽管沙畹的分析是正确的，但他将"先作前殿阿房"译作"à côté de（la capitale）在首都旁"，宫殿建成后作"voisin de（la capitale）临近首都"，则不免让人困惑。更为重要的是，"作阿房宫"的意思是否如沙畹所说的"在（首都）附近营造宫殿"，如果他的确将"阿房"理解为"在首都附近"，为什么司马迁不在其解释中说得更加清楚呢（如写作"作宫阿房于咸阳"）？

杨宪益的版本——"But because of its proximity to the old palace, it was commonly called Apang"——包含一个读者并不知悉的解释和信息点。这里的"old palace"很可能指的是秦始皇早年（前213年，见《史记》第六卷，255页）游玩的咸阳宫（亦称信宫），不过这个观点并不为古今大多数的注家所接受②。

华兹生和道森都将"阿房"理解为地名。这种观点承自朱骏声，他认为"秦阿房宫在阿基之傍"（见《秦会要订补》，台北：鼎文书局，1978年，387页）③。

威斯康星大学的理解，则是依据另一传统古注（《史记索隐》）④

①像梁玉绳《史记志疑》和泷川资言《史记会注考证》都没有对此问题作解释。《史记》就阿房宫建造的时间有两处不同的记载，本纪载为三十五年，而六国年表载于二十八年，也让阿房宫的问题变得复杂。

②卜德在"The State and Empire of Ch'in"（*Cambridge History of China*, v.1, Cambridge: Cambridge University Press，1986）指出，当时此宫的通俗名称为"阿房，或近宫"，但他没有指出它靠近哪个宫殿。

③马非百也同意这个观点，见其《秦集史》，台北：弘文馆，1986年，540页。

④威斯康星大学译本248页注250说他们是"采用中华书局编辑的意见"，是误书了。

而译作 "As the hall was built with a hipped roof, the people of the world called it the O-pang Hall"。《索隐》曰："以此形名宫也，言其宫阿旁广也"。由于没有当时的其他记载解释为何如此命名，我们不得不寻找能兼顾原文句法又能说得通的解释。我认为《索隐》的说法是这种解释最好的基础。劳榦对此段的解释显然也是沿自这条注文的，他说："阿旁，四阿之旁也，宫殿顶四注皆有檐以流水，谓之四阿，如今之北平之太和殿是也……"（《史记今注》，台北：台湾书店，1963年，148页，注98）如果《索隐》所述正确，我们还可以从吕松云和刘诗中的《中国古代建筑辞典》中找到更多有关这种殿顶的信息，四阿殿（即五脊殿）图片如下：

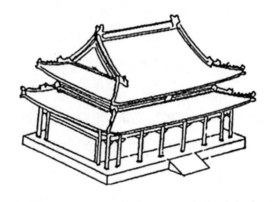

有了这样的附加信息，我认为威斯康星大学将其译为 "hipped roof"（有脊的屋顶），虽然不能完全对应，但已经是对"阿房"最恰切理解的最好翻译了。

另一个小问题就是，"宫"应该译为 "hall" 还是 "palace"。尽管它一开始出现时称为"前殿"（front hall），后来则被称为"宫"，因此是可以翻译为 "palace" 的。从这个角度看，沙畹、华兹生和道森的译文是最为谨慎的。

此段最后一个问题在"于是立石东海上朐界中，以为秦东门"一句，诸家译文如下：

沙畹："Puis on dressa une pierre au bord de la mer Orientale, dans le territoire de *K'iu*, pour marquer la porte Orientale de *Ts'in*."

杨宪益和戴乃迭："A stone monument was set up on Mount Chu near the eastern coast as the East Gate of the Chin Empire."

华兹生："The emperor had a stone set up at Qujie on the eastern sea, declaring that it was the eastern gate of Qin."

道森："So they set up a stone beside the eastern sea within the boundaries of Qu, to make it the eastern gateway of Qin."

威斯康星大学："Thus he erected a stone in the [Mount] Ch'ü region above Tung-hai, making it Ch'in's east gate."

沙畹（在某个笔记中）承认他无法确知"朐"在哪里。道森对此也没有解释。杨宪益夫妻认为是一座山。华兹生将"朐界"理解为一个地名。威斯康星大学团队的观点沿自王利器的注，认为"朐"是一座山，即今天江苏连云港附近的锦屏山。

华兹生将"朐界"理解为一个地名是最难说通的。有时候，他这些奇怪的解释实际上来自日本的泷川资言，不过在这里，这位日本注疏大师则是引《汉书》作解并正确地指出"朐"是东海郡的县[①]。而且，华兹生忽略了"中"这个字（也许他将其译作"at"）。在没有解

---

① 谭其骧将"朐县"标在江苏最东北部临近东海的地方，距当时的东海郡郡治东南约50公里，见《中国历史地图集》第二册"秦西汉东汉时期"，北京：地图出版社，1982年，8页。

释的情况下，我们只好认为华兹生在这里译错了。杨氏夫妇和威斯康星大学的译文遵从了秦国喜欢在山上立石碑的传统（虽然所有译文都没有提及，但这块石上应该刻有碑文），与现代的汉语译文是一致的。不过这句话的语法似乎支持沙畹和道森对"界中"的理解是最佳的（即在"胸"的区域内）。

仅在此段就已经存在诸多问题需要译者作出注释，因此在总结这五种译本之间的区别之前，我们还是先看看诸家是如何作注的，不管是以脚注的形式（沙畹、道森和威斯康星大学）还是直接对原文作一定的修改（杨氏夫妇和华兹生）。

前面已经涉及一些沙畹的注。除了对宫名出注，他还解释了"步"和"丈"。而"表"（译者按："表南山之颠以为阙"之"表"），沙畹相信这应该与凯旋门相似（他引了高廷 J.J. M. De Groot 的 *The Religious System of China* 一书来解释）。在解释本段中的天文学术语时，沙畹则提示读者参看其即将出版的《天官书》译本。又如解释本段中的"写"字时（译者按："发北山石椁，乃写蜀、荆地材皆至。"），沙畹感叹道："（以前的）注家都沉默了。"这不得不令人想到 1890 年代的沙畹并没有我们今天的现代版本或参考书，他所有的材料均来自传统的《史记》三家注（译者按：三家注均未对"写"出注），又或者是来自西方的材料。沙畹随即将"写"解释为"泻"的通假，并指出这个假借在司马迁书中并不常见，这个解释也难免让我们再次想起沙畹是在一位不为人知的中国"学者"的协助下完成整个《史记》的翻译草稿的（见戴密微，"Avertisement（说明）"，*Les Mémoires Historiques* 第六卷，巴黎：Adrien Maissonneuve 出版，1969 年，1 页）。我曾尝试确认这位学者的身份，可惜最后还是没能成功。

道森此节只有两个注（整个译本则有近三百个注）。第一个是解释"五百步"的，他说："这里的范围被极大地夸张了，后文也无须太按照字面的数字来理解。因此我在译文中使用了'myriad（极多），'而不是直译为'万人'，因为英文与中文一样也可以非常含糊。"不过，梁玉绳在综合了诸多其他有关阿房宫的描述后也指出（见《史记志疑》1:5:180），"无从考订矣"①。

威斯康星大学团队在本段中出了十六处注，并让读者参考一份1984年有关阿房宫宫址的报告，提示读者在台北故宫博物院藏有一幅阿房宫的画，解释了什么是"阁道"，也对诸宫殿名一一作了解释。的确，如果不参考具体地图的话，这些地名考证还是会让人感到困惑。不过，我们的团队已经尝试在一种更容易理解的地理学语境下来定位这些地名（例如，关于丽邑的位置，注255/149页是这么说的："在今西安市东北约十五公里。"），并尽可能地标明该地在谭其骧《中国历史地图集》中的哪一页。此译本在注中还指出，中华书局本将"北山"读作一个地名，而本团队则根据《正义》和其他材料而反对中华书局的理解②。

在杨氏夫妇的译本里，常常会以增加内容的方式来告知读者本该属于注的信息。例如，在"a labour force of more than seven hundred

---

① 我们知道它建造的地基高为8米，长1200米，宽450米，在今西安市外，见《中国文明史：秦汉时代》，卷二，590页。译者按，查不到这本书的出版信息，读者可参考有关阿房宫遗址的发掘报告，如李毓芳等，《阿房宫前殿遗址的考古勘探与发掘》，《考古学报》2005年第4期。

② 译者按，主要依据钱穆《史记地名考》，注中称顾颉刚亦没有将其标为一个地名。这里的顾颉刚书，可能指顾颉刚和徐文珊的《史记（白文之部）》，该书为顾氏、徐氏所标点，也有可能是指早期顾颉刚校的金陵书局本《史记》，1959年北京中华书局有重印。

thousand—men punished by castration or sentenced to penal servitude—
was drafted to build Apang Palace and the emperor's tomb on Mount Li"
（隐宫徒刑者七十余万人，乃分作阿房宫，或作丽山）一句里，"a
labour force"和"the emperor's tomb"都是原文所无，增补以作说
明的。

尽管华兹生也喜欢将注的内容放到正文，但本段也确实有三处
注，而且避免在文段插入其他信息，除了在翻译"丽邑"时作"the
town at Mount Li"①，他坚信这里肯定有一个小县镇来为三万家徙户提
供住宿。

总体而言，我认为华兹生和道森叙事风格的可读性是最强的（此
处不对沙畹的译文作评论，因为我还未具备足够的能力欣赏其风格）。
华兹生的目标是要将他认为非常重要的文学作品翻译成同样具有文学
性的译本，他在其新出版的译本中做到了这一点。但是他在本段一
开始使用的被动态"mountains being cut through and valleys filled up
（堑山堙谷）"就略显奇怪，因为与原文的主动语态不同；其后的一句
"阿房宫未成"他译为"the palace at Epang had not been completed at
this time"，增加的"at this time"也是原文所无。实际上，司马迁从
一开始说阿房宫开始营造到现在就没提过经历了多长时间！为了此处
的增文，华兹生只好在后面再加上"but meanwhile"这个原文亦无的
时间状语。

道森也在这里的时间顺序上出现问题，他的译文为："The
Epang palace was not yet finished ... he wanted to make a fresh choice
and name it with a good name. But because the palace was built at

---

① 译者按，其他诸家均仅作"Mount Li"。

Epang...",这丢失了原文的一些信息。他又将这七十万的工人描述为 "men who had been castrated",这也许会让不知道宫刑是古代中国的一种刑罚的人感到震惊(华兹生作 "persons condemned to castration",杨氏作 "punished by castration"。他对某些词的理解也有一些问题,例如"表南山之巅"的"表"不是 "to put on show(用以展示)"之义,"发北山石椁"所采的石是用来制造 "outer coffin(椁)"而不是他所说的 "tomb(坟墓)"。不过,在本段里我感觉不到道森其他译段中那种频繁借用杨氏夫妇措辞的现象,他反而自己增加了一些恰到好处的短语,如用 "screened highway(被掩蔽的道路)"来表示"阁道",以及其他一些相对优雅的用语。

杨宪益夫妻的译本可能是最自由、最不受限于原文风格的,因此可读性很强。尽管有时候他们的措辞似乎影响了华兹生和道森,如"帝王之都也"译作 "fit to be an imperial capital","fit" 的用法很巧妙;而另一些选择,如将"上林苑"的"苑"译为 "Gardens(花园)","上可以坐万人"的"上"译为 "terrace above(阳台上)"①,"阁道"译为 "causeway(堤,水上之道)",则又偏离原义太多。

最后一种译本,我也参与了其中的编辑工作,当然比华兹生和道森的译文更为朴实。不过他们的辞藻润色其实掩盖了一些问题,我们的译本未必无错,但至少没有掩藏问题。例如对于华兹生和道森都处理不好的时间顺序问题,我们的译本译"阿房宫未成;成,欲更择令名名之"作 "The O-pang Hall was not completed. At its completion, he would have selected a better name to call it"。不过总体而言,这种过

---

①杨氏这里可能是想表达阿房宫的宏伟被极大地夸张化,其阳台就有可以承载一万人之巨。

分的字面直译也会遇到问题。"thus he laid out and started to build"是不是对"营作"过分翻译呢？而且，尽管我相信威斯康星大学的团队已经正确地释读出"直通之"的"之"是指前面提到的"九原"和"云阳"，但译文中仅言"them"也许是不够清楚的。我心里也一直对"周驰"是否可以翻译为"from all sides ran"悬而不决，而且我认为华兹生的版本"it was surrounded by"和道森的"for transport round about"，以及沙畹的"une route cavalière circulaire"更佳。令人失望的是，所有的版本，包括威斯康星大学的，都没有对更为重要的秦在"胸界中"所设的"东门"这件事作注释。

虽然本纪的文风似乎与华兹生译文的风格不太协调，但我还是推荐普通的读者阅读这个版本。至于杨氏夫妇的版本，尽管偶尔能比其他版本更准确地表达原文的意思，但他们有些用词却降低了译文的质量。道森的译文很不错，但是由于华兹生的更为广博，我更喜欢他的译本。至于要做研究的读者，我建议还是使用沙畹和威斯康星大学的版本。

结论

如上所述，过去一百年西方《史记》研究和翻译的学术传统是非常丰富且多维的。尽管沙畹和华兹生仍然是主要的人物，而年轻学者在此一百年的后段所作的成果不但补充并完成了前人的未竟之业，还为未来的研究开创了新的领域和方法。我对未来有三点期许：一是全面地考察《史记》和《汉书》的关系；二是对《史记》文本及诸版本的历史作更为全面和细致的研究；三是要出版一部完整的英译本。我们正处于西方《史记》研究第二个百年的开端，希冀于这些计划都能早日完成！

关于沙畹未出版《史记》译稿的一些问题[①]

在沙畹《史记》译本 *Les Mémoires historiques de Se-ma Ts'ien* 的第二卷里[②]，《孝景帝本纪》中的"后三年十月，日月皆（食）赤五日。十二月晦，雷"[③]一句，他是如此翻译的：

La troisième année de la dernière période, au dixième mois, le soleil et la lune furent tous deux éclipsés et restèrent rouges pendant cinq jours. - Le douzième mois, au dernier jour du mois（10 février 141），il tonna.

①在此要感谢谢和耐教授（Jacques Gernet）在我到巴黎之前及在巴黎期间提供的所有帮助。还要感谢 Francis Macouin 先生，他是吉美国立亚洲艺术博物馆的图书馆管理员，因为他我才得以检阅沙畹的手稿。

②Édouard Chavannes, *Les Mémoires historiques de Se-ma Ts'ien*, 6 vols., Paris: Ernest Leroux / Adrien Maisonneuve, 1895–1969, Vol. 2, p.508.
③《史记》，北京：中华书局，1959年，第11册，448页。

他在其下加了一个注（508页，注4）："之所以记录这件事，是因为2月响雷是一件奇怪的事。"这条注虽短，但细看是有问题的，因为这并非参引自任何古注。为什么说2月响雷被当作是一件怪事，需要有文献支持。但这个判断并不见于他自己所宣称使用的底本中[1]，即出版于乾隆四年（1739）的所谓的武英殿二十四史本。在此版本中，只有徐广的一条注[2]，而且是关于一处异文的。关于天文事件的注，沙畹或是很小心地省略（正如他省略了本卷中所有其他日蚀和地震的注），或是出注时先收入三家注，因此他这里的处理不免让人生疑。

据戴密微（Paul Demiéville）说，沙畹在1889年至1893年间，与"一名中国的学术助手"[3]一起完成了《史记》一百三十卷"全部的翻译"[4]，因此这个关于"2月响雷"的注可能是来自这位中国学者的。

怀着对沙畹未出版《史记》翻译手稿的好奇心，以及想了解更多关于这位中国学者的信息，1996年10月，我来到了吉美博物馆。尽管我找不到任何可用来确认这位"中国学者"助手身份的材料，馆藏的这些翻译手稿还是提供了一些线索，让我们得以一窥沙畹的翻译方法以及他的工作习惯。

在博物馆的二楼，我拿到了工作人员给我的六个盒子（大约6cm×10cm×15cm），里面装着翻译手稿和其他与沙畹的《史记》

---

[1] 见沙畹"序言"，Édouard Chavannes, *Les Mémoires historiques de Se-ma Ts'ien,* vol.1, p.ccxviii, n.2。

[2] 有关徐广的信息，见 Scott W. Galer, "Sounds and Meanings: Early Chinese Historical Exegesis and Xu Guang's *Shiji Yinyi*"，威斯康星大学麦迪逊分校博士论文，2003年。

[3] 关于沙畹这几年的《史记》翻译工作，见 Henri Cordier, "Nécrologie-Édouard Chavannes," *T'oung Pao* 18, 1917, pp.114–147。

[4] Paul Demiéville, "Avertissement," in Édouard Chavannes, *Les Mémoires historiques*, vol.6, pp.1–4.

翻译相关的材料。每个盒子上都贴了标签，上面写着这些箱子是 A. Moret 先生，时任吉美博物馆副馆长，在1907年的4月1日接收的。这些手稿包含了多种格式写成的译文，其中有卷二三至三〇，卷四〇至一三〇。卷一至二二、卷三一至三九的手稿不在其中。

这些手稿的接收日期是1907年4月1日，距沙畹开始翻译《史记》已经过去将近二十年，沙畹已经放弃了将《史记》全部翻译成法文这件被他认为是"永无休止的事"①。

1907年的早些时候，沙畹还从公共教育部、法兰西铭文与美文学术院（法兰西文学院）以及法兰西远东学院那里得到了一笔资助，让他出发到中国北部收集拓片和其他铭刻文字的资料②。3月27日，他离开了巴黎，然后在翌年2月就回来了③。沙畹似乎是感觉到这件被他自己称之为"沙畹任务"的事会耗费他可见的未来的全部精力，因此他便于1907年3月末的某一日，将他尚未出版的《史记》翻译手稿交给了吉美博物馆。

除了在1960年代中期，为了纪念沙畹而出版了他的第六卷法译《史记》时曾引起过人们对这些手稿的一些兴趣，这些译文一直都鲜有人问津。不过，它们倒是能帮助我们了解沙畹是如何展开他的工作

---

①福兰阁教授（Otto Franke）指出，沙畹是在一封私人信件中如此描述他的《史记》翻译工作的，见 Otto Franke, "Édouard Chavannes," *Ostasiatische Zeitschrift* 5/6, 1916/1918, p.89。

②有关这趟旅程的细节，见 William H. Nienhauser, "Travels with Édouard-V.M. Alekseev's account of the Chavannes Mission of 1907 as a Biographical Source," *Asia Culture Quarterly* XXII.4 (Winter 1994), pp.81–95。

③Otto Frank, "Édouard Chavannes," p.90; Henri Gordier, "Nécrologie-Édouard Chavannes," p.126.

的。这些手稿的字迹优美，但要解读书写下它们的"手"却非易事①。几乎所有稿件都是在 10.5cm×7.5cm 的白纸上写成的，有时候译文布满了稿纸，还有一些则被垂直分成两栏。左边占页面三分之一，写的是中文，有时还会有一些注释，页面的右边则为译文。不同卷目的页数不同，卷一〇五《扁鹊列传》有25页，卷一三〇《太史公自序》为31页，卷六一《伯夷列传》4页，卷五一《荆燕世家》仅2页。其中有两卷存在两个版本，即卷八四《屈原贾生列传》和卷一一〇《匈奴列传》。手稿包含了卷二三至三〇以及卷四〇至一三〇的内容，但并非所有都是完稿。

第一个盒子里装着的是卷二三至三〇，即"书"的部分。卷二三《礼书》与其他大多数手稿一样是用黑色墨水写成的，但沙畹在"Le duc grand astologue dit（伟大的占星公爵说）"②下画了一条红线，这是他对每卷结尾的"太史公曰"的最终译法。其他可能更早的译法还有"le duc grand historien（伟大的历史学家公爵）"和"le grand historien（伟大的历史学家）"。这条红线很可能暗示他最终采用了"le duc grand astrologue"这个译法。卷二八《封禅书》全卷几乎都用铅笔在黑色墨水字上重写过一遍③。卷二九《河渠书》有几页上的中文部分附有一些法文注释，这些注释也被写入了译文中。这几卷有部分的一两页上有用铅笔插入的笔记。

第二个盒子里的是卷四〇至四七，最后的"太史公曰"都译作

---

① 译者按，"书写下它们的'手'"，指这些手稿的作者，倪豪士常用"a hand"比喻文本背后可能的作者或助手，有时则指作者的意图。

② 译者按，凡法文后括号内中文均为译者所加。

③ 这个底本可能是1890年出版的 *Le traité sur les sacrifices Fong et Chan* 的一个译本。

"le duc grand astologue dit"，看起来像是已经润色过的版本。（下文将讨论更多关于卷四四的内容。）

第三个盒子是卷四八至六〇。尽管他们都使用"le duc grand astrologue dit"这个译法，从这些文本还是可以看出译稿的完成状态各异。而且它们没有笔记，每卷译文都占满了整张纸（没有页面左栏的笔记）。有一个卷五一的译稿（只翻译了开头部分），肯定是为了 *Les Mémoires historiques* 第六卷的出版而重新抄写的，这部分也见于第六个盒子里一个题为"Explication de Sseu-ma Ts'ien"的文件夹里（见下文）。

第四个盒子包含了卷六一至八六，看起来像是比较早期的手稿。卷六五、六六、六八和七三的格式、页面布局与一至三号盒子的手稿看起来非常相像：文本都抄满页面（没有分栏），"太史公曰"都译作"le duc grand astrologue dit"。卷六二、六三、六七和八四均译作"le duc grand historien dit"，而且手稿的每一页都分成了左右两栏，分别写有中文原文、注释、罗马拼音，左栏还有一些笔记。卷六一的格式与此相同，但左栏的笔记更多，一直延伸到译文的最后（有四页）。"太史公曰"的译法为"T'ai-Kung dit"（太公曰，第2页）。卷八四有两个版本，但屈原和贾谊的长传都未译过半。卷八六（《刺客列传》）的手稿页面也是分成两栏的（注释和译文）；最后的"太史公曰"译作"le T'ai che kong dit"（手稿第21页），这很可能是最早的译法。

第五个盒子的最上面是卷八七（《李斯列传》）一直至卷一一二。页面左栏上抄的是中文原文和笔记，文本下还有少量的注解。卷九六（《张丞相列传》）在离结尾尚有数行时就结束了（按中华书局本为最后三段，2688—2689页，1959年）。卷一一〇（《匈奴列传》）抄写的纸比较小，页面也被分成两栏，左边抄有中文等（内容）。有问题的文段或者文字下有用蓝色铅笔画线，新的段落则用红铅笔标记出来。第一页上列有一些汉字（以及沙畹写下的罗马拼音和注释），这些字为：淳 *chouen*^{2} "pur, limpide（纯粹，清晰）"，裔 *i*^{4} "bord d'une robe, postérité（衣服的边缘，后人）"（沙畹此处引了理雅各译的《左传》[①]文段来支持他的解释），移 *i*^{2} "changer la place, émigrer（转移地点，移民）"（并引用了 Zottoli《诗经》译本作为依据），郭 *kouo*^{1} "second retranchement d'un cité（城 的 第 二 层 城墙）"，狐 *hou*^{2} "renard"，兔 t'ou^4 "lievres lapins"。卷末以 "le grand historien dit" 结束。

最后一个盒子里有卷一一三至一三〇的手稿。这些手稿很多左栏都写有笔记，但均将"太史公"译作 "le duc grand astrologue"。卷一三〇比较特别，它看起来比其他卷目都处理得更仔细和认真，甚至还有一个封面，其上写着 "Chapitre 130, Autobiographie de Se ma Ts'ien"。字迹也更好辨认，文本中也穿插了一些汉字。手稿的第一页和第二页后都有一整页的笔记。随后几页则隔行有用铅笔写下的注解。

上面提到的第六个盒子里有一个文件夹，标题为 "Explication de Sseu-ma Ts'ien"，其中包括卷四八、六七、一一〇和一二三，以及大概40张 6cm×8cm 的小卡片。里面还有一些（5页）《后汉书·南匈奴传》的译文[②]。卷一一〇并未完全翻译完，而且有大量的笔记。这里还有另外一个文档，里面有大量康德谟（Max Kaltenmark）教授在沙畹

---

①James Legge, *The Chinese Classics*，台北：南天书局，1969年重印，第5册，117页。沙畹将理雅各的英译文译成了法文。参见李璜（1895—1978），《法国汉学论集》，香港：珠海学院，1975年。

②这是《后汉书》卷八九，北京：中华书局，1971年。

死后为他出版的 *Les Mémoires historiques* 第六卷中卷四八至五二所使用的材料。在这个箱子里还有沙畹"Introduction"（序言）部分的笔记。这些资料的摆放顺序与最后成书的顺序是大致相同的。此外，还有一些笔记小卡片，其中一张上写着"南京国子监新镌史记"，字迹优美，明显与沙畹的笔迹不同，似乎是由一位受过良好教育的中国人写的。其他的卡片上写有对不同文字（如"以"和"已"）的解释和（来自《史记》的）用例，以及一些《史记》注家的简单的传记材料（如张守节、司马贞、裴骃和徐广等，都是从他们本传中摘取的一些笔记）。还有一些地图，其中最有意思的是沙畹那张名为"Carte des pays d'occident à l'époque de la Mission de Tchang K'ien, 128 av. J. -C"（张骞出使西域图，公元前128年）的大地图（61cm×23cm）。这幅地图设计成熟，画工精良，东起青海湖，西至咸海，北至巴尔喀什湖，南抵且末城，涵盖了诸多地区的国家、城市、湖泊和河流。地图周边画有三个方框用以解释地名，如其中"大宛"处写道："Le Kouo ti tché dit: Le royaume de 苏对萨那 = Satrouchna（ancient nom d'Ouratoupa［贰师］）est le 大宛 des Han."（《括地志》曰："苏对萨那国［古称二师］，本汉大宛国。"①）最后，还有几张沙畹练习如何以正确笔顺书写中文的卡片。

对这些材料作了以上的大致描述后，让我们看一个具体的翻译手稿，这里以卷四四《魏世家》的开头为例，沙畹的译文如下：

---

① 译者按，《括地志》此条早佚，辑自《史记·大宛列传》正义，其曰"率都萨那国亦名苏对萨那国，本汉大宛国"，无"古称二师"一句，当为制图师所加。据《史记·大宛列传》贰师城为大宛产汗血宝马之城，疑即其首都，大概制图师（或即沙畹）也是这么认为，故有此说。

Les ancêtres de Wei étaient les descendants des Kao, duc de Pi. Kao, duc de Pi avait le même sing (Ki) que les Tcheou. Quand le roi Ou a eut battre Tcheou, Kao reçut l'apanage de Pi. Alors il eut le sing de Pi. Les descendants perdirent leur fief et furent des hommes ordinaires. Les uns furent dans le roy. Du milieu, les autres chez les I et les Ti.

Leur descendant s'appela Pi Ouan. Il servit le duc Hsien de Tsin. La 16 année de duc Hien, Tchao Sou fut cocher du duc; Pi ouan fut l'homme qui se tenait à sa droite; ainsi ils attaquerent Houo, Keng et Wei. Ils les détruisirent. Keng fut donné en fief à Tchao Sou; Wei fut donné en fief à Pi ouan. Ils en furent les ta-fou.

Le tireur de sort Yen, dit: Les descendants de Pi Ouan seront certainement grands. Wan (10000) est un nombre rond. Wei (grand) est un nom grand. Qu'il ait reçu le premier à présenter ce pays, c'est le ciel qui veut l'élire. En parlant du fils du ciel on dit ce million de ses peuples; en parlant d'un seigneur on dit la myriade de ses peuples. Maintenant on lui a donné par ordre un grand pays afin de suivre son nombre rond. Certainement il aura une multitude (un royaume).

Aux débuts Pi Wan tira au sort pour savoir s'il servirait Tsin. Il trouva un diagramme Tchoun transformé par un diagramme Pi. Sin Leao en tira l'augure disant: C'est favorable. Tchoun est solide et ferme; Pi signifie entrer. Y a-t-il quelque chose de plus favorable? Il sera certainement florissant.

Pi ouan ayant été nommé à son fief depuis 11 ans, le duc Hien de Tsin mourut. Les 4 fils luttèrent pour prendre le pouvoir. Le Roy. De Tsin fut troublé. Alors Pi ouan de génération en génération devint plus grand. Suivant le nom de ses états, il s'appela Wei Che. Il engendra Ou tse.

Wei Ou tse avec la jeunesse de la famille Wei servit le prince de Wei Tch'oung eul.[1] La 21 année du duc Hien de Tsin, Wei Ou suivit Tch'oung eul dans son exil. Au bout de 19 années il revint. Tch'oung eul pret la pouvoir sous la nom de duc Wen de Tsin. Alors il ordonna que Wei Ou tse continuât la descendance de la famille Wei et qu'il eut un fief dont il fut le ta-fou; il gouvernait à Wei.

Il engendra Tao tse. Wei Tao tse se transporta et gouverna à Houo.

Il engendra Wei Kiang. Wei Kiang servit le duc Tao de Tsin.[2]

此处的译文与出版的 *Les Mémoires historiques* 中的看起来差异不大，我们不妨再引已出版的译文以作对比：

L'ancêtre de (la maison des) *Wei* fut un descendant de *Kao*, duc de *Pi*. *Kao*, duc de *Pi, appartenait* à la famille des *Tcheou*. Quand le roi *Ou* eut triomphé de *Tcheou*, *Kao* reçut en fief (la principauté de) *Pi*. *Pi* devint alors son nom de famille. Ses

---

① 这里的"le prince de"后似乎漏了"Tsin"。

② 这里的译文引自手稿卷四四的第一页。我要感谢威斯康星大学麦迪逊分校法文与意大利文系的 Lorin A. Uffenbeck 教授，是他帮助我将沙畹的手稿誊录出来的。

descendants perdirent leur fief et furent des hommes du commun;
les uns résidèrent dans les Royaumes du Milieu; les autres, chez les
(barbares) *I* et *Ti*.

Un de ces descendants se nommait *Pi Wan;* il servit le duc
Hien, de *Tsin.* La seizième année (661) du duc *Hien, Tchao Sou*
conduisait (le char du duc) et *Pi Wan* était l'homme de droite,
lorsqu'on fit une expédition contre *Houo, Keng* et *Wei* et qu'on
les anéantit. (Le duc) donna à *Tchao Sou* (le territoire de) *Keng,*
et à *Pi Wan* (le territoire de) *Wei,* en leur conférant le titre de
grand officier (*ta-fou*). Le devin *Yen* dit: "Les descendants de *Pi
Wan* seront certainement grands. *Wan* (= dix mille) est le nombre
complet; *Wei* (= haut) est un grand nom. Que ce (pays de *Wei*) ait
été sa première récompense, c'est la preuve que le Ciel lui ouvre
(le chemin du bonheur). Quand on parle du Fils du Ciel, on dit 'les
millions de son 'peuple' ; quand on parle d'un seigneur, on dit
'les myriades (*wan*) de son peuple' . Maintenant, on a décerné (à
Pi Wan) le nom de grand (= *Wei*) qui est suivi du nombre complet
(= *Wan*); il ne peut donc manquer d'avoir une multitude (à qui il
commandera)." Auparavant, *Pi Wan* avait consulté les sorts au sujet
des fonctions qu'il remplirait dans le pays de *Tsin*; il avait obtenu
(l'hexagramme) *tchoen* combiné à (l'hexagramme) *pi*. *Sin Leao*
interpréta (ces hexagrammes) en disant: "C'est de bon augure:
tchoen, c'est 'fermeté' ; *pi*, c'est 'entrer' ; quel augure peut être
plus grandement favorable? ses (descendants) seront certainement
nombreux et prospères."

Onze ans après que *Pi Wan* eut reçu le fief, le duc *Hien*, de *Tsin*, mourut (651). Ses quatre fils se disputèrent tour à tour le trône; le pays de *Tsin* fut bouleversé, et (la famille de) *Pi Wan* devint de génération en génération plus puissante; du nom de son royaume, elle s'appela la famille *Wei*. (*Pi Wan*) engendra *Ou-tse*. *Wei Ou-tse,* avec tous les jeunes gens du *Wei*, se mit au service du *Kong-se* de *Tsin*, *Tch'ong-eul*. Lavignt-et-unième année (656) du duc *Hien*, de *Tsin*, *Ou-tse* sortit en fugitif (du royaume de *Tsin*), à la suite de *Tch'ong-eul*. Dix-neuf ans plus tard (637), il revint; *Tch'ong-eul* monta sur le trône; ce fut le duc *Wen*, de *Tsin*; il ordonna alors que *Wei Ou-tse* continuerait la descendance de la famille *Wei*, qu'on lui conférerait le rang de *ta-fou* et qu'il gouvernerait *Wei*.

(*Ou-tse*) engendra *Tao-tse*. *Wei Tao-tse* transféra sa capitale à *Houo*. Il engendra *Wei Kiang*.

Wei Kiang servit de duc Tao, de Tsin.[1]

正式出版的文本中有一些微小的改动。其中包含了对某些词的翻译，例如头四句的"其先"，手稿中作"Les descendants"，出版改作"ses descendants"。同样地，在手稿中，"以伐霍、耿、魏，灭之"作"ainsi ils attaquerent Houo, Keng et Wei. Ils les détruisirent"（于是他们袭击了霍、耿和魏国，他们毁灭了他们），出版时变成了"lorsqu'on fit une expédition contre *Houo, Keng et Wei* et qu'on les anéantit"（当

---

[1] Édouard Chavannes, *Les Mémoires historiques de Se-ma Ts'ien*, vol.5, pp.132–135.

他们对霍、耿和魏国发动攻击，并消灭了他们）。另外有一些改动，例如从复数变成单数，订正了一些罗马拼音的疏忽或错误（如 Pi Ouan 改成 Pi Wan），将被动句改成主动句，重新断句和分段，都不是十分重大的修改。整体而言，卷四四手稿和正式出版的文本之间的改动，以及增加的那些仔细且依然有用的笔记，都可以看作只是从译者到编辑者这个过程的修改。

但是沙畹于1890年出版的《封禅书》（此时他在北京学习刚满一年）[①]，与后来 Les Mémoires historiques 中的译文相比，就比卷四四两个版本之间的差异大得多了。两个卷四四《魏世家》之间的改动，体现的不单是沙畹的智慧和博学，还有他整体上对中国经典，尤其是《史记》这个文本越来越熟悉的过程（沙畹主要是从1889年开始以《史记》为基础来强化自己的中文学习的）。

至此，我已经向读者描述了吉美博物馆藏沙畹手稿的一些情况。现在，我将尝试就这些材料如何能与沙畹的《史记》研究融合在一起，又如何与正式出版的 Les Mémoires historiques 联系起来，来提出一些自己的猜想。为此，我需要简单概括一下我第二次到巴黎查看沙畹的藏书时的一些发现（沙畹自己的书目前藏于巴黎的亚洲学会图书馆中）。那里的书是按照"E.C."（即 Édouard Chavannes）编码来排序的，放满了13~14个书架（约3米高，4.6米宽）。其中一个书架上是不同版本的《史记》，余下的书主要包括丛书、朝代史、字典，以及大藏经、方志和地图。

沙畹说自己所使用的底本，即1739年重刻1596年南京国子监所

---

① Édouard Chavannes, "Le traité sur les sacrifices *fong et chan*," *Journal of the Peking Oriental Society*, Peking: Pei-T'ang Press, 1890.

刻的版本，放在其藏书最开始的地方，即放《史记》诸版本架子上的第一层，编号为"E.C.3."。这个本子的前八十卷（即至《乐毅列传》）都用黑墨作过句读，页面边框也有很多黑色的毛笔做的笔记。而且，不少文段（通常是每卷的开头）下面还画有红点，并在其前写有一个"读"字。这可能大概是指学生应该背下这些文字。这个学生指的是沙畹吗？如果回想一下，我们曾在六号盒子里发现了一个标题为"Explication de Sseu-ma Ts'ien"的文件夹，其中有一张卡片上面（用毛笔字）写的"南京国子监新镌史记"，无异于一位"中国学者"所写。有没有可能，帮助沙畹的那位中国学者给他找了一个底本，并将其中八十卷作了句读，然后在沙畹留学北京的四年时间里（1889—1893）[①]与他一起通读了这八十卷？

如果这个猜想是正确的，那么沙畹似乎还在按着卷序来读《史记》（尚未完全读完）。但1890年出版的《封禅书》（卷二八）排除了从1889年年中开始他按卷序来阅读《史记》的可能性，因为用一年的时间是不可能完成卷一至二七的。而且，在沙畹所藏的殿本中（即他使用的底本），有很多地方只是在开头几页有句读，而沙畹在手稿的笔记栏上自己作的注解也常常只有一两页，似乎沙畹只是背诵（以及翻译？）了每卷开头的几页？

这反过来暗示了另外两种可能性。首先，沙畹回到巴黎时，手中只有一些尚未完成的草译稿。之后，沙畹独自在巴黎将这些手稿完成，并修订和加注，这样就解释了为什么他一直没有提到过这个中国导师的名字。这也与一些卷目尚未译完的事实能对应上，如卷五一

---

① 沙畹从1889年年中开始翻译《史记》，1891年曾短暂回过法国结婚，然后在1893年年中离开中国回法国。（见 Henri Cordier, "Nécrologie-Édouard Chavannes"。）

（可能在北京就已经开始翻译，但一直没有完成）。其次，沙畹并未在北京完成全部130卷的翻译，但完成了前80卷的部分翻译。这样就意味着他需要每两周完成一卷，这个速度是不可思议的。吉美博物馆藏的卷二三至八〇的手稿可能是在北京就已经完成的（或接近完成）。他们之间的差异（例如对"太史公曰"的不同译法）当是代表了他在北京不同阶段的工作成果。用铅笔写的编辑修订当是在巴黎时插入的，卷八一至一三〇的草稿也是在巴黎写成，正如上面提到的，它们大都尚处于比较初级的阶段。而最终出版了的前47卷的编辑和其他学术工作也是沙畹在1893年回到巴黎后才完成的[1]。

在仔细阅读了其中的三个手稿之后，我对沙畹先生真是愈发高山仰止。尽管戴密微提到的中国学者可能在卷一至八〇的前几页的草稿中起到了重要作用，但绝大部分的译稿和学术注释都是沙畹独自完成的[2]。尽管他只完成了 Les Mémoires historiques 的前五卷，他依然无愧于20世纪初期汉学巨擘的名声。不过，这些翻译不过是众多展示沙畹广博兴趣和深厚学术能力的作品之一。要知道，这还仅仅是一个未满三十岁的年轻人的第一个重大学术成果（尽管直到1905年沙畹四十岁时才将其全部出版）。同时，像戴密微那样将吉美博物馆藏的这些手稿归类为 "une traduction intégrale de tous les cent trente chapitres du Che Ki"（《史记》全部一百三十卷的完整译本），也是失之偏颇

---

[1] 实际上，有人可能会认为，沙畹在完成卷二七《孔子世家》的编辑工作后就放弃了翻译项目，可能隐含了某些意义。

[2] 李璜（1895—1978）在1918年沙畹死后不久就抵达了法国，1924年毕业于巴黎索邦大学，他肯定非常熟悉沙畹的工作，以及他与在巴黎的中国学者的联系。在李璜的《法国汉学论集》中，他提到沙畹曾从一名叫唐复礼的中国学者那里得到过指导和帮助，唐当时是在中国驻巴黎大使馆。因此唐很可能就是戴密微所说的那位中国学者，又或许沙畹曾从两位中国学者那里得到过帮助。

的。康德谟教授在 1960 年代着手出版 *Les Mémoires historiques* 的第六卷时，他一定已经意识到这些手稿并不完整，而且未经注释和修订，与已经出版的四十七卷的质量自然是不可同日而语。因此，在编辑了沙畹的第四八至五〇卷手稿后，康教授就自己翻译了卷五一和五二，然后放弃了继续编辑整理的努力。不过，在我们自己的《史记》翻译过程中，我们愈发肯定的一件事就是，尽管沙畹的翻译尚未完成，它们仍然是所有后来者参照的楷模。

《史记》与《汉书》关系研究

《史记》与《汉书》
——以《高祖本纪》和《高帝纪》为例

《史记》与《汉书》文本

我想首先说明两点。第一，诸早期抄本及诸版本的《史记》文本与我们今天所见的文本是大致不差的。绝大部分异文都不会对理解整体的文本产生太多影响①。第二，不管好坏，我们还是选择了中华书局本《史记》作为底本，我们项目的目的就是将这个版本翻译成英文②。因此，我们实际上无须过多被近来一些西方学者的研究所影响，他们想证明一部分《史记》早已遗佚，是后人据《汉书》而补的。

---

① 类书和其他文本中有数百条征引《史记》的条目，王叔岷将它们都收集起来了，见其《史记斠证》后的《史记逸文》，台北：史语所，1982年。
② 这个文本及其底本金陵书局本都是有问题的，见倪豪士，《张文虎对〈史记〉之研究》，王成勉编，《明清文化新论》，台北：文津出版社，2000年。中译见本书。不过这些问题影响不大。

不过，既然我们现在已经读了这么多的《史记》以及《汉书》的平行文本，而且这是我们的译本 The Grand Scribe's Records 中与汉代内容相关的第一卷，因此似乎有必要对这两部书的关系作一些说明。我想先从一个整体性的问题来展开。我们已经仔细读过并翻译过的部分都显示，《史记》其实是一个"拼凑"文本，是由不同的早期材料放在一起复合而成的，编辑者还在大部分材料之间加上了一些时间过渡的连接语。之所以需要这些时间过渡，似乎是因为司马迁自己也常常不能确定很多事件发生的具体日期。梁玉绳《史记志疑》作了将近7500条札记，对《史记》的很多地方都提出了质疑和批评；其中很大部分——大概将近一半——都是关于纪年和日期考订的。梁玉绳常常使用《汉书》中的平行文本来解决这些日期考订的问题。《汉书》（就我们读过的部分）相较而言是一部组织结构更为紧密的历史著作，日期上的问题较少一些。这种情况加强了现今通行意见的可信性，即班固以及其他参与《汉书》编写的先贤们摘取了《史记》中汉代的历史事件与人物，再对其进行修订和更正。相对地，如果有一些抄写者想补全《史记》的缺佚部分而从组织结构严密的《汉书》中摘取一些叙事，《史记》不应该是我们现在看到的那样，有时间顺序和行文风格不一致的地方。

除了整体上的观感，最好的办法还是从《史记》和《汉书》中分别选取对应的一卷或一些段落来作逐字比对以阐明两个文本的关系。不过，在我们开始比对之前，有必要先说明一些文本批评的原则，以及有关《史记》和《汉书》编纂的问题。

尽管最近对这两个文本的对比大都遵从了 brevior lectio praeferenda est（越简越优原则），但在一些篇幅较长的历史著作文本比较的领域中，另一种在看待异文时更为均衡的观点才是占主导地位的。例如，Bruce M. Metzger 就总结，《新约》的研究者正是持这种意见的（"Recent Trends in the Textual Criticism of the Illiad and the Mahâbhârata," *Chapters in the History of New Testament Textual Criticism*, Leiden: Brill; Grand Rapids: Eerdmans, 1963, p.153）：

> 两个多世纪以来，《新约》的研究者早已熟谙文本批评的法则，即越是简单的越接近原样。无须赘言，负责任的文本批评家从来不会机械地照搬这个原则。亚历山大抄本、西方抄本以及通用希腊文抄本的优缺点，必须要对分析每个异文后得出的证据进行权衡，然后根据这些单独的评判形成一个对文本整体性的判断。

确实如此，我们应当遵从 Metzger 所说的方法来分析下文将要对比的《史记》与《汉书》之间的异文。

最近，J. Harold Greenlee 也争论说，"文本批评的首要及基本原则"是"其他文本最容易从其发展演变而来的那个才最可能是原始的文本"[①]。这个观点也启发了我应如何看待这两部最早的历史著作，我将在下文一一展开。

关于《史记》和《汉书》的编纂，我们要再强调一遍，即这两部历史著作的手稿很可能并不出自单一作者。除了司马家族和班氏家族之外，毫无疑问还有很多的史官和学者参与其中。我在近期的一篇文

---

① J. Harold Greenlee, *Scribes, Scrolls, and Scripture: A Student's Guide to New Testament Textual Criticism*, Grand Rapids, Michigan: W.B. Eerdmans Publiching Co., 1985, p.56.

章里曾经提出[①]，《太史掌故》一书被署名为西汉时期的太史令（曾出现过三十多位这样的"作者"），他们很可能一直都是负责复制和组织（《史记》的）"dependent chapters"（依赖性文本）的（即那些以早期材料为基础的卷目，这个术语是高本汉提出来的，见其"Sidelights on Si-ma Ts'ien's Language," *Bulletin of the Museum of Far Eastern Antiquities* 42，1970，p.297）。他们也可能参与了司马迁留存下来的两个副本的抄写[②]——太史公他自己是不可能将这部52万字的文本抄写两次的！侯格睿（Grant Hardy）也指出说，《史记》的原始形态（竹简）"是要用一辆马车才能装得下的"。因此要挪动这部作品，也许是需要一个助手小组的。班固似乎也需要这样的辅助。

《高祖本纪》与《高帝纪》对读

现在让我们来比较一下《史记·高祖本纪》以及它在《汉书》中的平行文本《高帝纪》，这里得出的结论也只限于这两卷之内[③]。与何四维（A. F. P Hulsewé）教授和韩大伟（David Honey）教授一样[④]，我

---

① "Sentence Fragments and the Methods of Composition of the *Shih Chi*,"未发表。译者按，当为《〈史记〉的"上下文不连贯句子"和司马迁的编撰方法》，后收录于王初庆编，《纪实与浪漫——史记国际研讨会论文》，台北：洪叶文化出版社，2002年。中译见本书。

② 参见《史记》，中华书局，1959年，3320页。

③ 《史记》英译本的译者们也就其各自翻译的文本作了比较和一些评论（卷九——一二），其中包括倪豪士、曹卫国、斯科特·嘉乐，以及班大为，见其各自译文的脚注和译者札记，见 *The Grand Scribe's Records, Vol. II, The Basic Annals of Han China,* Bloomington: Indiana University Press, 2002。

④ A. F. P. Hulsewe, "The Problem of the Authenticity of the *Shih-chi* Ch.123"，*T'oung Pao* 61, 1975, p.89; David Honey, "The *Han-shu* Manuscript（转下页）

也认为不能将这两篇文本对比后的结论应用到《史记》其他汉代历史的卷目中。实际上，这两部伟大历史著作的文本关系问题是非常复杂的，将不同的卷目进行对比可能会得出不一样的结论。

在下面的对比中，我尽可能将《史记》的诸版本都考虑在内，其中包括据称是日本学者抄写的秘阁本（即日本宫内厅藏的早期无分页卷轴抄本《高祖本纪》，以下称秘阁本）①，以下的文献也为对比提供了一些材料：如荀悦《汉纪》（四库全书本），水泽利忠《史记会注考证附校补》（上海古籍出版社，1986年），以及王充《论衡》等作品中出现的平行文段②。韩大伟最近指出，贺次君在秘阁本中所举的"十四处异文"有"七处证明了《汉书》或《汉纪》的文本更优"，而"剩下的七处虽然没有提到对应的平行文本，但也证明（《史记》刊本）是错误的"。韩大伟还认为，"梁玉绳虽然没有参考日本的这个抄本，但是他在处理关于这两卷关系问题的时候，有七成以上都是信从《汉

（接上页）Evidence, and the Textual Criticism of the *Shih-chi*: The Case of the 'Hsiung-nu *lieh-chuan*,'" *CLEAR* 21, 1999, pp.67–97. 何四维后来在有关《汉书》和《史记》的论述上观点有相当的修正，见 Michael Loewe ed., *Early Chinese Texts, A Bibliographic Guide*, Berkeley: University of California, Berkeley, 1993, p.130, 406；又见其 "A Striking Discrepancy between the *Shih chi* and the *Han shu*," *T'oung Pao* 76，1993，322页的论述，"（我这次的重新发现）可能从历史学的角度看是很重要的，因为它告诉我们在处理文本矛盾和不规律时一定要非常谨慎。《史记》和《汉书》都有各自独立的文本传统，二书应常用来互相对读，而不用考虑哪个才是原始文本的问题"。

① 见贺次君，《史记书录》，上海：商务印书馆，1958年，26—27页。

② 《论衡》中平行文本与《史记》的关系值得更进一步的研究。例如，在《问孔篇》中，王充讨论了《孝文本纪》的内容，有学者认为这个文本在《史记》早期的流传中已经遗佚了。

书》的文本的"[1]。不过，在使用这些前人研究来讨论这两个关于刘邦的本纪究竟哪个更早的时候，存在这样一个问题：尽管贺次君和梁玉绳都指出了《史记》中的错误，并且尝试依据包括《汉书》在内的其他文本来进行订正，但他们都没有质疑《史记》文本是原始文本[2]。贺次君在1950年代曾作为顾颉刚的助手参与点校中华书局本《史记》的工作[3]，梁玉绳耕耘19年而成《史记志疑》。很明显，他们都不认为《史记》文本是后人伪造的。他们都找到了太史公在书写上的错误；尤其是梁玉绳还经常修订司马迁的系年——大多数还是借助《汉书》的记载。但在对比这两个文本时，这两位学者都只认为是《汉书》改正了《史记》中的错误，都没有说《汉书》才是原始的文本。

不过，讨论或是解释这些二手材料并不是解决哪个文本才是原始文本的最佳办法，因此让我们直接来看《史记》和《汉书》的一手文本吧。我们无须每行都进行对比，但一开始我们还是会逐行对比本纪的第一部分，之后的部分则会选择一些来对比。《高祖本纪》和《高帝纪》的开头就已经有所差异了：

　　　《史记》341页[4]：高祖，沛丰邑中阳里人，姓刘氏，字季。父

---

[1] David Honey, "The *Han-shu* Manuscript Evidence, and the Textual Criticism of the *Shih-chi*: The Case of the 'Hsiung-nu *lieh-chuan*,'" *CLEAR* 21, 1999, p.91. 韩大伟在91页的注18中暗示池田四郎次郎在《史记研究书目解题（稿本）》（东京：明德出版社，1978年，41—42页）的论述也提到了《史记》抄本（秘阁本）的文本问题，但池田的评论明显只限于对抄本的物理描述。

[2] 贺次君认为秘阁本为唐抄本，被很多日本学者所驳斥，他们相信秘阁本是江户时代日本学者传抄，但其底本为宋本。见神田喜一郎对贺次君《史记书录》的书评，《中国文学报》1959年4月，146—151页。

[3] William H. Nienhauser, Jr., "Historians of China," *CLEAR* 17, 1995, p.212.

[4] 页码均以中华书局本为准。

曰太公，母曰刘媪。

《汉书》1页：高祖，沛丰邑中阳里人也，姓刘氏。

秘阁本这里与中华本《史记》是一模一样的。《汉书》在"人"字后多了一个"也"字。《汉书》也没有记载高祖的"字"以及其父母的姓名，我们无法据此得出什么结论，因为某人在《史记》中增加高祖父母的名字，或者是班固故意省略了这些信息，都是有可能的[1]。

如果将上面的开篇文字看作是对主角的叙述性说明[2]，那么接下来的文字就引出了给刘氏家族带来巨变的神秘力量：

《史记》341页：其先，刘媪尝息大泽之陂，梦与神遇。是时雷电晦冥，太公往视，则见蛟龙于其上。

《汉书》1页：母媪尝息大泽之陂，梦与神遇。是时雷电晦冥，父太公往视，则见交龙于上。

之前的学者多欲讨论"蛟龙"和"交龙"的差异[3]，但这里更值得注意的重要不同是《史记》这段文字开始的"其先"这个表述（亦见于秘阁本），以及句末"于其上"的"其"字（另外《史记》作"刘媪"，《汉书》作"母媪"也是有所区别的）。这两个表述都是有问题的。"其先"可以指"他的祖先"，也有"早前"的意思。沙畹

---

[1] 荀悦（148—209）《汉纪》给出了高祖的名"邦"和字"季"。

[2] 译者按，exposition，西方文学理论概念，指一个故事或一段叙事中所插入的背景信息介绍文字。

[3] 这不是一个"越简越优"的问题，而只是一个用法的问题。在《史记》中，除此处之外，"蛟龙"还出现过四次，263页、1413页、1926页以及3017—3018页，而在《汉书》中则只出现过"交龙"（两次）。

（2:325）将其翻译为"auparavant（之前）"。张文虎怀疑这是衍文
（《校刊史记集解索隐正义札记》，中华书局，1977年，87页），水泽
利忠（254页）指出南宋庆元黄善夫刊集解本有"其先"这两个字。
而且，《论衡》（成书早于《汉书》）记录了一段相似的文字："高祖之
先，刘媪曾息大泽之陂"（见《论衡注释》，北京大学历史系论衡注释
小组编，中华书局，1979年，386页，"雷虚篇"）。因此，"其先"似
乎属于早期的文本传统。这个表述在《史记》中颇为常见，在《高祖
本纪》之前的本纪中出现过四次①。另一方面，这个表述在《汉书》的
本纪中一次都没有出现过。而且，若依据 Greenlee 的"其他文本最
容易从其发展演变而来的那个才最可能是原始的文本"原则，似乎这
里《史记》肯定就是原始文本。班固的思路可能被"其先"的两种理
解打乱了，于是他疏通了文本（将其删除）。我在我们的《高祖本纪》
译本注5中讨论过"他的祖先"这个意思，其实与司马迁在这卷中的
总体语气是一致的，尽管"他的祖先刘媪"这样的理解非常奇怪。司
马迁可能是想呼应他在《秦本纪》的"太史公曰"中提到的"其先"：

> 秦之先为嬴姓。其后分封，以国为姓，有徐氏、郯氏、莒
> 氏、终黎氏、运奄氏、菟裘氏、将梁氏、黄氏、江氏、修鱼氏、
> 白冥氏、蜚廉氏、秦氏。然秦以其先造父封赵城，为赵氏。（《史
> 记》，122页）

这里是对秦国历史悠久的贵族血统的致敬。与之相反，司马迁意识到
作为普通人的刘邦根本没有父母之外的什么祖先，不管是贵族或是普

---

① 见《史记》170、178、192、221页。也有以"其先祖"的形式出现的，见122页。

通人。因此他这里很可能是将描述秦贵族世系以及姓氏的模式套用到了刘邦身上以讽刺他。

《史记》与《汉书》在这里的第二个差异是文末的"于其上"（秘阁本同此）和"于上"。《汉书》的版本可以直接翻译为"太公去找刘媪，看到有一条龙在（天）上面"，而《史记》的文本则更加具象，甚至有点是对刘媪以及后来所有汉皇帝的侮辱，因为蛟龙是在刘媪身上的①。同样，我们很难看出《史记》文本是如何从《汉书》的基础上演变而来的，《史记》似乎才是更原始的版本，尽管有些许的不雅。

> 《史记》341页：已而有身，遂产高祖。
>
> 《汉书》1页：已而有娠，遂产高祖。

这里"身"和"娠"的异文并不是非常重要。"有身"在《史记》和《汉书》中都出现过14次，而"有娠"只在《汉书·高帝纪》此处出现过一次②。秘阁本亦作"身"。

> 《史记》342页：高祖为人，隆准而龙颜，美须髯，左股有
> 七十二黑子。
>
> 《汉书》2页：高祖为人，隆准而龙颜，美须髯，左股有
> 七十二黑子。

---

① 《论衡》这里给出了两处异文，与《史记》和《汉书》均不合，即《吉验篇》的"交龙在上"（132页）以及《奇怪篇》"交龙居上"（226页）。

② "有身"见于《史记》402—403、1597—1598、1978—1979、2100、2396—2398、2508、2511、2922、2995—2996、3075页；由于这里有一部分是属于汉以前的内容，因此这个表述不可能是从《汉书》借来的；"有娠"在《史记》中也出现过不止一次。

这段描述高祖特征和外貌的文字是完全一样的。

《史记》342页：仁而爱人，喜施，意豁如也。

《汉书》2页：宽仁爱人，意豁如也。

这里又出现了不同。秘阁本与中华本《史记》只字不差。但《太平御览》（87.1b）引《史记》此段以及《汉纪》（1.2b）都与《汉书》是一样的，均作"宽仁爱人"①。不过，《史记·高祖本纪》后面记载王陵对项羽的描述时也是说"仁而爱人"，似乎司马迁很享受这里的讽刺效果，即用同一个表述来描述这对对手。同样依据Greenlee的原则，《汉书》省略了"喜施"二字，也很难据此得出《汉书》文本是原始文本这一结论。

《史记》342—343页：常有大度，不事家人生产作业。及壮，试为吏，为泗水亭长，廷中吏无所不狎辱。

《汉书》2页：常有大度，不事家人生产作业，及壮，试吏，为泗上亭长，廷中吏无所不狎辱。

这一段两个文本几乎是一样的，只有两处异文：第一，《史记》"试为吏"，《汉书》无"为"字，仅作"试吏"。应劭注此三字为

---

① "宽仁"见于《尚书》对汤的描述（"克宽克仁"，《尚书注疏》，四部备要本，8.4b），《汉书》中也记载了将军柴武是如此形容高祖的（1854页）。《史记》的对应文本也记载了柴武对高祖的形容，也是用的"宽仁"。

译者按，倪氏说《太平御览》87.1b引《史记》作"宽仁爱人"，误。《太平御览》四部丛刊本作"仁而爱人"。倪氏所说可能是87.1a所引《河图》之文，即"帝刘季……明圣而宽仁"。倪氏可能是误会了王叔岷的注。

"试补吏",似乎《史记》的这个表述也让东汉的作者感到困惑了。第二,《汉书》作"泗上亭长",《史记》作"泗水亭长",虽然对于哪个才是最好的文本存在不同意见①,但总体而言这里应该也是《汉书》改自《史记》。

> 《史记》343页:好酒及色。
> 《汉书》2页:好酒及色。

这句两个文本是相同的。

> 《史记》343页:常从王媪、武负贳酒,醉卧,武负、王媪见其上常有龙,怪之。高祖每酤留饮,酒雠数倍。
> 《汉书》2页:常从王媪、武负贳酒,时饮醉卧,武负、王媪见其上常有怪。高祖每酤留饮,酒雠数倍。

这里两个文本也有一些微小的差异。《汉书》在"醉卧"前有"时饮"二字,与《汉纪》的"每饮"相似。《论衡·吉验篇》(132页)作"饮醉止卧"。秘阁本作"饮醉卧"。这也是贺次君在其书中提到的十四处不同之一(26页)。贺次君指出秘阁本此处与《艺文类聚》的引文一样②。且不考虑韩大伟的意见,贺次君这里也没有暗示《汉书》才是原始版本,尽管泷川资言(8.6)和王叔岷(8.299)引《太平御览》所引都有"时"字。而且,在文本问题上,对《类书》

---

① 见王先谦,《汉书补注》,北京:中华书局,1983年,1.3a;王念孙,《读书杂志》,南京:江苏古籍出版社,1985年,3.1.20a–b;以及王叔岷,《史记斠证》,台北:史语所,1982年,299页。

② 见《艺文类聚》,上海:上海古籍出版社,1982年,1:12,226页。

的引文需要多加注意。比如《艺文类聚》所引"饮醉卧"的前面作"高祖讳邦，字季，沛丰邑中阳里人"，与《史记》和《汉书》的开头都不一样。就算这里没有"饮"字，《史记》文本的表达也更通畅一些，而且这样的表述也符合这是一个习惯性行为的意思，"喝醉了就躺在那里"。如果用 Greenlee 的原则，似乎《汉书》更为细致的文本才更可能是原始文本，但考虑到班固在很多其他文段里都试图将司马迁表述模糊的地方清晰化，这里也可能是班固所加，以让他所认为的高祖的喝酒习惯更加清晰和准确。荀悦的版本似乎也是他为了解释高祖的每次欢饮而增加的时间状语。

第二个不同是关于王媪看到的在这个醉醺醺的未来皇帝头上盘旋的东西。《史记》里记载的是一条龙（所有重要的《史记》印本，以及《太平御览》87.1b 所引均作"龙"）；而在《汉书》中仅作"有怪"。秘阁本与二者均不同，作"有龙怪之属"[①]。贺次君相信秘阁本更接近原始文本（"刊本之脱漏也"，26 页）。不过，他也没有说《汉书》才是原始的文本。此外，还有两点是支持《史记》版本的。最有力的就是，"龙"是司马迁借以将皇权赋予刘邦的一种象征主题：当然，我们在刘邦母亲怀孕之时就已经看到"蛟龙"的迹象，然后是他有着"龙颜"，最后是这里的上有"龙"。王充在《论衡·奇怪篇》中也讨论了这些"龙"的现象，证明汉代的读者也是接受这样的故事的。第二，我们很容易想到，如果高祖头上出现龙会让班固感到困惑的话，他是可以将《史记》的"常有龙，怪之"简化为《汉书》的"常有怪"的，他只需要删除"龙"和"之"这两个字[②]。《汉纪》的文

[①] 日本藏的诸多《史记》版本在"怪之"后均有"属"字。
[②] 当然也有可能是某个抄手把"龙"省略了。

本（1.2b）略有不同，但却支持了《史记》才是原始文本，其作"上尝见光怪，负等异之"，与《史记》一样，保留了王媪和武负看到怪象后"感到奇异"这一要素。最后，贺次君引《艺文类聚》引文与中华书局本《史记》是一样的。

《史记》343页：及见怪，岁竟，此两家常折券弃责。

《汉书》2页：及见怪，岁竟，此两家常折券弃责。

这句两书是一致的。

《史记》344页：高祖尝繇咸阳，纵观，观秦皇帝，喟然太息曰："嗟乎，大丈夫当如此也！"

《汉书》3页：高祖尝繇咸阳，纵观秦皇帝，喟然大息，曰："嗟乎，大丈夫当如此矣！"

这段几乎是一模一样的。唯一的不同是略显突兀的"观"字在《史记》中出现了两次，即"纵观，观秦皇帝"。如果说这里《汉书》是原始文本，有人在抄《汉书》来补《史记》，那么他是毫无理由要把这里的表述变得如此突兀的。相反，说是班固将司马迁不完美的表述稍加润色则是更符合逻辑的。

《史记》344页：单父人吕公善沛令，避仇从之客，因家沛焉。沛中豪桀吏闻令有重客，皆往贺。

《汉书》3页：单父人吕公善沛令，避仇，从之客，因家焉。沛中豪桀吏闻令有重客，皆往贺。

此处也是几乎一致的（秘阁本与中华本《史记》同）。《汉书》将第一句中"沛"这个地名省略了。因此这里的差异就是吕公迁居是搬到沛（《史记》）这个地方，还是搬到了沛令的家中（《汉书》）。不过，这里也不可能是《史记》依据更为简单的《汉书》文本而来的，因为后来的《史记》"作者"是不可能在《汉书》版本之上增加搬家至"沛"地这个额外的意思的。

> 《史记》344页：萧何为主吏，主进，令诸大夫曰："进不满千钱，坐之堂下。"高祖为亭长，素易诸吏，乃绐为谒曰"贺钱万"，实不持一钱。谒入，吕公大惊，起，迎之门。
>
> 《汉书》3页：萧何为主吏，主进，令诸大夫曰："进不满千钱，坐之堂下。"高祖为亭长，素易诸吏，乃绐为谒曰"贺钱万"，实不持一钱。谒入，吕公大惊，起，迎之门。

二书一致。秘阁本"进不满千钱"无"进"字，"坐之堂下"无"之"字。

> 《史记》344页：吕公者，好相人，见高祖状貌，因重敬之，引入坐。
>
> 《汉书》3—4页：吕公者，好相人，见高祖状貌，因重敬之，引入坐上坐。

这里的不同在于《汉书》最后多了"上坐"二字。秘阁本作"引入坐上坐"。但贺次君在这里却表示，他相信"《史》、《汉》义同。刊本作'引入坐'，盖上脱'上坐'二字"，当是在北宋早期刊印时所脱。尽管有秘阁本这样的证据，但其实是有一些文本的内在逻辑能证明《史记》文本应无"上坐"二字。根据这里的叙事，是吕公引刘邦"入坐"的。这发生在刘邦"遂坐上坐，无所诎"之前。但在《汉书》的叙事里，吕公直接就引刘邦"坐上坐"。这减弱了《史记》文本所体现的刘邦那种鲁莽和虚张声势的气焰。而且也削弱了接着的那句话的力量，即"高祖因狎侮诸客，遂坐上坐，无所诎"（高祖因［吕公敬重他］，趁机戏辱诸客，毫不犹豫就坐到了上座），可以看到，如果是吕公一开始就让刘邦坐上座，那么就不是刘邦而是吕公"狎侮诸客"了。

《史记》344页：萧何曰："刘季固多大言，少成事。"高祖因狎侮诸客，遂坐上坐，无所诎。

《汉书》4页：萧何曰："刘季固多大言，少成事。"高祖因狎侮诸客，遂坐上坐，无所诎。

二书一致。

《史记》344页：酒阑，吕公因目固留高祖。高祖竟酒，后。

《汉书》4页：酒阑，吕公因目固留高祖。竟酒，后。

这里的差异在于《史记》多了一个"高祖"，秘阁本与中华本同。在《史记》的叙事中，是高祖喝完酒后留了下来。但在《汉书》的叙事中，高祖是在宴会结束后才留下的。似乎《史记》这里也不可能来自《汉书》文本；相反，像是班固（省略"高祖"二字从而）想更加清晰地表明，吕公接下来和高祖的对话是在所有客人都喝完酒离开后才说的。

《史记》344 页：吕公曰："臣少好相人，相人多矣，无如季相，愿季自爱。臣有息女，愿为季箕帚妾。"酒罢，吕媪怒吕公曰："公始常欲奇此女，与贵人。"

《汉书》4 页：吕公曰："臣少好相人，相人多矣，无如季相，愿季自爱。臣有息女，愿为箕帚妾。"酒罢，吕媪怒吕公曰："公始常欲奇此女，与贵人。"

秘阁本与中华本《史记》同。而且，除了《汉书》省略了"愿为季箕帚妾"的"季"字，二书也是一致的。与上同理，《史记》这里也不可能源自更简单的《汉书》。

《史记》344—345 页："沛令善公，求之不与，何自妄许与刘季？"吕公曰："此非儿女子所知也。"卒与刘季。吕公女乃吕后也，生孝惠帝、鲁元公主。

《汉书》4 页："沛令善公，求之不与，何自妄许与刘季？"吕公曰："此非儿女子所知。"卒与高祖。吕公女即吕后也，生孝惠帝、鲁元公主。

这里的差异在"此非儿女子所知也"一句，《汉书》无"也"字，以及《史记》作"卒与刘季"，而《汉书》作"卒与高祖"。秘阁本在这两点上均与《史记》同，但在最后一句无"帝"和"公主"，仅作"生孝惠、鲁元"。"也"字似乎是一种语言风格上的差异；但我们应该统计一下下文称呼刘邦的方式的变化。同样地，如果说是有人复制《汉书》文本以补《史记》佚文，那么他应该不会改变标准行文以让他伪造文本的痕迹如此明显①。

> 《史记》346页：高祖为亭长时，常告归之田。
> 《汉书》5页：高祖尝告归之田。

《史记》这里的文本（秘阁本同）给出了另一个可以看作是以"高祖为亭长时"作为开篇而组织起来的故事群。初看起来，这些故事像是由讲述者收集起来，然后按照顺序讲述的，司马迁也许也有一份这些故事的写本②。《汉书》无"为亭长时"这四个字（尽管其后的文本中也确实包含了这些故事中的一个）。《论衡·骨相篇》（161页）记载了一个相似的故事，其曰"高祖为泗上亭长"，与《史记》的文本十分相近。《汉纪》（1.3a）则连高祖为亭长以及他告归这两件事都

---

① 译者按，这里的标准行文，指的是《汉书》在"秦二世元年秋七月"之前，凡是叙述性文字均称刘邦为"高祖"，人物对话则据说话人本来的语言，这里的"卒与高祖"属于叙述性文字，属于这部分内容的标准行文，而《史记》却作不标准的"刘季"。有关刘邦称谓问题，见186页注释①，此处不赘述。只提一点，即标准规范的行文必然是经订正编辑而成的，《史记》不稳定的用法反而凸显其原始性。

② 关于这些口述故事的集合，可参考 Robert W. Funk 和 Jesus Seminar, *The Acts of Jesus, The Search for the Authentic Deeds of Jesus*, San Francisco: Harper Collins, 1998, p.2："耶稣的追随者无疑会在他生前就开始复述他的妙语和寓言。他们很快就开始不断讲述他的故事，也许是关于他遭到的批评、他对待病人和被魔鬼附身的人的神奇方法。随着时间推移，这些故事被收集起来，并被标以某些共同的主题或是关键词，以便人们更容易地记忆和复述。"
在这些本纪中，还有两个故事是以"高祖为亭长"开头的。第一个见于《史记·高祖本纪》346页，在老父给高祖相面之后，"高祖为亭长，乃以竹皮为冠，令求盗之薛治之，时时冠之，及贵常冠，所谓刘氏冠乃是也"。第二个紧随"刘氏冠"之后（347页），"高祖以亭长为县送徒郦山，徒多道亡"云云。

没有记载，而是径称"尝有老父过乞浆"。因此，根据"为亭长时"故事群的想法，以及《论衡》的文本支持，似乎《史记》不可能是从更简单的《汉书》文本而来的。

《史记》346页：吕后与两子居田中耨，有一老父过请饮，吕后因铺之。

《汉书》5页：吕后与两子居田中，有一老父过请饮，吕后因铺之。

这里只有一处差异。《史记》明确指出吕后和两子是在田中"耨"。秘阁本与中华本《史记》同。这里的"耨"字更可能是《汉书》省略了，而不是《史记》增加的（司马迁根据什么而加呢？）[1]。《论衡·骨相篇》（161页）亦无"耨"字，且"老父"作"老公"。《汉纪》（1.3a）"请饮"作"乞浆"。

《史记》346页：老父相吕后曰："夫人天下贵人。"令相两子，见孝惠，曰："夫人所以贵者，乃此男也。"相鲁元，亦皆贵。老父已去，高祖适从旁舍来，吕后具言客有过，相我子母皆大贵。高祖问，曰："未远。"乃追及，问老父。老父曰："乡者夫人婴儿皆似君，君相贵不可言。"高祖乃谢曰："诚如父言，不敢忘德。"及高祖贵，遂不知老父处。

《汉书》5页：老父相后曰："夫人天下贵人也。"令相两子，见孝惠帝，曰："夫人所以贵者，乃此男也。"相鲁元公主，亦皆

---

① 《汉纪》无吕后与两子耕田的细节。

贵。老父已去，高祖适从旁舍来，吕后具言客有过，相我子母皆大贵。高祖问，曰："未远。"乃追及，问老父。老父曰："乡者夫人儿子皆以君，君相贵不可言。"高祖乃谢曰："诚如父言，不敢忘德。"及高祖贵，遂不知老父处。

这里有一些微小的差异。首先，《史记》一直都称"吕后"，但在《汉书》中，第一次提到她时仅称"后"。第二，《汉书》在老父对吕后的评价后加了一个"也"字（《论衡·骨相篇》亦有"也"字，秘阁本无）。第三，尽管《史记》和《汉书》在老父的第二个评价最后都有"也"字（"夫人所以贵者，乃此男也"），但秘阁本却无此"也"字。第四，《汉书》在第一次提及孝惠时称作"孝惠帝"，《史记》、秘阁本和《论衡》均无此"帝"字（《汉纪》的简化太多，对此处讨论意义不大）。第五，《汉书》在第一次提及鲁元时称"鲁元公主"，《史记》、秘阁本和《论衡》均无"公主"二字。第六，《史记》载老父最后的话时称孝惠和鲁元为"婴儿"，《汉书》则作"儿子"；这两个称呼都能找到对应的文本，如《论衡》同《史记》作"婴儿"，秘阁本则作"儿子"。最后，也许是最为关键的就是，老父最后的话，《汉书》作"以君"，《史记》作"似君"。德效骞（Homer Dubs）在参考了这段文本的所有注释之后决定采用《史记》的版本来翻译他的《汉书》译本。《论衡》和秘阁本都作"似君"。《汉纪》（1.3a）与诸家都不同，但意思与《汉书》同，作"夫人儿子蒙君之力也"。

行文至此，我们开始可以从一些文本模式中看到《汉书》和《汉纪》存在非常密切的关系，而《论衡》则与《史记》的文本更接近。《汉书》偏向更明晰的称呼，但《史记》对头衔称呼的简略是有《论衡》和秘阁本的文本支撑的。

现在让我们看一下开篇这些故事的最后一个例子。

《史记》348页：秦始皇帝常曰"东南有天子气"，于是因东游以厌之。高祖即自疑，亡匿，隐于芒、砀山泽岩石之间。吕后与人俱求，常得之。高祖怪问之。吕后曰："季所居上常有云气，故从往常得季。"高祖心喜。沛中子弟或闻之，多欲附者矣。

《汉书》8页：秦始皇帝尝曰"东南有天子气"，于是东游以猒当之。高祖隐于芒、砀山泽间，吕后与人俱求，常得之。高祖怪问。吕后曰："季所居上常有云气，故从往常得季。"高祖又喜。沛中子弟或闻之，多欲附者矣。

这里的异文很重要，需要更仔细的分析考察①。第一处异文出现在第二句话，《史记》作"于是因东游以厌之"，《汉书》省略了"因"字，并在"猒（厌）"字后增加了"当"字，使得整个句子的意思从本来的趁东游的机会来驱除东南天子气，变成了东游的整个目的就是驱除天子气②。秘阁本与今本《汉书》同③。《汉纪》作"秦始皇帝乃东游欲以厌之"。《论衡·吉验篇》（132页）的这句话与《汉书》只字不差。

第二处异文出现在随后的那句"高祖即自疑，亡匿，隐于芒、砀山泽岩石之间"，《汉书》省略了"即自疑，亡匿"五字，以及"岩石

---

① 《汉纪》的记载（1.3a）颇为不同，基本对这段文字进行了重新排序。它还进一步将天子所发出的云气描述为"赤色云气"。关于这些云气，可见 Homer Dubs, *The History of the Former Han Dynasty:Translation, Volume 1: First Division: The Imperial Annals*, Waverly, 1938, 1:36—37页，注3。

② 参见施丁，《汉书新注》，西安：三秦出版社，1994年，8页，注4。

③ 秘阁本省略了"秦始皇帝"中的"始"字，与中华本《史记》《汉书》均不同。

之"三字。《论衡》与《汉书》相近，作"高祖之起也，与吕后隐于芒、砀山泽间"①。《汉纪》(对这些事件的叙事顺序不同)作"高祖亡，避吏于山泽中"。不过秘阁本却是与中华本《史记》字字对应的，尽管它前面那句却与《汉书》相同。

最后一处异文出现在倒数第二句，《史记》作"高祖心喜"，《汉书》作"高祖又喜"。秘阁本与《史记》同。《论衡》和《汉纪》这里都没有记载高祖的心情。

所有重要的《史记》版本都与中华书局本这里的文本一样。水泽利忠(8.25，6d-7a)也指出其他版本没有异文。第一处的"因"在当时的历史语境下是合理的，因为秦始皇的确在公元前210年东游了②(《史记》，260页)。而对于"亡匿"这个表述，《史记》中颇为常见，共出现过10次，且大部分都与汉代初年的事件相关。例如，"亡匿"亦见于张良的传记中，张良为了躲避秦始皇的通缉，"乃更名姓，亡匿下邳"(《史记》，2034页)。如果我们回到 Greenlee 所说的"其他文本最容易从其发展演变而来的那个才最可能是原始的文本"原则，那么这里《史记》似乎又是原始的文本。同时，秘阁本中有与《汉书》一样的句子，《汉书》和《论衡》也存在几乎一模一样的文段(以上两者均与中华本《史记》不同)，也说明这两部历史著作之间的关系还需更多的研究，目前姑且只能说是尚存疑问。

---

① 这个文本实际上是被北京大学历史系《论衡》注释小组修改过的，如将"气"读作"起"，他们声称这是基于文义而改的(134页，注14)，但也可能是基于一个宋抄本的异文而改，见黄晖，《论衡校释》，北京：中华书局，1990年，卷二，93页注。此宋抄本的异文可能也是由于同样的问题而来的，即若读"气"，则上下文义不通。
② 译者按，但却不是因为"天子气"。

我们已经看到，除了一处，上面所举《史记·高祖本纪》与《汉书·高帝纪》第一部分的早期故事都提示《史记》才是原始文本。现在让我们继续看更像"本纪"风格的，按系年顺序来组织文本的第二部分①。

　　《史记》349页：秦二世元年秋，陈胜等起蕲，至陈而王，号为"张楚"。

　　《汉书》9页：秦二世元年秋七月，陈涉起蕲，至陈，自立为楚王，遣武臣、张耳、陈馀略赵地。八月，武臣自立为赵王。

第一印象看，《汉书》版本似乎更加完整。但这是因为它最后的部分是后加上去的。《史记》并没有提到陈涉派武臣、张耳和陈馀去占略赵地，也没有说武臣自立为赵王②，这些事很可能是班固从陈馀的传记中摘取而来的（《史记》，2573—2576页）。实际上，《汉书》中的时间记载得更为具体（秋七月），也可能是源自《史记·项羽本纪》（297页），但这里的文本也没有提到武臣和其他人。《汉书》省略了《史记》"陈涉等起蕲"中的"等"字，很可能是因为班固无法确定这些人是谁。《汉书》接着也没有提到"张楚"这个问题颇多的

---

① 译者按，倪氏将《史记》的纪传体都分成两部分，一是开头没有系年的轶闻故事部分，二是有具体纪年的"本纪"风格部分。
② 不过，《史记》（351页）其实将这些事记载在陈涉西至戏后一年，"秦二世二年，陈涉之将周章军西至戏而还。燕、赵、齐、魏皆自立为王"。

（国）号（《史记》中仅出现于此处，《陈涉世家》亦无①），而仅仅说陈涉"自立为楚王"。秘阁本与中华本《史记》相同，但"起蕲"作"越蕲"。《汉纪》和《论衡》也没有提到武臣等人。《汉纪》（1.3a—b）还详细记载了陈涉和吴广是如何以屯长身份被派往蕲，然后道遇大雨导致延误日期（当判死刑）而最后决定起义的细节。

> 《史记》349页：诸郡县皆多杀其长吏以应陈涉。沛令恐，欲以沛应涉。掾、主吏萧何、曹参乃曰："君为秦吏，今欲背之，率沛子弟，恐不听。愿君召诸亡在外者，可得数百人，因劫众，众不敢不听。"乃令樊哙召刘季。刘季之众已数十百人矣。

> 《汉书》9页：郡县多杀长吏以应涉。九月，沛令欲以沛应之。掾、主吏萧何、曹参曰："君为秦吏，今欲背之，帅沛子弟，恐不听。愿君召诸亡在外者，可得数百人，因以劫众，众不敢不听。"乃令樊哙召高祖。高祖之众已数百人矣。

《汉书》省略了第一句中的"诸"和"皆"，大大削弱了《史记》表达中的语气。秘阁本与中华本《史记》是一样的。然后《汉书》为接下来发生的事提供了一个时间要素，即"九月"，但却省略了沛令响应陈涉的动机，即"恐"。秘阁本亦有"恐"字，水泽利忠这里没有指出有任何《史记》版本有异文。《汉书》接着又省略了"曹参乃曰"的"乃"字，《史记》"率沛子弟"《汉书》作"帅沛子弟"，以及

---

① "张楚"目前最早见于西汉马王堆帛书《五星占》中，相关讨论见刘乃和，《帛书所记"张楚"国号与西汉法家政治》，《文物》1975年第5期，35—37页。
这可能与陈胜让吴广"狐鸣呼曰：'大楚兴，陈胜王'"有关，见《史记》，1950页。

最后一句的"刘季之众"变成了"高祖之众",与第一部分对刘邦的称呼"高祖"保持一致①。最后,《汉书》说刘邦此时"之众"有"数百人",但《史记》作"数十百人"。秘阁本与中华书局《史记》基本相同,不过"欲以沛应涉"一句作"欲以沛应陈涉","今欲背之"作"倍","率沛子弟,恐不听"在"恐"字前重复了一个"子弟",以及"召诸"作"诸召",所有这些改动都没有改变这段文字的基本意思。《汉书》的系年和系月虽然更加具体,但却省略了一些看来有问题的细节:比如与陈涉一同起义的"等"人,沛令的"恐",以及刘邦追随者的数目(《史记》"数十百人"听起来虽然略显奇怪,但却是标准的表述②)也被简化成"数百人"以与萧何和曹参所说的"可得数百人"相合。虽然这样让《汉书》的记载看起来更可信一些,但也很明显地表明《汉书》文本——就像是对《史记》文本的简化——才是派生性的(要说这里的《史记》是根据《汉书》文本改写而来的,实在是无论如何都说不通的)。

《史记》355—356页:[秦二世二年]吕臣军彭城东,项羽军

---

① 在《史记》高祖反秦之前的生平故事中,刘邦都是被称作"高祖"的。这表明这部分材料是在高祖死后才定型的。而这里他被称为"刘季",《史记》的叙事也从前面的无系年转变成这里有系年的本纪风格。从这里开始,对刘邦的称呼也是随着他所获得的头衔而变化的,从沛公到汉王,到最后的高祖。因此这里用"刘季"这一称呼是更合理的。《汉书》则没有遵循这样的逻辑,只是将所有对刘邦的称呼都简化为"高祖"。不得不再次感慨,有对刘邦如此多变的称呼的《史记》怎么可能是从称呼单一的《汉书》派生而来的呢?

② 《索隐》解释说"数十百人"在《史记》中是非常常见的用例(349页),出现过8次,尤其是在汉初人物的传记中。例如,在描述项籍起义之初的杀敌人数(297页),以及最后被刘邦军队围困时项羽杀敌数目(335页),都用的是"数十百人"。

彭城西，沛公军砀。章邯已破项梁军，则以为楚地兵不足忧，乃渡河，北击赵，大破之。当是之时，赵歇为王，秦将王离围之巨鹿城，此所谓河北之军也。秦二世三年，楚怀王见项梁军破，恐，徙盱台都彭城，并吕臣、项羽军自将之。以沛公为砀郡长，封为武安侯，将砀郡兵。封项羽为长安侯，号为鲁公。吕臣为司徒，其父吕青为令尹。

《汉书》15—16页：[秦二世二年九月]吕臣军彭城东，项羽军彭城西，沛公军砀。魏咎弟豹自立为魏王。后九月，怀王并吕臣、项羽军自将之。以沛公为砀郡长，封武安侯，将砀郡兵。以羽为鲁公，封长安侯，吕臣为司徒，其父吕青为令尹。

章邯已破项梁，以为楚地兵不足忧，乃渡河北击赵王歇，大破之。歇保巨鹿城，秦将王离围之。

这里的叙事是关于秦将章邯击杀项梁不久后项羽与刘邦的军事行动的。这里第一个差异当然就是《汉书》给出了这些事件开始发生时更为具体的时间考订（九月）。第二个不同是，《汉书》将章邯在项梁死后的行动，放在了吕青为令尹之后。第三，只有《史记》提到了"河北之军"，这个名号在整本《汉书》中都没有出现过。第四，在《汉书》中并不是楚怀王自己决定"徙盱台都彭城"的，而是项羽和刘邦徙怀王迁都至此的；这就是表面上吕臣、项羽和刘邦他们要在彭城附近驻兵的原因。（《汉书》15页载"沛公、项羽方攻陈留，闻梁死，士卒恐，乃与将军吕臣引兵而东，徙怀王自盱台都彭城"。）而且，《史记》载此次迁都在公元前207年，而《汉书》却系于公元前208年。最后，《史记》中并无魏豹立为魏王的事。秘阁本此段与中华书局本《史记》同。此外，《史记》和《汉书》此段其实还有一些差异，但都是语言风格上的差异，并无实质性影响。

《汉纪》（1.8a）将项梁之死系于公元前208年，也在同月记录了魏豹自立为王的事。《史记·秦楚之际月表》（768—769页）除了载魏豹自立为王之事，还有楚怀王封侯的事，前者在九月，后者在后九月。因此并不是说这些文本中的某一个文本比其他文本提供了更多信息，这些平行文段表明《汉书》为所描述的事件提供了更准确的系年和更好的顺序（基于所有能得到的材料）。这与传统上所认为的班固有重新排列《史记》的系年的倾向是一致的，在阅读梁玉绳有关《史记》的平行章节或段落的札记时也能明显感受到这一点。

最后，让我们看一下高祖七年中的一句话。

> 《史记》383页：七年，匈奴攻韩王信马邑，信因与谋反太原。
>
> 《汉书》63页：［六年］秋九月，匈奴围韩王信于马邑，信降匈奴。

秘阁本与中华本《史记》文本相同，水泽利忠也没有指出有任何异文。这两句话最大的差异非常明显，那就是其日期。除了一些次要的差异（如《史记》作"攻"，《汉书》作"围"，《汉书》也在"马邑"前增加了一个方位介词"于"），比较重要的一处差异是《史记》给出了韩王信叛汉的动机，即"因（匈奴围攻而）与（之）谋反太原"。

在展开这次叛变之前，我们先解决年代考订的问题。梁玉绳（232页）指出《史记》这里给出的"七年"以及《汉兴以来诸侯王年表》中给出的"五年"（807页）都是错误的。正确的日期见于韩王信的传记（见下文）以及《汉书》和《汉纪》的高祖纪。但是，哪个才是原始文本，梁玉绳对此依然未置一词。他只是简单地指出班固给出的信息是正确的，而司马迁的是错误的。

韩王信叛变之事亦见于他自己的传记（《韩信列传》，2632—2633页）。此事发生在我们得知高祖认为他将像韩王信这样有军事才能的人封于"天下劲兵处"颍川可能是一个错误之后（韩信在早年被封为韩王，治颍川郡，郡治在阳翟①），《史记》是这样记载这件事的（2632页）：

> 乃诏徙韩王信王太原以北，备御胡，都晋阳。信上书曰："国被边，匈奴数入，晋阳去塞远，请治马邑。"上许之，信乃徙治马邑。秋，匈奴冒顿②大围信，信数使使胡求和解。汉发兵救之，疑信数间使，有二心，使人责让信。信恐诛，因与匈奴约共攻汉，反，以马邑降胡，击太原。

可以看出，在司马迁眼里，韩王信是深知自己所处的危险的。他知道自从高祖登极以来，臧荼、利几、韩信全都叛乱了（见《史记》382—384页），其中一部分原因就在于高祖对之前共事者日益增强的不信任。这种不信任在韩王信要求迁到距匈奴更近的边境小城马邑时就更加明显了，这将使他愈加远离长安和汉朝的权力中心。因此《史记》"因与谋反太原"的"因"字是非常重要的，它提醒了读者韩王

---

① 在今洛阳东南六十公里，河南禹县附近，见谭其骧，《中国历史地图集》，北京：中国地图出版社，第2册，19页。

② 关于此名的发音，以及一些基本的人物传记信息，见吴树平、吕宗力，《全注全译史记》，天津：天津古籍出版社，2571页注。

信的恐惧，以及高祖反复无常的内心，而班固企图在他的文本中弱化这一点。

像这样的比较，就算只是单卷的平行文本之间的，也可以一直对比下去甚至写成一本专著。我们甚至都还没有说到班固所做出的一些较大的改动，例如他在本纪中增加的朝廷诏令（这些在《史记·高祖本纪》中一条都找不到）。不过，这样的研究已经超出了本文的范围。就上面所比较的文本而言（以及另外一些为本卷译文所准备的其他文本），大部分情况下，是不可能将常常是更短、缺乏更多叙事细节的《汉书》看作是原始文本的。《汉书》有时会提供更多的信息，但通常是因为班固要更正《史记》中的错误或遗漏。尽管不可否认的是，我们也很难证明这部分的《史记》为原始文本，但就以上对比的文本而言，能得出的结论大致上是支持这一猜想的。也许，在《史记》的研究中，《史记》与《汉书》的关系将一直是一个开放的问题，就像有关圣经手稿的研究那样。Paul Johnson 最近总结过，"分析这一大堆的证据（圣经手稿、其他文本的引文等）以求找到一个完美的文本，本身就是自欺欺人的行为。到了某个点之后，学术研究往往会产生更多的问题而不是更多的答案"①。不过，我们还是寄希望于以上的对比分析至少能提醒学者在使用这两个文本时要多加注意②。而我们所有人都应该记住 Daniel B. Wallace 的告诫："在历史研究中，人们都想在已有的证据（内部或外部）之上得出一个合理的历史重构。这样的重构难

---

① Paul Johnson, *History of Christianity*, Harmondsworth: Penguin, 1990, p.26.
② 有关《史记》和《汉书》的对比，还可参见吴福助，《史汉关系》，台北：文史哲出版社，1987年；朴宰雨，《〈史记〉〈汉书〉比较研究》，北京：中国文学出版社，1994年；施丁，《马班异同三论》，施丁、陈可青编，《司马迁研究新论》，郑州：河南人民出版社，1982年；以及 *The Grand Srcibe's Record, Vol.1*, "Bibliography," New York: Columbia University Press, 1994, pp.223-224。

免会有可疑之处以及主观因素。不过这样的因素绝不能给予任何人任何权力来用那些仅仅是有可能的来取代合理的。任何想这样做的方法都只是戴着某种先入为主的观念的枷锁在跳舞。"①

---

① Daniel B. Wallace, "The Majority Text Theory: History, Methods and Critique," *The Text of the New Testament in Contemporary Research*, Bart D. Ehrman and Michael W. Holmes eds., Michigan: Eerdmans, 1995, p.315.

《史记》和《汉书》中的汉代史

故谚曰:"书三写,鲁成鱼,帝成虎。"

——《抱朴子》[①]

Rather than have my work published in small volumes and so

go to waste, let me say "to him in answer."

Martial, Epigrams, I. 45

与其将我的作品以小卷形式出版并被人丢弃

我宁愿说:"送给那些想要的人吧。"

——马提亚尔:《隽语》I. 45

早期《史记》文本的编纂与特点

我从事《史记》英译工作已经有二十余年了,不免会思考一些关

---

① 王明(1911—1992)校释,《抱朴子内篇校释》卷一九,"遐览"篇,北京:中华书局,1985年,335页。英文译文见 James R. Ware, *Alchemy, Medicine, Religion in the China of A.D. 320: The Nei P'ien of Ko Hung [Pao-p'u tzu]*, Cambridge, Mass.: The M. I. T. Press, 1966, p.313。而且,就这句话也有不同的版本,《太平御览》5:618.3b 作"书三写,以鲁为胃,以帝成虎",台北:商务印书馆,1968年。就连四库全书本《抱朴子》(4.41a)也有异文作"虚成虎"。

于《史记》是如何编撰的问题[1]。我过去曾经讲过《史记》文本及其与《汉书》平行文本之间的关系，下面我将讨论的，正是基于对这些问题的思考。这些看法，一部分是源于我自己的想象和个人经验。应该说，从更广的范围来看，这些想法也是从大量的《史记》及《汉书》平行文本的比较经历中得来的，很多时候我是与中西方研究者一同对读的。我相信，我已经从这些平行文本中看到了足够多的问题，最重要的就是，这两部伟大历史著作的产生和流变是如此的复杂而又相互影响，要妄下孰先孰后的论断，是非常危险的。尽管如此，我还是会以我在此译本中翻译的三卷为基础，对《史记》和《汉书》的文本进行比较，看看可能的情况会是怎样的。有兴趣的读者，请耐心地看下去。

　　这样的文本比较，最早在公元前1世纪末《汉书》刚完成时就已经开始了。在这两部书的流变过程中，口述和书写两种流传方式都起到了不同的作用。这种二重性，在刘向解释"校雠"时即已显现："雠校者一人持本，一人读析，若怨家相对，故曰雠。"（《别录》，引自《太平御览》5:618.3a，2906页，台北：台湾商务印书馆，1968年）

　　在深入分析《史记》和《汉书》的交互变迁之前，让我们先从一切的源头，即《史记》的编撰开始说起。除了班固《汉书》对司马迁生平的记载和研究，我们实际上对《史记》编撰的过程知之甚少。司马迁的父亲司马谈有否留下部分的文本或书卷？他似乎的确留下了一些（如《史记》卷九七所载）。但他究竟多大程度上参与了《史记》

①在此我要特别感谢叶翰（Hans van Ess）、吕宗力和陈致（吕和陈既是我的学生，也是我的老师），他们都认真阅读了这篇文章的草稿，并提出了很多有用的建议。当然，他们并不对本文的观点或错误负责。

的编写，我们最多也只能作一些猜测①。公元前110年，司马谈离世，司马迁继承他父亲的遗愿来完成《史记》，他最有可能是在公元前104年至前98年这段时间着手编写的（《史记》卷一三〇，3300页）。几乎所有的记载都假定他是独自完成的。我之前写过一篇文章②，认为司马迁很有可能召集了一些助手来帮他，尤其是编撰那些以早期史料为基础的部分（本纪和世家）③。的确，我们是应该重新认真地思考一下，当我们讨论像《史记》这样的文本的作者时，究竟指的是什么？

司马迁有没有完成《史记》？大部分读者看完他的《太史公自序》后都会得出肯定的答案。但《史记》里有一些篇章的组织结构非

①见 "The Question of the Authorship and Ssu-ma T'an"，载于我们的译本 *Grand Scribe's Records* 第5卷，xviii–xix 页。2006年该卷出版以来，我又阅读了 Dorothee Schaab-Hanke 的教职论文集 *Die Macht des Schreibers (shi 史): Geschichtsschreibung und Exegese im Shiji*（史的权力：《史记》中的历史书写与阐释），汉堡大学，2004年。Dorothee 有几篇文章都讨论了《史记》多作者的问题。又见其 "Crisis and Reform of the Calendar as Reflected in *Shiji* 26,"（*OE*, 45[2005/06]:35–47），她认为司马谈可能是《史记》卷二六的作者。

② "A Note on a Textual Problem in the *Shih chi* and Some Speculations Concerning the Compilation of the Hereditary Houses," *T'uong Pao* 89 (2003): 39–58.

③如淳（《史记·集解》12.461）曾引桓谭《新论》的一句话（今本已佚）曰："太史公位在丞相上，天下郡国计书先上太史公，副上丞相。"他还说"桓谭《新论》以为太史公造书，书成示东方朔，朔为平定，因署其下。太史公者，皆朔所加之者也"，似乎东方朔在《史记》的编纂上也扮演了一定的角色。尽管如淳所说有诸多疑点，但这种认识在东汉当有一定的流传度。吕宗力曾私下向我指出（2007年10月17日），"太史公位在丞相上"一句作何解，历来就颇多争议，其中一种认为这里的"位"当理解为本义，即座席，而不是职位。司马迁作为太史令，在召开朝廷会议时，可能会被安排坐到与皇帝相近的位置上，因为作为"皇帝"仆员，他在开会时需要作会议记录。因此所有的郡国计书在呈献丞相前，都会给太史公多抄一份副本，太史公于是替皇帝收集整理这些报告，并存放在皇室档案室里。

常松散（包括一些先秦的部分），这可能说明，太史公并没有足够的时间去润色它们①。不过，他又说他已经完成了《史记》的编撰，并且留下了两个副本，一个"藏之名山"，而另一个则"副在京师"②。那么这些副本是书于竹帛，还是书于木牍呢？也许是木或竹做的简③。那他们又是用什么书体抄写的呢？如果两个副本都是司马迁自己誊抄的，他可能使用的是隶书，这是西汉官方档案的常用字体④。不过，由于他要抄写100余万字之多（每个副本50多万字），他是否会使用裘锡圭所说的"草书"呢⑤？这些副本的原本又是怎么制作的？对文本

---

① 《史记》未完成的例子，如卷九六（见倪豪士，"Tales of the Chancellor[s]: The Grand Scribe's Unfinished Business," *CLEAR*, 25[2003]:99–117）；卷一一九（见倪豪士 "A Reexamination of the The Biographies of the Reasonable Officials' in the *Records of the Grand Historian*," *EC*, 16 [1991]:209–233），又如卷九五和卷九八。其他前人认为《史记》是未完成之作的，参见杨海峥，《汉唐〈史记〉研究论稿》，济南：齐鲁书社，2003年，9页。

② 学者对这两个抄本的最终储藏之地有过很多的猜想。华兹生认为"名山"应该是喻指皇家档案室，这是值得怀疑的（*Ssu-ma Ch'ien, Grand Hitorian of China*, New York: Columbia University Press, 1958, p.214，注93），因为已经另有"副在京师"，这个副本才应该是在档案室中（《汉书》62.2724）。颜师古没有指出"名山"的所在，但他说"藏于山者，备亡失也。其副贰本乃留京师也"。陈直认为名山指的是司马迁的故乡韩城（《汉晋人对〈史记〉的传播及其评价》，收录在《司马迁与〈史记〉论集》，西安：陕西人民出版社，1982年，215—242页）。陈直的理解似乎与《史记》后来的流传史相合，即司马迁的外孙杨恽将这个"藏于名山"的本子公诸于世（详见下文）。

③ 魏明帝曾向王肃询问司马迁和汉武帝之间的关系，王肃将二者矛盾的责任归于汉武帝，他是这么解释的，在司马迁作《史记》时，武帝"取孝景及己本纪览之，于是大怒，削而投之"（《三国志·魏书》，13.418）。这段记载支持了《史记》是书于竹木简上的观点。

④ 亦称"佐书"或"史书"，见裘锡圭《文字学概要》，Gilbert L. Mattos（马几道）和 Jerry Norman（罗杰瑞）已将此书译成英语版 *Chinese Writing*，并由加利福尼亚大学古代中国研究会与东亚研究院出版，2000年，125页。

⑤ 裘锡圭，《文字学概要》（英译本），133页。

的流传有怎样的影响？就算这些文本书于布帛，誊抄的任务也会非常繁重。司马迁是否会让一个抄手（他的助手之一）来帮他抄写副本呢①？流传至今的又是哪个副本呢？

除了这些与编撰相关的问题，《史记》的早期流传史也是迷雾缭绕且充满争议的。班固告诉我们的是，司马迁的外孙杨恽（活跃于公元前65—前55年）②是第一个将《史记》推广给汉代读者的，"迁既死后，其书稍出。宣帝时，迁外孙平通侯杨恽祖述其书，遂宣布焉"（《汉书》卷六二，2737页）。我在读这句话的时候，有两个疑惑的地方。一是"稍出"的含义为何？华兹生将其翻译为"came gradually to light 逐渐出现"③，这在字面上是没错的。但是，一部"书"逐渐出现，对于汉人来说究竟是什么意思？这也许是说，杨恽先拿出一部分的卷章，而不是整部书，给那些感兴趣的人④。杨海峥正是这么认为的（见《汉唐〈史记〉研究论稿》）⑤。如果这种假设是真的，显然，《史记》在汉代应该是以"卷"为单位流传的，甚至在之后的一段时间也是如此。就算是抄在帛上，《史记》文本的体量还是太大，而将其割

---

①可参见下文引6世纪袁峻抄写——而非编纂——《史记》的速度。

②杨恽事迹参见 Michael Loewe, *A Biographical Dictionary of the Qin, Former Han and Xin Periods*, Leiden: Brill Academic Pub, 2000, pp.640–641.

③华兹生的翻译如下："After Ch'ien died, his book came gradually to light. In the time of Emperor Hsüan［73–48 B.C.］, Ch'ien's grandson by his daughter, the Marquis of P'ing-t'ung, Yang Yün, worked to transmit and make known his work, so that finally it circulated widely." 见华兹生译本，67页。

④《后汉书·窦融传》（23.803）称窦融曾受赐"太史公五宗、外戚世家、魏其侯列传"三卷，这也可以作为《史记》被拆分流传的证据。

⑤济南：齐鲁书社，2003年，6页。杨氏进一步猜测，这种以篇为单位流传的方式，是导致《史记》在早期流传中有数卷遗失的原因之一。

裂为较小部分的想法就非常符合逻辑①。第二个让人疑惑的词是"祖述"。华兹生的翻译为"worked to transmit and make known his work（开始传播司马迁的书并使其知名）"；但他的译文似乎完全忽略了"祖"这个字（除非他认为"祖"的意思是"着手，开始"），而且他还把"述"的意思扩展为"传播并使知名"。"祖"可以理解为"作为祖先而尊重他"，而"述"包含"传播""解释"和"记录"三种意思。现代学者张烈在他的《汉书》白话文翻译中是如此处理的："司马迁死后，他的书逐渐传开来，到宣帝时，司马迁的外孙平通侯杨恽宗奉他的著作，于是得以问世。"②张烈翻译的问题在于，"述"并不是表示"问世"。因此，我认为这句话应该理解为"司马迁死后，他的著作逐渐出现，到了宣帝时期，司马迁的外孙平通侯杨恽，开始恭敬地传授他祖父的书，最后得以公布"。此处"述"的意思（与"述而不作"一样）可能暗示杨恽也抄了一个副本献给宣帝。无论如何，他是在模仿《中庸》所载的孔子"祖述尧舜"③（按理雅各的翻译为：孔子传授尧舜的教训）。"述"也可以理解为"解释"，这样的话，杨恽就可能是"向宣帝解读这部书"，以期缓和那些被看作是司马迁批评汉朝廷的观点，尤其是《武帝本纪》和《景帝本纪》。又或者说，杨恽

---

① 更多的证据，如前注窦融受光武帝赐三卷《史记》篇章，又如汉明帝因王景"修浚仪，功业有成"而赐其《河渠书》（《后汉书》76.2465）。从王景的例子看，似乎不同领域的学者——如治理河道、礼仪、天文等——会得到与他们专业相关的《史记》篇章。

② 李华清的译文为："司马迁的外孙平通侯杨恽开始陈述那部书，于是这部书公开了"，见《汉书全译》，贵阳：贵州人民出版社，1995年，2844页。

③ 朱熹在其《四书集注》（《四部备要》21b）中说："祖述者远宗其道。"

是想证明司马迁想推行的政策正是宣帝在执行的[1]。杨恽拥有《史记》的副本，也为陈直将"藏之名山"理解为藏于司马迁的家中提供了佐证[2]。

不论是何种情况，在杨恽"祖述其书（《太史公书》）"的一个世纪后[3]，班固指出尽管这个文本已经广泛流传了，却有"十篇缺"（《汉书》卷六二，2724页）。班氏家族可能是有全本的。吕宗力（据陈直《汉晋人对〈史记〉的传播及其评价》，见前文194页注③）已经证明，《史记》在东汉和晋朝一直有流传，班彪自己还续了《史记》。到徐广的时代（公元352—424年），已经有多种抄本在流传[4]。它们是由谁抄写的？他们抄的是《太史公自序》说的两个副本中的哪个[5]？虽然徐广常常提到"一本"，但他实际用来校对的至少有三个版本，如他在

①有关杨恽是如何接近宣帝的，见 Michael Loewe, *A Biographical Dictionary of the Qin, Former Han and Xin Periods*, pp.640–641；宣帝的治国政策，见同书 261页。

②陈直，《汉晋人对〈史记〉的传播及其评价》，《司马迁与〈史记〉论集》，太原：山西人民出版社，1982年，215—242页。

③陈直指出，《史记》这一标题最早是在公元172年才开始用于这个文本的（《汉晋人对〈史记〉的传播及其评价》，222页）。

④有关徐广的事迹，可参见 Scott W. Galer, "Sounds and Meanings: Early Chinese Historical Exegesis and Xu Guang's *Shiji yinyi*," 威斯康星大学麦迪逊分校博士论文，2003年。

⑤陈直已经指出（《汉晋人对〈史记〉的传播及其评价》，217页），《盐铁论》中所引《货殖列传》的段落，是桓宽在宣帝时期（前73—前49年）所引，与传世本的对应文句的差异很大（译者按，这里需要说明的是，《盐铁论》此处所引乃桑弘羊在昭帝始元六年盐铁会议上引《史记》，而桓宽是在宣帝时作的会议记录，所以作者这里说是宣帝时期）。鲁惟一（*Early Chinese Texts*，477—478页）也强调我们应该关注《盐铁论》的流传史。有很多种理由可以解释《盐铁论》和《货殖列传》之间的差异，而其中一种是，今本《史记》源自由杨恽逐渐公布的"藏于名山"的副本，而《盐铁论》则是依据藏于皇家档案室的副本（这也是陈直的观点，《汉晋人对〈史记〉的传播及其评价》，219页）。

《史记》卷一二三3164页"其东南有身毒国"句下所注曰:"身,或作'乾',又作'讫'。"

而且,如果所有版本都缺"十篇",正如我们前面假设过的,就很有可能出现这样的情况,即很多学者手里只有一部分的抄本,有一些甚至只有更少的节本在手[1]。实际上,由于《史记》也以口述的方式传播(见下文),所以这种情况不是不可能的,当时的学者可能只专注于某些卷目或者主题。这与王安国(Jeffrey Riegel)关于《诗经》传播的想法是相似的,即很多学者只知道一部分的《诗经》(Jeffrey Riegel, "Eros, Introversion, and the Beginnings of *Shijing* Commentary," *HJAS*, 57〔1997〕: 145, 注8),他说:"也许,在汉初的时候,没有一个学者知道全部的古代诗歌。一直到2世纪中期,全本的《诗经》才最终出现。"《晋书》(卷一〇一,2645页)记载刘渊(卒于310年)"习《毛诗》……略皆诵之",但对《史记》《汉书》和诸子,则只是"综览"。也就是说,如果他背诵了《史记》和《汉书》,也只能是背诵一部分[2]。同样是在《晋书》(卷四三,1232页),张华(232—300年)被称为"善说《史》《汉》"。我猜想,这里也只是说张华能说部分的《史》《汉》。就算不考虑传播的方式,到了张辅的时代(活跃于公元300年)[3],《史记》文本也已经被称为"五十万言"了[4]。

当然,以上分析的文本,还有着多种不同解读的可能。但它们提醒了《史记》读者一个问题,即《史记》的早期传播是非常复杂的。

---

① 译者按,原文作"truncated version",即被截短的版本,与残本的概念相似,但据下文,又似乎是指节本,即人为删略而非物理残缺。

② 这也在某种程度上解释了为什么日本现藏的唐朝甚至是六朝时期的抄本都只有某卷的残片(如石山寺藏的《史记》卷九六《张丞相列传》残卷)。

③《晋书》,60.1639;见吕宗力,"Problems," pp.57–58。

④ 今本据称有六十万言(陈直,《汉晋人对〈史记〉的传播及其评价》,221页)。

由于本文最后要对《史记》和《汉书》文本作对比研究，现在先让我们简单地勾勒一下《汉书》的流变史吧。

《汉书》文本的历史①

最近重读《史记》卷一二三（亦见下文）的时候，我发现《集解》中引徐广的注（3170页，第七行后）非常有意思，关注《史记》与《汉书》关系的人肯定会感兴趣。徐广出注的地方，《史记》原文作"及汉使乌孙，若出其南"，徐广说《汉书》作"及汉使乌孙，及出其南"，他认为"若意亦及也"。但今本《汉书》实际作"乃出其南"②。据此，我们可以得出结论：1.徐广至少有一个《汉书》版本；2.这个版本与传世本不同；3.他为《史记》作注时非常关注《汉书》的平行文本。

现代学者多使用中华书局本《汉书》，也就是传世本，据称是由陈直（1901—1980）和西北大学的学术团队负责，以王先谦的《汉书补注》（1900年初次刊印，见《汉书》，出版说明，9页）为底本校对而成的。中华书局本的序言应该是陈直写的，他引用了刘知几（661—721）的一个判断③，即在班氏家族之前，刘向、刘歆、冯商、卫衡和扬雄都曾续《史记》④。由于不满意这些续作，班彪作了《后传》

① 亦见 Andrew Eugene Clark, "Historian of the Orchid Terrace: Partisan Polemics in Ban Gu's *Hanshu*," 俄勒冈州立大学博士论文，2005年，210—281页，附录D，"Textual History of the *Hanshu*"。

② 华兹生的译文为："By this time the Han had already sent envoys to the Wusun, as well as the Dayuan, the Great Yuehzhi, and the other states to the south..." (*Han*, 2:240)

③ 刘知几，《史通》，338页。

④ 《汉书》，出版说明，1页。除了冯商和卫衡，其他人都非常著名，此二人可见鲁惟一，*Dictionary*，100—101页，575页。

六十五篇，所谓"后"即指太初年（前104—前101）之后，这些传主也主要生活在这个时期之后[①]。班彪死后，这部分续传就成了班固《汉书》的基础之一。由于被判为"私作国史"[②]，班固在公元62年被监禁，他的草稿也被没收了。其弟班超为班固求情，说他只是纯粹出于学者的本性而作史[③]，于是班固被释放。汉明帝亲自看了他的草稿，"甚奇之"，于是任命班固为兰台令史，负责"典校秘书"。班固完成《世祖本纪》和其他一些忠臣传记后，得到明帝称赏，于是明帝迁班固为郎，并"复使终成前所著书"。这一写，就是二十多年。

从公元90年左右开始，班固在窦宪麾下担任一些军事职务。窦宪时为将军，是汉章帝（76—88年在位）窦皇后的兄长。公元88年，汉章帝薨，窦太后让窦宪摄政，而新帝汉和帝（89—105年在位）尚为幼孩，窦太后很快就意识到窦宪会威胁到和帝的统治[④]。于是窦宪被派出征匈奴，虽然他大胜凯旋，后又遭遇一些失利[⑤]，这给了汉和帝

---

① 如果班彪有续后传，那么那些同样出现在《史记》的人物传记也有可能出自班固之手。

② 东汉初已经出现了不少历史书写，其目的是帮助某个候选人登上帝位。汉明帝（约公元58—75年在位）会关注到班固的书写，很明显是受到这股潜在的历史书写风气的影响。

③ 译者按，《后汉书·班固传》中仅言"具言固所著述意"，并未说明是出于什么意图。

④ 有关和帝12岁行冠礼和窦宪摄政之事，见Hans van Ess, "The Old / New Test Controversy: Has the Twentieth Century Got it Wrong?" *T'oung Pao* 80 (1994): 164–166。

⑤ 由于窦宪败于匈奴之手而导致班固之死，这不无讽刺地让人想起，司马迁的命运也是因一次相似的军事挫败而被改变的。译者按，据《后汉书·窦宪传》，窦宪并非因为败于匈奴而遭算计，而是因为大胜致使权力过大，后被郑众设计所害。原文下引《后汉书》卷四〇，1385—1386页以概括本段内容，该卷为《班固传》，其中言"及窦宪败，固先坐免官"，大概是作者误解了此处的"窦宪败"，此处应指窦宪被夺权，而不是窦宪败于匈奴。

一个机会，于是他和郑众密谋，指控窦宪谋反（《后汉书》卷四〇，1385—1386页[1]）。因班固也曾出征匈奴，并属窦宪麾下，于是也受到了牵连，最后死于牢狱，很显然，和帝对此并不知情。

班固死后，《汉书》尚有"八表"和"天文志"未完成。和帝诏班固妹妹班昭（49—约120）利用皇家图书馆的资料来完成诸表，又命马续辅助她完成《天文志》。

范晔在《班昭传》中指出，最初的《汉书》版本在阅读上存在一定困难：

> 时[2]《汉书》始出，多未能通者，同郡马融伏于阁下，从昭受读，后又诏融兄续继昭成之。

"读"应当指大声朗诵文本（如刘向解释校雠时一样）。早期人们传授《汉书》时存在的困难，可能包括古文字的发音、断句（因为这也是大声朗诵的目的之一），或者二者兼之。在《三国志·吴主五子传》中，也有一个关于孙登的故事，与此处班昭授读的情况类似：

> 权欲登读《汉书》，习知近代之事，以张昭有师法，重烦劳之，乃令休从昭读，还以授登。[3]

---

[1] 译者按，当为卷二三《窦宪传》，819—820页。

[2] 本段之前数句说的是，邓太后（邓绥，81—121）"临朝"，其丈夫和帝死后，邓太后就掌握了政权，自105年始，殇帝朝（106年在位）和安帝朝（107—125年在位）早期都由邓太后摄政。而之后的一句，则是以"永初中"（107—113）开始的。

[3] 孙权是吴国的建立者，孙登是其长子。张昭最广为人知的可能是他作为《左传》专家的身份；张休是张昭的幼子，见《三国志》52.1219—1225。

这两处记载暗示了《汉书》的传授至少部分是依靠口述的。下引《隋书·经籍志》的记载似乎也支持我的这个猜想：

> 自是世有著述，皆拟班、马，以为正史，作者尤广。一代之史，至数十家。唯《史记》《汉书》，师法相传，并有解释。《三国志》及范晔《后汉》，虽有音注，既近世之作，并读之可知。梁时，明《汉书》有刘显、韦稜，陈时有姚察，隋代有包恺、萧该，并为名家①。《史记》传者甚微。②

也就是说，《汉书》的学习方法，可能是由老师大声朗诵（或者背诵）文本或者注解来传授给学生的，在这个过程中，要讨论的文本会被抄写下来作为参阅，同时它也就成了学生自己的抄本③。也有一些学者对西方早期书籍生产的过程进行推测，与我们这里讨论的略有不同：

> 在古代世界……通常一个作者写一本书，他/她可能有一群朋友阅读它，或者是听别人大声朗读出来。这有助于编辑书籍的部分内容。当作者完成整本书之后，他/她会为一些朋友或者熟人制作副本。这个行为就叫做"出版"，也就是从这时起，书不

---

① 虽然这些书都见录于《隋书·经籍志》，但今均遗佚。
② 此段译文参见兴膳宏与川合康三的译注，《隋书经籍志详考》，东京：汲古书院，1995年，271页。
③ 正如叶翰指出的（私下交流，2007年10月30日），在中古中国，一位老师的地位当与其所拥有的文本数量有着莫大的关系。

再只受作者控制，同时受制于他人。①

　　至少在某些"师法"的案例中，中国的情况与西方书籍生产存在相似的地方。叶翰曾举过一个《后汉书》的例子，即延笃（卒于167年）从他的师父那儿借来《左传》，十天后他就能背诵了②。因此，老师可以通过他的学生来制作更多的抄本，而每两个抄本之间又必然地存在异文。这可以部分地解释为什么在《南史》里（卷五〇，1251页）③，六朝后期流通着众多的"古本"和"今本"《汉书》（当然，其他的解释也是可能的）。

　　到了唐代，《汉书》的流传肯定已经变成以书面形式为主。颜师古（581—645）的《汉书注》集合了二十三家隋代以前的注释。颜师古的注本不单成了阅读理解《汉书》的基础读本，而且也是中华书局本收录的唯一注本。第二个重要的注本是王先谦在19世纪后期编的《汉书补注》，也是聚集了诸多早期注家的集大成之作（将近七十家注）。如前所述，《补注》本是中华书局本的底本，中华书局的编辑者指出（见《汉书》，出版说明，10页），他们还参校了百衲本、汲古阁本、武英殿本和金陵书局本。尽管这看似是集众本之长，但很多最终的文本校定都是以《补注》本的考证为基础的。而且，他们也没有用到仁寿本（台北：成文出版社，1955年）和《汉书评林》（东京：汲古书院，1973年重印），这两个版本中华书局的编辑可能无从

---

① Bart D. Ehrman, *Misquoting Jesus, The Story Behind Who Changed the Bible and Why*, New York: Harper, 2005, p.46.

②《后汉书》64.2103. 又见 Hans van Ess, *Politik und Gelehrsamkeit in der Zeit der Han*, Wiesbaden: Harrassowitz, 1993, pp.31-32.

③ 参见 Anthony Clark 有关《南史》的精彩讨论，"Orchid Terrace," pp.225-233.

得到。因此在比较《史记》和《汉书》的平行文段时，这些版本就值得我们特别的注意。

《大宛列传》

我们近来在对比《史记》和《汉书》的平行文段时，发现了有关文字标准化的问题[1]，这个问题最早由吴德明（Yves Hervouet）和何四维（A. F. P. Hulsewé）提出[2]。何四维将这些异文归类为"*lectio difficilior/ lectio facilior*"[3]，并举《史记》作"岑娶"，而《汉书》作"岑陬"的例子加以说明。柯马丁认为，如果文本中某些文字原本只构成表音元素，但却增加了额外表义符（义旁），则暗示其原文本已

---

[1] 柯马丁（Martin Kern），"The 'Biography of Sima Xiangru' and the Question of the *Fu* in Sima Qian's *Shiji*," *JAOS*, 123(2003):303–316。

[2] 在反复阅读何四维的 "The Problem of the Authenticity of *Shih-chi* Ch.123, The Memoir on Ta Yüan"（*T'oung Pao*, 61［1975］:83–147）后，我得出了与蒲立本（E.G. Pulleyblank）和吕宗力相似的结论。蒲立本认为："概而言之，何四维教授不单未能证明《史记》卷一二三是伪作，反而还提供了更多证明其真实性的证据，尽管他自己并不想承认他的发现的重要性。"（"Review Article: Han China in Central Asia," *International History Review*, 2.2［1981］:285–286）。我在此想说何四维的方法说一点自己的看法。何四维数次提到（95、96和107页），《汉书》或者《汉纪》的版本比《史记》的平行文段更加通顺。这是不是意味着某个抄写《汉书》的人在重塑《史记》遗佚的篇章时，有意将其改写并让文本变得不通顺来引起人们的注意呢？对我而言，更合理的解释是，正如在其他很多文段中一样，班固是将司马迁留给我们的不完美的文本将顺并简化了。尽管已有不少笔墨用来称赞司马迁的风格，但要从中辨析出某种风格来又是非常困难的（例如，世家和本纪中的措辞与列传有着明显的差异，列传的某些语言是非常通俗的）。

[3] 译者按，即"宁取较难阅读法则"，是西方文本校勘法的一种，意思是说，在校勘中，如果存在一个易读的和一个难读的文本，取较难的，因为较顺的读法可能是后来的抄写者根据自己的理解所改，故难读者更可能接近原本。

经被"标准化"了①。也就是说，增加了表义符的文本是"与后来的中国书写传统的正字标准是一致的，而（只有表音文字的文本）则保留了更古老和未被标准化的文字书写"。实际上，从近来出土的文献可以看到，抄手会经常使用同音字，他们预期读者能选择适当的语义范围来进行解读。

从文本标准化的理论出发，我们回头再看一下《史记·大宛列传》及《汉书·张骞列传》中的平行文段②。何四维已经指出，这两个文本存在很多相似的文字（以下引文，先引何四维提供的《史记》文本，然后在括号内说明该句在中华书局本中的位置）：如139页，第79行，e，"乌孙发导译"（《史记》卷一二三，3169页，8—9行［以下简写为：123.3169.8—9;《汉书》亦然]），《汉书》作"乌孙发译道"（61.2692.11），《史记》的"导（導）"字显然是"标准化"的字形。又何四维141页，104行，e，"从骠骑"（《史记》123.3171.11），《汉书》作"从票侯"（61.2695.8）。《史记》这里也是标准化的用字。我们无须引述所有的例子，只需注意一下这两个平行文本之间的异文（与何四维一样采用"史记/汉书"的形式）：枝/支（142页，89行，c），目宿/苜蓿（143页，126行，c）③，鬚/须（143页，128行，e），葆/保（145页，156行，d），源/原（145页，157行，f），崑崙

---

① Martin Kern, "The 'Biography of Sima Xiangru' and the Question of the *Fu* in Sima Qian's *Shiji*," *JAOS*, 123(2003):310。柯马丁也指出，吴德明曾说从《司马相如列传》的"绝大多数文例中"可以看出，《史记》是被标准化过的。

② 在蒲立本、Enoki 和吕宗力对何四维的批评中，他们都没有关注标准化这个问题。

③ 有意思的是，《汉书》中与"苜蓿"相关的文段，被《太平御览》（7:996.3a ［p.4540]）引用了，但却与《史记》一样作"目宿"。必须承认，类书的引文错误是非常常见的，但此处的引文还是能指示出古代中国文本流传的一些问题。

/昆侖（147页，88行，h）。这不是《史记》文本标准化的全部例子，但却足以说明《史记·大宛列传》的大部分文字已经被标准化了。但是，也有一些例子，能表明《史记》保留了"更古老和未被标准化"的文字。例如，何四维138页，64行，c，引"单于复以其父民予昆莫"（《史记》123.3168.3），而《汉书》作"[单于]以其父民众与昆莫"。《汉书》用"与"取代"予"，似乎就属于标准化用字。同页，69行，a，引《史记》（123.3168.9）作"巨萬"，《汉书》作"鉅萬"。又141页，98、99行，d，《史记》均作"毋"，而《汉书》作"無"。142页，119行，《史记》作"示"，而《汉书》作"視"。最后，145页，150行，e，引《史记》作"它"，而《汉书》作"駝"。如此多的《史记》文字，在今本《汉书》中被标准化，又该如何解释呢？

一种可能的结论就是，我们对于一般抄书的实际情况，又或者说是对于与这两部历史巨著的文本流传相关的抄书情况知之甚少，以至于我们无法仅仅依靠这些"标准化"现象来得出有关其真伪的结论。张玉春曾研究过在敦煌发现的三个《史记》残片，他认为，很多唐写本上的"流行字"可能是源自唐代的抄手，而不是来源于原始的文本（见《敦煌莫高窟藏〈史记〉唐写本》，《敦煌研究》，68[2001.2]:113页）。至少有一些《史记》写本是仓促写成的，正如梁朝学者袁峻的这个例子所说明的一样：

> 袁峻……家贫无书，每从人假借，必皆抄写，自课日五十纸，纸数不登，则不休息……天监六年……抄《史记》、《汉书》各为二十卷。（《梁书》卷四九，655—659页）

现代学者易平和易宁也证明了早期《史记》文本及其注释存在不

稳定性，在他们的研究里，他们分析了原来"标字列注"的集解形式是如何在六朝时被嵌入《史记》正文中的①。

如前所述，我们已经看到，《史记》的文本流传是一个复杂、不完整和充满潜在问题的过程，在对比《史记》和《汉书》时，我们不应该忘记对于《汉书》来说存在着同样的问题。我们现在就来对比一下二者的差异②。

> 《汉书》32.1833：有厮养卒谢其舍曰："吾为二公说燕，与赵王载归。"舍中人皆笑曰……
>
> 苏林曰："舍谓舍宿主人也。"（1834页，注3）③。
>
> 《史记》89.2576：有厮养卒谢其舍中曰："吾为公说燕，与赵王载归。"舍中皆笑曰……

颜师古以"谢其舍"为是，但流通于8世纪的一些《汉书》流俗本有作"谢其舍人"的，如司马贞在《史记索隐》（89.2577，注2）"舍中"下注曰："谓其同舍之人也，《汉书》作'舍人'。"（颜师古认为"舍人"误，作"舍人"是因下文的"舍中人"而妄加"人"字。）

在《汉书·高帝纪》（76页）里，有一段是《史记》所无的，也存在一个相似的例子：

---

① 易平、易宁，《六朝后期〈史记〉版本的一次重大变化——六朝写本〈史记〉"散注入篇"考》，《南昌大学学报（人文社会科学版）》，37.55（2006）：56—62页。

② 尽管我们已尝试将本卷的所有篇章都与《汉书》的平行文本进行对比，但有一些翻译者会比其他译者更强调那些被发现的异文。下面的讨论我将只使用我翻译文本的异文作为例子，即卷九六、八九和九五。

③ 译者按，苏林此处为前"谢其舍"出注。

长沙王臣等言:"沛侯濞重厚,请立为吴王。"①

颜师古注曰:"臣者,长沙王之名,吴芮之子也。今书本或臣下有芮字者,流俗妄加也。"

由于颜师古的注,现在绝大部分的《汉书》传本都删去了"芮"字(如殿本、百衲本和补注本)。但在流传到颜师古的《汉书》诸本中,这样的问题并非罕见。

如《汉书》卷五七上2535.5—6,我们发现了颜师古更正其他《汉书》版本讹误的另一个例子:

其东则有蕙圃,衡兰芷若,穹穷昌蒲,江离麋芜,诸柘巴且。②

颜师古曰:"今流俗本'芷若'下有'射干'字,妄增之也。"

此段在《史记》(117.3004.4—5)中正是作"芷若射干","射干"是一种药物,传统上用于炼金术,现代人则用于清热解毒和缓解喉咙炎症等问题(见谢竹藩,《新编汉英中医药分类词典》,北京:外文出版社,2002年,318页)。如果颜师古的观点是正确的,那么就很可能是某个抄手将《史记》的文本抄到了自己的《汉书》文本中。

最后一例的颜师古注,与刘邦为沛公时的故事有关。刘邦押解犯人到骊山,途中停下休息并饮酒,他突然决定要释放犯人,一部分

---

① 见 Homer H. Dubs(德效骞),*The History of the Former Han Dynasty*, Baltimore: Waverly, 1938—55, 1:139。

② 英译本采用的是 David R. Knechtges 的 *Wen Xuan*(普林斯顿大学出版社,1987,2:57—59页)。尽管 David 翻译的是《文选》,除了最后一个字作"苴"而不是"且"之外,其余文字都是相同的。

人选择留下跟随沛公，刘邦还斩了一条拦路的白蛇。之后，众人发现有一老妪在路中哭，说被斩杀的白蛇是自己的儿子，白帝子。《汉书》（1A.7）记载了刘邦一个随从的反应："人乃以妪为不诚，欲苦之，妪因忽不见。"颜师古在此注曰："今书苦字或作笞。笞，击也，音丑之反。"中华本《史记》（8.383）作"欲告之"。泷川资言（8.13）与中华本同①。百衲本（8.6a）、殿本（8.6a）和评林本（8.4a），以及其他一些版本（见水泽利忠《史记会注考证校补》，第8卷，18页），均作"笞"，与颜师古说的"或"本相同。《论衡》（1:1265页）也有一段相似的记载，其曰："人以妪妖言，欲笞之。"徐广在《史记》下又注曰"一作苦"（引百衲本集解）。金陵书局本（1.5a），即中华书局本的底本，作"告"。《太平御览》引《史记》此段文字作"苦"，但《太平御览》此处可能实际上是引了《汉书》（见王叔岷《史记斠证》96.2787—8，他指出《太平御览》常常引《汉书》，但却书于《史记》之名下）②。

《史记·张丞相列传》与《汉书·张周赵任申屠传》

这两卷之间的异文不多。《汉书》中绝大部分的异文，都可以归

① 泷川资言指出，有三个版本中"妪"后都有"言"字（即秘阁本、枫山本和三条本），见《史记会注考证》，北京：新世界出版社，2009年，卷8，13页。
② 另外一种可能性就是，唐代《汉书》版本与原始文本更为接近，张玉春在其对日藏《史记》唐代抄本的研究中就提出了这种猜想（《日本藏〈史记〉唐写本研究》，《中国典籍与文化》36［2001.1］，60页）。但张玉春的结论与屈直敏的研究是截然相反的，屈的文章《敦煌写本类书〈励忠节抄〉引〈史记〉异文考证》（他在该抄本中还辑出了很多《汉书》和《史记》其他卷的相似文段，《敦煌学辑刊》46，2004年，1—6页）中有很多异文例子能够说明，《史记》和《汉书》的文本已经被抄手的错误所破坏了，其本来的面貌也许可以根据这里的引文来重新思考。

为五种类型，它们同样见于其他卷目：

1.《史记》在出现一个人的姓名后，偶尔还会重复使用"姓+名"的形式，而《汉书》一般都改作只有"名"的形式。

2.《汉书》在卷标题和每卷开始时都避免使用官名；这个原则在现在要比较的这两个文本中使用更多，因为《史记》本卷将重点放在了"丞相"，而《汉书》不是（因此《汉书》将《史记》列传中很多处"丞相"都换成了人名）。

3.《汉书》喜欢用两个字称帝，如文帝或孝文，而《史记》则喜欢用三个字，如孝文帝。

4.如果《史记》中的日期有疑点且无证据证明，《汉书》则会删除。

5.《汉书》更趋向于简洁的书写风格[①]。

尽管这两篇文本经常会出现这些差异，但我们只举一两个例子说明，留下更多空间来讨论那些更重要的问题。总体而言，《汉书》本卷的文本要比《史记》的平行文本短10%—15%。这两篇的总长度（不包括褚少孙在《史记》卷九六后补充的部分）基本是相同的，但是，这是算上了《汉书》在这些传主后增加的关于他们子嗣的内容，而这些不见于《史记》。

第一个差异，当然就是标题。《史记》的标题强调的是张苍作为丞相，而且正文也主要关注他为丞相时的行事，此外还有汉初其他丞相的事迹。《汉书》的标题略显意义不明，因为他是以五个人的姓为标题的。

---

① 这似乎是《汉书》编辑者意图压缩《史记》前半部分的结果，即简化前一个世纪的西汉历史，来为后一个世纪的历史和人物留出更多的空间（当然，《史记》也对《左传》作了同样的处理）。

两个文本的开篇也有不同。《史记》曰："张丞相苍者，阳武人也"，而《汉书》则更加简洁，"张苍，阳武人也"。《史记》第二行的"坐法"不见于《汉书》，有可能是因为其下有"当斩"，故"坐法"略显冗余。《史记》第三行"遂从西入武关"的"从"字在《汉书》中也被删除了，或许也是因为语义啰唆。《史记》第四行"汉乃以张苍为常山守"，《汉书》简写为"汉以苍为常山守"，这一方面是因为《汉书》在首次出现人名之后，就不再使用"姓+名"的文例习惯，另一方面则是因为《汉书》不常用"乃"表示"那时"（而这是《史记》的常用文例）。紧接着，《史记》称韩信时作"淮阴侯"，《汉书》则径称"韩信"。又后《史记》书"相赵王敖"，《汉书》则作"相其子敖"（当是遵从上述《汉书》称人的惯例）。《史记》第六行，《汉书》删去了"复徙相代王"多余的"王"字而仅作"复徙相代"，"高祖往击之"不见于《汉书》，"臧荼"在《汉书》也简写为"荼"，《史记》中"以六年中"这四个略显别扭的字也完全被中华本《汉书》所省略。但这个例子有一定的误导性，因为中华本的底本，即王先谦的补注本，明明写有"六年封为北平侯"[1]。中华本《汉书》的编辑应该是根据其他诸本均无"六年"二字，而删去了补注本的"六年"。

《史记》接下来的两段（按中华本《史记》的分段）与《汉书》的差异基本不出上述的五种简写类型（《史记》这两段比《汉书》少十个字）。唯一值得注意的变异是，《汉书补注》本将"高祖起沛"误乙作"高祖沛起"（中华本《汉书》亦如是，42.2094.4）。中华本编辑者在卷末校勘记中说，景祐本和殿本均作"高祖沛起"。但殿本实际

——————————

[1]《史记·高祖功臣侯者年表》载此事在高祖六年。

上是作"高祖起沛",而且他们的这一修正也忽略了钱大昭说的"沛起二字当乙"(《补注》,42.2a)。其他版本,如仁寿本和百衲本亦作"起沛"。《史记》常见"起沛",如卷6页269、卷7页299、卷56页2059、卷93页2637,以及其他一些地方。《史记》似乎没有"沛起"的用法。《汉书》至少出现了六次"起沛",但(除了此处)没有"沛起"。因此编辑者这里的意见,是站不住脚的①。

接下来的两段文本,《汉书》和《史记》(96.2767.7—2677.9)都只有极少的细微差异(几乎都是《汉书》省字)。不过,还是有一些异文值得讨论。《史记》用"是后"来开始这两段文本,这在《史记》是常见用法。《汉书》则以"是岁"开始,这个短语在《史记》里其实比"是后"更为常见。但水泽利忠在这里没有指出存在异文——也就是说《史记》本来应该即作"是后"。早期的《汉书》版本则不是,《汉书评林》(42.2a)和殿本(42.3a)均作"是岁",而仁寿本(42.2b)和百衲本则作"是后"。最让人困惑的是《汉书补注》(42.3a),其作"是后"。这里,中华本的编辑再次依据殿本更改了他们的底本,但这次却连在校勘记中也没有说明。

《史记》的下一处异文是(96.2678.4)的"赵尧进请问曰",中华本《汉书》(42.2906.4)同,但这是改其底本(补注本)"赵尧进请间曰"而来的。中华本《汉书》的编辑也是依据其他诸本做出的改动(我查的版本均作"请问")。王先谦注曰殿本(官本)作"请问",他怀疑他所据底本作"请间"是后人据宋祁的注"'问'疑作'间'"

---

① 译者按,1962年版中华书局本《汉书》作"高祖(沛起)[起沛]",2010年重版即将补注本的"沛起"更正为"起沛",校勘记亦言"景祐本和殿本均作'高祖起沛'"。

误改的①。在考察了数例校订之后，读者是否已经能猜到中华书局本此处是如何校订的？他们最后的结论是"《史记》亦作'请问'"。

同一页的第七行（中华本《史记》）："尧曰：'御史大夫周昌，其人坚忍质直。'"《汉书》作"抗直"。两者都与语境相合。《汉书》"抗直"仅此一例，"质直"则很常见。这是不是某种抄写导致的错误呢（不过，抗和质字形并不相似）②？

《史记》接下来一行书曰："且自吕后、太子及大臣皆素敬惮之"，与两行前的"敬惮"对应。《汉书》诸本均作"严惮"。《史记》诸本亦统一作"敬惮"。但是，泷川资言（96.6）指出，枫山本和三条本作"敬惮者"，他还说"《汉书》合"（虽然他并未指出是哪个版本的《汉书》）。王叔岷（96.2784）指出（实际是施之勉），"《御览》二百二十五引，惮下有者字"，作"皆素敬惮者乃可"。因此，如果这里的引文没有讹误的话，就有点可疑了。尽管这也可能是抄手抄错导致的，但目前没有一个版本是完全可靠的。

接下来一行（《史记》96.2678.9）也有一处异文：《汉书》（42.2096.9）的"棄"（"陛下独奈何中道而弃之于诸侯乎"），《史记》用的是"标准化"后的"弃"。《太平御览》（225.1b）引此句时也是用"标准化"后的"弃"。但是，《史》《汉》在下一行的情况则相反，在"公不得已强行"句，《汉书》用了正字"强"，而《史记》则作"彊"③。考虑到前述两个文本在流传过程中的交互变异，从这两个异文

---

① 鲁惟一（"Some Recent Editions of the *Ch'ien-Han-shu*," *AM* 10［1963］:165）指出，宋祁注《汉书》与景祐本成书的时间大致相同。

② 见 Kai Vogelsang 的相关评论，"Textual Bibliography of Ch'ing Dynasty Books," *Asiatische Studien, Etudes Asiatiques*, 46(2002):664。

③ 同样的"强/彊"之别，还见于《汉书》"赞曰"（42.2103.1）和《史记》"太史公曰"（96.2685.5）中。

中很难得出什么让人信服的结论。

二传的下一段（《史记》96.2679.1—3）基本是一模一样的（除了《汉书》省略了一个姓）。在之后的一段（2679.4—7）就出现了很多异文。这一段描述了高祖死后的事，牵涉到吕后、周昌和赵王，周昌时为赵相，保护赵王免遭吕后毒手。吕后三次诏赵王到长安，但每次都被周昌拒绝了。《史记》作"周昌固为不遣赵王"，而《汉书》（2097.3—5）没有这句话，取而代之的是周昌向吕后说的一段指责吕后想诛杀赵王及其母亲戚夫人的话（尽管这段话更像是周昌说给使者听的，他也不希望逐字复述给吕后）。但无论如何，这句话毫无疑问触怒了吕后。至少对于我来说，这段话应该是《汉书》的编辑者从《史记·吕太后本纪》中挪到此处的，而认为《汉书》是原本，《史记》据《汉书》增之的假设似乎是错误的。

《汉书》在这件事的叙述上还有三处改动（包括那些常规的省略）。第一个是《史记》"昌既征"，《汉书》增加了一个被动词，作"昌既被征"[1]。班固显然是感觉到这句话需要一个被动语态的提示。周昌作为主语，他不能征自己。"既"在这个语境里应该理解为"已经"，但翻译者（吴树平和吕宗力，《全译全注史记》96.2629）把这

---

①在汉代以前，"被"主要用作及物动词，如"被名"，即"接受某种名字"或"称号"（见杨伯峻，《左传译注》，僖公四年，299页）。因此，有些读者就会认为，"被征"可以理解为"接到传呼或者征召"。但"征"在这里肯定是一个动词，所以我这里将"被"理解为一种早期的被动态使用例子（魏伯特指出，"被"作为被动态使用，最早要到六朝时期才出现，但这里的语法结构正与其所说的"'被+动/名'是'被'作为被动的最常见的形式"相合，"Passives in Classical and Han Chinese: Typological Considerations,"威斯康星大学麦迪逊分校博士论文，1996年，277—278页。

句话处理为被动语态①。"既+动词"这种文例似乎是司马迁从《尚书》传习来的。《史记》开始数卷也有很多这样的结构（主要都是以《尚书》为基础史料的）。尽管有时候"既"前置在动词前可以理解为原因（如《史记》2.52："常、卫既从"[常水和卫水也因此随着河道流畅了]），但有时又不是这样。紧跟着"常、卫既从"的"大陆既为"一句的问题更多。"既"在这里不能理解为"已经"；这句话好像是指"大陆被犁耕了"，"既"是被动词（"常水和卫水被改道到合适的河道后，陆地也被开垦了"）。另一个比较有说服力的例子是"帝太甲既立三年"（《史记》3.99）。在这句之前，《史记》告诉我们，是伊尹立太甲的，因此这句的意思应该是"太甲被立三年之后"。除了《尚书》，"既"在先秦的文本中似乎很少有这种用法（如《礼记·投壶》："宾曰：'子有旨酒、嘉肴，某既赐矣，又重以乐，敢辞。'"②）。不管这些猜测是否正确，班固都加了一个明显的被动词，也许说明东汉的被动态用法和西汉是不同的（亦见 Kai Vogelsang, "Textual Bibliography of Ch'ing Dyhasty Books"）。这段的第二个改动是有关赵王是如何被杀的；最后一个是《汉书》用"薨"代替《史记》的"死"来表示周昌的离世。《史记》一般会用"薨"来表示贵族的死亡，但有时也会用"死"来表示不认可这个人物。司马迁这里用"死"的真正含义，我们还是让读者自己决定吧③。

周昌死后，《汉书》接着叙述了周昌的后代，一直到他的子孙意"有罪国除"，他另一个孙子左军在景帝时复封，但他最后也"有罪

---

①华兹生的翻译（*Han*，1:211）为"after she had called Zhou Chang to the capital"，似乎忽略了这句话的语法。

②孙希旦（1736—1784），《礼记集解》，北京：中华书局，1989年，3:56.1385。

③在此要感谢陈致对此处讨论所提出的建议。

国除"。

《史记》接下来的两行（96.2679.6—2680.1），班固在《汉书》的平行文段（42.2097.9—10）里作了相当大的改动来更正事件的系年。司马迁记载任敖替代赵尧为御史大夫时，书曰"后五岁"（前187），而另外一处（《史记》22.1123）的记载则称任敖上任在公元前189年。《汉书》对历史编撰的要求似乎更加严苛，因此也再次说明了《汉书》是班固对自己手上的某个《史记》叙事作的改进。

《汉书·任敖传》（42.2098.1）似乎保留了《史记》的文风，其曰："任敖，沛人，少为狱吏"，而《史记》（96.2680.2）作"任敖者，故沛狱吏"。看起来是《汉书》保留了更为原始的文本①。

在任敖任期的最后，《史记》（96.2680.4）只是简略地说"以平阳侯曹窟为御史大夫"（前184年）②。但《汉书》加上了任敖的卒年（孝文元年薨，公元前179年）和他的谥号（懿侯），以及他子孙传承的情况（班固，或者说是《汉书》的另外一个作者，似乎能接触到某类材料，所以他常常能增加这类信息）。

《史记》和《汉书》在任敖叙事中③最大的不同在于"不"这个连接词。尽管中华本《史记》已经删去了这个字（96.2680.5），但"不"却经常出现在早期的重要版本中。这里有问题的句子是"与大臣共诛吕禄等"，《史记》原本的叙事是作"不与大臣共诛吕禄等"的。显然，这里没有"不"字的《汉书》版本是正确的（曹窟是如何参与这次变乱的，参见《史记》9.409）。

---

① 译者按，《史记》一般会写人物的籍贯。
② 《史记》22.1124记载为公元前186年，《史记》9.409又载为"窟行御史大夫事"，即曹窟是临时担任此职。
③ 译者按，这个有问题的句子出现在任敖传中，但实际说的是曹窟的事。

接下来的数行（《史记》96.2680.6—2681.4），即《张苍传》的第二部分，并无太多有意思的异文。不过，对我来说，第五行（2681页）的一处异文能很好地说明《汉书》是如何改写《史记》中的冗长句子的。司马迁书曰："张苍德王陵。王陵者，安国侯也。"《汉书》的表达更为简约，曰："苍德安国侯王陵。"

尽管《汉书》在这部分的张苍传里增加了一些文字，我们还是直接跳到最后一段（《史记》2682.4—6）。这段以"初"开始，可能是与前段有着不同的来源；《史记》文本作"苍子复长"，《汉书》（42.2100）平行文本则多了"八尺"，作"苍子复长八尺"。张文虎（2:604）注说《太平御览》引《史记》作"苍子复长八尺余"。我们前面提过，王叔岷指出《太平御览》引《史记》时常常实际是引《汉书》，但这里的情况还有一种可能是，两个文本本来都有"八尺"二字。（《史记·张苍传》到此结束）《汉书·张苍传》在此后添加了一些张苍著作的内容。

现在让我们转到《申屠嘉传》的第二段（《史记》96.2683—4），其曰"文帝尝燕饮［邓］通家，其宠如是"。《汉书》原作"其见宠如是"（见补注本，42.6b），但因宋祁说越本无"见"字，王念孙亦谓景祐本无"见"字，中华本（42.2104）作了校正。王先谦最后总结时说当无"见"字，原因是《史记》亦无[1]。有没有可能，这里的被动语态"见宠"（被宠）与前文所述的"昌既被征"有着某种关系呢？

本段最后一个问题，是"吏今行斩之"句（《史记》96.2683.9）。《汉书》（42.2101.5）作"史今行斩之"。《集解》引如淳注曰："嘉语

---

[1] 百衲本（42.6b）和仁寿本（6b）皆无"见"字；《汉书评林》（5a）和殿本（据张元济引），《百衲本二十四史校刊记·汉书校刊记》（北京：商务印书馆，1999，131页），均有"见"。

其吏曰：'今便行斩之。'"《汉书》注也引了如淳这条注文，但嘉所语的对象是其"史"而非其"吏"。我查阅的四种《汉书》版本中，有三种作"史"（百衲本、仁寿本和补注本），《汉书评林》作"吏"。由于文义并未因这个异文产生多大变化，而且二字字形相近，似乎很难确定究竟哪个才是更早的写法。

《申屠嘉传》的最后一段有两处异文值得关注。第一处是："景帝曰：'错所穿非真庙垣，乃外堧垣，故他官居其中，且又我使为之，错无罪。'"（《史记》2684.7）《汉书》（42.2102.5）几无差别，仅"他官"作"冗官"。颜师古解释冗官为散官，即有官衔而无官位的人（亦见《汉语大字典》，5:477b）。诸本《汉书》均作"冗官"，并且在这里的语境中语义更通顺。王念孙（泷川资言引，96.16）认为"他官"二字"义无可取，当从《汉书》作冗官。冗与它字形近而讹，后人又改为他耳"。石山寺本《史记》[1]，有学者认为这是六朝时期的抄本，"故他官"作"故地宫"，这样的话文义将更加通顺，即"错所穿非真庙垣，乃外堧垣故地，宫居其中"（晁错穿过的不是真正的庙墙，而是旧址上的外墙，而宫殿正好在其中间）。

第二处（《史记》96.2684.8）是申屠嘉后悔对晁错的处置方式："吾悔不先斩错，乃先请之。"略显奇怪的是，这里出现了两个"先"（也许是重复误写？），而班固则机智地删除了第二个"先"。

本卷的倒数第二个例子在武帝时期的御史大夫叙事里，这里主要描述了他们的爵位和特点（《史记》96.2685.2—3），尔后曰："皆以列侯继嗣，娖娖廉谨。""娖娖"，《汉书》作"踧踧"，意义是完全一

---

[1] 见易平，《〈史记·张丞相列传〉勘误三则》，《中国典籍与文化》2005年第3期，69页。

样的。徐广曰："妮音七角反。一作'断'，一作'踖'。"很明显，早期的某个（或某部分）《史记》抄本也是作"踖"的。考虑到在这里"断"采《尚书》的"断断"义（见《索隐》），很有可能，《史记》和《汉书》都是讹文。这也是王先谦的结论（《汉书补注》42.8a）。但王先谦还认为，原文当作"姝姝"，乃"世俗以音同之字转写作妮，复转写为踖踖……其作断断者，又后人以踖踖为误而改之耳"。如果王氏分析正确，那么《史记》和《汉书》的版本都不是原始文本。不过，贺次君也指出，石山寺本《史记》残本（六朝时期）与中华书局本同，亦作"妮妮"①。

最后，"太史公曰"（96.2685.4）："而绌贾生、公孙臣等言正朔服色事而不遵，明用秦之颛顼历"，《汉书》（42.2103.1）无前"而绌"等十六字，仅作"而遵专用秦之颛顼历"。梁玉绳（32.1346）认为《史记》"而不遵，明用秦之颛顼历"为"句不可解"。如果梁玉绳的批评是对的，那么《汉书》的版本在语法上更为合理，而《史记》的版本则几乎能肯定是保留了更早的文本的②。

综上所述，尽管传世《汉书》的平行文本中有一些明显更合理的地方，但总体而言，经过如此仔细的对比之后可以发现，《史记》文本才是底本，而《汉书》则是经过删改和润色的本子。

《史记·樊郦滕灌列传》和《汉书·樊郦滕灌傅靳周传》

《史记》这一卷是以侯名开篇的（95.2651）："舞阳侯樊哙"，这与本文分析的四篇传记均是一致的。这也保持了《史记》在传记开

---

①贺次君，《史记书录》，台北：地平线出版社，1972年，3页。
②本卷亦可参见倪豪士，"Tales of the Chancellor［s］，"见195页注①。

始时书写人物爵职的惯例（如卷五四、五五、五七、九二、九三、九六、九七和九八等）。《汉书》（41.2067）则略去侯名，这也是《汉书》的惯例。在记述了樊哙的籍贯和"以屠狗为事"后，《史记》仅载其"与高祖俱隐"，而《汉书》则指出了具体的时间和地点："后与高祖俱隐于芒、砀山泽间。"哪个文本才是更早的（这也是文本批评的一种基本原则）？如果说是某个抄写者以《汉书》为底本重写一个关于樊哙的传记，那么像高祖隐藏的时间和地点这些具体的信息，是不应该被省略的。因此更有可能的是，班固为了改善《史记》的文本而增加了这样的细节，这些信息也许是从《史记·高祖本纪》（8.348）或《汉书·高帝纪》（1.8）里摘录的。《史记·高祖本纪》此句作"隐于芒、砀山泽岩石之间"，不过王叔岷（95.2761）指出，《艺文类聚》（上海古籍出版社，1982年，1:12.226）和《太平御览》（872.9b）引此段时均无"岩石"二字，这说明，班固看到的是与今本《史记》相似的版本①。

接下来，《史记》樊哙传的主要部分以一个闪回为开篇："初，从高祖起丰，攻下沛。高祖为沛公……"班固在前面已经比《史记》多了一个表示时间的"后"②，而这里如此写道："陈胜初起，萧何、曹参使哙求迎高祖，立为沛公。"尽管表述不尽相同，但"陈胜起"是《史记》叙事的一个公式化似的开篇，可以在很多主要的传记里看到（如89.2572，90.2589—91，91.2598和94.2643），在本卷之后另一个人物的传记里也用到了（95.2660.2）。在这里，"陈胜起"加了"初"这个时间词。萧何和曹参派樊哙"求迎"高祖回沛，是对《史记》卷

---

① 今本《资治通鉴》（7.260）与《汉书》同，但同时亦注明有其他版本有"岩石"二字。

② 译者按，指前"后与高祖俱隐于芒、砀山泽间"句中的"后"。

八349页同一事件的改写，不过在那里，萧、参是派樊哙"召"刘邦。

《史记》和《汉书》在樊、郦、滕、灌四人的功绩上（如斩首和俘获敌人的数量）偶有异文（我们无法证明这些数字的真伪），但只有一处值得我们关注：《史记》（95.2652.4—5）载樊哙"捕虏四十人"，《汉书补注》（41.2b）作"四十四人"。不过王先谦指出，《汉书》官本（殿本）作"四十人"。又景祐本作"四十人"，中华本编辑者（见《汉书》41.2090注）因是将《汉书》（补注本）的文本改成与《史记》一样的"四十人"。"四十四人"可能是重复致误，因为在《汉书》此处的数句前，记载了樊哙另一次战功亦为"捕虏四十四人"。

在"项羽在戏下"这段中，《汉书》（41.2069）与《史记》（95.2654）有一些看起来像是由于风格规范化造成的异文：

《史记》	《汉书》
乃持铁盾入到营	乃持盾入
拔剑切肉食，尽之	拔剑切肉食之
独骑一马，与樊哙等四人步从	独骑马，哙等四人步从
从间道山下归走霸上军	从山下走归霸上军
沛公事几殆	沛公几殆

除了对文字作了润色，班固还在上述第三句中修正了一个错误。班固认为，樊哙并非与另外四人步从高祖，而是和三个人（见《汉书·高帝纪》26页），即靳强、夏侯婴和纪成，一起护送高祖回营。因此班固删去了"与"和"等"二字。当然，《史记》这里的"等四

人"可以看作是樊哙的同位语，即"与樊哙等，四人"①。

此段里还有另外数句（95.2654.2）能表明中华本《史记》的编辑工作是如何进行的（或者说是如何致误的）。在鸿门宴上（有关此宴的记载，仅另见于《项羽本纪》），项庄被要求舞剑助兴，实际上是要刺杀刘邦。这时项伯也站起来并试图掩护刘邦。此段金陵本（95.2b）作："令项庄拔剑舞坐中，欲击沛公，项伯常肩蔽之。"中华本的编辑者遵从张文虎的校文，并依据《汉书》的记载改为"令项庄拔剑舞坐中，欲击沛公，项伯常屏蔽之"。张文虎和中华本的编辑者将"肩蔽之"改为"屏蔽之"是没有任何外部或文本依据的（百衲本［2b］和其他早期版本均作"肩蔽之"），他们只是采信了王念孙的观点（3/5.19a［144页］），王氏认为"肩"和"屏"在古文献中常常混用②，而且"屏蔽"也与《史记》卷七313页鸿门宴的记载"常以身翼蔽沛公"意思更加接近，"彼言'翼蔽'，犹此言'屏蔽'矣"，都是以身体屏蔽之。这一改动是有问题的。第一，它忽略文本证据，而只是依据"逻辑"而定。没有任何《史记》版本作"屏蔽"。第二，王念孙未能看到"身翼蔽"的"身"与"肩"更为接近，因此《项羽本纪》的相似文段其实更支持"肩蔽"这一版本。第三，与第二点相关，即司马迁常在不同的篇目里记载同一故事的不同版本，因此他在这里使用"肩蔽"作为"身蔽"的变体，是不足为奇的。第四，在一个充满拗口表达的文段里（如前述的"乃持铁盾入到营"），王念孙是怎么会考虑要（用一个同义复合词来）将其风格或韵律标准化的呢？

———————————

①译者按，《汉书》此句并未删去"等"字，问题也不在于四人还是三人。其实从句子看，问题出在"与"字，即此整句的主语为高祖，高祖骑马而不是步行，因此"与"字前实无主语，故班固删去。
②译者按，王念孙仅言"肩"为"屏"之误。

现在，我们再看看中华本《史记》的下一页（95.2655，《汉书》对应为41.2070.4），班固在这里也作了一些风格规范上的修改。例如《史记》是如此描述樊哙的升迁和功绩的（4—5行）："迁郎中骑将……迁为将军"，《汉书》在第一句"迁"字后添了"为"字，作"迁为郎中骑将"。

《史记》（95.2657）第五行作"破得綦毋印、尹潘"，《汉书补注》（41.5a）作"綦毋印"，但中华本编辑者根据王先谦的观点将"印"改为"卬"。颜师古注亦以为作"卬"（41.2072）；而且，他还两次使用了较为复杂的"綦"字，而今本《汉书》正文是没有出现这个字的。为什么他会用这两个字，可能性很多，一个可能是颜师古将正字"綦"改为更复杂的"綦"，如前所述，这也是颜师古一般的做法。如果这是真的，那么这对我们进一步讨论文字标准化是非常重要的。

又两行之后，中华本《史记》（2657.7）书曰："大将王黄、将军、太仆解福等十人"，而《汉书补注》（41.4b）作"大将王黄、将军、太将一人、太仆解福等十人"。这里，中华书局的编辑者删除金陵书局本《史记》的"太卜"（在"太仆"前，41.4b；但水泽利忠［95.8］也注曰有几个版本都无"太卜"二字），同时他们也删除了《汉书》中的"太将"二字。这里可能是由于早期的某个或几个文本的叙事不清，以至于在抄录二者时抄错了。如果不做修改，以上的两个版本都读不通顺（张文虎［2.600］认为《史记》中的"太卜"可能是抄重了，与后面的"太仆"重复），陈直也指出了这里的语法存在问题（《汉书新证》，天津人民出版社，1979，268页[1]）。王先谦则认为《汉书》版本是"文不成义"的（41.5a）。

---

①译者按，陈直认为"太卜"不是将军之名，而是太史令属官。

《史记》（95.2659）和《汉书》（41.2073—4）"樊哙传"结尾的子嗣世系部分差异颇大。这些差异也许说明它们使用了不同的材料和格式，但我们在这里不作讨论（请见译本正文注）。

《郦商传》的开头，《汉书》（41.2074.4）也对《史记》的风格作了一些改善，如将"从攻长社……从沛公攻缑氏"改为"从攻长社……从攻缑氏"。而在末尾（《史记》2663.1，《汉书》2076.1），郦商的儿子郦况（字寄）欺骗了他的朋友吕禄，并推翻吕氏的专权。《史记》文本中，舆论批评他"卖交"，而《汉书》作"卖友"。这里异文的意义不大，因为这很可能只是抄写错误（现存的早期版本都各自保留了这个异文）。但《集解》引班固赞（《汉书》41.2089）："班固曰：'夫卖交者，谓见利而忘义。'"这表明裴骃看到的《汉书》本子很可能正作"卖交"。

接下来一段的第一部分，继续了郦况的故事，但二书存在不少异文（《史记》2663.2—5，《汉书》2076.2—5；第二部分是关于郦商的其他子嗣，如前所述，不在我们的讨论范围内）。《汉书》此处有五十二个字，而《史记》则有六十八字。二书的基本结构相同（班固的记载还多了三个人的内容）。二书的不同主要包括：班固改了吴楚七国反的时间，从《史记》的"孝景前三年，吴楚齐赵反"改为"孝景时"云云[1]。而在此句末，《史记》作"围赵城，十月不能下"，《汉书》作"七月"。这两处异文都能找到早期版本的支持，可能是某个文本抄写致误。梁玉绳（32.1341）解决了本传两个文本中的另外一处"七"和"十"的异文，但在这里，他认为"十月"当据《楚元王

---

[1]《史记》11.440和22.1130，均载此次造反在公元前154年。

世家》作"三月"，不过他的观点不能令人信服①。最后，《汉书》将《史记》（"商他子"）的"他"字换成了正字后的"它"，不过，在这个能明显显示《史记》才是原始文本的段落里，这个改动的重要性却被忽视了。实际上，凌稚隆（活跃于1576—1587）在《汉书评林》中（41.4b）就指出"商传本《史记》文而稍删之"，他还在本卷的另外三个人物传记中也作了类似的《史记》才是原始文本的评论（1a、6a和7b）。

《夏侯婴传》的第二段（《史记》2664.6—7，《汉书》2077.2—3）也有一处《汉书》修正风格的地方。《史记》作"以兵车趣攻战疾，赐爵执帛……以兵车趣攻战疾，破之，赐爵执珪"，《汉书》作"以兵车趣攻战疾，破之，赐爵执帛……以兵车趣攻战疾，破之，赐爵执珪"，班固肯定认为此处漏了一个"破之"，故加之以补全《史记》这两个几乎是对称的表达。

本段稍后一点（《史记》2664.9，《汉书》2077.5），《史记》告诉我们夏侯婴从高祖"击秦军洛阳东，以兵车趣攻战疾，赐爵封转为滕公"，《汉书》平行文段作"滕令"。泷川资言认为"楚人称令为公"，故班固将其"翻译"成汉代的官方用语"令"。

本卷的最后一传，即《灌婴传》，《史记》（2670.3）和《汉书》（2082.5）版本似乎都有一处文本讹误。中华本《史记》作"傅阳，身虏骑将一人。攻傅阳……"，绝大部分早期的《汉书》版本均作"虏骑将入攻博阳"（参见《汉书补注》41.13b及注）。中华本的编辑者将《汉书》改成与《史记》的文本一样（"入"改成"一人"，"博

---

① 虽然王叔岷对诸多文本进行审查时也指出梁玉绳的判断是可信的，但笔者还是持疑。梁玉绳经常使用"理校"，这种方法没有版本作为支持，是有很大风险的。

阳"改成"傅阳",见41.2091校勘记)。

本卷最后一个问题出现在最后一段,《史记》版本(2673.2—3)作"是岁,匈奴大入北地、上郡,令丞相婴将骑八万五千往击匈奴",《汉书》(2085.1—2)比《史记》少了"郡"字,故中华本的编辑者将此句断为"是岁,匈奴大入北地,上令丞相婴将骑八万五千往击匈奴"。《汉书》的版本将匈奴从两郡入侵改成一郡,"郡"字没了,"上"字就被理解为"皇帝"。但是,据《史记·匈奴列传》(110.2895),此年匈奴右贤王"入居河南地,侵盗上郡"。因此这里当以《史记》为是,而《汉书》缺"郡"字乃是抄写错误。

《史记·张耳陈馀列传》(卷八九)和《汉书·张耳陈馀传》(卷三二)

此卷开篇都先叙述了传主张耳和陈馀的一些轶闻故事。《汉书》在前数行就删去了张耳在外黄的一些事迹(见《史记》2571—2572页);接下来,《汉书》又作了数处无关紧要的删改。《汉书》还将《史记》里蒯通劝降范阳令的演说辞挪(或者说是缩写)到《汉书》第45卷。

我们对本卷的兴趣,始于"厮"这个低级的厨房小奴[1]。《史记》(2576.11)书曰"有厮养卒谢其舍中曰",《汉书》的对应文本作"谢其舍"。王先谦(《补注》32.4a)引苏林[2]注曰"厮,取薪奴也",颜师古曰"谢其舍,谓告其舍中人也"。颜师古又补充道,由于此后有

---

[1] "厮役"和"厮徒"在早期文本中有很多不同的意义(最常见的两个是喂马的奴隶和给养军队士兵的奴隶),这里的"厮养卒"应该是被派到厨房从事下等工作的士兵(见司马贞《索隐》,《史记》121.3125,"厮掌马,养造食")。

[2] 见鲁惟一,*Dictionary*, de Crespigny 条,759页。

"其舍人皆笑曰"，故"今流俗书本于此舍下辄加人字，非也"。王先谦不同意颜师古的意见，他所引《史记索隐》（2577）即曰"《汉书》作舍人"，但现代的中华书局本亦仅作"谢其舍"。当然，这也许是因为，司马贞见到的是某个为颜师古所不屑的"流俗本"①。

《史记》2578.6（《汉书》32.1835.7）还有另外一处重要的异文。（中华本以及金陵书局本）《史记》曰："客有说张耳曰：'两君羁旅，而欲附赵，难。独立赵后……'"王叔岷指出（89.2663），很多重要的早期《史记》版本都作"难独立，立赵后"。中华本《汉书》（32.1835）亦有两个"立"字，作"难可独立，[立]赵后"（然《补注》本［89.5a］原文"立"字不重出，王先谦是根据殿本和其他早期版本认为此处当有两个"立"字的）。这表明原文可能为"两君羁旅，而欲附赵，难可独立。（立）赵后，扶以义，可就功"。

中华本《史记》（2578.6）接下来的一句为"乃求得赵歇"，《汉书》对应文段（1835.8）相同。不过，《补注》本原作"遁"，中华本的编辑者改为"乃"，但无任何解释。很明显，是王先谦根据殿本（行文至此，可以看出王先谦一般以殿本为是）和宋祁的注，认为"乃"字更合适，这应该就是编辑者改字的原因。很可惜，他们没有在校勘记中说明（89.1844）。

《史记》2597.2描写张耳发现自己被将军王离所围困，且"巨鹿城中食尽兵少"。《汉书》（32.1826）对应文段仅言"食尽"而无"兵少"，因此，也就不能与项羽垓下之战前的困境"兵少食尽"遥相呼应（《史记》7.333）。

倒数第二个异文例子，见于《史记》2579.4—5和《汉书》

---

① 见王叔岷书（95.2663），他指出《新序》亦作"舍中人"。

1836.5—6。《史记》云"且有十一二相全",《汉书补注》(89.5b)的原文无"有"字,但王先谦指出殿本、宋祁和钱大昭所见版本均有"有"字。因此,中华本的编辑者也增加了这个字(此条有校勘记,89.1844)。

最后一例,见《史记》89.2579.6和《汉书》32.1836.6。陈馀向张耳解释为什么他没有带他的五千部队出击王离来救他的同盟,《史记》作"今必俱死,如以肉委饿虎,何益",《汉书》作"如以肉餧虎",尽管"餧"可能是误将"委饿"合并成一个字,但我们还是可以从《史记》(77.2380)另一处相似的文段看出一些端倪:侯生向处于相似困境的魏公子建言:"今有难,无他端而欲赴秦军,譬若以肉投餧虎,何功之有哉?"这同一句话的三种不同版本,加之水泽利忠的《校补》也说枫山本和三条本《史记》均以"饿"作"饥",似都支持了此处文本有讹误的猜想。

结论

尽管学者一般认为《汉书》这三篇列传都是以《史记》为底本的,但以上我们将其与《史记》对应文段进行比较,也粗略考察了《史记》和《汉书》的文本流传史[①],我想可以总结出一些对比二书其他卷目的原则。第一,我发现无论是对比《史记》和《汉书》的哪一部分,我们都必须跳出中华书局本的局限,因为不论是底本的选择,

---

[①]除了鲁惟一在其"Some Recent Editions of the *Ch'ien-Han-Shu*"中对《汉书》的版本作过有益的分析之外,英语世界中还未有其他对这些作品的文本历史的详细研究。近来有一些有助于我们研究《史记》文本历史的范本,如 Kai Vogelgang, "Prolegomena to Critical *Zuozhuan* Studies: The Manuscripts Tradition," *Asiatische Studien, Etudes Asiatiques*, 61.3 (2007):941—988。

还是那些经常出现的有问题的校订和删改，都会使得中华本的文本存在一定缺憾①。第二，与西方文本一样，中国的学者和抄手长期以来都有规整文本的倾向②。我们发现，徐广和梁玉绳往往能提出更好的《汉书》文本校读，相反，颜师古或者王先谦总是依据《史记》中有问题的文段来对《汉书》文本提出修改意见。第三，颜师古对古文字的偏好③肯定会影响他对《汉书》的校勘和编辑——我们可以称之为标准化，这表明，古文字的标准化不能当作判断文本时间先后的决定性因素。这在本文所对比的卷目中尤为明显，即在《史记》文段中出现标准化文字并不是罕见的现象，而这些文段的风格和句式（语法）反过来会被《汉书》所润色和规范。第四，抄写错误会破坏两个文本的本来面貌④，又或者会使得两个文本中的一个更加通顺，尽管我们能用其

---

① 见鲁惟一 "Some Recent Editions of the *Ch'ien Han Shu*" 中关于近来《汉书》版本的质量（167 页），以及《汉书》的两个不同版本系统（163 页）的讨论。有关张文虎是如何准备金陵书局本《史记》的，见我们的《史记》英译本第二卷，xxxiii— xlvii 页。顾颉刚也曾简单写过中华书局本《史记》的准备过程，我的 "Historians of China" 一文也有谈及（*CLEAR*, 17(1995):207–217，中译见本书《顾颉刚与中华〈史记〉》）。文本系统对于整理出可靠版本的重要性，见 Vogelsang 的讨论，"Prolegomena"，974 页。

② 张守节在其《正义序》"论字例"中即指出："《史》《汉》文字，相承已久，若'悦'字作'说'，'閒'字作'閒'，'智'字作'知'，'汝'字作'女'，'早'字作'蚤'……此之般流，缘古少字通共用之。《史》《汉》本有此古字者，乃为好本。"

③ 颜师古《汉书叙例》曰："旧文多有古字，解说之后屡经迁易，后人习读，以意刊改，传写既多，弥更浅俗。今则曲核古本，归其真正，以往难识者，皆从而释之。"

④ Bart D. Ehrman（见 204 页注释①）的评论也许可以借鉴于此："那些表面上看，可能是包含了错误或者说是不和谐的文字"，才更可能是原始的意义，即"那些能完美解释其他版本之所以会这样的文本，才更可能是原始的文本"。Ehrman 也讨论了如果只依赖于 *proclivi scriptioni praestat ardua*，或者说是 *lectio difficilio* 两种校对原则（宁取其难阅读法则），有时也是得不到真正的原始文本的（111 页）。

他因素来证明这个更通顺的版本所在的文本是非原生性的。

最后，我承认，不论是翻译《史记》还是《汉书》，哪个文本的时代更早，是一个仍需不断讨论的问题，我需要重申的是，我不相信我们翻译的任何《史记》卷目都是以《汉书》为底本重写而来的。但是，我们也会跟那些与我们意见相左的学者一起，继续探索这两个历史文本之间的关系。我想用 Fenton John Anthony Hort（1828—1892）的一句话来结束本文。Fenton 是著名的《新约》文本学者，1862年，在与好友兼合作者 Brooke Foss Wescott（1825—1901）合作编辑一版新《新约》的十年之际，他给 Brooke 写了一封信，信中他如此说道：

> 这项工作必须完成，但如果不投入巨大的努力的话……它又永远不能尽如人意……对大量的文本异文来说，如果我们在脑海里就将它们彼此分开对待，那么这些努力就完全是多余。但我相信，要在重要和不重要的异文之间画一条清晰的界线是绝不可能的，因此我不敢说，与在目前切实可行的范围内、尽可能地将所有文本校勘好的意义相比，这些努力是徒劳的。我想，如果我们放弃这项工作，那将是不可原谅的。①

---

① Arthur Fenton Hort ed., *Life and Letter of Fenton John Anthony Hort*, London: Macmillan, 1896, p.211.

《史记》编纂研究

重审《史记·循吏列传》^①

引言：

可能有人会问，为什么这篇两千多年前的小短篇能成为我研究的主题。尤其是如果考虑当时的文学观，或以历史标准来说，这篇传记最多只能算是中等水平，选择这一短篇作为研究主题就更加让人觉得

① 在这里，我要感谢太平洋文化基金会、威斯康星大学麦迪逊分校研究生院以及学术规划与发展委员会和委员会主席 Yuan 先生的支持与赞助，这篇论文是受资助研究项目的成果。我第一次宣读这篇文章的草稿是在 1989 年 10 月，在芝加哥大学举办的早期中国研究会议上，感谢夏含夷教授，是他组织了那次会议。我还要感谢与会者提出的大量而有用的建议。得益于他们和来自 *Early China* 杂志的两个匿名读者的意见，我最后决定对材料的处理作了一些调整。现在这篇定稿最早是于 1991 年 5 月以中文提交给"中研院"文哲所的。我很感谢吴宏一教授和他的同事能在台湾宣读这篇文章，以及他们热情的反馈。威斯康星大学麦迪逊分校的郑再发教授和魏伯特（Robert Reynolds）先生，以及来自台湾大学的李卓颖教授也向我提出了宝贵的意见。

不可思议。不过，就《循吏列传》来说，我们对其特点和原始材料的总体判断，与对它可能的作者——司马迁——以及他伟大的《史记》的判断是十分相似的。

我之所以说"可能的作者"，乃是因为围绕《循吏列传》的两个主要问题之一，就是其真伪性。崔适很早就提出了这个问题，他说：

> 此下篇目、篇文，皆非太史公所有者七焉：
>
> 《循吏传》为《酷吏传》而作，《酷吏传》伪托，则《循吏传》可知。
>
> 酷吏皆今人，循吏皆古人，太史公非爱古薄今者，不宜有此。
>
> 二传不相属，中隔《汲郑》、《儒林》二传，亦甚不伦。
>
> 孙叔敖霸佐也，子产良相也，列之循吏，转为降格矣。《索隐》曰："有《管晏列传》，国侨、羊舌肸等合著管、晏之下，不合入《循吏传》。"此说是也。
>
> 又《传》谓"郑昭君之时，以子产为相，治郑二十六年而死"。案《郑世家》：子产，郑成公之少子（与《左氏》不同），成公乃厉公之五世孙，厉公乃昭公之弟，子产安得事昭公？《年表》：简公十二年，子产为卿。简公在位三十六年，越定公十六年、献公十三年、声公五年而子产卒，上距为卿之岁五十九年矣。与此云"治郑二十六年"不合。
>
> 惟《左传》子产于鲁襄公二十三年始知政，三十年为政，昭公二十年卒，则于此言治郑之年数尚近，仍去昭公之世绝远。
>
> 太史公每述一人分见数传者，其世次、其事迹皆相密合，惟《仲尼弟子传》宰我之事迹与此传子产之世次乖异特甚，其为妄

人所伪托，正如一辙也。①

　　很多研究《循吏列传》的学者也观察到了崔适第二个理由中的现象，即《循吏列传》是作为《酷吏列传》的反衬而作的。现代学者徐朔方的观点也颇具代表性②：

　　　　《史记·循吏列传》五篇传记：楚孙叔敖、郑子产、鲁公仪休、楚石奢、晋李离，没有一个是秦汉以后的人，正如《酷吏列传》所记十个人，没有汉代以前的人一样。司马迁在卷首说："奉职循理，亦可以为治，何必威严哉！"一正一反，一详一略，作者对汉武帝时代吏治的深刻不满，意在言外。③

　　徐朔方这里引了一句非常重要的话，即太史公在序言中说的"奉职循理，亦可以为治，何必威严哉"。这里的副词"亦"表明，司马迁在写《循吏列传》之前，心里已经有一篇完成了的传记作为参照，其无疑就是《酷吏列传》。而且，《酷吏列传》的主题词为"深刻"，这里的"威严"正是其主旨。

　　基于二传这种紧密的关系，本文将从《循吏列传》作为《酷吏列传》的反衬这样的语境出发，重新讨论《循吏列传》真伪性的问题。

---

① 崔适，《史记探源》，北京：中华书局，1986年，212页。
② 译者按，作者可能误会了崔适和徐朔方的观点，他们只是都观察到循吏为古人、酷吏为今人这一现象，但崔适据此认为《循吏列传》为伪，徐朔方则认为这隐含了太史公对当朝的批评。作者似以为崔、徐观点相同，译文稍作更改，将原文"得到与崔适第二条相同的意见"改为"观察到（相同的）现象"。但也许可以理解为作者这里有一个转折。
③ 徐朔方，《史汉论稿》，南京：江苏古籍出版社，1984年，189页。

《酷吏列传》

《酷吏列传》为《史记》十一篇杂传之一。尽管这十一篇可能会存在诸多不同，但有两个共同的特点，即有叙事连贯性，以及篇幅较长①。《酷吏列传》全文约6000余字，各人物的顺序是按年代先后排列的，举证如下：

昔天下（秦）之网尝密矣……汉兴，破觚而为圜，斫雕而为朴，网漏于吞舟之鱼，而吏治烝烝，不至于奸②，黎民艾安。由是观之，在彼不在此。

高后时，酷吏独有侯封……

孝景时，晁错以刻深颇用术辅其资，而七国之乱……

郅都者，杨人也。以郎事孝文帝③……是时民朴，畏罪自重，而都独先严酷，致行法不避贵戚……宁成者，穰人也。以郎谒者事景帝……久之，郅都死……于是上召宁成为中尉……

周阳由者……事孝文及景帝……

自宁成、周阳由之后，事益多，民巧法。

今上时，禹……稍迁为御史。上以为能，至太中大夫。与张汤论定诸律令，作见知，吏传得相监司④。用法益刻，盖自此始……⑤

---

①《儒林列传》3000余字，《货殖列传》6000余字，《龟策列传》7000余字。
②这与《尚书·尧典》中描述舜的句子相呼应。尽管他的继母和继弟对他不好，舜仍然"克谐以孝，烝烝乂不格奸"，见《尚书正义》，四部备要本，2.14b。
③原文官职名称的英译一律依照 Charles Hucker, *A Dictionary of Official Titles in Imperial China*, Stanford: Stanford University Press，1985。
④这些律令的名目可能很繁杂，但它们的目的是清晰的，即鼓励官员互相监视和举报，见泷川资言，《史记会注考证》，台北：洪氏出版社，1982年重印，1969c 页（注）。
⑤原文中的《史记》英译均为作者自己翻译，同时参考了华兹生的译文，（转下页）

除了这种编年体的结构,《酷吏列传》还用了"严酷""暴酷""文深""深文""深刻"和"刻深"等关键词作为主题来勾连各人物短传①:

　　　　都独先严酷,致行法不避贵戚……吏治尚循谨甚,然由居二千石中,最为暴酷骄恣……然亚夫弗任,曰:"极知禹无害,然文深,不可以居大府。"今上时,禹……稍迁为御史。上以为能,至太中大夫。与张汤论定诸律令,作见知,吏传得相监司。用法益刻,盖自此始……汤至于大吏……其造请诸公,不避寒暑。是以汤虽文深意忌不专平,然得此声誉……是时赵禹、张汤以深刻为九卿矣,然其治尚宽,辅法而行,而纵以鹰击毛挚为治②……杨仆以严酷为主爵都尉……(减宣)微文深诋,杀者甚众,称为敢决疑……(杜周)其治暴酷皆甚于王温舒等矣。③

(接上页) *Records of the Grand Historian of China*, vol.2, New York: Columbia University Press,1961。本传和《酷吏列传》见于该卷419—451页。

① 部分关键词,如"刻深",还见于《史记》的其他地方,尤其是用来描述秦朝的法律系统(如卷六,269页和284页,两处均描述了秦二世时期的法律执行情况,中华书局,1959年版)。实际上,卷一一九和卷一二二应该理解为是为"合理适度运用法律的官吏"和"严酷地运用了法律的官吏"而作的。古代中国的成文法能否严格逐字地执行,而不是根据具体情况来阐释,一直都受到学者的质疑。

② 华兹生采用了《集解》的解释(《史记》卷一二二,3147页),即义纵的治理就像鹰展盘盘旋,然后猛地向下俯冲袭击它的猎物。但《集解》将"挚"理解成"张"是缺乏充分证据的。译者按,"鹰击毛挚为治"一句,原文的翻译为"falcon ready to attack with its wings held [by its handler]",即猎鹰收起翅膀准备攻击。实际上,猎鹰首先会展翅盘盘旋直到发现猎物,然后收起部分翅膀俯冲,但此过程中也会调整翅膀来改变方向和速度。

③《史记》卷一二二,3131—3155页。

第三种保持叙事连贯性的方法，正如晚清学者李景星指出的，即司马迁常对这十个酷吏作比较：

> 叙酷吏之转相效法，曰"治效郅都"，曰"治效于禹"①，曰"声甚于宁成"，曰"治放尹齐"，曰"治与宣相放"，曰"治大放张汤"，曰"酷甚于温舒"。②

最后，司马迁还描述了这十个酷吏的死因，他们都早早地死于非命——很多还是死于他们自己所创建的严酷的法律系统之下——如"遂斩郅都"，"而由弃市"，"（张汤）遂自杀"，"弃纵市"，"王温舒罪至同时而五族乎"和"（减宣）自杀"等③，司马迁是要告诉读者酷吏之间的另一个共同特点。

考虑到作者有时是使用这些手法来表达他对酷吏的批评，我们或许会问，是什么促使司马迁编这样一个合传的？太史公在《自序》中是如此解释的：

> 民倍本多巧，奸轨弄法，善人不能化，唯一切严削为能齐之。作《酷吏列传》。④

---

① 李景星这里曰"效"，但原文为"治酷于禹"，《史记》卷一二二，3144页。
② 见李景星，《史记评议》，此处转引自杨燕起等编，《历代名家评〈史记〉》，北京：北京师范大学出版社，1986年，708—709页。
③ 《酷吏列传》中还记载了其他更多暴毙的例子。更多有关秦朝死刑的讨论（极大地帮助了我的翻译），见何四维，*Remnants of the Ch'in Law*, Leiden: E. J. Brill, 1985, pp.14-15。何四维还认为（5页），汉代的法律系统大部分是从秦朝继承而来的。
④ 《史记》卷一三〇，3318页。

不仅如此，司马迁还在"太史公曰"中将这些酷吏分为两种：

> 自郅都、杜周十人者，此皆以酷烈为声……然此十人中，其廉者足以为仪表，其污者足以为戒。[1]

而且，司马迁还强调了汉武帝缺乏辨别廉洁官员的能力：

> 武帝即位，徙为内史。外戚多毁（宁）成之短，抵罪髡钳……（王温舒）其好杀伐行威不爱人如此。天子闻之，以为能，迁为中尉。

《酷吏列传》的道德寓意，可以用司马迁在《循吏列传》开头所说的话来表达：

> 法令所以导民也，刑罚所以禁奸也。

以上，我们考察了《酷吏列传》的特点，接下来看看《循吏列传》。

《循吏列传》

与其他合传一样，司马迁在本传的开篇也说明了此合传的人物类型及其意图：

> 太史公曰：法令所以导民也，刑罚所以禁奸也。文武不备，

---

[1]《史记》卷一二二，3154页。

良民惧然身修者，官未曾乱也。奉职循理，亦可以为治，何必威严哉？①

从这个序言可以看到，有两个地方是很容易让学者将《酷吏列传》和《循吏列传》联系起来的。第一处是，《循吏列传》的序言回应了《酷吏列传》中的"太史公曰"，其曰：

然此十人中，其廉者足以为仪表，其污者足以为戒，方略教导，禁奸止邪，一切亦皆彬彬质有其文武焉②。虽惨酷，斯称其位矣。③

而在《循吏列传》的序言里，我们能找到数处直接或非常相似的文本对应——"所以禁奸""所以导民"和"文武"——可以表明两传之间的关系。

第二处是《循吏列传》序言结尾处的反问："何必威严哉？"这一反问出现在这篇讨论官吏如何避免严酷治民的序言中，除非我们将其看作是对《酷吏列传》的回应，否则，它看起来就似乎有点不合其宜。

学界认为二传存在联系，主要基于二传人物的相似性，而以上的两处文本证据只能作为一种补充。关于这种关联性，华兹生在他《循吏列传》英译本的批注中也有讨论，这可能是最为详细的解释和说

① 《史记》卷一一九，3099页。
② 本段借用了孔子在《论语》（6.18）中的一句话："子曰：'质胜文则野，文胜质则史。文质彬彬，然后君子。'"不过"文"在这里与"武"并列，因此其含义也由原来的意思转变为"文明、文化"。但司马迁肯定是想通过孔子对"君子"的定义来赞扬这些循吏。
③ 《史记》卷一二二，3154页。

明了：

> 在这篇简短的传记里，司马迁写了几个生活在数世纪以前（周代中期）的官员的轶闻，尤其是他们正义而适度的治理，太史公似乎可以短暂地忘记汉武帝统治下的严酷现实。虽然司马迁戴上了唠叨讲述者的面具来述说这些古老故事，但他真正的目的是掩饰不了的。作为历史材料，这些轶闻几乎毫无价值。它们的作用和意义，只有读者将其与之后《酷吏列传》和《平准书》中对武帝时期的经济政策描述对读时，才能被理解。司马迁对当朝的批评，不只在于他在"循吏"中只选了周代的人，而且在"酷吏"中也只收录与他同时代的官员；而《循吏列传》中的每个轶闻——反对改变货币币重的官员，不接受民众礼物受贿并且不与农士工商争利的官员，因自责而自刭的官员等——都是经过司马迁精准安排，用来对比和批评武帝时期的政策和特定的政治生活的。[1]

以上我们说明了某些文段与其他卷之间的直接文本关系，接下来便考察一下《循吏列传》余下部分的问题：

> 孙叔敖者，楚之处士也。虞丘相进之于楚庄王以自代也。三月为楚相，施教导民，上下和合，世俗盛美，政缓禁止，吏无奸邪，盗贼不起。秋冬则劝民山采，春夏以水，各得其所便，民皆乐其生。

这段记载有几个问题。例如，传主的名字是孙叔敖，还是艻敖

---

[1] *Records of the Grand Historian of China*, vol.2, p.413, n.1.

（孙叔为号）①？他真的是"楚之处士"吗②？他是被举荐给楚庄王的吗？如果是的话，那举荐他的人是虞丘还是沈令尹，还是说，虞丘和沈令尹是同一个人？之所以会有这样的问题，是因为关于这个人物的史料的保存状况，不论是汉代的或是先秦的，都不容乐观。例如，在《孟子》里，我们可以看到这样的记载：

> 舜发于畎亩之中，傅说举于版筑之间，胶鬲举于鱼盐之中，管夷吾举于士，孙叔敖举于海，百里奚举于市。故天将降大任于是人也，必先苦其心志，劳其筋骨，饿其体肤，空乏其身，行拂乱其所为，所以动心忍性，曾益其所不能。③

---

① 孙叔敖名字的问题颇为复杂，因为春秋时期的命名方式非常烦琐，连汉人有时也会误解。宋公文曾对这个问题作过很好的探讨分析，见氏作《楚史新探》，开封：河南大学出版社，1988年，46—47页。我的分析主要以宋公文的文章为基础。孙叔敖的名字存在争议，主要是因为《左传》在连续的两年里使用了三种表述方式：即令尹艻艾猎（宣公十一年，公元前598）、令尹艻敖和令尹孙叔敖（宣公十二年，公元前587）。很多解释都认为艻敖和孙叔敖为同一人，艻艾猎则为其兄，但因为无法解释为什么楚庄王要在公元前597年更换令尹，所以这种兄弟理论是站不住脚的。
但如果我们相信最早的两个《左传》注家的意见，即服虔（约卒于公元190年）和杜预（222—284），并且假设艻艾猎就是艻敖，那么这个问题就迎刃而解了。而且，由于在公元前597年，秦国将军士会曾赞扬时为令尹的艻敖，说他在任期间增强了楚国的国力，因此艻敖在任时间很可能不止数月。最后，我们会发现，《左传》的作者在称述其他政治人物时，似乎是有意识地要使用不同的名号，这样读者就能了解到他们所有的名字（例如，子越在公元前611—前605年任楚国令尹，《左传》就曾使用过子越椒、斗椒、伯棼和椒等名字）。因此，"艻"是艻敖的氏，敖是名，而孙叔和艾猎都是字（亦见《左传》宣公十二年，伍参称艻敖为"孙叔"，因此这肯定是他的字）。然《左传》之外，所有其他文本都称其为"孙叔敖"。
② 孙叔敖的父亲艻贾，多年来一直反对楚国的某个权族。在公元前605年，他被他的政敌关押起来，最后被杀。因此孙叔敖很可能在此时返回期思避难，并成为了"楚之处士"。
③《孟子》，四部备要本，6b/15。

这里的文本似乎支持了孙叔敖作为楚之处士的观点，他在"空乏其身"后离开楚国朝廷，回到他在淮河附近的家乡，这里要安全得多①。但有关虞丘举荐孙叔敖的故事，却仅见于不早于汉代的文献。尽管这些文献记载的差异颇大，如《说苑》认为举荐者的名字应该是虞丘子，而《韩诗外传》则记载为：先是楚国美人樊姬向楚庄王说沈令尹不曾"进贤"，沈令尹才"进孙叔敖"的②。

此传又言："政缓禁止，吏无奸邪，盗贼不起"，让人想起《庄子》和《淮南子》这两部道家作品中关于孙叔敖的记载：

> 孙叔敖甘寝秉羽，而郢人投兵。③
> 昔孙叔敖恬卧，而郢人无所害其锋。④

《列女传》中也有一段相似的记载：

> 昔孙叔敖之为令尹也，道不拾遗，门不闭关，而盗贼自息。⑤

除了与这些早期作品之间存在的可能的跨文本联系，我们也不应该忽视《酷吏列传》里的"太史公曰"：

> 然此十人中……方略教导，禁奸止邪。

---

① 史次耘指出，淮河区域（即孙叔敖家）在当时一般称作"海"，见《孟子今注今译》，台北：商务印书馆，1981年，342—343页，注6。
② 译者按，见向宗鲁，《说苑校证》卷第十四，北京：中华书局，1987年，356页；许维遹，《韩诗外传集释》卷二第四章，北京：中华书局，1980年，第35—36页。
③ 《庄子》，四部备要本，8.18a。
④ 《淮南子》，四部备要本，9.3a。
⑤ 《列女传》，四部备要本，6.2a。

《孙叔敖传》的第二段是这么说的：

> 庄王以为币轻，更以小为大①，百姓不便，皆去其业。市令言之相曰："市乱，民莫安其处，次行不定。"②相曰："如此几何顷乎？"市令曰："三月顷。"相曰："罢，吾今令之复矣。"后五日，朝，相言之王曰："前日更币，以为轻。今市令来言曰'市乱，民莫安其处，次行之不定'。臣请遂令复如故。"王许之，下令三日而市复如故。

尽管这段文字不见于任何汉代或先秦文本，但它仍可看作（正如华兹生所说的）是对武帝时期用"白金"代替"五铢钱"的一种批评③。

《循吏列传》继续写道：

---

① Heather A. Peters 描述过四种楚国的货币：1.方形金质的郢爰；2.圆形的金饼；3.铜质的蚁鼻钱，又叫做鬼脸钱；4.铲形银质的布币。见 "The Role of the State of Chu in Eastern Zhou Period China," 耶鲁大学博士论文，1983年，59页。金币可能逐渐地主要用于礼仪性和政治性的场合（305—310页），而重量约为3.5克的铜质蚁鼻钱，则为商业流通用币。但在这个例子里，楚庄王决定的似乎是用郢爰这种金币来取代蚁鼻钱，郢爰的重量约270克每枚。由于这些钱币不是铸造的，而是用锤子锻造的，它们并无标准的重量和大小。这些比较大的货币在政治层面上的功能更为显著，但很自然在市场中并不方便，因为市场交易还是以小额为主。因此有可能的是，金币最后没有进入当地的经济流通中，反而成为了与其他诸侯国或地区的政治或经济交易的货币单位，而这种国家规模的交易显然需要面值更大的金币。
陈直也指出，"楚国春秋时之币，轻重大小，尚未发现"，《史记新证》，天津：天津人民出版社，1979年，185页。柳宗元（773—819）在其《非国语》中也曾讨论过齐国使用较轻的货币，见《柳宗元集》，北京：中华书局，1979年，1290页。
② "次行"指每个商户或商店的顺序和地点，见泷川资言，《史记会注考证》，1938a。
③ 参见《史记》卷一二二，3140、3146页，《酷吏列传》。

楚民俗好庳车，王以为庳车不便马，欲下令使高之。相曰："令数下，民不知所从，不可。王必欲高车，臣请教闾里使高其梱。乘车者皆君子，君子不能数下车。"王许之。居半岁，民悉自高其车。

这段记载同样不见于其他同时代或者更早的文本。虽然我们也找不到武帝时期与之相似的政策变化，但这里要表达的主题，即问题总能找到方法解决，而无须订立新法，明显与司马迁生活的时代苛法愈烦的趋势形成强烈对比。

《孙叔敖传》的最后一段，司马迁依据上面的故事做了一个总结，还记录了另外一个著名的故事版本：

此不教而民从其化，近者视而效之，远者四面望而法之。故三得相而不喜，知其材自得之也；三去相而不悔，知非己之罪也。

孙叔敖曾"三得相"的事亦见于《邹阳列传》，这是先秦到汉代有关孙叔敖事迹的一个主题①。但是，这个故事的主角在《国语》中另有其人，那就是楚相子文②，也就是说这可能是某种故事原型，专门用

①《史记》卷八二，2475页。
②《国语》载"昔斗子文三舍令尹，无一日之积，恤民之故也"（上海：上海古籍出版社，1978年，卷二，573页）。《论语》也记载了子张曾向孔子请教子文的三次去相（5/19）。
子文，又或者叫斗谷於菟，是一个传奇性的人物。他被称为"谷於菟"，乃楚国方言，表示由老虎（於菟）哺乳长大，因为他出生时即被抛弃，并由老虎喂养成人。他在公元前664年成为楚国令尹，并一直执政到公元前637年退休。他还是杀害孙叔敖父亲的家族的族长。

来描写那些不贪恋政治的人物。

《循吏列传》接下来记载的人物是子产[1]：

> 子产者，郑之列大夫也。郑昭君之时，以所爱徐挚为相，国乱，上下不亲，父子不和。

司马贞《索隐》此处注曰：

> 《郑系家》云子产，郑成公之少子。事简公、定公。简公封子产以六邑，子产受其半。子产不事昭君，亦无徐挚作相之事。盖别有所出，太史记异耳。[2]

若子产曾事简公（前565—前530）和定公（前529—前514），则他绝无可能还曾事郑昭公（前696—前695），因为昭公卒于简公执政前的130余年。而且徐挚亦不见于其他现存的更早的文献。因此，司马贞对太史公的批评可以说是温和的了，因为就算不考虑史源问题，这里的记载都明显是错误而不是"记异"而已[3]。

《循吏列传》接下来描述子产是如何获得相位的：

---

[1] 西方关于子产的研究有二，一是 E. R. Eichler, "The Life of Tsze-ch'an," *The China Review*, 1886-1987, pp.12-23, 65-78；二是 V. A. Rubin, "Tzu-ch'an and the City-State of Ancient China," *T'oung Pao*, 52（1965-1966）, pp.8-23. 郑克堂有《子产评传》（上海：商务印书馆，1935年），但我尚未看到。华兹生的 *The Tso chuan* 中也有一部分相关的章节（"Tzu-ch'an's Government Policies," New York: Columbia University Press, 1989, pp.154-163）。

[2] 《史记》卷一一九，3101页。

[3] 因为《春秋》的缘故，鲁国国君的年号是更为标准的编年标尺，而且子产与秦国有过多次接触，因此这里的郑昭公可能是指鲁昭公（前541—前530）或秦昭公（前531—前526）。

大宫子期言之君，以子产为相。

尽管大宫子期不见于《左传》和《国语》，司马贞还是为太史公辩护道：

《系家》郑相子驷、子孔与子产同时，盖亦子期之兄弟也。

但从这一解释也可以看到，司马贞并不清楚春秋时期起名的实际情况，因此不必当真。而且，正如王叔岷指出的，有很多其他的文本都告诉我们，推荐子产的人是子皮[1]。《循吏列传》继续写道：

为相一年，竖子不戏狎，斑白不提挈，僮子不犁畔。二年，市不豫贾[2]。三年，门不夜关，道不拾遗。四年，田器不归。五年，士无尺籍，丧期不令而治。[3]

---

[1] 王叔岷，《史记斠证》，台北：史语所，1982年，卷九，3230页。子皮为罕虎的字，据《左传》，子皮曾"授子产政"，见华兹生译本 *The Tso Chuan*，154—155页（译者按，见襄公三十年）。

[2] 对这句话的理解相对开放。《索隐》的解释为"临时评其贵贱，不豫定也"（《史记》卷一一九，3101页）；《正义》的解释为"其数不虚豫广索也"（见《史记会注考证》，1938c页）。也就是说，交易前买卖双方（至少卖方）不会预定价格，这对于传统的中国社会来说是一种理想状态。

[3] V. A. Rubin 对这个文本有着截然不同的理解，他在"Tzu-ch'an and the City-State of Ancient China"（22页）中是如此翻译的："子产为相一年，年轻人不再狎戏，老年人不再负重劳动，奴隶不再越界犁地。为相两年，市场物价稳定，不再升高。三年，人们夜晚也不关门，路上见到有人丢失的东西也不捡走。四年，农具都可以放在田地不拿回家。五年，官吏不再作户籍登记，有时遇到丧葬，他们也无需政令来管理。"译者按，作者与 Rubin 理解的差别在于"僮子"，作者翻译为儿童；另外就是丧葬时，人们自发按礼行事而无需由官吏命令。

这段文字无疑只是对贤官政绩的惯用主题和描述，这种模式，还可以参考上述对孙叔敖在位三个月的描述。

> 治郑二十六年而死。

关于子产在位和死亡时间，已经有其他批评者提出了不同的系年。梁玉绳就指出了几种可能性：

> 《左传》子产以鲁襄十九年为卿，三十年相郑，至昭二十年卒。今以为卿之年计，是三十三年；以为相之年计，是二十二年。此文盖误。《年表》及《郑世家》谬谓子产卒于定十四年，为郑声公五年，其去子产真卒之岁适二十六，得毋以卒后妄加之年为生前治国之年乎？则误中又误矣。[①]

当然，这里第一个值得注意的错误就是"治郑二十六年"。第二个是在《史记》其他卷里记载的日期[②]。崔适对这段记载有不同的推断：

> 又传谓"郑昭君之时，以子产为相，治郑二十六年而死"。案《郑世家》：子产郑成公（前584—前571年在位）之少子，与《左氏》不同，成公乃厉公（前700—前692年在位）之五世孙，厉公乃昭公之弟，子产安得事昭公？《年表》：简公十二年（前554），子产为卿。简公在位三十六年，越定公十六年、献公十三

---

①《史记志疑》，北京：中华书局，1981年，1432—1433页。
②这里可能也是一个误解，因为几乎同一时期，有两个定公，一个是鲁定公（鲁定公二十年为公元前496年），另一个是郑定公（郑定公二十年为公元前516年）。

年、声公五年而子产卒，上距为卿之岁五十九年矣。与此云"治郑二十六年"不合。①

王叔岷也对子产"治郑二十六年"的问题提出了一些反对的证据②。

《循吏列传》关于子产的最后一段是这么写的：

> 丁壮号哭，老人儿啼，曰："子产去我死乎！民将安归？"

这一结尾回应了子产为民众所作的贡献：即子产为相前，这里的"竖子"曾"戏狎"，"斑白"曾"提挈"，"僮子"曾"犁畔"③。《循吏列传》随即进入第三个传主：

> 公仪休者，鲁博士也。以高弟为鲁相④。奉法循理，无所变更，百官自正。使食禄者不得与下民争利，受大者不得取小。

晚清学者杨绍文在《云在文稿·读史记循吏传》中说：

> 又孙叔敖、子产、公仪休，非以吏治为名。⑤

他的判断可能是对的，而且我们还可以进一步推测，公仪休可能

---

① 崔适，《史记探源》，212 页。
② 王叔岷，《史记斠证》，3230 页。
③ 王叔岷还征引了不少文献所载人们在子产死后的悲痛反应，见《史记斠证》，3230—3231 页。
④ "弟"当解释为"第"。
⑤ 见《历代名家评〈史记〉》，694 页。

根本没有知名度，因此与孙叔敖和子产这样受人尊敬的人物放在一起是不合适的。实际上，现存关于公仪休的史料不但稀少，而且还互相矛盾，例如，大家所熟知的《孟子》里有这样一段记载：

> 鲁缪公之时（前407—前377年在位），公仪子为政，子柳、子思为臣，鲁之削也滋甚。若是乎贤者之无益于国也？[①]

尽管普遍认为这里的"公仪子"就是"公仪休"，但根据《说苑》，公仪休所事之鲁公是与楚成王同时代的人（前671—前626在位）[②]。而且，已有学者指出，先秦时期可能尚未设立博士这一职位[③]。公仪休传的第二部分继续写道：

> 客有遗相鱼者，相不受。客曰："闻君嗜鱼，遗君鱼，何故不受也？"相曰："以嗜鱼，故不受也。今为相，能自给鱼；今受鱼而免，谁复给我鱼者？吾故不受也。"

这个故事与《韩非子·外储篇》的记载非常相似：

---

①《孟子》，四部备要本，6B/6。

②为了解决这个问题，向宗鲁（1895—1941）认为《说苑》中的"成王"应该是"戚王"（前339—前329年在位）之误，见《说苑校证》，北京：中华书局，1987年，334页。但是戚王要直到鲁缪公四十年后才继位，公仪休那时似乎应该已经不再活跃于政坛了。而且，在《说苑》的版本里，同时还有楚国召集诸侯举行盟会，这可能是发生在公元前7世纪中期楚国力量不断壮大时，而不大可能是两个多世纪之后。

③这一时期博士是指具体的职位，还是儒生的一般称呼，可参见王叔岷，《史记斠证》，3231页注。

公仪休相鲁而嗜鱼，一国尽争买鱼而献之，公仪子不受。其弟谏曰："夫子嗜鱼而不受者何也？"对曰："夫唯嗜鱼，故不受也。夫即受鱼，必有下人之色；有下人之色，将枉于法；枉于法则免于相。虽嗜鱼，此不必能自给①致我鱼，我又不能自给鱼。即无受鱼而不免于相，虽嗜鱼，我能长自给鱼。"此明夫恃人不如自恃也，明于人之为己者，不如己之自为也。②

《淮南子·道应训》中也有相似的故事③。《循吏列传》是这样结束公仪休的故事的：

食茹而美，拔其园葵而弃之。见其家织布好，而疾出其家妇，燔其机，云"欲令农士工女安所雠其货乎"？

这段文字可能来源于某个早期的《韩非子》版本，因为《太平御览》里有一段相似的故事，据称是引自《韩子》的④。

《循吏列传》的第四个人物是石奢：

石奢者，楚昭王相也。坚直廉正，无所阿避。行县，道有杀人者，相追之，乃其父也。纵其父而还自系焉。使人言之王曰："杀人者，臣之父也。夫以父立政，不孝也；废法纵罪，非忠也；臣罪当死。"王曰："追而不及，不当伏罪，子其治事矣。"石奢

① 卢文弨指出，有些版本中没有"自给"二字，这样的话文义就更加容易理解。
② 王先谦编，《韩非子集解等九种》，台北：世界书局，1989年，卷十四，255页。
③ 刘文典编，《淮南鸿烈集解》，北京：中华书局，1989年，400页。
④ 王叔岷，《史记斠证》，3232页。

曰："不私其父，非孝子也；不奉主法，非忠臣也。王赦其罪，上惠也；伏诛而死，臣职也。"遂不受令，自刎而死。

梁玉绳注此曰：

> 楚相即令尹，昭王时子西尸之，未闻相石奢。《吕览·高义篇》言"昭王使石渚为政"，与此同（"渚"乃"奢"之讹），《史》盖本《吕》而误改作相也。《韩诗外传》二、《新序·节士》并言"昭王有士曰石奢，使为理"。[1]

"石奢"不见于《史记》其他地方。梁玉绳猜测司马迁是以《吕氏春秋》作为此传的底本，是有一定问题的，因为在梁玉绳引的另外一则材料即《新序》里，不但记载了《循吏列传》的第五位传主李离的故事，紧随其后还有一段与此相似的关于石奢的故事[2]。在思考这一并置的源流变化之前，先让我们看看李离的传：

> 李离者，晋文公之理也。过听杀人，自拘当死。文公曰："官有贵贱，罚有轻重。下吏有过，非子之罪也。"李离曰："臣居官为长，不与吏让位；受禄为多，不与下分利。今过听杀人，傅其罪下吏，非所闻也。"辞不受令。文公曰："子则自以为有罪，寡人亦有罪邪？"李离曰："理有法，失刑则刑，失死则死。公以臣能听微决疑，故使为理。今过听杀人，罪当死。"遂不受令，伏剑而死。

---

① 《史记志疑》，1433 页。
② 卢元骏，《新序今注今译》，台北：商务印书馆，1984 年，卷七，243—247 页。

除了本传以及《新序》和《韩诗外传》①中的相似文段，李离的事迹不见于任何其他材料。梁玉绳对这段故事再次提出了怀疑：

《韩诗外传》二、《新序·节士》述李离事各异，此更不全。②

最后，我们再看看太史公在此传的最后是如何评论的：

太史公曰：孙叔敖出一言，郢市复。子产病死，郑民号哭。公仪子见好布而家妇逐。石奢纵父而死，楚昭名立。李离过杀而伏剑，晋文以正国法。③

这段"太史公曰"有两处值得我们注意。一是，司马迁常常会在他的"太史公曰"中提及他所使用的史料④，但在这篇传记里他什么都没提到。二是，这段文字的开头三句似乎是押韵的。

结论

本文开始时，我们讨论了对《循吏列传》的两种批评：第一种认为《循吏列传》与《酷吏列传》有着密切关系；第二种认为，有多种原因表明《循吏列传》很可能并非出自司马迁之手。我们已经考察了

---

① 赖炎元，《韩诗外传今注今译》，台北：商务印书馆，1981年，卷二，65—66页。

② 《史记志疑》，1433页。

③ "正"当理解为"使正规化（regularize）"，亦可理解为"维持其正确性（maintain the correctness of）"。

④ 例如，他在《管晏列传》中提到的材料（《史记》卷六二，2136页）。亦可参见 Grant R. Hardy 关于《史记》档案来源的讨论，"Objectivity and Interpretation in the *Shih chi*,"耶鲁大学博士论文，1988年，115—126页；以及阮芝生，《太史公怎样搜集和处理资料》，《书目季刊》1974年3月，7.4，18—22页。

《循吏列传》作为《酷吏列传》反衬的这一观点，还找到了它们之间更多的对应关系，我们是接受这一观点的。现在就来看看有关《循吏列传》真伪的问题。

很明显，《酷吏列传》中用来贯连历史事件的叙事手段——如按年代顺序排列、共同的主题、重复出现的关键词、传主之间的相互比较等——都不见于《循吏列传》。在传统的批评里，杨绍文的观察是比较经典的：

> 又孙叔敖、子产、公仪休，非以吏治为名，而奢与离又绝不载其政绩（世多以为疑）。[1]

何焯也指出了史料上的一些问题：

> 子产篇不用《左传》。[2]

前面提到了华兹生在《循吏列传》英译本中的批注，他讨论了这些作为"传记"的叙事有什么功能和意义，在他出注的同一句下，冯班（1602—1671）如此说道：

> 太史公叙子产、孙叔敖，二者有政事勋业，皆不叙，阔略仅数语，若曰"为吏当如此也"，二君一邦名相，当与管、晏并传，此叙循吏，非为二君作传也。[3]

---

①《历代名家评〈史记〉》，694 页。
②引自泷川资言，《史记会注考证》，1938b 页。
③同上。

256　│　历史的长河——倪豪士《史记》研究论集

尽管所有这些观察初看起来都支持了《循吏列传》是伪造的论点，但前述《酷吏列传》结尾和《循吏列传》开篇的文本关联却并不支持这样的观点。其实，就这个文本存在的诸多问题，有一种更合理的解释。

　　请读者回想一下，司马迁成年之后的大部分时间都用来准备和编写《史记》。保守估计，单单编写工作就需要花超过十年的时间。他还周游了汉帝国的大部分地区，采访了当地的民众，尽可能地收集了很多口头和书面的历史传统。他在《史记》里提到了八十八种他真实使用过的材料①。而且，作为太史令，司马迁能接触到汉帝国的皇室档案。

　　但正如何焯所说，尽管《左传》里有大量子产的资料（更不用说《国语》中的相似文段），司马迁却一个字都没有用在《循吏列传》。不过，冯班也提到了，太史公并非为子产作传。尽管有关孙叔敖的先秦史料并不多，但它们也都几乎没有出现在《循吏列传》里。

　　因此，如果司马迁真的写了《循吏列传》，他也没有使用像《左传》《国语》和其他汉以前的材料作为他的标准史料，那么他是如何编写《循吏列传》的呢？我认为，这篇传记是司马迁用他从汉室档案中找到的材料直接拼凑而成的，这些材料很可能本来就归于"循吏"这一名目之下。尽管我们无法证明，但有两个例子能支持这一猜想。首先，我们知道《新序》和《说苑》以及很多其他书都是刘向在整理中秘书时编成的，他能接触到很多皇室档案。《新序》和《说苑》都是按照主题分类的，例如"节士"，这表明他所用的档案本身就是按照相似的主题分好类的。上述石奢和李离的故事同样见于《新序》，

---

①阮芝生，《太史公怎样搜集和处理资料》，18—21页。

且二者与在《史记》中一样被并置，这一事实增强了这种猜想的可信度①。

第二，这种猜想还能解决所有有关《循吏列传》的问题，而这些问题在以前只能用"伪造"的理论来解释。例如，前面提到的本传和其他史料，以及本传和《史记》其他地方之间的事实差异——如言子产事昭公，但昭公早于子产百余年——可以解释为，司马迁使用了档案中已经几近完成的逸闻故事作为《循吏列传》的材料。尽管有人可以争辩说，司马迁应该会与其他相似的记载进行比较并修正，但对我来说，那些支持伪造理论的人同样需要回应这样的问题，尤其是伪造者完全可以在他的闲暇时间里检查这些事实细节，而且伪造者在写这篇传记时，应该不会像司马迁晚年那样处于高强度的压力之下。这种猜想还能解释，为什么司马迁最后没有提及他所使用的材料。最后，这也说明了为什么司马迁能记录下那两个不见于其他现存文献的孙叔敖的故事，因为它们只被保存于汉廷的档案室里②。

司马迁使用档案资料作为《循吏列传》的基础，并通过《酷吏列传》的"太史公曰"和《循吏列传》的"序言"将二传勾连起来的这一猜想，与二传互为表里（衬托）的观点是一致的。它还符合汉代文本流传和保存的一般状况。朱自清在《经典常谈》里提醒过我们：

> "书"原是纪录的意思；大约那所谓"书"只是指当时留存着的一些古代的档案而言；那些档案恐怕还是一件件的，并未结

---

① 见254页注②。

② 刘向如何用档案资料来编写《说苑》，以及这些材料后来是如何丢失的，见屈守元（向宗鲁的学生）为《说苑校证》所写的序言，2页。

集成书。成书也许是在汉人手里。^①

根据现存的证据看，我的结论是，《循吏列传》的编写也经历了与朱自清所说的相似的过程，即由档案记录逐渐结集成某部书的一部分，那么认为它是伪造的理论就是不成立的。我的观点是基于《史记》的文本本身，以及它所处的文化和文学背景而形成的。尽管我相信这是唯一能合理地解释围绕这个文本的诸多问题的观点，但若要加强这个观点的可信性，还是要对这个文本和《史记》的其他章节的语言做更为全面的比较。

---

① 朱自清，《经典常谈》，台北：学海出版社，1983年，19页。

司马迁和《史记》的体例

一、引言

在而今的学术界，很多人会引述 E. H. Gombrich 的观点来说"没有历史这种东西，只有历史学家"[1]。虽说如此，在过去的四年半时间里，我们还是将注意力放在了司马迁（约前145—前86）及其父亲司马谈（卒于公元前110年）所作的《史记》[2]，这部书一直被认为是中国最重要的史书之一。

沙畹是西方研究《史记》最重要的学者，他在其法译本前言的开篇，就以一种非常现代的方式为《史记》这部作品及其标题给出了这样的定义：

---

[1] 参见 Gombrich, *The Story of Art*, Oxford: Phaidon, 1991, p.3。
[2] 下文"《史记》的作者"部分将解答其作者问题。

《史记》，就其名称来看，是一本历史的书；它还是一部中国风格的书；最后，这部书已经有两千年历史了。①

沙畹的序言涉及了几个非常重要的事实，有助于我们进一步介绍这部早期中国的重要文本。作为历史书，《史记》共130卷，525,000字，覆盖时代极长，涵盖了自有史以来一直到公元前2世纪末全部的中国历史。它还是一本"中国风格的书"，其结构与构成与西方早期的历史书非常不同。司马迁将他这部巨著分成"五体"，即十二本纪、十年表、八书、三十世家以及七十列传，我们将在第五部分"本纪"对这些不同体裁的特点作进一步的介绍。

一般说来，《史记》被认为是早期中国史的六部主要历史文献之一，其他五部为《尚书》、《春秋》(包括《左传》)、《国语》、《战国策》和《汉书》②，这五部作品各有其重要性。《尚书》是早期中国史的主要档案文献；《春秋》和《左传》因其教诲性的影响而备受推崇；《国语》和《战国策》是先秦中国最重要的对话体历史文献；《汉书》确立了国朝史（断代史）的结构，是后代正史写作的模范。这五部历史文献都对《史记》产生过影响③。不过，《史记》要优胜于它们，这

---

① "Avant Propos," *Les Mémoires historique de Se-ma Ts'ien*, Paris: Ernest Leroux, 1985, v.1, p.i.

② 更多这些著作的信息，可参考译本后参考文献所引的相关研究。

③ 司马迁利用了《尚书》《春秋》以及早期版本的《左传》《国语》和《战国策》。有些学者认为（何四维［Hulsewé］教授的观点是西方学术界中最重要的，见其 "The Problem of the Authenticity of *Shih-chi* Chapter 123, the Memoir on Ta Yüan," *Toung Pao*, 61［1975］, 83—147)，《史记》有一部分已佚，后被人用《汉书》的对应部分补全。榎一雄教授已经对这些猜想所列举的大部分问题作出了响应，但《史》《汉》的关系问题仍尚待解决，参见《史记大宛伝と汉书张骞李广利伝との关系について》，日本:《东洋学报》，第64卷（1983），第1—32页。

主要表现在以下几个方面。

首先，尽管《史记》作为最早的官方历史（正史），在很多方面来说都是后世历史书写的模板，但它的影响远不止在历史，还表现在文学上①。尤其是从唐代开始（618—907），《史记》的风格变成了一种标准，以韩愈和柳宗元为首的古文运动就倡议回归《史记》的书写风格，到了宋朝，很多学者和流派甚至鼓吹"文必秦汉，诗必盛唐"。除了风格上的影响，"列传"这一类型的叙事结构也促进了早期中国传记和小说形式（如志怪和传奇）的形成和发展②。《史记》叙事的情节和人物设置也对像《吴越春秋》和《水浒传》这样不同类型的作品产生过巨大影响。因此《史记》不只是一部重要的早期历史数据库，而且，因为它与其他叙事文本的多面关联性，以及它有着两千多年的历史，它也是早期传统中国历史和文学叙事的最重要的原型。

在介绍《史记》的作者及其流传历史之前，我们有必要介绍一下它的受欢迎度。《史记》是销量最好的书，每次中华书局遇到资金困难问题，他们就会重印《史记》来解决。在1993年西安的一个书展

---

① 见韩兆琦、吕伯涛，《〈史记〉对后世的影响》，《汉代散文史稿》，太原：山西人民出版社，1986年，95—167页；李少雍，《〈史记〉纪传体对我国小说发展的影响》，《司马迁传记文学论稿》，重庆：重庆出版社，1987年，79—203页。
② 可参见傅海波（Herbert Franke）教授的讨论，"Literary Parody in Traditional Chinese Literature: Descriptive Pseudo-Biographies," *Oriens Extremus*, 21（1974），pp.23-31; "A Note on Parody in Traditional Chinese Literature," *Oriens Extremus*, 18（1971），pp.237-257; 以及韩兆琦，《中国传记文学史》，石家庄：河北教育出版社，1992年。

上，《史记》是八大畅销书之一①。

二、《史记》的作者

我们无需再为司马谈和司马迁写一篇传记。除了过去半个世纪在中国出版的上百种有关司马迁父子和他们的生平的书之外，西方也有三本非常重要的著作：Burton Watson（华兹生）的 *Ssu-ma Ts'ien, Grand Historian of China*（哥伦比亚大学出版社，1958年），左景权的 *Se-ma Ts'ien et l'historiographie chinoise*（法国东方出版社，1978年）以及沙畹在 *Les Mémoires histoiques* 中的序言。杜润德也有一部关于司马迁的专著即将出版②。这里，我们只想简单勾勒一下司马迁的生平，以助读者跟上以下关于这个文本的历史及其史学的讨论。不过，有关司马迁生平的资料非常有限，主要是班固的《司马迁传》③，它基本是根据司马迁的《太史公自序》④而作的。

（2709⑤）太史公学天官⑥于唐都⑦，受易于杨何⑧，习道论于黄

---

① 参见 *Press Freedom Guardian* 中的文章，1993年10月15日；《史记》是畅销榜第八，排在第七名的今译《资治通鉴》之后，《我的父亲邓小平》荣居榜首。除了普通读者，学者们也对《史记》孜孜不倦，据张新科和俞樟华的统计，自1949年（至1990年），已出版有100余种和1600余篇以《史记》为主题的著作和论文，见《史记研究史略》，西安：三秦出版社，1990年，第7页。

② 译者按，即 *The Cloudy Mirror: Tension and Conflict in the Writings of Sima Qian*，纽约州立大学出版社，1995年。

③ 《汉书》，北京：中华书局，1962年，2707—2739页。

④ 《史记》，北京：中华书局，1959年，3285—3322页。

⑤ 括号内的数字表示这段文字在中华本《汉书》中对应的页码。

⑥ 在本卷后面的"天官"指的是我们译文中的"the Celestial Office"。

⑦ 颜师古（581—645）相信他是一个方士，见《汉书》卷六二，2211页。

⑧ 《史记》记载杨何是《易》的传授脉络中非常重要的一员。

子①。太史公仕于建元、元封之间。

司马谈是在武帝（前140—前87年在位）元年开始入仕的②。他的职务为太史令，主管祭祀、历法、星占和皇家图书馆。他的学术背景与黄老道学③有很深的关系，这是汉代初年朝廷最主要的学术。

（2714）太史公既掌天官，不治民。有子曰迁。

迁生龙门④，耕牧河山之阳。年十岁则诵古文。二十而南游江淮，上会稽，探禹穴⑤，窥九疑⑥，浮沅湘。北涉汶泗，讲业齐鲁之都⑦，观夫子遗风，乡射邹峄⑧；阸困（2715）蕃、薛、彭城，过

---

① 习黄老之术的人，见《史记·太史公自序》，3288页。

② 据张羽孔、田珏，《中国历史大事编年·远古至东汉》卷一，北京：北京出版社，1986年。

③ 史华慈（Benjamin I. Schwartz）曾讨论过这个哲学术语及其流变，见 *The World of Thought in Ancient China*, Cambridge, Mass: Harvard University Press, 1985, pp.237–254。

④ 此山在夏阳（今陕西韩城）以北25公里，见谭其骧，《中国历史地图集》，北京：地图出版社，1982年，第二册，15—16页。关于司马迁的生年，有两个流行观点。第一个基于《正义》（《史记》3296页），也是最广为人所接受的，我们也采信这个观点，即公元前145年。第二个观点认为是公元前135年，乃据《索隐》（《史记》3296页）。

⑤ 据三国时期的张晏（见《史记》3294页《集解》注），大禹在会稽死后，一般认为他被葬于山上的某个洞穴中。

⑥ 张晏（见《史记》3294页《索隐》注）认为舜被安葬在这些山中。

⑦ 泗水向东南方向在今天山东的东南部汇入淮河；汶水向西南流入山东省北部（谭其骧，《中国历史地图集》，第二册，19—20页）。司马迁跨越泗水后即到达鲁国，然后乘渡船进入齐国。

⑧ 汉代的邹县在今山东省曲阜南边25公里处，峄山在邹县北边数里处（谭其骧，《中国历史地图集》，第二册，19页）。这里是孔子的家乡。

梁楚以归①。于是迁仕为郎中②，奉使西征巴蜀以南，略邛、筰、昆明③，还报命。

司马迁早年的生活对于一个历史学家来说是非常理想的。他在二十岁以前就学习了很多知识，也许他早已萌生要成为历史学家的意识，这促使他周游中国的名山大川，瞻仰相关的古代伟大历史人物遗迹，如舜、禹、孔子和项羽，他们都是他初学文化就会遇到的人。

是岁，天子始建汉家之封④，而太史公留滞周南⑤，不得与从事，发愤且卒。而子迁适反，见父于河洛之间。太史公执迁手而泣曰："予先，周室之太史也。自上世尝显功名虞夏，典天官事。后世中衰，绝于予乎？汝复为太史，则续吾祖矣。今天子接千岁之统，封泰山，而予不得从行，是命也夫！命也夫！予死，尔必为太

---

① 蕃、薛、彭城、梁和楚（后二者是汉代的小侯国，分别以现代的商丘市和徐州市为中心）的半径大概都在50公里左右。彭城（今徐州）在薛的南边50公里，在蕃的南边60公里。华兹生（*Ssu-ma Ch'ien*，207页，注47），与沙畹一样，都回想起了司马迁在《史记·孟尝君列传》中说过："吾尝过薛，其俗闾里率多暴桀子弟，与邹、鲁殊。问其故，曰：'孟尝君招致天下任侠，奸人入薛中盖六万余家矣。'"他相信这能解释司马迁在这片区域所发现的问题。除了曾封孟尝君，这整片区域也是司马迁书中另一位英雄人物项羽的家乡和根据地。

② 郎中，英译为 Palace Attendant。

③ 徐广（353—425）注曰平西南夷在公元前111年，这次行动可能始于公元前110年。邛都在今四川省西昌市附近（谭其骧，《中国历史地图集》，第二册，12页），筰都在邛都西边，昆明在今云南昆明市西边50公里。

④ 《史记·五帝本纪》有"岱"山，钱穆（《史记地名考》，656页）认为即山东泰山，即封禅之山。

⑤ 张晏（见《史记》卷一三〇，3295页《索隐》）认为周南包括了陕县东部地区（今河南省三门峡市，谭其骧，《中国历史地图册》，第二册，7页）。这与下文的描述是符合的（如下文称"河雒之间"）。

史；为太史，毋忘吾所欲论著矣。（2716）且夫孝，始于事亲，中于事君，终于立身；扬名于后世，以显父母，此孝之大也。……"

司马谈的遗言极具感染力，让我们清楚了解到司马迁作《史记》的两大动机——他父亲对他的临终嘱托，以及汉室不重视如司马谈这样鞠躬尽瘁的大臣——这些最后还使司马迁对汉家提出了严厉的批判。

"孔子修旧起废，论《诗》《书》，作《春秋》，则学者至今则之。自获麟以来四百有余岁，而诸侯相兼，史记放绝。今汉兴，海内一统，明主贤君，忠臣义士，予为太史而不论载，废天下之文①，予甚惧焉，尔其念哉！"迁俯首流涕曰："小子不敏，请悉论先人所次旧闻，不敢阙。"卒三岁②，而迁为太史令，绌史记石室金匮之书。

这里的"石室金匮之书"，很可能指的是藏于皇家图书馆的档案和文件。很多学者已经指出③，相比于那些无法接触这些材料的历史学家，司马迁有着极大的优势。他非常熟悉这些额外的材料，加上他周游天下的经验和知识，都为他父亲给他留下的宏伟任务做足了准备。司马迁在四年之后便开始了《史记》的编纂（前104）。

---

① 这里的"文"在《太史公自序》中作"史文"，《史记》卷一三〇，3295页。英译本将此处的"文"译作"civilized endeavors"，而"史文"则作"historical writing"。
② 有关年数计算方法，见英译本第七卷的"Note on Chronology"介绍。这里的"卒三岁"实际上是指在司马谈死后的第三年，这在《史记》中是非常常见的。
③ 例如刘乃和《司马迁和史记》，北京：北京出版社，1987年，第7页。

（2720）于是论次其文。七（十）年而太史公遭李陵之祸①，幽于缧绁。

乃喟然而叹曰："是余之罪夫！身亏不用矣。"退而深惟曰："夫《诗》《书》隐约者，欲遂其志之思也。"②卒述陶唐③以来。

李陵是汉代名将李广之孙，本乃前途无可限量的将军④。他曾与司马迁同朝共事，尽管他们并非亲密好友，但司马迁十分尊敬他。在一系列由于嫉妒引起的将领之间的复杂事件之后，李陵被单独派出领步兵五千去分散匈奴兵力⑤。他的部队英勇奋战八日八夜，就在将要安全返回汉朝边境居延时，被一名心怀不满的军官背叛⑥，终为匈奴骑兵所败。李陵自己投降了。汉武帝怒火中烧，而就在朝中大臣都批评李陵的时候，司马迁竟想通过为自己曾经的同僚李陵说情来让武帝恢复理智。司马迁的好意落空了。汉武帝不满司马迁的莽撞，将其关进了监狱⑦。他被审判并被判处死刑或腐刑。活着才能完成对父亲的承诺，完

<hr>

① 见英译本此段译文下的讨论。

② 换言之，他们的目的就是要隐晦其文，这样他们就既能进谏，又避免了司马迁所遭受的酷刑。

③ 即尧帝。

④ 见《史记·李将军列传》，卷一〇九。

⑤ 有关李陵此次战事的记载，见《史记》2877—2878 页。司马迁在《报任安书》中将其为李陵的辩护以及他最后的遭遇联系起来了，《报任安书》见《汉书》2735—2736 页以及 2726—2733 页。又见鲁惟一，"The Campaign of Han Wu-ti," Frank A. Kierman, Jr. and John K. Fairbank eds., *Chinese Ways in Warfare*, Cambridge, Mass. Harvard University Press, 1974, pp.119–122。

⑥ 译者按，《史》《汉》似乎都没有提及背叛李陵的人。

⑦ 《西京杂记》载汉武帝读了《景帝本纪》后被司马迁对自己父亲的批评惹怒了，于是删去了这一卷（《四部丛刊》，6:3b—4a）。如果这是真的，也就可以部分解释司马迁为李陵辩护时，汉武帝何以反应如此巨大。

成历史书写事业，秉持着这一信念，他最终选择了腐刑。尽管他的忠诚导致了他身体的残缺，但也同时巩固了他要完成历史书写的决心，他在接下来的几年就一直埋头其中①。

（2723）凡百三十篇，五十二万六千五百字，为《太史公书》。序略，以拾（2724）遗补艺，成一家言，协六经异传，齐百家杂语，藏之名山，副在京师，以俟后圣君子②。第七十，迁之自叙云尔。而十篇缺，有录无书。

我们能从太史公的诸多评论里看到，他相信他自己是在向一般读者提供他们所无法接触到的材料（很可能来自官方档案）③。他将其作品的两个副本分别"藏之名山"和"通邑大都"（京师）。后面的这个副本一般认为被藏在兰台，但"名山"的具体位置则不得而知了④。

①有些学者相信司马迁在公元前99年，即下狱后就没有再写《史记》了。不过，施丁认为我们只能确定司马迁要么是在太初年间（前104—前101），要么是在天汉年间（前100—前97）完成《史记》书写工作的，参见氏作《司马迁写〈史记〉终讫考》，《汉中师范学院（哲社版）》，1988年，70—76页。那么问题就变成，司马迁停笔时《史记》是否已经完成了？

②这很容易让人想起《公羊传》的最后一条注疏，其曰孔子也在等待后世的君子来阅读他编的《春秋》，见《春秋公羊传何氏解诂》四部备要本，Ai 14，28:6b。这种联系的暗示在他的自序中反复出现，司马迁借此将自己比作孔子，将其《史记》比作《春秋》。

③见其对管仲和晏平的评论（《史记》卷六二，2136页）："至其书，世多有之，是以不论，论其轶事。"

④《索隐》相信所谓"名山"很可能是指古代帝王藏策的一个地方（《史记》卷一三〇，3321页）。另外也有学者认为，"名山"指其将副本藏于自己家中（参见张新科、俞樟华，《史记研究史略》，11页）。张、俞的观点符合我们所知的《史记》的一个副本传到了司马迁外孙杨恽手上的记载（见下注）。亦可参见易孟醇，《史记版本考索》，收录在王利器主编，《史记注译》，西安：三秦出版社，1988年，19页。

这里的"后圣君子"对应了本卷提到的其他古代的"君子",暗示了司马迁将自己的事业与圣人比肩。上引的最后一句是班固的话。"十篇缺"具体指哪些,以及它们又是如何重现的,已经成了一个专门的学术问题。一种可能性较大的理论是,这十篇是褚少孙重写的[①]。

> （2737）迁既死后[②],其书稍出。宣帝时,迁外孙平通侯杨恽[③]祖述其书,遂宣布焉。至王莽时,求封迁后,为史通子。[④]

三、《史记》的接受史

（一）文本史

上引司马迁传记的最后一部分表明,尽管《史记》在两千年来对历史学、传记和原始小说这些文体有着深远影响,但它早期的接受史

---

① 鲍格洛（Timoteus Pokora）支持褚少孙是今本《史记》续写部分的作者的观点,他还正着手写一本题为《褚少孙——〈史记〉的第三个作者》的书,不幸的是他最近也永远地离开了我们,参见氏作 "Shih chi 127, The Symbiosis of Two Historians",收录在白光华（Charles Le Blanc）、白瑞德（Susan Blader）编,*Chinese Ideas about Nature and Society, Studies in Honour of Derk Bodde*,香港:香港大学出版社,1987年,215页。

② 司马迁卒年至今仍是未解之谜,但他大约卒于汉武帝晚年或武帝后很短一段时间,很多学者都认为最有可能的是公元前86年（如聂石樵,《司马迁论稿》,北京:北京师范大学出版社,1987年,42页）。也有观点认为应更早一些,如韩兆琦,见《史记通论》,北京:北京师范大学出版社,1990年,29页,又如肖黎,《司马迁评传》,长春:吉林文史出版社,1986年,53页;而另外一些则认为是稍晚一些,如程金造认为晚至昭帝时期（前86—前74）,见氏作《史记管窥》,西安:陕西人民出版社,1985年,105—123页。

③ 见《汉书》卷六六《杨恽传》,2889—2898页。

④ 英译为 "Viscount who comprehends History"。

是模糊的①。在修订和扩充其父亲交付给他的手稿将近十年之后，司马迁很明显在公元前99年左右停止了这个后来被称为《太史公书》的文本的工作。一般认为他停止工作是由于李陵案和他自身被收监。由于在书中发现有司马迁对汉廷统治的不满的描写②，这部著作一直到杨恽时都没有被人看过。杨恽是司马迁的外孙，他很明显继承了司马迁的家传副本，并在宣帝时期"祖述其书"。尽管班固称其书在司马迁死后"稍出"，而且其后人被封为"史通子"，但在将近一个世纪的时间里，要看到在皇家图书馆的这个副本都是极其困难的，因为这部作品及其作者都被认为是非正统和危险的③。刘向、桓宽，当然还有班固——他是《汉书》的作者而且很多卷目是基于《史记》的对应文本的——他们都能看到《史记》④。到了桓帝和灵帝时，出现了更多提到司马迁的史书的作品。这样的发展变化，以及首次出现称其为《史记》⑤的记载，都表明其所背负的污点已经被卸下，它终于可以为人所阅读而且无需提到其作者的"罪过"。在东汉末年和三国之交，出现了一些将《史记》称作"三史"之一的记载（另外二史为班固的《汉书》和《东观汉记》）。

此时期也出现了首部关于司马迁《史记》的注，即谯周（199—270）的《古史考》二十卷，他用经典文献的记载来验证和修订《史

---

① 以下的大部分讨论主要是根据张新科和俞樟华的《史记研究史略》，西安：三秦出版社，1990年。

② 见前注。

③ 这部分是因为这个文本窜入了很多战国修辞学家的演说，而他们的目的是要让自己所在的侯国称霸，这对汉代的统治者而言无疑是不安定的因素。

④ 张新科、俞樟华，《史记研究史略》，12—14页。

⑤ 梁玉绳认为，《史记》这个新题目是"盖取古'史记'之名以名迁之书，尊之也"。《史记志疑》，北京：中华书局，1981年，1489页。

记》。徐广的《史记音义》是第二部重要的研究。这两部作品都被裴骃引用到其《史记集解》，即后人所称"三家注"中的一种。裴注是三家注中范围和规模最大的，他征引了经典文献、诸子著作以及谯周和徐广的注。三家注的第二种是司马贞（约活跃于745年）[1]的《史记索隐》，他的目的主要是解释文本中的隐喻并解释裴骃所忽略的问题。最后一种是张守节[2]的《史记正义》，他尤其擅长对早期地名作详细的解析[3]。到了宋朝时，三家注才第一次被人合刻于一个版本中[4]。现存的主要版本都包含了"三家注"。这里我们只介绍与我们的翻译相关的文本。

在决定选用哪些底本时，我们一般会先参考前人成果[5]，我们先是参考尾崎康关于宋本《史记》的研究[6]。尾崎康认为，百衲本二十四史中的《史记》版本（即黄善夫在南宋绍熙年间［1190—1194］所编

---

①据《全唐文》（台北：文友书店，1972年，402:5189［2a］），司马贞时为润州刺史。若此为真（《新唐书》称其在开元年间［712—742］为润州"别驾"，北京：中华书局，1979年，58:1457；亦见 Robert des Rotours, *Le Traite des Examens*, Paris: Ernest Leroux, 1932, p.23），那么又据郁贤皓《唐刺史考》（南京：江苏古籍出版社，1987年，卷四，1617—1620页），公元740年代似乎无人任润州刺史，故我们猜测是在745年。

②张守节，见《全唐文》，台北：文友书店，1972年，397:5121（13a—14a）。

③见张新科、俞樟华，《史记研究史略》，37—42页；陈可青等，《司马迁研究新论》，郑州：河南人民出版社，1982年，396页。

④见张新科、俞樟华，《史记研究史略》，37—42页。

⑤《史记》的版本问题相当复杂，而且因为中国大陆与台湾的学者之间缺乏交流而变得更为复杂（直到最近，两边的学者才逐渐可以开始看到对方的藏本）。不过，读者可以参考《史记研究的资料和论文索引》中列出的诸版本（北京：科学出版社，1957年，1—8页），以及杨燕起、俞樟华编《史记研究资料索引和论文、专著提要》，兰州：兰州大学出版社，1988年，1—15页。

⑥见氏作《正史宋元版本之研究》，东京：汲古书院，1989年，161—231页。

辑版本，台北：商务印书馆重印，1968年）①，以及仁寿二十五史中的北宋景祐国子监本（1034—1037，台北二十五史编刊馆重印，1955年），是两个最重要的本子，因为它们代表了两大独立文本传统的基础。当我们发现泷川资言的《史记会注考证附校补》（日本东方文化学院，1934年）以及顾颉刚等编辑的中华书局本（1959）这两个学界使用最多的本子，都没有使用这两个最重要的本子时，它们的重要性就更加明显了。

由于我们选择了中华书局本作为底本，因此就有必要作更仔细的考察。中华书局本的编辑，即顾颉刚和宋云彬，选择了金陵书局的"史记集解索隐正义合刊本"作为他们的底本②。杨燕起已经指出，金陵书局本是以1525年王延哲（1483—1541）的刻本为底本的③。

金陵书局本是在1866至1870年间编辑完成的。第一年由唐仁寿主持，1867年张文虎参与了工作，而且很明显最后的成果被冠以了他的名字。张文虎还编了《校刊史记集解索隐正义札记》来解释他对文本的校订（北京：中华书局重印，1977年）。张文虎参考了近二十种早期文本，其中包括一些宋代的残本，而且根据梁玉绳和王念孙的

---

① 除了这个版本，商务印书馆亦曾将《端方藏刘燕庭集史记》作为百衲本之一影印出版过，见《史记研究的资料和论文索引》，北京：科学出版社，1957年，3页。

② 金陵书局是由曾国藩（1811—1872）1864年年初在安靖设立的，其名字乃为纪念南京从太平天国手中光复而定。其聘任了汪士铎（1802—1889）、莫友芝（1811—1871）和张文虎等著名学者，他们的责任之一是抢救和修复太平天国时期被毁坏的文献。金陵书局刻印过一些经典文献和官史的重要版本（参见恒慕义［Arthur W. Hummel］，*Eminent Chinese of the Ch'ing Period,* 美国政府出版局，581页和753页）。

③ 杨燕起、俞樟华编，《史记研究资料索引和论文、专著提要》，兰州：兰州大学出版社，1988年，8页。

研究作出了一些校改①。不过，如前所述，他似乎没有看到百衲本和监本。依据张文虎校勘本的中华本编辑们，以及那些准备其基础文本的学者，也没有看到百衲本或是监本。因此，我们的译本会对比百衲本、监本和中华本三个版本。

中华本没有参考其他版本，而且自身还出现了两个版本：即1959年出版的一版（分别有10卷的平装本和6卷的精装本），以及1982年出版的二版（只有10卷的平装本）。两版的分页是相同的，但是我们发现了一些断句上的小改动，不单是两版之间有不同，就算是同一版的不同印次之间也有不同。然而，新版中没有提到任何改动（及其原因）。尽管这些改动都不是很重要（我们也几乎没有在翻译中标注），但中华书局的编辑还是应该在之后的再版中给出一些说明②。

（二）现代译本

在结束对《史记》文本历史的简要追述时，有必要对早期的译本作简要的评论③。虽然不是最早的④，但是沙畹的译本依然是第一个篇

① 梁玉绳《史记志疑》和王念孙《读书杂志》是现代《史记》文本研究最重要的两部著作。
② 1993年夏，我曾和傅璇琮先生见面，他是中国非常著名的学者，也是中华书局的副总编辑。当被问及这两个版本之间的改动时，傅先生承认，1959年版后的诸多重印本（不只是1982年的新版）都有这些改动（很多都是因著名的语言学家吕叔湘所写的一封信而修改的），而且应该在新的前言或序言中说明这些改动。
③ 以下的讨论主要受到了鲍格洛所写的 "Bibliographies des Traductions du *Che Ki*" 启发，*Les Mémoires historiques*, v.6, pp.113–146。
④ 在19世纪中期，奥地利汉学家奥古斯特·菲兹麦尔（August Pfizmaier, 1808—1887）曾将24卷的《史记》翻译成德文。不过，菲兹麦尔的这些译本是分好多次在 *Sitzungsberichte der Wiener Akademie der Wissenschaften* 上发表的，因此不容易收集全。罗斯奈（Léon de Rosny）和 H. J. Allen 也曾翻译过《史记》，时间大约在19世纪末，但他们只翻译了前两卷，发表在 *Journal of the Royal Asiatic Society*，1894年，278—295页，以及93—110页。

幅最大的译本，而且到目前也是最优秀的。从1895年至1905年，沙畹以 *Les Mémoires historiques de Se-ma Ts'ien* 为题陆续出版了5卷译本，包括《史记》的前四十七卷①。沙畹的工作代表了法国汉学传统的最高成果。不过，他的工作并未完成②，这种"未竟"的心愿激发了不少学者，尤其是欧洲的学者，都决心要完成这项工作③。

　　沙畹五卷本出版之后，陆续有学者想补完《史记》的翻译④。1930年，卜德（Derk Bodde）翻译并注释了与秦朝相关的4卷（卷八三、八五、八六 [荆轲] 以及八七）⑤。海尼士（Erich Haenisch，1880—1966）用德文翻译了22卷（卷六八至八九），大部分是与战国时期相关的，但他的译文并未全部出版⑥。《史记》学者严复礼（Fritz

①1969年，康德谟（Max Kaltenmark）出版 *Les Mémoires historiques de Se-ma Ts'ien* 第六卷，其中包括三卷沙畹的遗稿（卷四八—五〇），以及康译的两卷（卷五一、五二）。

②沙畹本来计划全译，并在早年在中国期间已经完成了全部的草稿，不过他后来对佛教愈发感兴趣，因此就很少再修改这些草稿了，见 Timoteus Pokora, "Bibliographies des Traductions du *Che Ki*," *Les Mémoires historiques*, v.6, pp.115-116。

③1960年代末，我在波恩大学求学，当时的学者还在商议要组建一个团队来完成整部《史记》的翻译。

④受限于《史记》翻译的繁重工作，以下的讨论其实未将所有译本都罗列出来，其中也包括了一些重要学者的杰出译本，如吴德明教授（Yves Hervouet）以及富善教授（C. S. Goodrich）等。

⑤*Statesman, Patriot, and General in Ancient China*, New Haven: American Oriental Society, 1940; *China's First Unifier, A Study of the Ch'in Dynasty as Seen in the Life of Li Ssu*, Leiden: E. J. Brill, 1938.

⑥海尼士曾提到他翻译了卷六八至八九，但这些译稿最后都未能付梓，见其 "Gestalten aus der Zeit der chinesischen Hegemonie-kämpfe, Übersetzungen aus Szema Ts'ien's Historischen Denkwürdigkeiten," in *Abhandlungen für die Kunde der Morgenlandes*, XXXIV.2（1962），pp.vii-viii，其中收录了卷七五—七八的译文。鲍格洛指出，海尼士在1961年4月22日的来信中称自己翻译了24卷。海尼士的另外两部出版物中也收录了一些他自己的翻译，即 "Der Aufstand von Ch'en She im Jahre 209 v. Chr. [Chapter 48]," *Asia Major, N.S.*, 2（1951），pp.72-84，以及 *Der Herr von Sin-ling, Reden aus dem Chan-kuo ts'e und Biographien aus dem Shi—ki*, Stuttgart: Reclam, 1965，收录了卷七〇、七七、八七与八八等。

Jäger，1866—1957）也出版了数卷译文①，1955年他还曾尝试将欧洲出版过的数种译文综合在一起②。1950年代，还出现了另外两个《史记》翻译项目，分别由苏联学者 V. Panasjuk（翻译了17卷）③以及美国学者 Frank A. Kierman（卷八〇至八三）主持④。

实际上，第二个试图将整本《史记》翻译成西方语言的是一个美国学者，即华兹生（Burton Watson）。他从1950年代开始，断断续续地翻译了四十余年（他1951年完成的硕士论文，是对《史记》卷一二四的翻译）。华兹生一开始翻译了65卷（其中全译56卷，节译9卷），主要是与汉朝相关的部分，并以 *Records of the Grand Historian of China* 为题出版（2卷本，纽约：哥伦比亚大学出版社，1961年）。1960年代后期，他又翻译了5卷并以 *Records of the Historian,*

---

① 如其 "Das 82 Kapitel des *Schi-gi*," *Sino-Japonica, Festschrift Andrè Wedemeyer zum 80. Geburtstag*, Leipzig, 1956, pp.107–117。海尼士和严复礼都鼓励他们的学生研究《史记》，其中一些即以此为博士论文题目，如鲍吾刚（Wolfgang Bauer）"Chang Liang und Ch'en P'ing, Zwei Politiker aus der Gründungszeit der Han-Dynastie," 慕尼黑大学博士论文，1953年。

② 鲍格洛教授的项目算其中一个。据海尼士（见其 "Introduction to 'Gestalten'," p.viii），鲍格洛已经对卷四〇至一三〇做过很多次的修改。尽管鲍格洛教授已经离世数年（1985），但这些译稿还未能得以出版。在最近发表的一篇鲍格洛的文章里，他也提到 "在我即将出版的书 *Ch'u Shao-sun—The Third Author of the Shih chi* 中，我希望能发表有关这些被认为是褚少孙所续、但从未被翻译过的《史记》章节的研究与译文"。见 "*Shih chi* 127, the Symbiosis of the Two Historians," 收录在白光华、白瑞德编，*Chinese Ideas about Nature and Society, Studies in Honour of Derk Bodde,* 香港：香港大学出版社，214—234页。不知道鲍教授的遗稿是否有一天能付梓以飨读者。

③ Panasjuk 教授的翻译很明显是给普通读者阅读的，见 *Syma Czjan', Izbrannoe*, Moscow, 1956。

④ 见其 *Ssu-ma Ch'ien's Historiographical Attitude as Reflected in Four Late Warring States Biographies*, Wiesbaden: Harrassowitz, 1962。

Chapters from the Shih chi of Ssu-ma Ch'ien 为题出版（纽约：哥伦比亚大学出版社，1969年）。去年他出版了第三卷 *Records of the Grand Historian: Qin Dynasty*（香港、纽约：哥伦比亚大学出版社，1993年），包括10卷新的译文。华兹生总计已经翻译出版了80卷，这是目前最完备的《史记》译本。

华兹生的成就很可能马上就要被超过了，因为我最近（1993年3月13日）收到了来自俄罗斯汉学家 Juri L. Kroll 的来信，他说越特金的第六卷俄文译本 *Istoricheskie zapiski*（"*Shi tszi*"）已经出版了（莫斯科），我们还没看到这本书，但据称其中包含了卷四一至六〇，而且越特金教授已经完成了另外的44卷（总数达104卷）[①]。

四、我们项目的历史与相关信息

此部分详见本书《走进历史长河——我与〈史记〉翻译》。

五、关于司马迁历史编纂学的一些看法

尽管本文一开始曾引 E. H. Gombrich 教授的观点说"没有历史，只有历史学家"，司马迁及其"历史"还是经受住了时间的考验。这与太史公的历史编纂能力是分不开的。不过，正如左景迁、沙畹、华兹生，以及其他众多的中国学者所指出过的，这个问题足以让我们写一整本书，不是一个译本的序言能说清的[②]。如果我们要专门展开这个

[①] 鲍格洛和卜德教授对其早期的译文写过评论，见 *Orientalistische Literaturzeitung*, 82.3（1987年5月—6月刊），229—239页，以及 *JAOS*, 110.1（1990年1月—3月刊），183页。

[②] 上文已经讨论过华兹生和沙畹的研究。左景迁的研究，*Se-ma Ts'ien et l'historiographie chinoise* 1978年在巴黎出版，中文研究更是不胜枚举。

问题，也许应该等到最后一卷译本完成之时。

因此，这里我们只讨论司马迁如何处理早期中国历史的一个方面，即汉之前的历史，这也是本卷和第七卷译本的主要内容，并对"本纪"这一文体作一些评论。

读过我们翻译初稿的同行都提出了的一个主要问题是[1]，太史公有时似乎会搞错某些专用术语、地名、官职等的时代，例如，他在开篇说的（《五帝本纪》）：

> 诸侯相侵伐，暴虐百姓。

现在的中国早期史学者都知道当时（轩辕、神农时代）并无诸侯，一般认为诸侯是周朝时才出现的[2]，但司马迁可能并不知道这一事实。"诸侯"这个词数见于《尚书》（当然，并不是在五帝时期，即上引司马迁所说的年代），而且司马迁似乎甚至相信，在最早的历史阶段，存在着一个与周代晚期并不完全不同的政治系统。实际上，司马迁经常会将汉代的价值观和观念加诸早期历史中。当然，这种将个人想法加诸历史文本的做法，在汉代是相当普遍的（而且似乎一直到1990年代依然如此）。吉德炜说：

> 在阅读西周的档案时，例如《尚书》，一定要注意的是，最

---

[1] 尽管我们在译文下出过很多脚注来讨论这个问题，但直到吉德炜（David H. Keightley）教授敦促，我们才终于得出了一个相对普遍的回答。我们非常感谢吉教授，是他让我们明白要让我们的读者注意到司马迁的视角。

[2] 不过，吉德炜教授在其博士论文中已经"嗅"到了商代时存在一个"准封建"政府，见其 "Public Work in Ancient China: A Study of Forced Labor in the Shang and Western Chou,"哥伦比亚大学，1969年，12页。

可靠的注解……并不是来自汉代或后来的学者，他们都是在这些档案写成后的五百到一千年后才开始做出这些学术性猜测的，而且他们还不可避免地被东周和汉代的现实所影响了……①

那么接下来的问题就是，我们是否应该"修正"司马迁的"讹误"呢？在这种情况以及其他一些情况下（例如系年和地理方面），我们最后决定在译文中保留司马迁的意思。而当我们有限的学力能在某些特别的主题下作一些解说，我们就会作出脚注。不过，我们还是将大部分这样的问题留给了专门研究那些时代的学者来解决。沙畹的译本给我们提供了一些很好的范例，他说：

> 人们很容易会从以下两个视角来研究历史作品：首先，我们可以对材料进行考证来辨认出哪些是作者自己看到的，哪些是他从同时代的人那里学会的，哪些是他从前人那里学来的……第二，我们可以尝试判断作者赋予了这些材料怎样的形式，他的头脑就像是一个折射事实之光线的棱镜。（"Avant-Propos," *Les Mémoire historiques,* v.1, pp.i-ii）

我们相信，作为翻译者，在阅读早期中国史时，我们必须尽可能地保持一种与司马迁非常接近的"折射度"。我们并不想要订正他的文本，而只是将其重现。这样才能让研究早期历史和历史学的学者都能看到司马迁赋予其所见材料的形式，以及他在处理材料时的倾向性。富善（C. S. Goodrich）教授似乎也支持这种翻译思路，在其《剑桥中国

---

① 吉德炜，"Public Work in Ancient China: A Study of Forced Labor in the Shang and Western Chou,"哥伦比亚大学，1969年，168页。

史·卷一》的书评文章"A New History of Early Imperial China"（刊于 *JAOS*，108［1988］，p.461）中，他如此说道：

> 这让我想起了司马迁。鲁惟一教授（pp.3-5）和卜德教授（pp.90-102）都对他作出了一些非凡的评价。但是，他们的关注点都是《史记》作为一种史料的可靠性。但司马迁和《史记》并不只是一种史料。他们自己本身就是汉代历史的重要组成部分；他们告诉我们，一个非凡的历史学家是如何讲述人类的经验的，而且他塑造了其国人如何看待这些经验的方式。

六、作为一种文体的"本纪"

如前所述，一般将"本纪"翻译为"basic annals"，这是司马迁《史记》五体中的第一种。尽管一些最被人推崇的段落即出自本纪（如卷七关于鸿门宴的描述），但本纪是最少被阅读和翻译的。

司马贞在其《索隐》中是如此定义"本纪"的（《史记》，1:1）：

> 纪者，记也。本其事而记之，故曰本纪。又纪，理也，丝缕有纪。而帝王书称纪者，言为后代纲纪也。

这里有两点是我们比较感兴趣的：首先，"本"在这里有"追寻事件的根本"的意思，而记录在"本纪"中的事件在某种意义上是根本性的和最重要的；第二，司马贞提出了"纪"的其他引申义（如这里的"丝缕"），以说明本纪的内容可以作为理想统治的"楷模"（又或者是对不理想统治的警戒）。

刘知几（661—721）对"本纪"提出了更详细的论述：

> 盖纪者，纲纪庶品，网罗万物。考篇目之大者，其莫过于此乎？及司马迁之著《史记》也，又列天子行事，以本纪名篇……迁之以天子为本纪，诸侯为世家，斯诚谠矣。但区域既定，而疆理不分，遂令后之学者罕详其义……盖纪之为体，犹《春秋》之经；系日月以成岁时，书君上以显国统……又纪者，既以编年为主，唯叙天子一人。有大事可书者，则见之于年月；其书事委曲，付之列传。（《史通通释》，2:7a—8b, SPPY ）

刘知几的这些论述，在后来浦安迪教授（Andrew H. Plaks）的"Towards a Critical Theory of Chinese Narrative"[①]对文体术语的讨论中得到了响应。刘知几试图用《史记》的另外两种文体（即世家和列传）来界定本纪之义。世家和本纪都是按年编序的，但本纪所记乃天子之行事（《吕太后本纪》所记为太后之行事）。列传和本纪都记载事件（有时候还会记同一件事），但是列传的细节更丰富。刘知几还批评司马迁自己僭越了本纪的界限，他认为秦庄襄王以前当作"世家"而非"本纪"。

实际上，《史记》中有三种"本纪"：（1）第一种是记录早期历史的，这类文本的年月日的记录，甚至连天子的记载都是不可靠的（如《五帝本纪》）;（2）记载整个朝代历史的本纪（如《史记》卷二至卷五，即夏、殷、周、秦本纪）;（3）只记载一位君主行事的（《史记》

---

① 见浦安迪，*Chinese Narrative, Critical and Theoretical Essays*，普林斯顿大学出版社，1977年，309—352页。

卷六至卷十二）。有学者认为，"本纪"源自吕不韦的《吕氏春秋》，但是司马迁曾提到一个叫"禹本纪"的文本（《史记》123:3179），而且他很可能就是从《春秋》一书萌生出"本纪"的概念的。当然，司马迁的"十二本纪"也可能是呼应了《春秋》的"十二公"。

七、作为一种文体的"列传"

《史记》是公元前1世纪晚期以中国人的视角给"已知的世界"所写的一种历史。诗人王红公（Kenneth Rexroth）认为《史记》"至少与吉本［的《罗马帝国衰亡史》］一样重要"，而且"在更多人的历史意识形成中扮演了更为巨大的角色"[①]。《史记》是按照"本纪""表""书""世家"和"列传"五个部分排序的。我们本卷译本收录的是列传的前28卷，从周朝（前1122—前256）初期即卷六一《伯夷列传》开始，到秦末（前256—前212）的卷八八《蒙恬列传》结束。

我们将"列传"译为"memoirs"[②]。现代学者对这个名词的理解也有很多，最主要的观点有如华兹生（Burton Watson）在其 Ssu-ma Ch'ien, Grand Historian of China 的 "Memoirs" 中提到的（哥伦比亚大学出版社，1958年，120—131页），或李克曼（Pierre Ryckmans）"A New Interpretation of the Term Lieh-Chuan as Used in the Shih-chi"（PFEH, 5［1972］,135—147页），以及水泽利忠的"列传解说"（《新释汉文大系·史记八·列传一》，明治书院，1990年，1—

[①] Kenneth Rexroth, *More Classics Revisited*, New York: New Directions, 1989, p.23.
[②] 译者按，英语中的回忆录，主要是指以第一人称所写的自传体的意思；也指以一个人为主题，叙述围绕其发生的私人或公共事件的一种文学体裁。

29页）①。华兹生虽然已经注意到，"列"的意思是"arrange 安排，set forth 陈列"（"Memoirs"，121页），但"传"有点像是"tale 故事"的意思（承自海陶玮 James R. Hightower 的观点），并最后决定使用"Memoirs"这个翻译，因为那些"关于外国人和外国国情的卷目"是不可以翻译为"biography 传记"的。实际上，华兹生在其 *Records of the Grand Historian of China* 中经常使用"biography"来翻译"列传"，这个词也许也能用，因为正如 Arnaldo Momigliano 指出的，从这个词在西方更广泛的使用范围来看，它与"传"还是有一定的相似之处的，"Bios 并不是一个专指某个人物的一生的词。在古希腊和古罗马时期，有一些作品，如 *Bios′ Ellados*（希腊人的生活），或 *vita populi romani*（罗马人的生活）……而且，我们知道 biography 在希腊时代是与语言学评论（philological commentaries）一起发展的"②。

我们对其他译本的不满意主要是来自对"列传"这个词的基本理解。许多早期的中国学者都曾经想对其下定义（见杨燕起等《历代名家评〈史记〉》，157—176页），将其当作某种"类型概念"来解释。尽管"列传"后来的确发展成了某种文体类型，但在司马迁的想法里，似乎这是一个更为功能性和结构性的术语。太史公自己是如此描述自己的"列传"书写的：

①亦可参见泷川资言在《伯夷列传》下的批注，《史记会注考证》；杨燕起等编，《历代名家评〈史记〉》，北京：北京师范大学出版社，1986年，157—195页，收集了诸多中国传统对"列传"的理解；Denis C. Twitchett, "Chinese Biographical Writing," *Historians of China and Japan*, W. G. Beasley 和 E. G. Pulleyblank 主编，伦敦：牛津大学出版社，1961年，95—96页；以及何四维，"Notes on the Historiography of the Han Period," *Historians of China and Japan*, 31—43页，尤其是35页。

②Arnaldo Momogliano, *The Development of the Greek Biography*，剑桥：哈佛大学出版社，1971年，第13页。

罔罗天下放失旧闻，王迹所兴，原始察终，见盛观衰，论考之行事，略推三代，录秦汉，上记轩辕，下至于兹，著十二本纪，既科条之矣。并时异世，年差不明，作十表。礼乐损益，律历改易，兵权山川鬼神，天人之际，承敝通变，作八书。二十八宿环北辰，三十辐共一毂，运行无穷，辅拂股肱之臣配焉，忠信行道，以奉主上，作三十世家。扶义俶傥，不令己失时，立功名于天下，作七十列传。①

这五个部分之间明晰的关系——尤其是本纪和列传之间——对于早期的学者来说是非常明显的。刘勰（约465—520）在《文心雕龙》里给出了似乎是最早的关于"列传"的解释："观夫左氏缀事，附经间出，于文为约，而氏族难明。及史迁各传，人始区详而易览，述者宗焉。"②

《左传》的每条叙事都被附在《春秋》对应的经文之下，故称之为"附经间出"。刘知几也表达过类似的观点，他说：

> 《春秋》则传以解经，《史》、《汉》则传以释纪。③

又：

> 有大事可书者，则见之于年月；其书事委曲，付之列传。此其义也。④

---

①《史记》，北京：中华书局，1959年，3319页。
②王利器校笺，《文心雕龙校证》卷四"史传"篇，上海：上海古籍出版社，1980年，107页。
③《史通通释·列传》，四部备要本，2:13b。
④《史通通释·本纪》，四部备要本，2:7a—8b。

我们对"传"的理解与刘知几相似:"传"是一种"延续"或"补充"。像《左传》和《毛传》①这样的标题,"传"也有"评论"的意思("评论"也是对"延续,补充"这个概念的扩展)。正如刘知几认为的,当需要"书事委曲"时,那就"付之列传"。"列传"是对本纪中的纪事的补充或完善。在我们的理解中,"列"是一个表示复数的标记,例如"列国"表示"很多侯国"。因此前人的翻译——biography, memoir, vitagraph 或是 tradition②——没有一个能完整表达"列传"的全部或真正含义。

我们当然知道,"The〔various〕supplements〔to the basic annals〕(对本纪的诸补充)"这样的翻译是十分蹩脚的,因此我们有必要回到司马迁那里看看他究竟想在"列传"里表达什么。在第一篇列传《伯夷列传》中,也有学者认为这是全部"列传"的"序言",司马迁如此写道:

> 余登箕山,其上盖有许由冢云。孔子序列古之仁圣贤人,如吴太伯、伯夷之伦详矣。余以所闻由、光义至高,其文辞不少概见,何哉?③
>
> 伯夷、叔齐虽贤,得夫子而名益彰。颜渊虽笃学,附骥尾而行益显。岩穴之士,趣舍有时若此,类名堙灭而不称,悲夫!闾

---

①有关《诗经毛传》,见理雅各(Legge),*Shih Ching*,卷一,7—13页。

② "Vitagraph"是萨进德(Stuart H.Sargent)的翻译,见氏作"Understanding History and the Narration of Events," *The Translation of Things Past, Chinese History and Historiography*, George Kao 编,香港:香港中文大学出版社,1982年,29页注10;"tradition"是杜润德(Stephen W. Durrant)在他尚未出版的关于司马迁的研究手稿中常用的翻译。

③《史记》卷六一,2122页。

巷之人，欲砥行立名者，非附青云之士，恶能施于后世哉？[①]

许由和务光为什么会"文辞不少概见"？那些"岩穴之士"和"闾巷之人"为什么却能有所成就又令其名"施于后世"？解决这些问题，那无疑就是通过《史记》。太史公曾告诉我们，"废明圣盛德不载，灭功臣世家贤大夫之业不述，堕先人所言，罪莫大焉"[②]。因此，司马迁是希望通过记录他们生平的"事（之）曲委"来延长历史对"义至高"的人物的"记忆 memory"，这种欲望也许表明，"memoir"才是最恰当的翻译。

附记[③]

《史记》的"列传"与今天所说的"传记"是有所差别的。我们读列传第一卷《伯夷列传》就能明显感受到，它更像是司马迁给所有列传写的一个序言，而第二卷《管晏列传》则是关于两个生活方式完全相反的人的短文，我们使用"memoir"这个翻译并没有误导读者。"列传"的字面意思当然是"罗列的传统 arranged traditions"或"罗列的叙事 arranged narratives"，但要理解司马迁这些内容的真实意图，关键在于解读其"罗列顺序 arrangement"的内涵。

最近很多研究的重点都转向了《史记》的文本，有时候感觉司马迁一直都躲在其作品的暗影之中。从现代的意义上讲，司马迁并不算是一个历史学家，而更像是某个想将历史呈现在其自身生命与时代语境中的人。Denis Feeney 教授对塔西佗的描述与之十分契合："如果古

---

① 《史记》卷六一，2127页。
② 《史记》卷一三〇，3299页。
③ 译者按，2020年，*The Grand Scribe's Record* 第七卷修订后重版，倪豪士写了一个修订说明，今将其中有关"列传"的内容选译附此。

代的历史学一直都是口述的，不代表他们就是虚构的，或者说是'不负责任的'，也并不意味着古代的历史学家对复原曾经发生过的事或分析其在当下的意义毫无兴趣。"①我们对《史记》如何编辑的过程知之甚少。司马迁有没有与他的父亲讨论过要收录哪些内容，又或者是应该如何呈现他们的人物？他是否曾经与朋友、助手或者老师一起讨论并确立他的想法②？司马迁告诉我们，他要"成一家之言"，也就是说这是司马家族或"史"这个机构的历史阐释，而不是通行的历史③。叶翰教授（Hans van Ess）曾经非常有说服力地说过，司马迁曾将这样的"学说"嵌入其对历史事件与人物的叙事中（*Politik und Gelehrsamkeit in der Zeit der Han*, Harrassowitz Verlag, Wiesbaden, 1993）。在西方经典研究中，我们也经常看到类似的论述：Shadi Bartsch 的 *The Aeneid* 新译本就是想证明弗吉尔（Virgil）对埃涅阿斯的描述是政治性的，他要将罗马对世界的征服构建成正义的、充满美德的，而且是承自天命。司马迁则相反，他想展示汉帝国开疆拓土的目的，以及朝廷所宠溺的那些不负责任甚至让人恐惧的大臣，都是统治者冥顽不灵的结果。最后，不单他对汉朝历史的叙事，甚至他对早期历史的叙事，都是为了传达这种符合他的"学说"的信息。因此，当最近出土的材料讲述了与《史记》不一样的故事时，其实是让我们有了更好的理解这些事件的机会，而不一定要得出司马迁不知道还有其他故事版本这样

①Denis Feeney 对 A. J. Woodman 的著作 *The Annales of Tacitus: Book 4* 的书评，收录在 *Times Literary Supplement*，2019 年 6 月 19 日，32 页。

②司马迁应该是有可与其分享观点和想法的人，参见《史记》3319 页"论考之行事"。

③或者说是"某学派的学说 teachings of one school"（见叶翰，*Grand Scribe's Record*, 11:361，注 157）。也许是出于同样的看法，张天恩才在其《司马迁传奇》中（西安：陕西人民出版社，1999 年，24—25 页）推测年轻的司马迁是受其祖父司马喜教育的。

的结论。司马迁的历史对他所继承的家族阐释而言是真实的，就像孔子的《春秋》一样，是旨在让读者补充填写的"空文 blank text"①。

有读者反映我们的译文比较难读。但是《史记》本身就是很难的。并不是所有文段都是意义通畅的，要么就是被裁减过，要么就是表达不清。很多现代翻译都尝试用自己的"创造力"来解决这样的问题，但却不去说明其中的理解困难在哪里。华兹生的译本就是这样的。我们有时候在一些著名的《史记》学者的现代注释里也能看到这样的情况，如韩兆琦，当然他提供了不少非常有用的材料和平行文段。而我们会在脚注或者译者后记的部分讨论这样的问题，以让读者理解那些看起来像是无法翻译的段落和句子。

最后，对很多人而言关于早期中国的人文研究已经发生了一个"质"的转变。当我鼓励翻译人员去找相关材料时，对应卷目的译本和注释已经不能满足他们的需求了。不过，虽然物质文化对我们理解早期中国的价值很大，但文本的重要性，尤其是《史记》本身，是不能被低估的。在这个不断发现新文本的时代，我们可以将《史记》放在 Charles Sanft 在其新书中所描述的语境中："这是一个历史与考古接触后的产物，其中考古发现的材料起到了非常大的作用。但这并不能将考古置于历史之上的绝对真实的地位，反过来也不行。"②

---

① 对比壶遂的评论（《史记》，3299页）："孔子之时，上无明君，下不得任用，故作《春秋》，垂空文以断礼义，当一王之法。"《春秋》标志了极简文本（laconic text）的诞生。班固《司马迁传》中曾引其《报任安书》，司马迁在其中提到他的一些目的："及如左丘明无目，孙子断足，终不可用，退论书策以舒其愤，思垂空文以自见。仆窃不逊，近自托于无能之辞。"关于这段话，可参见叶翰和李惠仪（Wai-yee Lee）的评论，见杜润德所编 The Letter to Ren An and Sima Qian's Legacy，华盛顿大学出版社，2016年，28、64—65以及112页。

② Literate Community in Early Imperial China, The Northwestern Frontier in Han Times, Albany: State University of New York, 2020, p.xvii.

Susan Orlean 曾经说过："对我而言，写作真的只是学习那些让我感兴趣的事物，然后试着让别人也在其中发现类似的乐趣。"这么多年以来，我对司马迁两千年前所编织的多层次的文本愈发地着迷。在重读和编辑这些篇章时，很多东西都让我产生了兴趣，尤其是那些我一开始没注意到的地方。我希望读者也有这样的感受。我们笔耕多年，一个目的是想要更好地反映出中华书局本《史记》的分段与标点，以展示司马迁的形合书写风格①；第二个是想强调，某些时候我们

---

① 译者按，形合风格，原文作"hypotactic（从属关系结构）"。一般而言，句子（或段落）中可能包含若干小句，这些小句之间的关系或隐或显，如果是显性的，句子之间的关系会在形式上严格地表现出来，称之为"形合"（形式上相合）；如果是隐性的，句子之间的关系似乎不需要明确的形式上的提示就能勾连起来，则称为意合（意义上相合，paratactic，并列关系结构）。一般认为印欧语言更偏向形合，而汉语更偏向于意合。简单地说就是，印欧语言更依赖连接词（lexical device）或连接手段（syntactic device）来表示其结构关系，而汉语则依赖语义的贯通而非连接词。试举一例，《史记·李斯列传》（2558页）载"上不坐朝廷，上居深宫，吾有所言者，不可传也，欲见无间"，倪氏翻译为"His Highness no longer sits incourt and lives deep in the palace. <u>Even if</u> I had something to say, <u>I would be</u> unable to transmit <u>it</u> [<u>to him</u>] . <u>Even if</u> I wished to have an audience <u>with him</u>, he would not have free time <u>for it</u>"。所引译文为倪氏译本原文，本文译者用下划线标示了那些《史记》原文没有、英译为了清晰表达逻辑关系而加上的词语，如"不可传也"，我们都知道是"（我）不能传达（这些话）（给皇帝）"，英语则需要加入"I would be""it"和"to him"这些形式上的手段来表示，中文则不需要。又如"吾有所言者"，译文中又加入了"even if"这个关系连词来明确整个句子的含义。所以说中文更偏向意合，而英语更偏向形合。到了后来的译本，倪氏一般都会将这些"形合"的手段（device）放在括号内，大概早期没有这样做所以被一些批评家批评其译文啰嗦。由此，倪氏这里说的"to better reflect the parsing and punctuation in the Chung-hua text which suggests that Ssu-ma Ch'ien's style was hypotactic"，意思可能不是指司马迁的风格是形合，而是说将这种意合风格在译文中以形合的方式更好地表达出来。当然，也有可能是，《史记》中大量出现"乃""辄""时""初""竟"等连接词，倪氏因此认为司马迁有形合的风格。实际上，虽然中英的语言风格确有不同，但也不必过分拘泥其差异性。像海明威这样的作家，其语言就具有非常明显的"意合"风格，也许是他从事（转下页）

现在看到的文本是非常难以理解的，如果在我们的译文中不去处理这些问题而是在脚注中加入现代意译的话。

八、作为一种文体的"世家"

"下一部分是'殖民地和领土'（对应《史记》的"世家"），主要是关于美洲大陆上各个殖民地的简要历史：这些殖民地的创立，尤其是建立者的生平与性格（如普利茅斯殖民地最早的清教徒，威廉·佩恩等），然后一直叙述到殖民地并入联合合众国的历史。这些故事大部分都以美国独立战争结束，另一些，如路易斯安那、阿拉斯加和夏威夷，则会一直持续到更后期甚至是现代。其中还会有一个章节是关于杰弗逊·戴维斯和他的美利坚联盟国（南方联邦）的故事。"

华兹生，"The Form of the *Shih chi*",

Ssu-ma Ch'ien, Grand Historian of China，106 页

我们本卷将进入"世家"的世界。千百年来，中国的学者一直都在讨论司马迁将这个或那个人物归到"世家"是错的还是对的。这些争论与对于"世家"这种文体的理解某种程度上是相似的，例如：

自有王者，便置诸侯，列以五等[①]，疏为万国。当周之东迁，王室大坏，于是礼乐征伐自诸侯出[②]。迄乎秦世，分为七雄。司马

（接上页）新闻行业的习惯，他往往喜欢罗列事实，不在事件之间建立某种明显的联系，而是让读者自己感受其中的关系。总括而言，形合的特点是句子之间有从属关系，结构更为复杂，有层级性，意义明显；而意合则结构简单松散，诸句子的权重相同，意义隐晦。参见王力，《中国语法理论》，北京：中华书局，2015年。

① 公、侯、伯、子、男五等。

② 与《论语正义》所引孔子之语相呼应，四部备要本，19:4b—5a。

迁之记诸国也，其编次之体，与本纪不殊。盖欲抑彼诸侯，异乎天子，故假以他称，名为世家。案：世家之为义也，岂不以开国承家，世代相续！（刘知几著，浦起龙释，《史通通释》，四部备要本，2:10b—11a）

又如：

世家者，志曰："谓世世有禄秩之家。"案，累世有爵土封国。（张守节《史记正义》，见泷川资言《史记会注考证》卷三一，1—2页。中华本《史记》无。）

或如司马贞所言：

系家者，记诸侯本系也。言其下及子孙常有国。故孟子曰"陈仲子，齐之系家"[1]。又董仲舒曰"王者封诸侯，非官之也，得以代为家也"[2]。（《史记》卷三一司马贞"索隐"，1445页）

又：

由周而来，五等相仍。当子长时，汉封犹在。故立此名目，以处夫臣人而亦君人者。（刘知几著，浦起龙释，《史通通释》，四部备要本，2:10b—11a）

以及：

---

[1] 见《孟子》3.2.10，《四书集注》，四部备要本，3.23a—b。
[2] 此句不见于今本《春秋繁露》。

孟子所谓世家，犹言世禄之家。以称侯王将相及圣贤名世者，与本纪、列传对言，盖自史公创。赵瓯北引《卫世家赞》"世家言"，认为自古有此称[1]；不知"世家言"三字又见管蔡、陈杞各世家，史公自称其书也。（泷川资言，《史记会注考证》卷三一，2页）

对刘知几和浦起龙而言，"世家"是一个反映孔子的警告"天下无道，礼乐征伐自诸侯出"（而且可能隐含了之后更为明显的警示"自诸侯出，盖十世希不失矣"）的用语[2]。张守节和司马贞的关注点则是"世家"所描写的对象是否有封土。不过，泷川资言的概括似乎是最接近司马迁的想法的。他认为"世家"的特点有：（1）有封地且能从中获得收益；（2）以某个王、高官、将军或贤人为首的家族；（3）可能是由司马迁所创的文体；（4）与本纪的结构相似。

沙畹在其《史记》译本（vol.V:1）的"Note préliminaire"中曾讨论过"世家"的概念，他说：

"世家"可以分为四个部分。第一部分包括十二卷（卷三一至四二），即我们译文的第四卷。这部分包含了春秋时代（前722—前481）出现过的诸侯国的全部历史。第二部分由这一时期后开始作为独立国家存在的王国组成（卷四三至四六）：其中，赵、魏、韩三家在公元前5世纪末取代晋国且将其三分；另外一个是田齐，几乎在同一时间取代了齐国本来的姜氏。第三部分以《孔子世家》为代表（卷四七）。第四部分则是帝国时代的世家（卷四八至六〇）。

---

[1]《廿二史札记》，四部备要本，1.4a。
[2] 见289页注[2]。

依沙畹的分类，我们此卷将包含沙畹所说的前面三部分：（1）春秋时代的世家；（2）战国时期崛起的四个国家；（3）孔子的传记。

要理解司马迁对"世家"一词的定义，还有另外一些办法，那就是去阅读《史记》的卷三一至卷六〇。又或者是思考一下司马迁在"自序"中的描述：

> 二十八宿环北辰，三十辐共一毂，运行无穷，辅拂股肱之臣配焉，忠信行道，以奉主上，作三十世家。

这里的天文隐喻与呼应老子的"三十辐共一毂"[1]，都与司马迁的官职和他的个人喜好相一致[2]。不过。这里并不打算对老子的"三十辐"概念作过多阐释，只是想找到一个带有"三十"的格言或古老的表达，以对应司马迁所编"世家"的数目。

一个更重要的问题是，司马迁是创造了这些"辐"，还是仅仅"修理"了他们——也就是说，"世家"这个概念，甚至是这些"世家"的原文本，在司马迁开始写《史记》之前就已经存在了。关于这个问题，《自序》中的另一句话也许能给我们一些启发。那是司马迁对壶遂问他为何要书写《史记》的回应，司马迁是这么说的：

> 且士贤能而不用，有国者之耻；主上明圣而德不布闻，有司之过也。且余尝掌其官，废明圣盛德不载，灭功臣世家贤大夫之业不述，堕先人所言，罪莫大焉。余所谓述故事，整齐其世传，

---

[1]见朱谦之撰，《老子校释》，北京：中华书局，1984年，第11章，43页。
[2]作为"太史令"，他的职责包括制作每年的年历，为国家礼仪活动挑选吉日，这两个任务都需要他密切观察天象；司马迁在《史记》的另外两个地方也提到了二十八星宿（卷二五，1253页；以及卷二八，1375页）。

非所谓作也，而君比之于《春秋》，谬矣。[①]（3299页）

司马迁这里提到的"世家"明显不是指某个（些）文本，而是一群受封的贵族，他们的爵位和封土是"世袭"的。而"世传"这个词，不管它是我所翻译的"genealogies and traditions（世系与［故事］传统）"的意思，还是类似于"traditions over generations/ages（代代相传的传统）"，都暗示了确实存在着关于这些家族的文本或记录，司马迁将其编辑或重写之后用作《史记》的一部分。高本汉将这些部分称为"dependent texts（依赖性文本）"[②]。

那么，"世家"究竟是什么呢？首先，它们是早期中国历史最重要的史料之一。《史记》卷三一至卷六〇在中华书局本中只有675页（1445—2120页），在整个文本的3300页中只占了20%，但大部分的

---

① 这里司马迁是要倒转孔子说的"述而不作"（《论语》7:1），他认为《春秋》不只是"述"，也是"作"。

② 高本汉根据语源将整部《史记》分为两个部分：一是书写汉代历史的卷目（卷七—十二，四八—六〇，八八——一七，一二〇——二六以及一三〇），他称之为"独立文本"，因为它们大部分是基于司马迁自己的经历、阅读以及官方记录和档案材料；剩下的部分他称之为"依赖性文本"，因为这部分是基于已经存在的材料的（如《尚书》、原《左传》、《国语》等），见"Sidelights on Sima Ts'ien's Language," *BMFEA* 42, 1970, 297页。赵英翘的研究支持了高本汉的分类，他指出，在61处司马迁的自注中有48例（80%）出现在汉以前的材料中，主要是为那些在他的"重塑"中缺失的人或事件提供背景信息，见《司马迁〈史记〉自注别述》，《汉中师院学报》1988年第3期，27—37页。而且，杜润德也指出，在司马迁关于战国时期的叙事中，有接近50%是直接引自后来编的《战国策》，而"他关于春秋时期的大部分历史书写，在某种程度上其实是用他自己时代的语言对《左传》作的一个比较自由的翻译"。见 Stephen W. Durrant, "Creating Traditions: Sima Qian Agonistes?" in Durrand and Steven Shankman eds., *Early China / Ancient Greece, Thinking Through Comparisons*, Albany: State University of New York Press, 2002, pp.283-298.

"世家"都是关于秦和先秦历史的。关于先秦史的卷三一至卷四七占了503页，仅这些部分就比"本纪"中的秦与先秦部分（294页）多得多。

"世家"之所以有意思，还因为他们所呈现出来的（多种）独特风格和措辞。这些多样性表明，司马迁是根据不同材料来书写的。比起所谓的"创造事件"（有人最近就是这么认为的），司马迁只是像现代的历史学家一样，仅仅在历史上盖了一个自己的印记。

关于"世家"的史料研究，吉本道雅的《史记原始——西周期·东迁期》是我们的基础[①]。在这篇文章中，吉本道雅仔细比较了此时期的十篇"世家"以考察它们的史料来源，还为其中一些国家修订了纪年（主要是齐国和晋国）。尽管这里不打算对吉本道雅的诸多结论（包括他对《左传》和《国语》的历史关系的讨论）作评论或响应，我们也许还是可以对他的其中一个观点——不同国家在记录它们的纪年时各不相同——作一些补充。

对于这些不同的纪年方式，吉本道雅指出了其中记录君主死亡和继位的三种基本模式：

1.在吴、齐、鲁、燕、蔡、曹、陈、卫、宋（靖公之前）以及晋（釐侯前），吉本道雅观察到的模式为（A是亡君的谥号，B是继位者的谥号，甲是继位者之名）："A卒，子B甲立。"

例如，《史记》卷三五（1566页）："釐侯卒，子共侯兴立。"

2.在杞世家（武公之前）以及楚世家（熊严之前），其模式为："A生B。"

例如《杞世家》（卷三六，1584页）："东楼公生西楼公。"以及

---

①吉本道雅，《史记原始——西周期·东迁期》，《古史春秋》4，1987年，59—82页。

《楚世家》（卷四〇，1691页）："熊丽生熊狂。"

3.在晋世家（靖侯及其前），其模式为："A子甲，是为B。"

例如《晋世家》（卷三九，1636页）："唐叔子燮，是为晋侯。"又（1636页）："厉侯之子宜臼，是为靖侯。"

吉本随后将这三种模式与"世家"编辑者所使用的三种原始材料对应起来。

但是，吉本在将他的观察限制在西周时期的"世家"部分时，却可能模糊了报告某位君主之死和另一君主继位的一个更为基础的模式。报告这些事件的最完整的方法似乎需要以下信息：

> 年，君主A的谥号，表示该位君主死亡的特定动词，他与君主B的关系（通常B为A之子，有时是他的弟弟），君主B的名，表示新君主继位的特定动词，君主B的谥号。

我们可以将其概括为：

> 年—谥号A—继位动词1—B关系—B名—继位动词2—谥号B

我们可以在《史记》卷三二（1482页）找到这样一个完整的例子：

> 二十六年，武公卒，子厉公无忌立。

当然，这种基本模式有时候也会增加一些字，变成：

年—谥号 A—继位动词 1—B 关系—B 名—继位动词 2—是
为—谥号 B

例如《史记》卷三二（1482 页）：

三十三年，釐公卒，太子诸儿立，是为襄公。

我们甚至还看到有些地方会改变这种基本模式的顺序，变成：

谥号 A—年—B 关系—B 名—继位动词 2

如《史记》卷三三（1525—1526 页）：

魏公五十年卒，子厉公擢立。

这里的关键是，对于周朝最早的那段时期，也就是即使身处公元
前 1—2 世纪也无法断定的那些年份，吉本道雅的前两种模式（A 卒，
子 B 甲立；以及 A 子甲，是为 B）可能是我们所说基本模式（年—谥
号 A—继位动词 1—B 关系—B 名—继位动词 2—谥号 B）的变体。

而且，我们可以在同一篇叙事中看到这些变化（《史记》卷三五，
1566 页），这一定是因为某个君主的信息比另外的多而引起的（在这
个例子中，共侯之子的名缺失了）：

四十八年，釐侯卒，子共侯兴立。共侯二年卒，子戴侯立。
戴侯十年卒，子宣侯措父立。

最后，在某些卷目中，这些模式还发生过两次变化。我们可以在《卫世家》见到以下的不同表述：

（1）十九年，宣公卒，太子朔立，是为惠公。（1593页）

（2）三十一年，惠公卒，子懿公赤立。（1594页）

（3）戴公申元年卒。齐桓公以卫数乱，乃率诸侯伐翟，为卫筑楚丘，立戴公弟毁为卫君，是为文公。（1594页）

（4）定公十二年卒，子献公衎立。（1596页）

（5）立二十一年卒，出公季父黔攻出公子而自立，是为悼公。（1603页）

（6）悼公五年卒，子敬公弗立。（1603页）

（7）敬公十九年卒，子昭公纠立。（1603页）

这里的改变似乎与历史时期相关，最后的表达模式不只在本卷的最后占据主导地位，在《宋世家》中也是如此。这是不是暗示这些卷目的战国时代部分存在着另外的材料，但我们今天已经见不到了呢？也许。

因此，我们对这些文本的解读，其实并没有挑战吉本道雅提出的纪年方式的变化暗示着不同材料来源的假设，只是让吉本一开始所说的情况变得更加复杂了。当然纪年的变化仅仅只是他观点的立论点之一。其他的立论点，如"世家"与其他早期材料在内容上的差异，也暗示了曾有另一个而今已佚的《左传》注，吉本道雅相信那就是《汉书·艺文志》中提到的《左氏微》[①]。

尽管本文甚至不能解决一星半点关于《史记》史料的问题，但我

---

① 吉本道雅将这本已佚的文本称为《左传补传》，但他猜测应该就是《汉书·艺文志》所记录的《左氏微》。

们希望将这些"世家"翻译并注释成英文后，可以激发新的研究来解决这一复杂的问题。

最后，近来出现了不少关于司马谈及其在《史记》编辑中的地位的文章[1]。这很大程度上是由白牧之（Bruce Brooks）以及 Warring States Project 网站上的讨论所激发的。白牧之计划在 2006 年出版一本关于这个问题的专著。在这本书出版之前，读者可以先参考张大可的研究《司马谈作史考论述评》（《史记研究》，北京：华文出版社，2002 年，54—66 页）。张大可考察了方苞、王国维以及其他四位现代学者的观点（例如李长之认为《晋世家》不可能是司马迁写的，因为其中出现了"谈"这个字）[2]。张在文章的最后呼应了顾颉刚的观点："故自有此问题之提出，而《史记》之作，迁不得专美，凡言吾国之大史学家与大文学家，必更增一人焉，曰司马谈。"[3] 司马谈是否有更多的贡献，让我们期待白牧之的书提供更多解答吧。[4]

---

[1] 确实，这个问题可能比单纯的"双作者"大得多，见倪豪士，"A Note on a Textual Problem in the *Shih chi* and Some Speculations Concerning the Compilation of the Hereditary Houses," *TP* 89（2003）：39—58。

[2] 不过，张也提到，胡适和陈垣的研究显示，汉代的避讳并不严格，这个话题需要进一步的研究。

除了张大可文中提到的现代学者的研究，还可以参见施丁，《司马氏父子的〈六家要旨〉》，《文史知识》1982 年第 11 期；朱枝富，《司马迁父子撰史断限计划管见》，《汉中师院学报》，1983 年 3 月；阮芝生，《司马谈父子与汉武帝封禅》，《秦汉史论丛》第 5 辑，台北：法律出版社，1992；佐藤武敏，《司马谈作史考》，日本《东北大学东洋史论集》，5（1992）；以及何炳棣，《司马谈、迁与老子年代》，《燕京学报》9（2000.11）：1—19。

[3] 顾颉刚，《司马谈作史考》，《史林杂识 初编》，北京：中华书局，1963 年，223 页。

[4] 译者按，2006 年白牧之似乎没有出版这本书，但他在 2000 年的 "Warring States Workshop Conference" 上发表过题为 "Dual Authorship in *Shi Ji* 63" 的文章讲话。

《史记》的"上下文不连贯句子"和
司马迁的编撰方法

　　《史记》里有不少"上下不连贯句子"。如清末民初的学者崔适（1851—1924）在其《史记探源·序证》里（15—16页）所讨论的一些"突然而起"或"突然而止"的文句：

　　　凡《史》《汉》文同，有《汉》录《史》者，有《汉》窜入《史》者。《汉》录《史》者姑弗论。窜《汉》入《史》者，如《平准书》曰"汉兴，接秦之敝"，上无所承，不似起语。《汉书·食货志》上云："始皇并天下，男子力耕不足粮饷，女子纺绩不足衣服。"此明言秦之敝，故下承以"汉兴，接秦之敝"。岂非《书》载《志》之上文乎？末云："是岁小旱，上令百官求雨，卜式曰：'弘羊令吏，坐市列①，贩求利，烹弘羊，天乃雨。'"下无所接，

---

①《史记·平准书》（北京：中华书局，1959年，卷三〇，1442页）的文字略有不同："坐市列肆"。

不成收语。且突然而止，直似弘羊果烹而天果雨者。《志》下云
"武帝拜弘羊为御史大夫"，明式言之不用，而超迁弘羊也。岂非
《书》载《志》之下文乎？

崔适所举的《史记·平准书》的开头一句和最后一句，按照崔氏
论述，也可以被看作是一种"上下不连贯句子"。传统学者业经指出
《平准书》头尾都折断上下文。例如，柯维骐（1497—1574）《史记考
要》谓：

> 末段"太史公曰"四百字，乃《平准书》之发端，后人截为
> 《书》末之论，非《史记》之旧。①

梁玉绳《史记志疑》（卷一六，832页）也在《平准书》"烹弘羊，
天乃雨"两句下说：

> 《史诠》②引方农部云"事似未终，疑有缺文"。③

可是，这类的"上下不连贯句子"比较复杂。虽然崔适以为这
些句子可以证明《史记》是把《汉书·食货志》的原文载入了《平准
书》，别的学者却并未得出相同的结论。比方说，柯维骐觉得问题不

---

① 参见《史记会注考证》，东京：东方文化学院，1934年，卷三〇，2页。
② 此书为明朝程一枝撰（梁玉绳，《史记志疑》，北京：中华书局，1981年，卷一，
　 13页）。此人未知。
③ 参见《史记志疑》，卷一六，832页。

在于《史》《汉》之关系，而在于后人抄《平准书》。他在《平准书》最后一句下说：

> 太史公此赞，乃《平准书》之发端耳，上述三代贡赋之常，中列管仲、李克富强之术，下及嬴秦虚耗之弊，次及汉事，文理相续，不然，则此书首云"汉兴接秦之敝"似无原因。其赞不叙汉事，似欠结束。《汉书·食货志》颇采此文，条理甚明，乃知俗本非太史公旧也。所叙武帝事，未竟而迁死，不得成就其书。故其文止于"烹弘羊，天乃雨"。后之人遂截首一段，移为书末之赞。不恤其文之无章也。①

如果柯氏的看法是对的，《平准书》的构造和《礼书》《乐书》都一样：先是评价古代历史的"太史公曰"部分，然后才述汉朝之事。反观崔氏的说法，则有相当大的矛盾：假如"《书》载《志》"，《书》应该没有不连贯的缺陷。可是事实并非如此。因此，很可能在上述《平准书》里的一些问题不是因为司马迁没把《史记》写完，而是因为后人抄书时把头段变成了末段。

除了这类的不连贯句子以外，还有另外一种，如《殷本纪》第二段的第一句：

> 成汤，自契至汤八迁。（卷三，93页）

我们可以从当代学者王利器的批注来展开对这句话的探讨。王先生有注曰："'成汤'二字专提，表示下文专记成汤时代的大事。章法

---

① 参考《史记会注考证》，卷三〇，44页。

上并不连属。"①

　　王先生的白话翻译反映了他的注释，用了破折号把"成汤"和下文相连接："成汤——从契到成汤共八次迁徙国都。"②吴树平和吕宗力认为"成汤"两个字是衍文（《全注全译史记》，天津：天津古籍出版社，1995年，第一册，卷三，72页）。因此，他们的翻译简单地说："从契到汤，居地迁了八次。"这一看法或许是受到了清代学者的影响。梁玉绳也把"成汤"当作衍文③。张文虎（1808—1885）看了上海郁泰峰的旧刻本，说那旧刻本也没有这两个字④。泷川资言（1865—1946）也把这两字看作衍文⑤。与此相反，水泽利忠只列出四个没有这两个字的版本（换句话说，大部分版本是有这两个字的）⑥。法国汉学家沙畹（Édouard Chavannes，1865—1918）在他的《史记》翻译中将这段译成"Au temps deT'ang le victorieux，〔il y avait eu〕despuisis Siejusqu'a T'ang, huit transferts（de capitale）"。翻译成中文，就是成汤时代，从契到成汤迁徙国都有八次⑦。因为这些说法各有短长，所以姑置不论。先看其他的类似的例子。

　　如《齐太公世家》（第5册，卷三二，1499页）里的几句话：

---

①《史记注译》，西安：三秦出版社，1988年，卷三，41页。

②《史记注译》，卷三，49页。

③参考《史记志疑》，1:2.46的说法："此乃《书·序》原文，'成汤'二字，传写误增，故《史诠》谓'洞本无此二字，当衍之'。"凌稚隆（公元1476年左右）早就断定"成汤"是衍文；程一枝（明朝人）早先已提出洞本没这两字（参考池田四郎次郎，《史记补注》，东京：明德出版社，1976，卷三，2b页）。

④《校刊史记集解索隐正义札记》，北京：中华书局，1977年，卷三，28页。

⑤《史记会注考证》，卷三，5页。

⑥《史记会注考证校补》，卷三，1页。

⑦*Mémoires Historique*, Paris: Ernest Leroux，1895年，第1册，第3卷，176页。

二十八年，初，灵公取鲁女，生子光，以为太子。仲姬，戎姬。戎姬嬖，仲姬生子牙，属之戎姬。戎姬请以为太子，公许之。

不连贯的句子显然是"仲姬，戎姬"。王利器没有注。他在翻译时在"仲姬，戎姬"前加上"又有"两个字。其译文如下："二十八年，当初，灵公娶了鲁国的女子，生了公子光，把他立为太子。又有仲姬、戎姬。戎姬受到宠爱，仲姬生了公子牙，把他托付给戎姬。戎姬请求把公子牙作太子，灵公答应了。"[1]对此梁玉绳另有解释。梁氏根据《左传·襄公十九年》的相关句子"诸子仲子，戎子"[2]，认为应该把世家里的"仲姬、戎姬"改成"仲子戎子"[3]。相反，王叔岷认为："史公以'仲姬，戎姬'代《左传》之'诸子仲子，戎子'，似无脱误。"[4]这个问题我在下面还要继续谈。

同卷下文也有另外的不连贯句子：

八月，齐秉意兹。田乞败二相，乃使人之鲁召公子阳生。（《史记·齐太公世家》，卷三二，1507页）

关于"齐秉意兹"这一断句问题，徐广（352—425）早就注意到了；"集解"引徐广云："《左传》八月，齐邴意兹奔鲁。"梁玉绳、张文虎、王叔岷的说法都是根据《左传》的叙述，要把"秉"改成

---

[1]参见《史记注译》，第2册，卷三二，1097页。吴树平和吕宗力《全注全译史记》，第2册，卷三二，1358页，有同样的翻译。
[2]参见杨伯峻，《春秋左传注》，北京：中华书局，1982年，卷二，1048页。
[3]《史记志疑》，卷一七，860页。
[4]参见《史记斟证》，卷三二，1318页。

"郳",并在"郳意兹"之下加上"奔鲁"两字①。因此。吴树平和吕宗力的翻译是"八月间,秉意兹也投奔鲁。田乞搞掉了两个国相"等等②。但是,这种说法是用《左传》来强解《史记》,并不完全令人信服。下面再谈。

《楚世家》和《赵世家》都有同样性质的句子。这些例子我将在下面一起讨论③。最后要谈《韩世家》的不连贯句子。这句话是在《韩世家》第一、第二段之间。原文说:

> 武子后三世有韩厥,从封姓为韩氏。
> 韩厥,晋景公之三年,晋司寇屠岸贾将作乱,诛灵公之贼赵盾。赵盾已死矣,欲诛其子赵朔。(《史记》,卷四五,1865页)

梁玉绳对这段的断句有所不同:"武子后三世有韩厥,从封姓为韩氏,韩厥。晋景公之三年"等等。梁氏又引王孝廉④曰:"'韩厥'字疑衍。"⑤张文虎没有注意到这句话。因此,中华书局本仍有"韩厥"这两个字。另一方面,王叔岷的看法比较有意思。王先生云:"'韩厥'字非衍,晋景公以下,述韩厥事,故于晋上特标韩厥二字,不嫌与上文已言韩厥重。盖史公行文之例如此,已详《赵世家》。"⑥吴树平和吕宗力好像受了王叔岷的影响,他们在批注中说:

①参见《史记志疑》,卷一七,865页;《校刊史记集解索隐正义札记》,卷四,368页;《史记斠证》,卷三二,1324页。
②参见《全注全译史记》,第2册,卷三二,1361页。
③本人查到的例子绝对不全:《史记》中的此类句子尚待进一步发掘。
④即王庚期,梁玉绳同乡人(参见《史记志疑》,卷一七,865页)。
⑤参见《史记志疑》,卷二四,1090—1091页。
⑥参见《史记斠证》,卷四五,1676页。

"韩厥"，史家多以此二字为衍文。按：二字非衍。"晋景公之三年"以下所述皆韩厥事。标出"韩厥"二字，不嫌与上文重。同在晋景公三年，史公述赵朔事，亦标出"赵朔"二字，见《赵世家》。可见此乃史公行文体例，非衍文。[1]

王叔岷和吴、吕都提到了《赵世家》中的不连贯句子，原文是这样的：

> 自叔带以下，赵宗益兴，五世而（生）至赵夙。
> 赵夙，晋献公之十六年伐霍、魏、耿，而赵夙为将伐霍。（《史记》，卷四三，1780—1781页）

梁玉绳没有注意到这个文法的问题。王念孙对此句的文法另有解释："'生'当为'至'。言自叔带以至赵夙，凡五世也。上文云'自造父已下六世至奄父'，即其证。'至'与'生'草书相似，又涉上文'奄父生叔带'而误。《太平御览·封建部》引此正作'至'。"[2]张文虎的解释是根据王念孙[3]。但是王念孙的说法改动了原文（"生"改为"至"）。古代版本都没有"至"字。王利器和吴树平、吕宗力都毫无疑问地采用了中华书局本，把"生"改为"至"字。只有王叔岷指出他们的错误。王先生曰："晋献公以下，述赵夙事，故于晋上特标赵夙二字，不嫌与上文已言赵夙重；……盖史公行文之例如此。凡此类所

---

① 参见《全注全译史记》，第2册，卷四五，1739页。
② 参见《读书杂志》（台北：世界出版社，1963年），第三之三卷，13b（104）页。
③ 参见《校刊史记集解索隐正义札记》，第2册，卷四，423页。

重之字，比而观之，则知其非衍文矣。"①王叔岷的说法也适用于上面提到的《殷本纪》的例子。王先生的说法还能用来分析另外一个不连贯句子，就是《赵世家》介绍赵夙的头一句：

> 时而赵盾卒，谥为宣孟，子朔嗣。赵朔，晋景公之三年，朔为晋将下军救郑，与楚庄王战河上。（《史记》，卷四三，1589页）

初步结论

《史记》里面有两种不连贯句子。第一种诸如崔适提出来的《平准书》里的"突然而起"或"突然而止"的句子。有的学者觉得这些不连贯的文句是由于后人在传抄过程中改动了原文次序。也有的学者认为这些文句是太史公没撰写完的部分。如柯维骐云："所叙武帝事，未竟而迁死，不得成就其书。"虽然笔者喜欢柯氏的说法，此类句子尚待进一步发掘。第二种上下不连贯句子不完全一样。上面看到的例子都是介绍人的句子。有的史家觉得这类句子都是衍文。可是，他们的说法缺乏坚实的书证。王叔岷先生将这类句子归结为"盖史公行文之例如此"。王先生认为，太史公在开始述某人之事以前特意标出他的姓名，之所以不嫌与下文重复是为了强调新的题目，新的小传自此始。笔者认为王先生的说法最有道理。但是，我们可以进而追问：如果这是太史公的写法之一，为什么这类句子在《史记》里并不常见。

笔者认为王叔岷所列举的例证是对的，但是王先生的解释有必要稍加改进和补充。依笔者愚见，太史公撰写《史记》，非一人之功。《汉官仪》等书告诉我们，太史令有不少属官给他做辅助工作，像当

---

① 参见《史记斠证》，卷四五，1588—1589页。

"太史掌故"的即有三十人之众①。太史公留了两套《太史公书》，一本"藏之名山"，另一本"副在京师"。笔者以为太史公不可能单独把他那部"凡百三十篇，五十二万六千五百字"之洋洋巨著抄写两遍②。司马迁很可能还用了几十个属官替他查史料、档案等等，然后整理、抄写那些资料。太史公本人当然负责大多数导言、评论和语次转变。《史记》的整个文法当然也多半出自司马迁与乃父。但是很多基本的事务性的研究工作是让"太史掌故"之类的人来做的。那些"研究员"在整理文章时，要把所有关于某个人的资料刻写在竹简上。笔者认为他们可能会把被研究者的姓名写在竹简顶端。以后撰写《史记》的时候，会有个别的研究人员不注意地把竹简顶端的姓名抄入正文，由此造成上述种种上下不连贯句子。这种说法，虽然还很粗略，却可以用来解释一些《史记》里的不连贯句子，还能帮助我们了解太史公编撰《史记》的方法之一。笔者试图针对《史记》中一个带有普遍性的问题提出一种"他者"的解释，衷心期望各位同仁不吝赐教。

---

① 参见《汉旧仪》，33a/b 页，载《黄氏逸书考》，《丛书菁华》本；《汉官仪》，A.9b；Hans Bielenstein, *The Bureaucracy of Han Times*（Cambridge: Cambridge University Press, 1980），p.22.
② 参见《史记》，卷一三〇，3319—3320 页。

《高祖本纪》：司马迁眼中的刘邦与传记

在阅读拉里·麦克默特里（Larry McMurtry）最近的传记文学《疯马》时[1]，我惊奇地发现，疯马的生活及其记录，与刘邦的生活及其记录之间有不少的相似之处。和疯马一样，对刘邦的"任何研究"也都"必然包含了一种假设、猜测和推理的过程"[2]。麦克默特里向我们描述了疯马有多高大，他的肤色和头发的颜色以及他的一些面部特征。历史学家司马迁在其《史记·高祖本纪》中也给出了关于刘邦的类似描述：

---

[1] Larry McMurtry, *Crazy Horse*, New York: Viking Penguin, 1999. 译者按，疯马是北美洲原住民印第安纳民族苏族的酋长，是北美印第安纳战争的灵魂人物之一，在美国西部抵抗白人的入侵。

[2] Larry McMurtry, *Crazy Horse*, p.7.

高祖为人，隆准而龙颜，美须髯，左股有七十二黑子。[①]

不过，这段特征描写恐怕更多地只是象征性的——"龙颜"对应刘邦是感龙受孕所生的传说，据阴阳学说"七十二黑子"与"赤帝"相关，而刘邦就被称为"赤帝（子）"。虽然我办公桌上放着一张明代的刘邦画像，但这并没有让他变得更鲜活。也许我与刘邦最接近的一次，是1997年11月，当时我到刘邦的出生地江苏省丰县并与当地的农民聊天，我从他们的脸上隐约看到了刘邦。我们从徐州驱车前往丰县，并参观了一座当地的博物馆。馆员送给我一套名为《刘邦研究》的杂志，这是1992年在此地举行汉高祖研讨会后开始发行的。饱餐之后，我们继续驱车向沛县进发，途经一座供奉刘邦父亲的庙宇。我们在这里停下，博物馆的馆长指向南边一片低洼而潮湿的田地，其中有一座桥。他说，刘邦的母亲就是在那附近怀上他的。司马迁是如此描述这件事的：

> 其先刘媪尝息大泽之陂，梦与神遇。是时雷电晦冥，太公往视，则见蛟龙于其上。已而有身，遂产高祖。（341页）

在我们谈话之时，走在路上的当地居民停下来看着我们。他们自动形成了一个小群体，我过去跟他们说话，他们也没有一丝迟疑。我问他们认为是什么龙让刘邦的母亲怀孕的。大多数人都笑了，但有一个长着八字须和山羊胡的男人站了出来，他说："一个帅小伙！"众人听罢

---

① 原文的英译可参见 *The Grand Scribe's Records*, vol.2, Bloomington: Indiana University Press, 2000。本文所引《史记》均据中华书局1959年版。

都笑了，然后又有几个人同时站出来解释道，这条龙不是别的，就是一个跟刘邦母亲一起在田地里干活的小伙子。他们继续说道，田里很热，刘邦的母亲可能躺在了树荫下休息，他们的结合很可能就是在桥下进行的，因为那里比较凉爽。怀上刘邦的故事是真的，但就像中国很多其他故事那样，之所以会有那些龙怪的传说，只是为了掩盖他母亲的婚外孕而已。刘邦母亲有没有可能比他的父亲年轻很多呢？他的父亲被称为"太公"，也许暗示了这一点。无论如何，司马迁在《高祖本纪》的其他地方曾暗示过刘邦与其父亲关系不好，这种联想也许能更好地解释其中的原因。

尽管向当地居民询问2300年前发生的事，并不是可靠的历史调查方法，但是在被小心传递下来的中国地方传说中，经常隐藏着真相的内核。司马迁本人游历四方，他在丰县逗留期间，肯定会从这些居民的祖先那里收集高祖的故事。当然，麦克默特里还可以采访到那些真的认识疯马的人，比如疯马的终生挚友何狗（He Dog），但司马迁就没有那么幸运了。即使从司马迁的父亲司马谈开始就记录刘邦的生活，即后来的《高祖本纪》，他们也不可能遇到真正认识刘邦的人。更有可能的是，司马迁是基于汉廷的档案以及他在游历刘邦家乡时收集到的材料来写高祖的传记的。

《高祖本纪》的结构本身也反映了这种材料来源的双重性。《本纪》可明显地分成两个部分：第一部分可称之为"序言"，由旨在揭橥刘邦性格和品格的轶事组成；第二部分是本纪的主体，讲述刘邦起兵抗秦，战胜项羽以及平定内乱之事。由于第一部分侧重对人物个性的描绘，因此大部分并不是按照时间叙事的，更多是关于人物本身的；第二部分则主要遵从去个体化的纪年原则，大量篇幅都放在了围绕刘邦周围的人的行动上，尤其是他们对刘邦建立汉帝国的影响，以及对早期叛乱的镇压。这种结构与《史记》的前六篇"本纪"有很大的不同，不过，这与《项羽本纪》（卷七）还是很相似的。更重要的是，它与很多其他汉初的将相列传是相似的。

与本卷结构相似的传记包括《项羽本纪》（卷七）、《留侯世家》（卷五五）、《陈丞相世家》（卷五六）、《张耳陈馀列传》（卷八九）、《黥布列传》（卷九一）、《淮阴侯列传》（卷九二）[①]、《郦生陆贾列传》（卷九七）以及《叔孙通列传》（卷九九）。虽然以上传记有一些的"序言"部分相对简略，并不包含太多轶闻材料（如叔孙通），大部分还是跟刘邦的本纪结构几乎一样。例如《留侯世家》，首先介绍张良的祖先，从而解释了他为何对秦怀有仇恨。接下来是关于他去淮阳学礼，以及他密谋刺杀秦始皇的故事，最后他遇到了黄石公，后者授予他《太公兵法》并助其成为刘邦最得力的军师。从这里开始，这些人物故事突然中断，然后开始了纪年式的记录："后十年，陈涉等起兵，良亦聚少年百余人。"陈平的传记与刘邦的更为接近，开篇不久即说他"为人长美色"以及少时"不视家生产"的轶事。然后又记录他的贫穷，但一位张姓富妇看到了陈平的潜力，于是将其孙女许配给他。还记录了陈平为乡里社宰"分肉食甚均"之事。以下是司马迁在《高祖本纪》开篇中记录的七个小故事：

> 1. 常有大度，不事家人生产作业。及壮，试为吏，为泗水亭长，廷中吏无所不狎侮。
>
> 2. 好酒及色。常从王媪、武负贳酒，醉卧，武负、王媪见其上常有龙，怪之。高祖每酤留饮，酒雠数倍。及见怪，岁竟，此

---

① 《淮阴侯列传》开头所引的韩信轶闻故事并不是以陈胜的起义为结束，而是以"项梁渡淮"作为过渡的，这是东部地区起义的另一象征。

两家常折券弃责。

3.高祖常繇咸阳，纵观，观秦皇帝，喟然太息曰："嗟乎，大丈夫当如此也！"

4.单父人吕公善沛令，避仇从之客，因家沛焉。沛中豪杰吏闻令有重客，皆往贺。萧何为主吏，主进，令诸大夫曰："进不满千钱，坐之堂下。"高祖为亭长，素易诸吏，乃绐为谒曰"贺钱万"，实不持一钱。谒入，吕公大惊，起，迎之门。吕公者，好相人，见高祖状貌，因重敬之，引入坐。萧何曰："刘季固多大言，少成事。"高祖因狎侮诸客，遂坐上坐，无所诎。酒阑，吕公因目固留高祖。高祖竟酒，后。吕公曰："臣少好相人，相人多矣，无如季相，愿季自爱。臣有息女，愿为季箕帚妾。"酒罢，吕媪怒吕公曰："公始常欲奇此女，与贵人。沛令善公，求之不与，何自妄许与刘季?"吕公曰："此非儿女子所知也。"卒与刘季。吕公女乃吕后也，生孝惠帝、鲁元公主。

5.高祖为亭长时，常告归之田。吕后与两子居田中耨，有一老父过请饮，吕后因餔之。老父相吕后曰："夫人天下贵人。"令相两子，见孝惠，曰："夫人所以贵者，乃此男也。"相鲁元，亦皆贵。老父已去，高祖适从旁舍来，吕后具言客有过，相我子母皆大贵。高祖问，曰："未远。"乃追及，问老父。老父曰："乡者夫人婴儿皆似君，君相贵不可言。"高祖乃谢曰："诚如父言，不敢忘德。"及高祖贵，遂不知老父处。

6.高祖为亭长，乃以竹皮为冠，令求盗之薛治之，时时冠之，及贵常冠，所谓"刘氏冠"乃是也。

7.高祖以亭长为县送徒郦山，徒多道亡。自度比至皆亡之，到丰西泽中，止饮，夜乃解纵所送徒。曰："公等皆去，吾亦从此逝矣!"徒中壮士愿从者十余人。高祖被酒,夜径泽中,令一人行前。行前者还报曰:"前有大蛇当径,愿还。"高祖醉,曰:"壮士行,何畏!"乃前,拔剑击斩蛇。蛇遂分为两,径开。行数里,醉,因卧。后人来至蛇所,有一老妪夜哭。人问何哭,妪曰:"人杀吾子,故哭之。"人曰:"妪子何为见杀?"妪曰:"吾子,白帝子也,化为蛇,当道,今为赤帝子斩之,故哭。"人乃以妪为不诚,欲告之,妪因忽不见。后人至,高祖觉。后人告高祖,高祖乃心独喜,自负。诸从者日益畏之。

司马迁通过这七个小故事来分别说明刘邦的七个基本特点。第一个是刘邦的大度与他对社会习俗的漠不关心之间的对比。在《史记》中,"狎侮"(非常熟络而戏弄)这个词只出现过两次,都是用来形容刘邦的行为的(第二次出现在上引第四个轶闻中)。

第二个轶闻让我们想起刘邦的好色(他娶了很多妃嫔),可能正是这个缺点加剧了吕后在其死后对刘氏的不忠。但第二个故事同时也是对第一个故事的注脚,表明刘邦对他的酒友十分慷慨,尽管他不偿还债务的行为违反了基本的社会准则[1]。

第三个故事是关于刘邦的雄心壮志的,同时还表明了他对帝王事业本身的尊重,而不是只尊重那个戴着皇冠的人,与之相对应的是项羽第一眼看到秦始皇时发出的只针对个人的评论:"彼可取而代也!"即项羽只是想取代那个人的位置(而不是取代其帝王事业)。

我们在第四个和第五个轶闻中都看到了对刘邦未来称帝的预言。但同时也可以看到这位未来的皇帝用作假来炫耀自己的行为(故事

---

[1]译者按,"酒雠数倍"的意思为酒比平时多卖几倍,作者这里将其理解为刘邦请朋友喝酒,故需多买酒,是对酒友慷慨。

4），又或是汲汲于找到那个预言他"贵不可言"的人（故事5）。（而且很有趣的是，刘邦在《史记》中参加了两次宴会，一次是比较著名的鸿门宴，另一次就是这次宴会，他在这两次宴会上都成功地欺骗了宴会的主人。）

第六个故事可能是为了验证一个关于"刘氏冠"起源的传统而添加的。不过，这也可以理解为刘邦对下层民众的管理能力的象征。他能预见这种冠的潜力——正如他能预见他的谋臣和他们的计划的潜力那样，并利用了这种冠（来管理他的民众）。

最后的故事较为复杂。有学者认为这肯定是后人插入的故事，试图将刘邦的成功与五行的理论结合起来。斩蛇对于一位未来的帝王而言当然是再普通不过的。但是，作者让刘邦在醉酒的状态下完成这一神圣的斩蛇行为，无疑表明这个文本很可能就是司马迁本人所写的。刘邦对役徒们的宽仁大度，也是司马迁在《高祖本纪》中所强调的一个特点。最后，刘邦在听到老妇人说他杀的是"白帝子"时表现出的"独喜"和"自负"，正与他听到老者说他"贵不可言"以及后来伴随他出现的"云气"时（见下文讨论）的反应是相呼应的。

这些故事给人一种感觉，似乎当时流行着一些关于"高祖为亭长时"的故事群。司马迁可能从丰、沛两个地方的村民口中得到了一些材料，然后按照自己的设计重塑了这些故事。Rosalind Thomas 认为，"在口述传统中，最重要的因素是这些传统被传递的方式。这包括……传播的性质和形式……传播的群体……传播的原因（例如，为了地位和荣誉……），例如，这些传统也许能证明皇室的威望和权威"①。

----

① Rosalind Thomas, *Oral Tradition and Written Record in Classical Athens*, Cambridge: Cambridge University Press, 1989, p.6.

这个"高祖为亭长时"的故事传统很可能是由其口述传播者塑造的，极有可能就是刘邦的家族成员[①]，而且他们想强调高祖的家乡沛县与皇族之间的关系，同时在对刘邦的描述中突出了他的某些人格特征。

此外还有第八个故事，从中我们可以看到，司马迁记录这一系列口述故事至少有两个目的（348页）：

> 秦始皇帝常曰"东南有天子气"，于是因东游以厌之。高祖即自疑，亡匿，隐于芒、砀山泽岩石之间。吕后与人俱求，常得之。高祖怪问之。吕后曰："季所居上常有云气，故从往常得季。"高祖心喜。沛中子弟或闻之，多欲附者矣。

这段叙述不仅仅想表达高祖是"天子"的思想，而且因为它提到了秦始皇，它其实也是一个向纪年叙事的过渡，正是从这里开始，司马迁转入了自公元前209年（陈涉起义）至公元前195年（刘邦崩）的历史叙事。而这第二部分（即上文说的主体）是这样开始的：

> 秦二世元年秋，陈胜等起蕲，至陈而王，号为"张楚"。

因为司马迁的"纪传体（biographical form）"只在序言部分记录

---

① 这也可侧面证明最近一些学者提出的"家族材料"对希罗多德的重要性。Keith Stanley 认为，对于这样的口述传统，存在一些"创造者"，他们完善了这个传统；同时也有一些"阐释者"，他们极具创造性地使用了这些传统。见 Keith Stanley, *The Shield of Homer*, Princeton: Princeton University Press, 1993, pp.279—293。在这里，"创造者"很可能就是高祖故乡丰县的人，又或许是高祖迁到长安地区附近的"新丰"人。这些传统的"阐释者"就是司马迁。此外，这些材料以及他们作为传记来源的"可靠性"，与《史记》三家注所引以五行学说解释刘邦一生的材料，是有明显区别的。

人物轶事，因此《高祖本纪》第二部分每年发生事件的叙事中，只有某些大臣的进言或为数不多的令人难忘的场景被详细记载而强调出来（其余只描述事件梗概），例如刘邦在鸿沟细数项羽所犯下的十宗罪，又或是他衣锦还乡然后击筑演唱自己所创作的《大风歌》。

当然，可能不论是在刘邦还是项羽的阵营中，都没有历史学家记录下这些事。这些材料的大部分也肯定是由口述传统拼凑而来的，尽管司马迁手头上也有关于这些事件的书写材料，如《楚汉春秋》[1]。不过，透过这些不同的材料，还是可以辨别出一个刘邦的"传记"。

刘邦的基本生活是比较简单而浅显的。刘邦是其父亲正妻最年幼的儿子，但他并未得到父亲的重视，也许是因为他的生父另有其人。他成年后胸怀大志，宽仁大度，聪明机智，与家庭的关系不甚紧密，也不太重视社会习俗与准则。他不事家族的生产工作，在当上需要经常出差的地方亭长之前，还曾过过一段游手好闲的生活。他上任后肯定很快就开始了在路上的生活。他在起义之前去过一次秦朝首都咸阳，后来的事也证明了他对去首都的路非常熟悉。毫无疑问，正是这些技能以及良好的方向感帮助他先于项羽进入关中地区并取下秦朝首都。秦朝灭亡之后，他再次证明了自己的能力，即在几乎无路可走的情况下带领部下来到汉中，然后又巧妙地重返关中攻下前秦的首都地区。他不断转移防线来让项羽疲于进攻，在项羽因为粮草匮乏而被困于垓下之前，他甚至都没有取得什么重要的胜利。在登上极位后，他也经常四处转移，先是将首都从洛阳迁至长安，随后又到全国各处平定部下的叛乱。他就像是公元前2世纪的中国"牛仔"，比起皇帝

---

[1] 就我们对西方古典时期口述传统的诸多了解表明，口述传统即使在其以书写形式传播之后也没有停止下来，参见 Thomas, *Oral Tradition and Written Record in Classical Athens*, p.30。

宝座，马背才更像是他的家。刘邦的这一面对他的同时代人来说是显而易见的。据载，陆贾就曾警告过他："居马上得之，宁可以马上治之乎？"

不过，这就是司马迁认为的刘邦想要统治其新的汉帝国的方法。虽然刘邦赢得天下在很大程度上是因为他的气度，不论是对他的谋臣，对他所征服的秦人父老，还是对那些他从不吝啬赏功的列将们，但信任他人的这种能力在他登极之后就迅速消失了。叛乱此起彼落，刘邦不得不一次又一次地跨上战马，亲自率军去镇压那些叛军——臧荼、利几、赵利以及黥布等。高祖的这种转变也被他的下属注意到了，请看蒯成侯周绁与高祖的对话（2712页）：

> 上欲自击陈豨，蒯成侯泣曰："始秦攻破天下，未尝自行。今上常自行，是为无人可使者乎？"上以为"爱我"，赐入殿门不趋，杀人不死。

刘邦返乡时唱的歌中也有所体现（389页）：

> 大风起兮云飞扬，威加海内兮归故乡，安得猛士兮守四方！

不论是在朝廷还是诸郡，刘邦都被当初那些帮他取得天下的人所簇拥，因此刘邦的这个发问反映了他的一个根本转变。他是借助宽仁大度和对他人的信任取得天下的，但现在却因为缺乏这种品质而危及他的统治，甚至预示了他死后数十年帝国内部反叛与动荡的内核，而且，最为讽刺的就是，他的妻子对所有刘氏的人都不信任。

尽管司马迁在《高祖本纪》结尾的"太史公曰"很奇怪地没有提

到任何与刘邦有关的事，而是关注汉朝在重建夏朝优秀政治传统中所起的"承敝易变，使人不倦，得天统也"的作用，很明显，从一个大度的起义军首领到不信任他人的皇帝的这种转变，就是司马迁所书写的刘邦"人生"的主题。司马迁隐晦地表达这一主题，一个可能的原因是这个主题对他个人以及他与汉武帝的关系而言非常重要。司马迁将刘邦置于两幕戏剧中进行描绘：第一幕是轶事性质的序言，揭橥刘邦宽仁大度等性格；第二幕，也就是主体部分，分成了三个场景：起义抗秦，击败项羽，以及后来的汉朝内乱。序言的重点是主人公的性格特点，第二部分则是主人公在同时代大事件中担任的角色。这些主体内容清楚地揭示了一个不再听取曾助其赢得天下的人劝告的君主的命运。这些肯定是司马迁从刘邦的一生所看到的教训，而且他希望将其传达给自己那气量极小的君主——汉武帝。

尾声

我必须承认，这篇传记研究文章更多依赖于文学层面而不是史学。而且，其中有诸多猜测成分。但我觉得，这是出于打破传统的精神，而我已故的同事兼好友马汉茂（Helmut Martin）正是这种精神的代表。

丞相列传：太史公的未竟之作[①]

太史公写作《张丞相列传》时，既不是将其作为个人传记（本传），也不是作为某类人物的合传（类传）来写的。本文将考察此传结构和内容上的八个问题，并认为：1.编辑者使用了很多不同的材料，包括一些口传的轶闻；2.在司马迁离世的时候，此传所包含的六篇传记可能尚未完成。而且，本传的结构问题几乎一字不差地被班固复制到《汉书》中，因此我们似乎一定能在《史记》里找到这篇未竟之作的原始版本。

①我要感谢苏源熙（Haun Saussy）教授为本文提供的极具洞见的建议，以及叶翰（Hans van Ess）教授、朗宓榭（Michael Lackner）教授以及在德国翻译小组的其他成员，感谢他们的耐心和博学，还有 Erwin von Mende 教授给予我机会在柏林自由大学就本文作学术报告。我的同事们当然对本文的漏洞、瑕疵不负任何责任。我还要感谢洪堡基金会（Alexander von Humbolt）为我的埃尔兰根之旅及本文的写作提供的所有帮助。

问题

　　与读者为善。这是我们在学院学到的写作基本原则之一。因为本文的第一位读者是我的前合作编辑 Robert Earl Hegel 教授，所以如果我选择的话题更偏向纯文学，我的文章读起来会更友善一些。我能想象 Robert 在看到这个题目时的反应："又是《史记》？"但 Robert（或者是其他对此感兴趣的读者）肯定会很激动，如果他们知道《史记·张丞相列传》里满是像汉以后那些文学性文集那样的轶闻故事的话。而且，此卷还不能真正算是《史记》的一部分，因为它既不像其他部分那样被细心地编辑过，也还没变成中国经典的一部分。

　　本文将关注《张丞相列传》的结构问题，并回答为什么这些叙事没有成为《史记》的核心卷目[①]。本卷非常规的文本结构肯定是最近才被发现的。但这些问题如此明显，早在数个世纪以前就已经被一些注家注意到[②]。我希望本文能解决以下问题：1.对本卷的不同类型问题进行定性；2.解释这些问题的成因，并就这些问题对我们理解整部《史记》的编撰有着怎样的意义提出一些猜想；3.就本卷及其《汉书》平行文本的关系提出一些想法。

　　众所周知，《史记》是由司马氏父子完成的。尽管司马谈在死前

---

① 所谓"核心卷目"是指过去被反复研读并被挑选成集的卷目，如王伯祥《史记选》所选的二十卷（北京：人民文学出版社，1995年，包括卷7、48、55、56、65、68、76、77、79、81、82、86、92、100、102、107、109、120、124和126）。这二十卷在杨宪益及其妻子戴乃迭的 *Selection from Records of the Historian* 中均已译出（北京：外文出版社，1979年）。杨氏夫妇还在此基础上增加了10卷。韩兆琦最近的《史记选注集说》也收录了其中19卷（南昌：江西人民出版社，1982年），他也增加了另外9卷。

② 如凌稚隆《史记评林》在本卷前收录的多位学者的评论，台北：兰台书局，1968年，4:96.1a。

（前110）可能已经写成了一部分，大部分现代研究者认为更多的工作还是由司马迁在公元前105—前90年之间完成的[①]。司马氏父子都担任过太史一职。这一职位的责任还包括天文制历，如在公元前104年，司马迁就参与了汉朝的改历工作。

最后，我想就《史记》三种常规的"传记"做一些说明[②]：

1.第一种可以称作"本传"。这种类型只有一个传主，而且一般会如此开篇：他的名、字，历任官职，籍贯；然后可能会有一些反映人物性格的轶闻故事。之后是传主的职业生涯，有时会比较长，通常是以时间先后顺序编排的。接着会交代传主如何离世，有时候会交代其后裔的情况。最后就是"太史公曰"。《淮阴侯列传》就是典型的"本传"。

2.第二种可以称作"合传"。有时候看标题就能看出这种类型，如《魏豹彭越列传》，即由两个人物（有时会更多）的本传合为一卷。司马迁会通过"太史公曰"来帮助读者在传主之间找到相似的地方：就魏豹和彭越而言，其传记都是关于某个可怜之人成为一国之主后又因不忠（于汉）而失国的故事。不过，有时候从标题也看不出是合传。例如卷七十包含张仪、陈轸和公孙衍的传记，但仅书作《张仪列传》。

3.第三种是"类传"，是某种类型的人物传记集，如著名的《刺客列传》。司马氏（父子）在这种传记里想表达的是他们内心的某种原型，这从标题就可以看出来。"类传"与"本传""合传"在形式上存在差异，"类传"在介绍完人物的姓名、籍贯后（这是所有传记都

---

①有关司马迁写作时间的详细讨论，见范文芳《司马迁的创作意识与写作技巧》（台北：文史哲出版社，1987年）、施丁《司马迁行年新考》（西安：陕西人民教育出版社，1995年），以及张大可《司马迁评传》（南京：南京大学出版社，1997年）。
②这些都是以《史记》列传部分为基础的。

有的），只会选录一两个能反映传主与列传标题相符的故事。而且，这些传主之间的年代差异颇大，往往是最早的放在前面。他们之间一般会用格式化的"其后若干年，有某某"来连接[1]。

以豫让传为例，我们不能确定豫让生活的年代，但他应该活跃于韩、魏、赵三家分晋（前453）之前不久[2]。在豫让登上历史舞台之前，有一个刺客专诸退出舞台的转场：

> 其后七十余年而晋有豫让之事。
>
> 豫让者，晋人也，故尝事范氏及中行氏[3]，而无所知名。去而事智伯[4]，智伯甚尊宠之。及智伯伐赵襄子，赵襄子与韩、魏合谋灭智伯，灭智伯之后而三分其地。赵襄子最怨智伯，漆其头以为饮器。

---

[1] 译者按，这种格式化用语其实仅在《刺客列传》中出现，在《循吏》《儒林》《游侠》《货殖》等列传中并不常见，甚至没有。

[2] 据《战国策》的平行文本，他的名字作毕豫让，是晋毕阳的孙子。诸祖耿，《战国策集注汇考》，南京：江苏古籍出版社，1985年，2:886。

[3] 他曾事范吉射和中行文子（亦称荀寅），两者都是晋国六卿之一，见吴树平、吕宗力，《全注全译史记》，天津：天津古籍出版社，1996年，86.2423注。

[4] 公元前460年左右，豫让所忠于的智伯荀瑶已经取得了晋国实际上的大权。公元前472年（《史记》，15.689），他率军攻打齐国，公元前454年又进攻郑国（《史记》，42.1776）。同年，他与赵氏瓜分范氏和中行氏二卿土地（《史记》，15.696），第二年又攻打赵氏。公元前464年，他欲废除赵氏太子襄子（《史记》，15.692）。智伯试图与韩氏、魏氏共同灭赵，但赵襄子成功说服韩、魏，如果赵氏被灭，智伯肯定会接着对付他们二氏。他们因此转而与赵氏合作，并在公元前453年杀掉智伯，三分其地（见《史记》，39.1685—1686，42.1775—1776；及杨伯峻，《春秋左传注》，哀公23年、27年，1721页和1733页，北京：中华书局，2000年）。智氏封邑在黄河以东数公里，即今陕西西安东北约90公里（谭其骧，《中国历史地图集》，1:35）。

之后，豫让逃遁山中，并发誓要为"知己者"智伯复仇。紧接着又叙述了两个故事，以此表明豫让为了报仇能走多远。首先，他更换名字并伪装成刑人潜入襄子的宫中，想要刺杀襄子。襄子感觉到有危险，最终抓住豫让。但襄子钦佩他对旧主的忠义，于是释放了他。豫让又采取更为激进的方式。他在身上涂漆使皮肤腐烂，又吞炭来变哑，连妻子都无法认出他来。豫让埋伏在襄子出行必经的桥下，襄子经过时马突然大惊，豫让再次被发现。襄子这次没有赦免他，他质问豫让，他曾事范氏和中行氏，为何只对智伯如此忠诚？豫让的回答，不但给出自己的理由，而且道出了得遇明主的义士的行为准则：

> 豫让曰："臣事范、中行氏，范、中行氏皆众人遇我，我故众人报之。至于智伯，国士遇我，我故国士报之。"①

豫让请求襄子把衣服给自己刺破，以致报仇之意，襄子答应了，豫让乃伏剑自杀。

这里的结构是精简而直接的：我们不知道豫让变更后的名字，只知道他是晋国人。他的家庭、家乡这些都没有提及，而且也不重要。豫让是作为一个典型的刺客而不是独立的个人而被书写的。豫让传的主体是两个用以表明什么是"刺客"的故事。这里的主题是与"义"息息相关的决心和目标。对于刺客来说，成功不是必要的。实际上，《刺客列传》中最好的传记，都是关于那些如豫让一样最终失败的人。

现在，我们可以回到卷九六《张丞相列传》了。本卷不仅有张苍的传记，还有另外十三个相关的短传，而且被分成两个部分。这两个

---

① 《史记》，北京：中华书局，1982年，2519—2521页。

部分是以太史公的评论而划分的，在第二部分的结尾也有一个"太史公曰"作为结束。

学界普遍认同第二部分是司马迁死后由褚少孙所补[1]，因此我们主要关注第一部分。这部分包含六篇传记，传主都是汉初权力最高的重臣。他们均出身农民，位居汉廷第二要职——御史大夫，处于汉初四任统治者的治下（高祖、惠帝、高后和文帝），分别是张苍（前180—前176年在任）、周苛（前206—前203年在任）、周昌（前203—前198年在任）、赵尧（前197—前189年在任）、任敖（前189—前186年在任）和申屠嘉（前176—前171？年在任）。其中申屠嘉和张苍还曾任丞相之职。

根据以上三种传记分类，本卷包含多位传主，而且他们都曾任御史大夫，似乎可以归类为"类传"，类似于"汉初御史大夫列传"。而现在的标题肯定没有反映这一点。而且，这六个人物的顺序也不是按时间先后排列的，张苍传虽然排第一，但他其实是第六个任御史大夫职的[2]。因此，要判定本卷属于哪种类型的传记，我们必须要更仔细地考察一番，尤其是张苍的传记。

本卷以标题所称人物（即张苍）开篇，先是对其作初步的简要介绍：

> 张丞相苍者，阳武人也。好书律历。秦时为御史，主柱下方书。有罪，亡归。

---

[1] 第二部分包含车千秋、韦贤、魏相、丙吉、黄霸、韦玄成和匡衡等七人的传记，他们大部分都是在司马迁死后在任的，很明显是后人所补。

[2] 如果我们认为张苍生于约公元前250年，是这些人中最年长的，也许本卷就是按时间先后书写的；但我们无法确认周苛和其他人的生年，司马迁似乎也是一样。

阳武在今开封西北方向（即原魏国所在），张苍有过在秦朝担任御史的经历，还在建立新朝的礼仪中贡献了自己的力量，设定新历，这是汉朝初立必然要面对的事。朝廷档案存放的地方是"柱下"，他曾在此处管理"方书"。如果我们将"方"理解为"方形square"，那么"方书"可能指方形的木牍，上面记录不太重要的事件（如《史记》集解所引如淳的解释，96.2675），也可能就是简单的"官府文书，案牍"（见《汉语大字典》，6:1564—1565）。如果将"方"理解为"方位directional"，那么"方书"就有可能指从四方收集而来的地方性档案（如淳注中的第二种解释）。在这些解释里，地方性档案的可能性最大，因为汉朝建立者想实行郡县制，这是非常重要的材料。而且很明显，张苍精通历律，自然会赢得司马迁的注意，除了历史学家这一身份，司马迁还是一个历法改革家。

接下来的简介讲述了第一个有关张苍的轶闻以及他的外观体型：

> 及沛公略地过阳武，苍以客从攻南阳。苍坐法当斩，解衣伏质，身长大，肥白如瓠，时王陵见而怪其美士，乃言沛公，赦勿斩。遂从西入武关，至咸阳。

这些事约发生在公元前208年。初读此段，我感觉这里的张苍似乎肯定是一个年轻男子。我一开始对"美士"的翻译是"bonny lad漂亮的小伙子"，而现在则翻为"handsome man英俊的男子"。但张苍此时已经四十岁了（张苍卒于公元前152年，其时已超过一百岁，见下文）。

之后，叙事转向了起义者刘邦初立为汉王后的战役，他征服诸侯并成为汉朝的第一个皇帝。我将跳过这部分内容，直接进入关于张苍在这些战役中的作用的细节部分。

> 迁为计相，一月，更以列侯为主计四岁。是时萧何为相国，而张苍乃自秦时为柱下史，明习天下图书计籍。苍又善用算律历，故令苍以列侯居相府，领主郡国上计者。黥布反亡，汉立皇子长为淮南王，而张苍相之。十四年，迁为御史大夫。

有关张苍一生的叙事到此就结束了，一共只有300余字（本卷总字数约为2500）。这是一个"初步的叙事"，因为有关张苍的生平叙述至其迁御史大夫后就停止了，这个职位一般都会继续升迁为丞相，但这些事是在插入了几个其他人的完整传记后才继续的。需要注意的是，这里有一些文字是多余的，它们重复了本传开篇时提到的张苍喜好图书文籍，善算律历。而且，这里所说张苍任御史大夫的时间为公元前182年，与其他所有史料所说的公元前180年相差两年。无论准确的日期如何，这里的最后一句都是为了将这部分和随后的内容勾连起来（这是类传里的标准写法，在上引豫让的传记里也可看到）。

张苍的生平叙事还没结束，本卷却开始叙述周苛和周昌兄弟的生平，他们都在张苍之前担任过御史大夫（分别在前206—前203年，以及前203—前198年，两人的传记各为175年和400字左右）。周昌的传记中穿插了赵尧的故事，他在公元前198年用计谋取代周昌成为御史大夫。赵尧在这些早期的御史大夫中任期是最长的，最后被吕后在公元前189年罢免（其传记约含400字）。之后，是汉朝第四任御史大夫任敖的传记，篇幅较短（大概只有130字），他在公元前189—前186年任职，后亦为吕后所免。在任敖短传的结尾，司马迁提到曹窋在公元前186年取代任敖之位，一直到公元前180年吕后崩。司马迁没有给出曹窋生平的任何细节。这部分就此以曹窋被免和张苍迁为御史大夫而结束。

任敖传结束后[1]，叙事回到张苍身上，这里再次出现了表示时间先后的转场标识：

> （任敖）免，以淮南相张苍为御史大夫。

这里的转换虽然被小心地标记了时间，但本卷的作者似乎忘记了他早已在开始的张苍传末尾处写过同样的内容——又或者说，这本来就是某个编辑者想在两个没有关联的文本之间建立一个转场。然后，他继续简要地告诉我们张苍是如何迁为丞相的：

> 苍与绛侯等尊立代王为孝文皇帝。四年，丞相灌婴卒，张苍为丞相。

接在此句之后的是一个概述，与《史记》某些篇章的开头或结尾十分相似[2]：

> 自汉兴至孝文二十余年，会天下初定，将相公卿皆军吏。张苍为计相时，绪正律历。以高祖十月始至霸上，因故秦时本以十月为岁首，弗革。推五德之运，以为汉当水德之时，尚黑如故。吹律调乐，入之音声，及以比定律令。若百工，天下作程品。至

---

① 译者按，任敖传是以曹窋被免、张苍继任结束的，作者可能是有意忽略曹窋，因为曹窋仅被极其简单地提及。下文中还会出现任敖免而张苍继任的说法，译文皆将其更正。

② 如《平准书》的开篇，或《孝景本纪》的结尾处。

于为丞相，卒就之，故汉家言律历者，本之张苍。苍本好书，无
所不观，无所不通，而尤善律历。

这部分内容似乎游离了正文的叙事。这个转场似乎并没有要承接
前面的任何内容。而且，这段文字之所以游离是因为它又重复了——
已经是第三次——之前提到的张苍对档案文书以及律历的兴趣。实际
上，这部分似乎更关注律历之术而非张苍本身。在任敖免职到张苍上
任的简要转场之后，这一总结性的文段实在会让读者为之头疼，它似
乎完全跳出了叙事本身。不过，如果本章是专门为律历专家所写，那
这个总结就很有可能是这样一个文本的序言。

张苍传的第二个部分（约400字）再次在没有任何转场的情况下
出现了。可以更明显地看出，这部分内容可分为五个简短的部分，而
且大部分是轶闻性质的。第一个故事呼应了本传开篇的段落，即张苍
因王陵的介入而免于被处死的内容，其曰：

张苍德王陵。王陵者，安国侯也。及苍贵，常父事王陵。陵
死后，苍为丞相，洗沐，常先朝陵夫人上食，然后敢归家。

这里有几个值得注意的地方。首先，这里暗示了一个截然不同的
编年序列，它跳出了张苍在朝廷任职的时间范围（也就是将前面绝大
部分段落勾连起来的编年序列）。这说明这里可能是在引用另外一段
独立的文本，而且编者并没有尝试将其纳入主体叙事中。其次，如果
王陵的侯位如此重要，一定要提出让读者知道，那么在传记一开始出
现王陵的时候就提出来显然会更符合逻辑一些。这再一次支持了这个
猜想，即这个轶闻是被附加到主文本的，而且编者没有将其融入整个

文本语境中。最后，有读者可能会对这位"美士"（王陵对张苍的称呼）感到奇怪，他为何会如此周到地向一位新寡妇提供早餐膳食。不过，与其纠结猜度，不如接着看下一部分：

> 苍为丞相十余年，鲁人公孙臣上书言汉土德时，其符有黄龙当见。诏下其议张苍，张苍以为非是，罢之。其后黄龙见成纪，于是文帝召公孙臣以为博士，草土德之历制度，更元年。张丞相由此自绌，谢病称老。苍任人为中候，大为奸利，上以让苍，苍遂病免。苍为丞相十五岁而免。

这部分是在主体叙事的编年顺序内的，它主要告诉我们张苍是如何免相的。而且，它与本传一开始强调张苍在建立汉历过程中的重要作用有所呼应和联系。不过这段也略显冗长，因为它重复描述张苍是如何免相的，同样暗示了这些内容没有被好好编辑。

在这种描述人物仕途终结的段落之后出现的，通常是人物传记的最后一部分，即追述传主谥号和后裔，这里也是一样：

> 孝景前五年，苍卒，谥为文侯。子康侯代，八年卒。子类代为侯，八年，坐临诸侯丧后就位不敬，国除。

同样地，这部分在文本和时序上都提供了很好的过渡。尽管有时候这会被认为是人物传记的标准结尾，但张苍传并没有在这些套话之后结束，而是又接着出现了一些闪回的文字[①]，回顾了张苍家族男性的

---

① 这里的"初"很明显是一个时间标识，暗示了一个不同的、全新的材料，因为实际上与本卷相关的绝大部分事件都不是在"初"时发生的。

生理特征：

> 初，张苍父长不满五尺，及生苍，苍长八尺余，为侯、丞
> 相。苍子复长。及孙类，长六尺余，坐法失侯。

这段让人回想起本传开头描写张苍硕美身材的文字。也许它想暗示我们身高和成功之间是可以画等号的。不过，《史记》里另外两个身长八尺余[1]的正是著名的韩信和项羽，可是他们都未得善终。也许对我们而言，更重要的是，这里又重复描述了张苍的子孙后裔，尤其是张类的"坐法失侯"，这已经在前面一段中详细解释过。这部分同样没有被融入传记整体的编年顺序，而是用了"初"这个引语，历史学家一般用它来插入来自其他文本的叙事，而且一般不能在主体叙事中确认它们发生的时间。这种无法与前文保持时间上或内容上一致性的情况，再次暗示这个文段是从别的材料那里挪移到这个传记的，而且几乎没有进行任何编辑，甚至可以说是一字不漏地照抄。请记住这里的结构问题和内容冗余的例子，现在让我们看看张苍列传的最后部分，这里简短地介绍了张苍退休之后的生活：

> 苍之免相后，老，口中无齿，食乳，女子为乳母[2]。妻妾以百
> 数，尝孕者不复幸。苍年百有余岁而卒。

---

[1] 在《史记》数处的记载里，八尺似乎是一个男性的"正常"身高。

[2] 颜师古注曰："言每就之。""食乳"也可能是指他吮吸她们的乳房，正如葛洪所理解的，"张苍……吮妇人乳汁，得一百八岁"。《抱朴子·内篇·至里》1.11a，四库全书本。

这里我们确实能看到编者有意将这部分放到张苍一生的编年史的最后。但是，在官修史①的人物传记里收录一个曾在诸多重要职位上服务过的人物的私生活细节，似乎是不太正常的。第二，尽管有时在传记里记录对闺房之事的沉溺，是对传主提出批评的一种途径，但这里对张苍年老昏聩后还沉迷肉体享乐的强调，与全传整体上的肯定语气是格格不入的。

紧接张苍传之后的是有关申屠嘉的叙事，他在公元前176年替代张苍成为御史大夫，而张苍则迁为丞相。这里应该出现如前文任敖（曹窋）和张苍之间的那种套话式的转场："免，以淮南相张苍为御史大夫。"但这里并没有。而且，申屠嘉的生平叙事有将近700字，如果尚不算是一个完全的传记模板，也可算是一个遵守编年顺序和只记述申屠嘉仕途的传记。

全卷最后出现了另一个总结：

> 自申屠嘉死之后，景帝时开封侯陶青、桃侯刘舍为丞相。及今上时，柏至侯许昌、平棘侯薛泽、武强侯庄青翟、高陵侯赵周等为丞相。皆以列侯继嗣，娖娖廉谨，为丞相备员而已，无所能发明功名有著于当世者。

这段似乎又出现了一些逻辑上的问题。第一，这里完全没有提到景帝时的第三任御史大夫，即周亚夫，他在公元前150年替代陶青，然后又被刘舍所取代。第二，上面提到的各传主（张苍、周苛、周昌、赵敖、任敖和申屠嘉）的共同特点是他们都曾担任御史大夫一

---

① 译者按，学界对司马迁《史记》是官修史还是私修史有一定的异见。

职，而不是丞相。实际上，正如我们已经指出过的，只有张苍和申屠嘉曾出任丞相。不过，这个总结与某个看上去像是"基本叙事"的年表是联系在一起的。

本卷以司马迁的"太史公曰"来作为结束：

> 太史公曰："张苍文学律历，为汉名相，而绌贾生、公孙臣等言正朔服色事而不遵，明用秦之颛顼历，何哉？周昌，木强人也。任敖以旧德用。申屠嘉可谓刚毅守节矣，然无术学，殆与萧、曹、陈平异矣。"

这段文字同样让人迷惑。司马迁将申屠嘉与汉朝的前三位丞相（萧何、曹参和陈平）进行对比，似乎是在暗示本卷的主题应为"丞相"。太史公还暗示，正是因为张苍对历法的贡献致使他将张苍的名字作为本卷的标题，尽管他对张苍的贡献并非完全认同[1]。而问题在于，本卷出现的六个有传记的人物中，只有两个最后担任丞相，而他们全都曾任御史大夫，即副丞相。

如前所述，尽管本卷行文到此便即结束，但褚少孙或其他人增补了之后七位丞相的传记，他们都是在司马迁卒后上任的[2]。在这些传记前，有如下一段序言，可以看作是对司马迁此卷传记的评论，它暗示司马迁的目的应是要为汉初丞相作传的。序言如下：

> 孝武时丞相多甚，不记，莫录其行起居状略，且纪征和以来。

---

[1] 似乎司马迁更倾向于认为张苍制定了新历而不是沿用秦历，正如他自己在公元前104年所制定的新历一样。

[2] 见324页注①。

总而言之，我们在本卷发现了八个文本问题：1.张苍传被分成了两个不平行的部分；2.对张苍私生活（如性生活）的强调；3.本卷出现了重复冗余的部分（如张苍对天文历法的爱好及其制定历法的能力，以及两次提及其孙张类废侯之事，还有对张苍去位作了两次叙述）；4.两处总结段落将本卷的叙事流切断了；5.没有曹窋的传，这是御史大夫列传里不可或缺的一环；6.有关张苍迁为御史大夫之时间有两处不同记载（前182和前180）；7.申屠嘉传之后没有为周亚夫立传；8.文中有的地方显示本卷是为御史大夫立传的[①]，但另外一些地方则显示是为丞相立传的。

可能的解释

在本文开篇，笔者曾承诺要辨别出本卷结构上的一些问题并尝试解答它们。上面我们已经列出了八个问题。因为小问题更容易解答，所以我们就从容易的开始。

例如，为何没有为曹窋立传（问题5）？似乎并不是因为缺乏他生平的资料（尽管在《史记》和《汉书》中都只能找到很少关于他的信息），也不是因为他曾事吕后，而且不主动参与公元前180年的诛吕行动（见《史记》，4.409）——尽管这些因素可能对不立传的决定有所影响——但更可能是因为他是太尉及相国曹参之子，平阳侯家族的继承人。因此司马迁将有关曹窋的简短叙事作为附文放在了曹参的传记之后：

> 平阳侯窋，高后时为御史大夫。孝文帝立，免为侯。立

[①] 除了上面讨论的矛盾之外，高祖犹豫御史大夫之印究竟要给谁的这个场景也强调了本卷更多地是关于在此职位上的人的。

二十九年卒，谥为静侯。

　　而且，在大多情况下，当司马迁提到某人的生平见于其他篇章时，他一般会用"语在某篇中"这个套语，如在《史记·萧相国世家》里提到韩信的事便曰"语在《淮阴侯》事中"。因此这里没有这样的参引套语，似乎也暗示本卷尚未被编辑好。我们还可以从以下几点看出尚未修编的痕迹：1.张苍迁为御史大夫的两处时间记载不同（问题6）；2.未为景帝时期的丞相周亚夫立传（问题7）；以及3.上面提到的重复冗余（问题3）。

　　剩下的四个问题较为烦杂，而且看起来似乎不只是未被编辑的结果，而是出于编纂者对本卷应该属于什么类型的传记存在观念上的矛盾和差异。张苍传被割裂成两部分以及对其私生活的强调（问题1和2）似乎是由于司马迁使用了三种或四种不同的材料：一种主要关于其私生活，一种强调他在汉历制定过程中的首创者地位，一种强调其政治生涯，第四种也是最后一种则将其与汉初的其他御史大夫联系在一起。

　　我们现在仔细考察下这些可能来源的其中一种，即关于其私生活的资料。这些资料出现在本卷的开篇（即张苍差点被处决之事），以及张苍如何对待王陵遗孀的部分，和列传最后由"初"引出的张苍晚年的两个放荡故事。仔细考察开篇的39个句子——以中华书局本的断句为准①——似乎这部分是押韵的，其韵脚分布如下（表1）②：

---

①我知道中华书局编辑部所作的断句在1959年版出来后很快被读者仔细检查，但中华本的处理对于对比分析本卷的不同部分而言已经足够了。本卷是由同一位／一组校点者断句的，亦见"Historians of China"，*CLEAR*, 17（1995）：207—217页。

②译者按，原文如此，不过似乎并不是列出韵脚，下文亦是。

表 1

苍 a（阳韵）	历 x	人 b（真韵）
史 c（之韵）	书 d（鱼韵）	罪 e（微韵）
归 e	武 d	阳 a
斩 x	质 x	大 x
瓠 d	士 c	公 f（东韵）
斩 x	关 g（元韵）	阳 a
王 a	中 x	秦 b
耳 c	汉 g	守 x
赵 h（宵韵）	余 d	平 x
相 a	寇 i（侯韵）	相 a
耳 c	卒 i	敖 h
王 a	反 g	之 c
功 f	之 b	侯 i 户 d

同样，这些韵律至少还显示出一种四字句和五字句之间的平衡，也许尚称不上是行文模式，但在这39句中有18句都是四字句或五字句（46%）。

描述张苍敬养王陵遗孀的内容共10句，有着十分相似的韵脚（陵 x；陵 x；侯 i；贵 x；陵 x；后 i；相 a；沐 x；食 x；家 d），而且四字句和五字句的比例也十分高（50%）。最后，有关张苍晚年故事的内容有17句，也可以看到相似的韵脚（尺 x；苍 a；余 d；侯 i；相 a；长；类 e；余 d；侯 i；后 i；老 x；齿 c；乳 i；母 i；数 i；幸 x；卒 i），而且也有着极高比例的四字句和五字句（63%）。总而言之，这些文段明显是押韵的，而且这一现象不见于本卷的其他地方。

它们的四字句和五字句的总比例是51%，比任敖和申屠嘉传等的38%要高得多。而且，这些文段中没有任何对话，主题相似，有着一定的文本关联（如张苍肥白如瓠的身体、乳母、妻妾等）。最后，这些段落都以张苍的全名开始，而其他部分仅仅称"苍"，或是以时间节点开始①。因此，尽管数据会具有一定的欺骗性——尤其是在人文学科领域，但以上的事实共同支持了如下推论：这四个轶闻部分可能是来源于一个共同的、可能是口头传播的材料。这些文段与《高祖本纪》开篇描写刘邦的故事是不同的（它们可能也是来源于口述的故事）。不过它们可能有着相似的生成背景，即由受尊敬的人物（如张苍和刘邦）的下属、同僚，甚至是后来的丞相所讲述的有关他们的坊间故事。在刘邦的例子里，这些叙事强调的是刘邦早期在家乡的活动预示了其之后的伟业（因此它们很可能就起源自沛地）。但是，对于张苍而言，他们似乎更关注于他俊朗的气度和体格。这些文段的韵律是为了表演之用，还是纯粹是便于记忆的格式，有待将来进一步的研究。

最后的两个问题（4和8）是有关文中的两个总结的，它们都有将一个单一的概念或结构强加于不同类型的材料之上的意味。第一个总结（2681页）说的是，张苍因其精于律历而留名历史。但是很明显，这并不是本卷的整体主题。第二个总结则明显表示本卷是为丞相们所立的传。但如果要通过这个总结来带出丞相们的传记，那它就应该放在卷首而非卷尾。

本文开始曾提到，过去的学者也曾对这些问题感到困惑。例如，

---

① 霍克思（David Hawkes）教授在研究《史记·屈原列传》时曾分析过司马迁对人物名称处理的重要性，见氏作，*The Songs of the South: An Anthology of Ancient Chinese Poems by Qu Yuan and Other Poets*, Harmondsworth: Penguin, 1985，序言部分。

明人唐顺之（1507—1560）就在《史记评林》中说：

> 以官串入，《张苍传》《酷吏传》同体，《苍传》御史大夫也，
> 《酷吏传》中尉、廷尉也。

因此，唐顺之是明显意识到这是一篇关于汉初御史大夫的"类传"的（虽然他还称其为"张苍传"）。相隔一两代人之后的钟惺则似乎对本卷的性质不甚了然，他说：

> 以"丞相"二字作眼，却从御史大夫说来，实归重丞相，故本传不曰张苍，而曰张丞相，此命题主意也。<u>传止苍一人</u>①，周苛、周昌、赵尧、任敖、曹窋、灌婴②、申屠嘉错出点缀，承转收应。或用苍引起，而诸人继之；或中入苍，而诸人先后周始之。数人出处数十年，官职用舍沿革，继续藏露，其文至变，<u>不当以一人一事始末看之</u>。（引自杨燕起、陈可青、赖长扬编，《历代名家评〈史记〉》，葛氏《史记》卷九六，北京：北京师范大学出版社，1986年，648页）

虽然有些绕口，但钟惺似乎承认两个不同的看法：1.这是一个个人传记；2.它的主要关注点在于张苍曾担任的丞相这一职务（而非张苍，见上引画线部分）。这两个论断对于辨别本卷的一些问题是有帮助的。但是，它们都不能帮助我们解答这些问题。

而且，《张丞相列传》其实还存在第九个问题。这就是，它既不

①这里及之后的下划线都是笔者加的。
②曹窋的传记出现在《史记》卷54，但他，或者本卷中被简单提及的灌婴（他的传记出现在卷95），在这里只是衬托。

属于"本传"，也算不上"合传"，更不是"类传"。我们猜测，司马迁可能有一些抄手助理帮助他收集整理有关张苍和其他汉初御史大夫的资料来编写一卷类似于《张仪列传》的文字——《张仪列传》以著名的纵横家张仪的一生开篇，之后又简短地记录了两个知名度较低的游说之士的事迹。然而《张丞相列传》的谋篇布局、所包含的传记数量，以及这六篇传记几乎一样的篇幅，都与这样的列传格式格格不入。而司马迁在《太史公自序》里对编写此卷的目的也提出了另一种说法：

> 汉既初定，文理未明[1]，苍为主计，整齐度量，序律历。作《张丞相列传第三十六》。

司马迁这里想说的似乎是，他的重点是张苍在律历上的成就，而并不关注他的政治贡献。这当然可以在整卷不断重复的张苍整理律历的能力，以及与《太史公自序》意思相近的第一个总结中找到明显的痕迹。不过，还是可以看到司马迁——或者说更可能是他的抄手助理或后世的学者——在努力将"类传"的结构加于这些原始的文本之上。这种结构化的证据，在本卷的第二个总结、太史公的评论，以及后世窜入的第二部分的开篇，都可以看到。

最后，让我们看看班固对此的看法，他是司马迁的第一个、也可能是最伟大的评论者。考虑到《史记》在处理这些人物生平上的结构差异，班固似乎有着绝佳的机会来重新编排和组合这些材料（他常常就是这样处理《史记》文本的）。但班固这次并没有这样做。《汉书》

---

①这里"文理"的意思与《荀子·礼论》中的相似，见杨柳桥，《荀子诂译》，济南：齐鲁书社，1985年，521页。

卷四十二对应的正是《史记·张丞相列传》前六人的传记，二者几乎一字不差，而且就连太史公的评论都照抄了。班固这里只做了一个改动，就是将标题改成《张周赵任申屠传》。从这一改动可以看出，班固认为本卷不是张苍个人的列传，也不是汉初丞相的"类传"。

问题的两可性，诸多的文本问题，总结与正文的不对应，以及总结似乎浮于基本叙事之外，这些都暗示了两个最有可能的结论。首先，司马迁并未完成本卷的编写。实际上，关于司马迁是如何书写，以及他是否对全书作修订并完成了所有的卷目，我们以前只有很少的信息。考虑到手抄一份这么庞大的文本（52.6万余字）存在诸多困难——而司马迁又确实为后人准备了两个副本，以及司马迁在这个危险且充满斗争的朝廷里担任高官，他的工作非常繁忙，因此，在我看来，《史记》的诸多文本问题很可能是因为一直到司马迁离世，《史记》都尚未完成，正如众所周知的在《史记》早期的流传中有"十篇阙，有录无书"的说法①。还有一些学者，如柯维骐（1497—1574）也是如此认为的②。有没有这样一种可能，即司马迁是按照年代来写《史记》的，他先完成了先秦的部分，然后再写秦和汉初的时代？如果是

---

① 有关此十篇和《史记》文本早期流传史，见 William H. Nienhauser, "Introduction", *The Grand Scribe's Records: Volume 1, the Memoires of Pre-Han China*, Bloomington: Indiana University Press, 1994, pp.xi-xii。

② 柯维骐在其《史记考要》中将《平准书》的问题归结为是后人传抄疏忽，以及"所叙武帝事，未竟而迁死"（引自泷川资言《史记会注考证》，东京：东方文化学院，1934年，30.2，不过泷川似乎是引自凌稚隆的《史记评林》，因为这段话的全文可见其中，30.13a—b）。崔适也对此卷的结构提出了看法，他认为："且张耳、陈馀合传，述张耳未毕，即出陈馀……以其事相牵属，故错综其文以总叙之也。张苍与周昌、赵尧、任敖绝无一事相关，特以四人相次为御史大夫，而苍承其后，强分一传以跨三传，前后效颦之迹，可笑甚矣。"《史记探源》，北京：中华书局，1986年，202页。

这样，这卷张苍的传记可能在《史记》早期的编写过程中已经有了大致的轮廓，有一个大概的草稿，但由于一些未知的原因最终没有被编辑好[①]。

基于上述考察过的问题，第二个结论就是，在《史记》和《汉书》六个对应的人物传记中，很明显《史记》的版本有更多的瑕疵，因此肯定是较为原始的。很难想象，如果伪造者想给残缺的《史记》补上丢失的《张苍传》，他会保留我们今天在文本中发现的如此之多的结构问题。而且，《张丞相列传》这个标题怎么可能是改自《张周赵任申屠传》的呢[②]？只能是反过来的，即班固希望能借此标题来更清楚地表示本卷的实际内容，而且他无法改良这些内容，因为司马迁收集到的材料（可能还有口述材料），班固已经看不到了。

有了这些结论，希望未来会有更多对其他有文本问题的卷目的研究来检验这些想法。至少对《张丞相列传》而言，似乎只有这样的猜想能全部解释本卷的问题。然后，不论是完成了还是未完成，《张丞相列传》也许能向我们揭示司马迁及其父亲司马谈的《史记》编写工作的一些细节，不论是书面的还是其他方面，同时也提供了一个珍贵的视角，让我们能一窥汉初重要政治人物张苍的私人生活。

---

① 对《史记》诸卷时代的推定，可见 E Bruce Brooks 的 "Shiji Chronology. Warring States Project" 项目计划（马萨诸塞州州立大学阿默斯特学院），战国经典研究小组（Warring States Working Group）工作记录（1995年8月10日）。1997年我到吉美博物馆时，发现沙畹尚未出版的翻译手稿中也存在同样的情况，越是接近《史记》的尾声，就越是发现其很多部分都尚未完成。
② 译者按，这还是有可能的，因为《太史公自序》就说他想写的是《张丞相列传》。

一个《史记》文本问题的讨论和
一些关于《世家》编写的推测①

导论

詹姆斯·罗伊斯（James R. Royse）在《〈新约〉文本流传的抄写倾向》（"Scribal Tendencies in the Transmission of the Text of the *New Testament*"）中开宗明义地指出：

> 文本批评所用的证据通常分为两种主要的形式——内部的和外部的。内部证据又可根据内在的可能性（考虑作者可能写了

① 这篇文章最初是在 2001 年 10 月 20 日，在日本米泽市上杉博物馆东亚出版文化研究会议（Conference on the Study of Publishing Culture in East Asia）上宣读。在此谨向与会者致谢，尤其感谢仙台大学矶部彰教授。我还要感谢朗宓榭（Michael Lackne）、叶翰（Hans van Ess）、《通报》的匿名审稿人、曹卫国以及威斯康星大学《史记》小组的其他成员所提出的宝贵意见。

什么）和传抄上的可能性（考虑抄写者可能如何复制）进一步区分。①

　　本文试图处理主要存在于《史记》世家部分，属于罗伊斯所说的内部证据的第二类的文本问题（抄写者可能如何复制以往文本）②。这些文本问题，如下文所示，表明一部分《史记》是由司马迁指导下的助手编写的可能性；同时"标题"或者"标签"也许在这项工作中扮演了重要的角色。虽然以下的论点很大一部分基于确实的证据，但也有相当多的推测、间接证据，以及常识判断。或许关于《史记》在物理意义上是如何编集而成的这一主题还相当新，希望这些猜想不会立即被否决。

　　进入此文本问题的讨论以前，让我们简短回顾以往对《史记》编写的物理层面所做的研究，亦即关于司马迁如何编集《史记》的诸多研究：他在哪里进行工作、他如何存放所使用的档案资料、他是否有助手、是谁抄写了那份在京师的副本（原稿或许放在他的故乡韩城）③等问题。

　　前人的研究实际上忽略了这个问题。司马迁的写作往往偶被提

①Bart D. Erhman and Michael W. Holmes ed., *The Text of the New Testament in Contemporary Research*, Grand Rapids, Michigan: William B. Eerdmans Publishing Company, 1995, p.239.

②笔者除了配合正在进行的《史记》翻译项目而阅读了七十多篇之外，也仔细查阅了电子版《史记》以及《史记索引》（李晓光、李波编，北京：中国广播电视出版社，1989）。在已发现的十七例文本问题中，两例来自汉以前的本纪，其余十五例都来自世家。

③关于《史记》原稿（手写本原稿及其抄本）的讨论见张玉春，《〈史记〉版本研究》（北京：商务印书馆，2001），9—13页。张玉春的结论是《史记》原稿保存在司马迁家里，抄本则置于皇家藏书阁。

及，但很少有系统性的讨论。侯格睿（Grant Hardy）认为《史记》最初是写在竹简上的，鲁惟一主张是木简，而魏根深（Endymion Wilkinson）则认为丝帛较有可能①。在中国学者中，张大可认为司马迁本人写出原始手稿②；郑樑生认为司马迁必定使用了写在竹简上的资料，因为若将缯帛用于这些记录会太过浪费③。关于《史记》"编写过程"的研究，如周虎林的一些相关研究，很自然地专注于司马迁以前所使用的材料④。目前尚未出现类似在《圣经》文本研究中常见的讨

---

① 参见 Grant Hardy, *Worlds of Bronze and Bamboo, Sima Qian's Conquest of History*, New York: Columbia University Press, 1999, p.6; Endymion Wilkinson, *Chinese History, A Manual, Revised and Enlarged*, Cambridge: Harvard University Asia Center, 2000, p.446, n.2; Michael Loewe, *Records of Han Administration. Vol. I: Historical Assessment*, Cambridge: Cambridge University Press, 1967, p.139, n.56. 叶翰在与我的私人交流中（2003年2月3日），就缯帛在《史记》写定本中的作用提出了强有力的观点："我认为竹简和缯帛有可能同时使用。很多资料也许都写在竹简上，从各地被运送到京城。在写定文本时，常常使用缯帛。此外，作为朝廷的天文历法官员，司马氏父子需记录星座的运动以及与其对应的人类社会发生的事件。我认为对《史记》130篇而言，竹简不是合适的材料。所以我可以想见的写作过程是，司马氏父子和他们的抄写者要常常参考写在竹简上的资料，然后再把它们写在缯帛上。"简而言之，叶翰认为"当朝廷的图书馆员和天文官员需要缯帛来完成其职责时，应该有可能获得这一材料"（斜体为作者加）。这里的问题在于，写作《史记》是否是他们的职责。
② 《司马迁评传》（南京：南京大学出版社，1994年初版，1997年再版），第415页。
③ 郑樑生编译《司马迁的世界》（台北：志文书局，1977年初版，1988年第二版），第27页；郑书以武田泰淳的《司马迁：史记の世界》（1959）为基础，但郑在前言（第6页）中声明，他加入了一些自己的观点，并且重新安排了武田原作的结构。
④ 《史记著述的过程》，收入周虎林《司马迁与其史学》（台北：文史哲出版社，1987），第85—90页。

论，例如：缮写、抄写习惯、抄写倾向，或是抄写传统的演化①。除了雷维安（Jean Leri）对司马迁作过想象性的描述之外②，最完整的论述应该来自现代学者阮芝生③：

> 把搜集来的史料加以考订以后，还要懂得如何去整理、运
> 用。考订后的史料数量庞大，性质复杂，不能不加以整理，也不

---

① 例如，罗伊斯在第246页就早期《新约》的书写传统提出了下列意见："所有的抄写者都会添加文字，而且随处都可能有所添加。但是这些数字表明，在早期文本流传过程中的整体趋势是删减。"他还就书写传统的发展引用芭芭拉·阿兰德（Barbara Aland）（第248页）："在我们传统的最初期，书写者仍可以相对自由地处理作者的文本……从九世纪开始，情况发生了根本改变。在主要由僧侣传承的抄写系统中，对准确性和规范性的要求升高到无以复加的地步。"（见罗伊斯译阿兰德 "Neutestamemtlithe Textforschung und Textgeschichte: Erwägungen zu einem notwendigen Thema", *New Testament Studies*, 36[1990]:337–358）。我所看到的材料是，导致一些西方经典抄写错误的一般原因在中国也很普遍：如同音异义字、遗漏、重复、同部字（homoeoteleuton）等。中国的书写者是否像福音书的抄写者一样从近似的平行文本中借用细节，或者试图使语言更优美、文本更清楚，这些问题都有待探索。

② 在其关于汉武帝和司马迁的小说《皇帝及其编年史家》里，雷维安描述了他想象中汉代司马迁本人的书房或者说办公室："他为了躲避大都市的喧嚣及疾疫所带来的恐惧，为自己找到了一间狭窄的工作室。室内安置了一个可收起来的临时的床，白天被放置在书桌的后面。工作劳累时，可用以暂事休息。在这个狭窄的空间压迫之下，他闭上了他的眼睛。在努力的想象中，他看到那些堆满了书籍和文件的墙壁，在狭窄的窗户投射出来的光线中，笔直地伸向窗外的庭院，仿佛当年古长安的石室，那个皇家藏书的场所。又仿佛是中央宫殿里那个只有在白天开启的时候才能看到一线天启之光的幽暗的地窖。想象中的这种相似性让他努力地振奋自己。这对他来说实在是太重要了，可以让他继续在故纸堆的气味和尘灰中扮演自己的角色。晚间，他从未睡过一个好觉。与其说是睡觉，不如说是打盹儿。超时工作的习惯无疑延长了白昼的时间，使他不到万不得已绝不合眼。"（*Le Fils du Ciel et son annaliste*, Paris: Gallimard, 1992, pp.145–146）

③ 阮芝生，《太史公怎样收集和处理资料》，《书目季刊》，7.4（1974年3月）:29（17—35）（章节题目为"史料的整理与运用"）。

能毫无选择地全加采用；必须经过整理、选择、剪裁与安排的过程，然后才能见诸文字。选择是属于用与不用的问题，剪裁是详略轻重的问题，安排是编辑后史料的位置的问题，见诸文字则是写作的问题。司马迁运用史料时，也必定经过这个整理、选择、剪裁、安排与见诸文字的过程，只是他未曾在《史记》中向我们详细说明罢了。《史记》毕竟是两千多年前的产物，司马迁绝不会想到我们会如此分析和要求他的作品。

因此，如同阮氏所指出的，司马迁从未说明其编写《史记》的过程，同时许多问题仍悬而未决①。

虽然我们无法确切判定司马迁是如何编写《史记》的，但是列出一个其工作的大略年表却是可能的②。我们可从司马谈临终要求司马迁完成其已动笔书写之史书开始追溯：

公元前110年：元封元年。受命于其父司马谈以完成其已动笔书写之史书。

公元前108年：元封三年。继其父为太史令③。（此应为司马迁开始整理其材料和原始资料之时期。参见《史记》，130.3296："卒三岁

①鲍则岳（William G. Boltz）在最近的研究中指出，司马迁依靠"现在失传的一批写在竹简上，每简22字的史料"来完成几篇本纪的导言，并且"他完全借用两三枚竹简上的文字作为他自己文章的开头"。（参见其"Myth and the Structure of the *Shyy Jih*"，*Asiatische Studien/Études Asiatiques*，56.3 [2002]，p.577[573-585]。）

②下文的年表以范文芳《司马迁的创作意识与写作技巧》（台北：文史哲出版社）书后附录的提纲（第221—223页）为基础，又参考了施丁《司马迁行年新考》（西安：陕西人民教育出版社，1995）和张大可《司马迁评传》。我在括号内插入一些自己的看法。

③张大可，前引书，第126页，认为此处为阴历六月。

而迁为太史令，绅史记石室金匮之书。"）

公元前107年：元封四年。随武帝至雍，并游历京城北方数地。

公元前106年：元封五年。随武帝南巡。（虽然司马迁此时已在进行《史记》的编写，但在早期的这些年，他无法投入许多时间。部分学者认为实际的工作始自次年［公元前105年］。）

公元前104年：太初元年。司马迁倡议并与上大夫壶遂等制定《太初历》（参见张大可，前引书，第131页）。开始《史记》之著述。（虽然部分学者认为司马迁自是年开始著述《史记》，但在制定新历的重要工作之余，他还有多少时间可投入仍是疑问。）

公元前101年：太初四年。《史记》所载史事终于此年（司马迁所著）[1]。

公元前99年：天汉二年。李陵为匈奴所俘。

公元前98年：天汉三年。司马迁因为李陵辩护而系狱（其刑因他人对李陵之进一步指控而加重）。张大可（前引书，第154页）认为司马迁在天汉三年阴历十二月至次年三月间系狱约百日。

公元前97年：天汉四年。司马迁得以赎罪将其死刑减至腐刑。

公元前96年：太始元年。司马迁拜中书令（施丁，前引书，第85页，认为司马迁《报任安书》作于此年）。

公元前93年：太始四年。一些学者认为《史记》底本成于此年（例如张大可，前引书，第363页）。

公元前90年：征和元年。司马迁之友任安卷入政治事件，获死罪。司马迁写信回复任安求救的请求，即《报任安书》。他在信中解释了选择以腐刑代替死刑以完成史书的动机。此后不久，《史记》完

---

[1]关于《史记》记事最后年限的各种说法，参见张大可，前引书，第133页。

成。（据上文所引学者之论，司马迁在公元前105年或公元前104年到公元前1世纪90年代期间著述《史记》[根据不同的年代考据，这一阶段从11至15年不等]。但考虑到司马迁其他的职责和困难，大部分的著述工作可能在两个时间段内完成：第一阶段从公元前103年到公元前99年，第二阶段从公元前97年后半到大约公元前90年，总计约十一年时间。）

文本问题

与其继续让这些纪年的问题困扰我们，不如把讨论的范围限定在探索一些文本问题上，即我和同事在翻译这部史书的过程中所发现的文法上的小断裂①，在这项集中的、更为实用的研究的基础上，也许有可能讨论更大的问题。

第一个例子见于《史记》第一册卷三《殷本纪》第93页。其文曰："成汤，自契至汤八迁。"这里的问题是殷帝之名"成汤"和该句之后的内容（或之前的内容）没有任何联系，是零篇断句，缺少与上下文在文法上的关联。让我们从当代学者王利器②对该段文字的论断

---

① 从1989年始，我一直指导一个小组进行《史记》的译注工作。我们至今已经出版三册译文：*The Grand Scribe's Records. Volume 1: The Basic Annals of Pre-Han China, Volume 7: The Memoirs of Pre-Han China*（Bloomington: Indiana University Press, 1994）和 *Volume 2: The Basic Annals of Han China*（2002）。下文将要分析的文本问题源自正在翻译的 *Volume 5.1: The Hereditary Houses of Pre-Han China*（2004）。

② 一般的说法是《史记注译》（西安：三秦出版社，1988）由王利器主编。实际上，此书是由王利器的学生及其同事共同完成的——王利器曾就此书写过一篇评论（《评〈史记注译〉》，《古籍整理研究学刊》，1990.5:1—3）。本文提到的注文出自陈蒲清。陈毕业于湖南师范大学（1960），在寓言和中国散文方面出版了不少专著。《史记注译》的前五篇本纪译文由陈蒲清执笔。

开始对这个问题的研究:"'成汤'二字专提,表示下文专记成汤时代的大事。章法上并不连属。"①《史记注译》中的白话翻译反映了这个论断,即把"成汤"和句子的其余部分用破折号连接起来:"成汤——从契到成汤共八次迁徙国都"②。

在其他主要的《史记》白话译本中,吴树平和吕宗力的《全注全译史记》(天津:天津古籍出版社,1995,第一册,第三章,第72页),"成汤"被认为是衍文。其译文为:"从契到汤,居地迁了八次"(同书,第一册,第三章,第81页)。这延续了一些清代学者的意见,比如梁玉绳以"成汤"二字为衍文③:

> 此仍《书·序》④元文,"成汤"二字,传写误增,故《史诠》谓"洞本无此二字,当衍之"。

池田四郎次郎在其《史记补注》(东京:明德出版社,1976年,1:3.2b)的注释中指出,凌稚隆(活跃期1576—1625)早在梁玉绳说明洞本无此二字之前就已经断定"成汤"为衍文。在梁氏之后,张文虎(1808—1885)指出上海收藏家郁泰峰所藏木刻本中亦无此二字⑤。泷川资言(1865—1946)赞同此二字为衍文,指出此词在四种早期版本中并未出现⑥。当代学者水泽利忠则持不同意见。他系统地查阅了许

---

①《史记注译》第3卷,第41页。
②同上书,第3卷,第49页。
③《史记志疑》(北京:中华书局,1981)卷二,第47页。
④如梁玉绳所言,语出《书·小序》,但小序文中句前并无造成问题的"成汤"二字,其文曰:自契至于成汤八迁(见理雅各 [James Legge],《中国经典》[*The Chinese Classics*],台北:今学书局,1969再版,第3册,第3—4页)。
⑤见其《校刊史记集解索引正义札记》(北京:中华书局,1977),1.28。
⑥《史记会注考证》,10卷,东京,1934,3.5。

多版本以修正泷川资言的说法，认为只有四种版本不含此二字——换而言之，大部分文本与现在的中华本完全一致①。沙畹（1865—1918）的研究以南京国子监冯梦祯（1546—1605）指导完成的《史记集解索引正义》为底本，此本包含此二字，他巧妙地把"成汤"改为"在成汤之时"。其译文如下："Au temps de T'ang le victorieux，[il y avait eu，] depuis Sie jusqu."②

让我们暂时抛开此二字是否为《殷本纪》本文的疑问，来考察世家的第二篇《齐太公世家》（《史记》，32. 1499）中一个类似的问题：

> 二十八年，初，灵公取鲁女，生子光，以为太子。仲姬，戎姬。戎姬嬖，仲姬生子牙，属之戎姬。戎姬请以为太子，公许之。

这段文字中有两个问题。首先，句首的年代"二十八年"和"初"之间毫无关联。"初"常常是行文中的一个"标记"，表明引用年代不明的新材料。其在《史记》中的标准格式为"年代+当年发生的事件，'初'紧随其后，然后是另一事件"。在同一章几行之前即可见一例：

> 十年，惠公卒，子倾公无野立。初，崔杼有宠于惠公，惠公卒，高、国畏其偪也，逐之，崔杼奔卫。

二十八年发生的事件是我们当前文本所缺失的。对于这第一个文法上的问题，注者和译者诸如梁玉绳、泷川资言以及王叔岷的反应彼

---

① 《史记会注考证附校补》（上海：上海古籍出版社，1986年再版），1:3.68。
② *Les Mémoires historiques* (Paris: Ernest Leroux, 1895), 1:3.176.

此不同，也许因为他们在为解决该段文字中的第二个问题作准备，明显忽略了句首的这个问题。但是现代的翻译者不能忽视这个问题。虽然吉田贤抗没有提供批注，但他把"二十八年"译为"在二十八年"（《史记》[再版，东京：明治书院，1992]，5.87），并在继续翻译下文之前插入一个破折号。王利器（《史记注译》，32.1097）同样没有提供批注，但其译文为"二十八年，当初，灵公娶了鲁国的女子……"；吴树平和吕宗力的译文（32.1358）与此类似。沙畹（4:68）在他的翻译中似乎更明显地意识到这个问题："La vingt-huitième année（554）（se passèrent les faits suivants）……"①虽然有些解释颇有新意，但无一令人满意。即便如此，让我们还是暂时抛开这个问题，因为在《史记》的世家部分还有另外十四例与此同类的句法问题②。

这段文字中的第二个句法问题是四个"游离"文字：仲姬，戎姬。对此，各家注本都提供了解释。梁玉绳（《史记志疑》，17.860）

① 在即将出版的 The Grand Scribe's Records 第五册中尼可鲍克尔（Bruce Knick-erbocker）对此行文字的翻译是"It was the twenty-eighth year"。

② 这些原文及出处如下：1. 十二年，初，襄公使连称、管至父戍葵丘，瓜时而往，及瓜而代（《史记》，32.1484）；2. 四十三年。初，齐桓公夫人三：曰王姬、徐姬、蔡姬，皆无子（《史记》，32.1493）；3. 懿公四年春，初，懿公为公子时，与丙戎之父猎，争获不胜，及即位，断丙戎父足，而使丙戎仆（《史记》，32.1496）；4. 六年，初，棠公妻好，棠公死，崔杼取之（《史记》，32.1500）；5. 景公元年，初，崔杼生子成及强，其母死，取东郭女，生明（《史记》，1502）；6. 简公四年春，初，简公与父阳生俱在鲁也，监止有宠焉（《史记》，32.1508）；7. 三十二年，初，庄公筑台临党氏，见孟女，说而爱之，许立为夫人，割臂以盟（《史记》，33.1531）；8. 哀侯十一年，初，哀侯娶陈，息侯亦娶陈（《史记》，35.1566）；9. 共公十六年，初，晋公子重耳其亡过曹，曹君无礼，欲观其骈胁（《史记》，35.1572）；10. 三十四年，初，哀公娶郑，长姬生悼太子师，少姬生偃（《史记》，36.1580）；11. 十八年，初，宣公爱夫人夷姜，夷姜生子伋，以为太子，而令右公子傅之（《史记》，37.1593）；12. 十二年，初，孔圉文子娶太子蒯聩之姊，生悝（《史记》，37.1599）；13. 四十六年，初，成王将以尚臣为太子，语令尹子上（《史记》，40.1698）；14. 惠王元年，初，武侯卒也，子营与公中缓争（《史记》，44.1843）。

提出修订此处的《史记》原文：

> 案：董份谓"'太子'下即著仲姬、戎姬，有脱字"①，是也。考襄十九年《左传》云："诸子仲子、戎子。"杜注曰"二子②皆宋女"，则依上文"取鲁女"之例，当脱"取宋女"三字。而二"姬"字又"子"之误。《史记》谓"仲姬、戎姬不言取者，蒙上文"③。

王利器没有解释这个问题，他的解决办法是在二女子名之前补"又有"二字（二十八年，当初灵公娶了鲁国的女子，生了公子光，把他立为太子。又有仲姬、戎姬。戎姬受到宠爱）④。然而这个解决办法不尽如人意。与此相反，王叔岷对《史记》中的这段文字并无微辞："史公以'仲姬、戎姬'代《左传》之'诸子仲子、戎子'，似无脱误。"⑤

---

① 梁玉绳的注可能出自《史记评林》，《评林》本（32.10b）注文稍有不同，末行读作"恐有脱字"。

② 梁玉绳（《史记志疑》，2:17.860）认为"子"（此处译为"females"女子）是内官的称号，但是我找不到这一说法的证据。

③《左传》与此对应的文字（杨伯峻编，《春秋左传注》[北京：中华书局，1982]，第1048页）如下：齐侯娶于鲁，曰颜懿姬，无子，其侄鬷声姬，生光以为太子。诸子仲子、戎子，戎子嬖；"The Marquis of Ch'i took a wife in Lu; she was called Belle Yen I and had no children. Her niece Belle Tsung Sheng gave birth to Kuang and [the Marquis] took him as the heir. Among the various females [in the palace] were Chung Tzu and Jung Tzu; Jung Tzu was the favorite."（参见理雅各，《中国经典》[*The Chinese Classics*]，第5册，第483页）。

④《史记注译》，2:32.1097。吴树平和吕宗力的译文（《全注全译史记》，2:32.1358）与此相同。

⑤《史记斠证》，第10卷，台北：历史语言研究所，1982年。《史语所研究专刊》第87，32.1318。叶翰指出《左传》的对应文本中没有动词，《史记》文本中也许并不一定存在句法上的断裂。

尽管这些说法都不甚让人满意，但须指出的是，这个"游离"在文本中的片断也包含了特定的人名，如上文提到的"成汤"之例。

下文《齐太公世家》（《史记》32.1507）的例子也印证了我们的这一观察：

> 八月，齐秉意兹。田乞败二相，乃使人之鲁召公子阳生。[①]

徐广（352—425）首先对这一文本断裂发表意见，《集解》引其注曰："《左传》八月，齐邴意兹奔鲁。"很多古代及现代的注家都同意徐广的意见，主张修正《史记》原文。因此梁玉绳、张文虎、王叔岷都把"秉"读作"邴"，并在"兹"后补"奔鲁"二字[②]。与此注释传统一致，吴树平和吕宗力的译文如下："八月间，秉意兹投奔鲁。田乞搞掉了两个国相……"[③]但是这种用现存《左传》文本来修改《史记》文本的做法，并不比上文所述的用其他文法解释问题的努力更有说服力。

《韩世家》中一个类似的例子也许有助于对这个问题的理解[④]。此段文字出现在《韩世家》第一段和第二段（根据中华书局版的句读）之间（《史记》），45.1865）：

> 武子后三世[⑤]有韩厥，从封姓为韩氏。韩厥，晋景公之三年，

---

①《索隐》认为阳生为其字，见《史记》，31.1473。
②见《史记》，17.865；《校勘史记》，2:4.368；及《史记斠证》，32.1324。
③见《全注全译史记》，2:32.1361。
④《赵世家》中也有类似问题，见下页注。
⑤《索隐》（《史记》，45.1865）引用《世本》指出从武子到韩厥有四世。

晋司寇屠岸贾将作乱，诛灵公之贼赵盾。赵盾已死矣，欲诛其子赵朔。①

　　为了使这句话的意思更为明确，梁玉绳的断句与中华本有所不同，为"武子后三世有韩厥，从封姓为韩氏，韩厥。晋景公之三年"云云②。但笔者对梁玉绳的读法颇感疑惑。张文虎并没有注意到这个问题。因此，中华版保留了"韩厥"二字。沙畹的译文"（Voici ce qui concerne）Han Kiue: la troisième année（597）du duc King de Tsin, le ministre de la justice de Tsin, T'ou-ngan Kou..."对解决这个问题也无可借鉴之处③。王叔岷的理解又一次显示出见地，他指出："韩厥字非衍，晋景公以下，述韩厥事，故于晋上特标韩厥二字，不嫌与上文已言韩厥重。盖史公行文之例如此，已详《赵世家》。"④吴树平和吕宗力看起来在他们的注释里接受了王叔岷的论点（几乎未加说明地借用王的原文）⑤。值得注意的是，上文以特定人名为中心的这种文例，如这

────────────

① 《史记》，43.1783—1785对本段中提及的事件有更详尽的叙述，但与39.1679及《左传》（杨伯峻编，《春秋左传注》，2:838—839）中的记录并不完全一致。关于赵盾，又见《史记》，39.1671—1675；灵公之死参见《史记》，39.1673—1675。

② 《史记志疑》，2:24.1090—1091。王孝廉认为"韩厥"为衍文，梁玉绳据此重新分析该句结构。王孝廉名庚期，字栗臣，与梁玉绳同乡，见《史记志疑》，17.865，及《瞥记》，收录于《清人考订笔记九种》（台北：文海出版社，1983），2.78。

③ *Les Mémoires historiques*, 5:198-199.

④ 《史记斠证》，45.1676。文中提到的《赵世家》内的文字见于《史记》，43.1780—1781，抄录于下：自叔带以下，赵宗益兴，五世而（生）[至] 赵夙。赵夙，晋献公之十六年伐霍、魏、耿，而赵夙为将伐霍。

⑤ 《全注全译史记》，2:45.1739。其注释如下："'韩厥'，史家多以此二字为衍文。按：二字非衍。'晋景公三年'以下所述皆韩厥事。标出"韩厥'二字，不嫌与上文重。同在景公三年，史公述赵朔事，亦标出'赵朔'二字，见《赵世家》。可见此乃史公行文体，非衍文。"

里的"韩厥",构成了《史记》的第二种文法问题[①]。

最后一个问题句[②]见于《史记》第33卷第1521页《鲁周公世家》,这个句子的性质稍有不同。其文曰:

> 《多士》称曰:"自汤至于帝乙,无不率祀明德,帝无不配天者。在今后嗣王纣,诞淫厥佚,不顾天及民之从也。其民皆可诛。"(周《多士》)"文王日中昃不暇食,飨国五十年。"

此处的问题是标题"多士"的重复。翻译时若想疏通文义,则需在第二个"多士"后加入"reads"一词("The 'Numerous Officers' of the Chou [reads]")。而且在此标题前插入了表示文本写作年代的"周"字,也很令人费解。王叔岷没有注意到这个问题。梁玉绳称"周《多士》"三字为衍文[③]。张文虎[④]在梁玉绳之后也声称此三字为衍文,而中华本的编辑们作了相应的删除(引文中的括号即表示原文有,但应删除之义)。王利器和吴树平、吕宗力都使用中华本,因此对此三字没有提供白话译文(或批注)。吉田贤抗试图研究原始文本。他参照泷川资言的词汇表,把此三字译作"在周代,贤士很多"[⑤]。沙畹(*Les Mémoires historiques*,4:98)提出了一个巧妙的解决办法;他聪

---

① 这一类文法问题的另一个例子见于《史记》,43.1782—1783:晋景公(前599—前581年在位)时而赵盾卒,谥为宣孟,子朔嗣。赵朔,晋景公之三年,朔为晋将下军救郑,与楚庄王战河上。

② 感谢曹卫国先生向我指出这个例子。

③ 《史记志疑》,18.875。梁玉绳有可能遵循《史记评林》(第33卷第4页上[第1169页]页眉上的注释)所引吴齐贤(明代?)和其他学者的意见,他们的观点与此类似。

④ 《校刊史记》,4.381。

⑤ *Shiki*,5:33.125.

明地把"周多士"看作称呼格："O nombreux officiers（de la maison）des Tcheou...（周朝的许多官员啊）"。不过，这所有的解释方法，要么就是想把几乎所有现存版本中都出现了的这三个字删掉，要么就是要给文本增加点什么（如吉田和沙畹），似乎都不是解决这第三种文法问题的真正方法，这个问题大概需要专门的一章才能解决。

形成结论

高本汉（Bernhard Karlgren）在其 "Sidelights on Si-ma Ts'ien's Language" 一文中以语料来源（即文本来源）为标准把整部《史记》分成两个部分：把有关汉代的卷次（7—12，48—60，88—117，120—126，130）称为"独立篇章"（"Independent chapters"），因为它们都以司马迁本人的经历和阅读政府卷宗、档案材料为基础，其余有关汉前历史的部分他称之为"依赖性篇章"，原因是这些篇章多以当时的资料（《尚书》，《左传》以前的文本等）为基础①。我们上文考察的十七个句子片断都出现在依赖性篇章中（十五个出自世家，两个出自本纪）。司马迁花在这些依赖性篇章上的功夫可能基本上是重新

---

① *Bulletin of the Museum of Far Eastern Antiquities* 42（1970）:297. 赵英翘在其《司马迁〈史记〉自注别述》（《汉中师院学报》1988年第3期，第27—37页，再版《人大复印报刊资料·历史学》1989年第1期，第83—92页）中记录的资料支持了高本汉的划分法：在六十一例司马迁的"个人注释"中，有四十八例（约80%）出现在汉前材料中，多数是为在他整合过程中流失的人物和/或事件提供背景或上下文。杜润德（Stephen W. Durant）也在其 "Creating Tradition: Sima Qian Agonistes?"（Durrant and Steven Shankman eds., *Early China/ Ancient Greece, Thinking Through Comparisons*, Abany: New York State University Press，2002，p.295［283-298］）指出，在司马迁对战国时代历史的记录中有接近50%直接引自后来编入《战国策》的文本；而且"很多有关春秋时期的历史记载都是在不同程度上把《左传》译成当时的语言"。

整理和复写这些更早期资料中的部分内容——正如我们在本文开篇处阮芝生的描述中所见。这种情形让王充（27—100）得出司马迁"因成纪前，无胸中之造"[①]的结论。正如魏根深（前引书，第445页）所提示的，那时手中之书都是厚重成卷的竹简：

> 文本……通常写在竹简或木简上。一枚竹简一般包含……一行文字。……作者用左手握住简片的上端，另一端则抵在腰部以保持其平稳。然后右手持笔从上到下在竹简上书写……竹简被编连……成卷，通常用两根线，长一点的竹简用三根线。

> 后来，在书写长篇文字时，先把竹简编连在一起更为方便，虽然直到汉代有时仍有先书写后编连的情况。作者把简册平铺在面前，从右手边的竹简写起。用笔墨从上到下，顺着竹木的纹理书写，通常写在简片的内侧。简片在编连之后，被卷起来（从左到右，与今日所见之画轴相似，所以最后一枚书写的竹简充当卷轴，而在第一枚竹简上的文本的开端则将是最先被展开的）。

不仅空间是首先必备的条件，作者同时也必须有健壮的身体：

> 阅读是一件很沉重的事；始皇帝以其勤奋受到称赞，他每天要看完大量的文书，这个数量并非以竹简枚数或卷数来衡量，而是指其重量（据《史记》记载，每天一石［约合27公斤或60磅］）。

---

①黄晖编，《论衡校释》（北京：中华书局，1990），第608页。

当然始皇帝不必亲自扛着这些竹简到处走。

魏根深（第446页，注释2）也提到《史记》最初的实际尺寸：

> 《史记》130篇，共530，000字。如果每枚竹简容纳60字，则《史记》总计8，833枚简片，整理后约150—300卷（假设每卷30—60枚简）。

侯格睿（上文所引书，第6页）对此有更生动的描绘：

> 首先，《史记》是用毛笔和墨写在数以千计的竹简上的，整理为130篇，每篇由三到四根丝绳连接，卷成好像百叶窗的样子。这最初的《史记》一个人是不可能用手托起来的，实际上，它需要一辆车来承载。

这几乎会填满一个宽敞的办公室。而且由于史料在材质上是相似的，很难想象将不同的史料都铺开究竟需要多大的空间。即以齐国的材料为例，怎么也得需要一个单独的房间。显而易见，一定有某种归档系统存在，让司马迁在来回翻阅这些文献时，能够找到每一"章"及其资料来源；而且这些资料还得从他的工作室里搬进搬出。

紧接着有两件事值得思考：第一，和秦始皇一样，一定有人帮助司马迁搬运这些材料①。司马迁作为太史令而能建立自己的工作室，编写文献，同时完成其他职责，这样的想法是不合逻辑的。据应劭（活

---

① 无论书写最终文本的材料是什么，这一点都是确实的，毫无疑问大部分材料都写在竹简或木简之上。

跃于165—约204）《汉官仪》，司马谈和司马迁在太史令一职上应该
领导包括三十位望郎和三十位掌故①在内的很多属下。他们的职责不
仅包括历法、祭祀、丧葬、婚礼，还涉及记录吉凶之兆，以及——与
其太史掌故的官名相符——在被要求的情况下就其"专长"提供信
息。正如吕宗力所指出的，这些"专家"基本上是刚刚通过考试被授
予官职的年轻人，他们有机会接触及查阅资料，从而成为真正的专
家②。这些人很有可能接触到史料，为太史令工作的助手一定也（直接
或间接地）参与了司马迁宏大历史的编写，他们大部分也许为"依赖
性篇章"抄写材料（这项工作并不需要作者费心）。在西方，这项工
作当然是由书写者来完成的。鲁惟一对以下两种文献加以区分：一种
是从开始就完整写定的，另一种是需要一系列条目或在整理的过程中
需要添加内容的。他指出后一种"有时需要不同人员的协作"③。虽然

---

① 参见《汉官仪》的现代校勘整理本，由周天游点校，收录于《汉官六种》（北
   京：中华书局，1990），孙星衍（1753—1818）辑，第127—178页，孙是一位
   高产学者和古代文献方面的专家。周天游在前言中简要地讨论了该书杂乱的流
   传过程。又见于毕汉思（Hans Bielenstein），《汉代的官僚制度》（*The Bureau-
   cracy of Han Times*，剑桥：剑桥大学出版社，1980），第22页。毕氏列举了太
   史令领导下的属官，除掌故以外，还有三十位望郎（Gentlemen of Foresight）。
   对掌故的翻译"Authority on Ancient Matters"来自毕汉思。
② 参见吕宗力主编，《中国历代官制大辞典》（北京：北京出版社，1994），第748
   页。郑天挺等编，《中国历史大辞典：秦汉史》（上海：上海辞书出版社，1990。
   第428页"掌故"一条亦是吕宗力撰写）。吕宗力在2000年1月8日的私人通信
   中提供了更多的意见。
③ "Wood and Bamboo Administration Documents of the Han Period 汉代的竹木简
   行政文书," in Edward L. Shaughnessy ed., *New Sources of Early Chinese History:
   An Introduction to the Reading of Inscriptions and Manuscripts*（《早期中国历史
   的新材料：甲金文及简帛文书阅读入门》），Berkeley: The Society for the Study
   of Early China and The Institute of East Asian Studies, University of California at
   Berkeley, 1997, pp.169-170. 关于清代史官以作者原稿为基础准备最后（转下页）

鲁氏这里所讨论的是政府管理文书，但抄写古代文本这一乏味工作是由数位抄写者共同进行的，这一原则应该也是适用于《史记》的。

我的一个冒昧的想法是，汉前篇章的底稿是由司马迁的助手们准备的。这项工作的完成，可能是在司马迁担任太史令的头几年内（前108—前105），即当他忙于随武帝出巡或忙于历法修订（同样是一些学者的合作结果）之时①。实际上，《史记》中大部分汉前历史部分的底稿很有可能是在这几年中完成的，当时司马迁担任太史令，能够使用官府的档案藏书，并有大批助手协助。完成有关汉代的篇章以及对这些汉前篇章底稿的修订有可能是在史迁受腐刑、左迁中书令之后的事。作为中书令，虽然只有一个助手，但是职责比太史令减轻许多②。而且这些助手有可能也帮助司马迁誊写其史书的最终的两部抄本③。

（接上页）定稿的情况，见 Kai Vogelsang（佛格桑），"Textual Bibliography of Ch'ing Dynasty Books 清代典籍的文献目录," *Asiatische Studien/Études Asiatiques*（亚洲研究）56.3（2002），p.663。

① 正如在上引文字中，司马迁自己所说的那样，"卒三岁而迁为太史令，䌷史记石室金匮之书"。

② 毕汉思在其《汉代的官僚制度》第49页中指出："由宦官充任的中书机构是对照尚书建立的。"中书谒者令配一"丞"为助手，秩1000石。吕宗力（《中国历代官制大辞典》，第136和139页）提供了更多的信息，指出中书谒者令收纳尚书奏事，同时传达皇帝诏令。"多选用明习法令故事，善为请奏者为之。"（这个句子的意思可以是"大部分被选中担任这项职务的人都擅长法律程序，并且善于和提出奏请的人打交道"，吕宗力本人在2003年1月8日的通信中也认可这一解释。）

③ 关于这两个最终的抄本，参见《史记》，130.3319—3320：一本"藏之名山"，另一本"副在京师"。至于需要花费的时间，佛格桑最近提出的观点是，一个优秀的史官一天可以抄写5000字（见氏著"Textual Bibliography of Ch'ing Dynasty Books"，第667页）。我猜想在竹简或丝帛上书写，这个数字一定更小。这意味着一个好的史官每天在竹简或丝帛上写3000字，把《史记》526,000字抄写两遍大约需要350天。但是3000字（每小时300字，写10个小时？）是一个史官能够抄写清楚的极限，这也许还未把准备"文本"和笔墨的时间考虑进来。

第二个闯入脑海的想法是这些材料和底本一定得有明确的编号，才容易找到。有确切的证据显示，为竹简或"篇"编号或命名的做法并不罕见①。李均明和刘军在他们的书中有专章讨论这个问题②。他们指出两种基本编号：一种是在竹简顶部，随后是简文；另一种是单独写在篇头或篇末的"标题简"上的。吕世浩通过对居延汉简的研究③，得出汉代作者为档案书写材料时"依事分类，依时定序"的结论④。

如果我提出的司马迁在抄写部分早期文本时得到助手协助这一假说是正确的，那它就可能为上文所考察的三个分别涉及"游离"日期、人名以及书中章节标题的类似的文法问题提供了一条贯穿的线索。它们中的任何一个都可能是用来协助这些抄写者整理材料的编号或标识。如果诸位还记得，王叔岷已经把其中一些不合文法的例子归为"编号"或"标识"，但是他——我以为不正确地——认为那是司马迁的行文技巧。对我而言，更有可能的是，他们会在第一枚竹简的顶部写下这些标识，然后将与此标识编号、日期或人物相关的事件抄在其下（或其后的竹简上）。这些"档案"随后会分类存放起来，直到整卷材料都准备好了，然后进入最后的组织排序和编辑阶段。当从所有"档案"中抽出某卷竹简进行编辑时，最后的抄写工作很有可能会由另外一个抄写者或司马迁本人来完成。不论是谁，都很有可能把

①除了下文所引文字之外，鲁惟一在其《汉代的行政记录》（*Records of Han Administration*）第一册第30、36、46页论及对竹简的标识。

②李均明、刘军，《简牍文书学》"标题与目录"（南宁：广西教育出版社，1999），第124—134页。

③关于这批20世纪初出土的竹简，参见 Shaughnessy ed., *New Sources of Early Chinese History*, pp.8-9，尤其是注28。

④《三王与文辞——〈史记·三王世家〉新论》，发表于《燕京学报》，9（2000年11月）：第39页［21—63］。

作为标识的文字——日期、人名或是某书的章节——抄入正文当中。

这个假说为上文所述的三类文法问题提供了一个解释。它同样可以说明为什么这些句子片断都出现在"依赖性篇章"中——那些助手不会在独立篇章方面做很多工作,因为主要部分是由司马迁亲自完成的。这使我们能更好地了解《史记》编纂的方式。最后要指出的是,这表明中国古代历史的编写与其他古代文化的类似典籍有异曲同工之妙。

有关任安的一点思考：
居所、猎事和《史记》的文本史

　　本文将考察褚少孙在《史记·田叔列传》后所增补之《任安传》中的一些文段。这些想法乃受叶翰（Hans van Ess）教授对本传记的详细译注所启发，叶教授的译注见于 *The Grand Scribe's Records* 第八卷①。

---

① *The Grand Scribe's Records, v.8*, Bloomington: Indiana University Press, 2007. 叶翰教授的译注是对褚少孙所补内容的最早的研究之一，不论是用何种语言所写的。华兹生在其译本中没有译出褚少孙所补的部分（*Records of the Grand Historian*, New York: Columbia University Press, 1993, 1:489-494）。而且，徐兴海《司马迁与〈史记〉研究论著专题索引》（西安：陕西人民出版社，1995年）和杨燕起、俞樟华《史记研究资料索引和论文、专著提要》（兰州：兰州大学出版社，1988年）都没有此卷的单独条目。这些著作都提到了清代学者和现代学者的研究。在俞樟华、邓瑞全最近的《史记论著提要与论文索引》（北京：华文出版社，2005年）中，编辑者提到《田叔列传》是徐兴海《索引》中九篇没有单独研究的《史记》卷目之一。俞樟华、邓瑞全的《索引》也有宋人关于《史记》笔记的索引目录，但《田叔列传》再次被忽视了。至于鲍格洛（Timoteus Pokora）在离世前有没有将注意力转到《任安传》上，这大概会是个不解之谜。我很感激威斯康星大学《史记》（转下页）

居所问题

首先，让我们看看鲁惟一在 *A Biographical Dictionary of the Qin, Former Han and Xin Periods*（*221 BC-AD 24*）中任安的条目介绍[1]：

> 任安，字少卿。史书并未为其立传，仅零星的记载能为我们提供任安不完整的生平事迹，但褚少孙为《史记》所补的内容可以作为补充。然而有几个不能统一的问题尚待解决。
>
> 褚少孙所增补的内容，是他担任郎官时从任安的好友田仁处听说的。任安是荥阳人，少孤，生活贫困。他为人将车而来到长安[2]，留在了长安的一个边邑（武功），并以善于捕抓盗贼而闻名。后来他因能公平地为出猎人员分配猎物而显名，众人对他的分配都没有异议。

鲁惟一还介绍了更多关于任安的内容，但以上对我们的讨论已经足够了。

鲁惟一所说的褚少孙"增补的内容"（an additional passage）与一般认为的《史记》列传（memoirs，或作 biographies）没有什么不同。让我们先看看褚少孙的《任安传》（中华书局本《史记》104.2779）[3]：

（接上页）研究翻译团队的成员，他们对本卷的诸多方面都展开了详细的讨论，尤其是王韵龄在寻找和解读相关文本上的协助。

① Leiden: Brill, 2000, p.457.

② 中井积德（1732—1817，引自泷川资言《史记会注考证》，东京：东方文化学院东京研究所出版，104.8）指出，《诗经》有"无将大车"，"将车"的意思是推车，并认为任安也可能是推车到长安的（参见《史记》99.2715所载娄敬是如何抵达洛阳的）。不过，大部分注释和早期"将车"的用法，都似乎指示其意为"驾车"。

③ 有关中华书局本《史记》的历史，见 William H. Nienhauser, "Historians of China," *Chinese Literature: Essays, Articles, Reviews* 17（1995）：207–217.

任安，荥阳人也。少孤贫困，为人将车之长安，留，求事为小吏，未有因缘也，因占著名数①。武功，扶风西界小邑也，谷口蜀划道近山。安以为武功小邑，无豪，易高也。

此段一直到"因占著名数"都没有问题。《索隐》在此处注曰："言卜占而自占著家口名数，隶于武功，犹今附籍然也。"王利器《史记注译》（西安：三秦出版社，1988年，4:104.2205注）将"占"解释为"隐度"（秘密地推算？）。吴树平和吕宗力《全注全译史记》（天津：天津古籍出版社，1995年，3:104.2730注）将"占著"作为复合词理解，意思为"登记"②，这与中井积德（1732—1817）的理解是相同的③。《索隐》解释"占"的读音为"之艳反"，暗示"占"读仄声，这支持了中井积德的看法。《汉语大词典》（1:992a）也解释为"自报户口数而落籍定居"（读四声），并引王符《潜夫论》的例子作为证据："内郡人将妻子来占著。"④

①将"占著"理解为"登记"，而"名数"理解为"家庭成员的名字和数目"（参见徐兴海和杨燕起、俞樟华的书）。《索隐》这里的解释是："言卜占而自占著家口名数，隶于武功，犹今附籍然也。"

我们知道，秦朝灭亡后的战事导致人民离开家乡，迁至他处并重新落户的事在汉初是很常见的（参见劳榦，《两汉户籍与地理之关系》，《史语所集刊》5.2，1935年，179—214页）。这种潮流可能在公元前154年七国之乱后也出现过，任安正是当时所生人。公元前119年，汉武帝也曾下令执行过一次关东725,000贫困之众的迁徙（正在任安的家乡）。

有关汉朝的人口登记问题，见杜正胜《编户齐民的出现》，《编户齐民——传统政治社会结构之形成》，台北：联经出版社，1990年，1—48页；马新，"案比与人口控制"，氏著《两汉乡村社会史》，济南：齐鲁书社，1997年，171—179页；以及曹旅宁，《张家山汉律研究》，北京：中华书局，2005年，122—132、142—152页。

②译者按，吴树平原文为："'占著名数'，自外地迁至新地，自报户籍。'名数'，户籍。"

③见泷川资言书，104.8。

④亦见郭嵩焘《史记札记》，其将"占"理解为"附籍"，即外地人将自己的名字附加在一个本地人的户籍下，北京：世界书局，1960年，5B:350。

但为什么《索隐》这里要提到"隶（家人）于武功"呢？因为中华书局本的断句是在"名数"处，而后才引出武功，而且是在解释了武功的地理位置之后，我们才被暗示任安住在了武功。

答案是令人吃惊的：中华书局本此处漏了一句在大部分《史记》版本中（实际上我查阅了所有版本）都出现的话："家于武功。"[1]补上此句，文本的意思就更加通顺："他于是以外来人口的身份去登记自己及家人的姓名和数量，并迁家武功。"

现在我们暂且撇下这个文本问题，先看看武功的位置在哪里。鲁惟一认为武功是长安的边邑。褚少孙告诉我们的是，这是扶风西界的一个小邑，靠近从谷口至蜀的栈道山旁。吴树平（104.2730注）和王利器（104.2205注）都认为扶风是右扶风的简称，即汉朝自长安向西延伸的郡。但右扶风在《史记》文本和注文中出现过很多次，我们没有见过用扶风来表示右扶风的例子。而且《史记》中再无他处出现"扶风"这一用法。但是，扶风在徐广的《史记音义》中出现过七次（引自《史记集解》）[2]。而且，如果我们将"家于武功"这四个字补上，那么之后一句，"武功，扶风西界小邑"，就极其像是一条注文。假设这是徐广的一条注文，但被当作正文而抄入。在徐广的时代（西晋），确实在北方的雍州（西晋称长安为雍州）存在一个扶风国[3]。这个扶风大概相当于汉朝右扶风的地望，但其治所在今天西安以西约五十五公里，接近眉县的位置（谭其骧，《中国历史地图集》，上海：中国地图

---

①例如，我们可以在百衲本（黄善夫本，104.4b）、《史记评林》（凌稚隆，台北：地球出版社，1992年，104.3a）以及武英殿本（1747年，104.4a）中找到这四个字。

②有关徐广注，见 Scott William Galer, "Sounds and Meanings: Early Chinese Historical Exegesis and Xu Guang's *Shiji yinyi*," 威斯康星大学博士论文，2003年。

③复旦大学历史地理研究所编，《中国历史地名辞典》，南昌：江西教育出版社，1986年，401页。

出版社，1982 年，4:44）。在所有有关扶风地理位置的解释中始终存在一个问题，就是解释为什么武功会在扶风西界，因为无论我们如何理解扶风（汉的右扶风或是西晋的扶风），其西界都在今天的甘肃，西距长安又五十余公里，而且并不与任何通蜀的道路相邻。不过，如果我们将扶风理解为西晋朝扶风国的治所，那么在其西界的武功就很接近蜀道。

《水经注》也有助于我们理解此武功的位置。在《水经注》第十七、十八卷（有关渭水的三卷之前二卷），郦道元引了这个有问题的句子（而且略有差异）："武功，扶风西界小邑也，谷口蜀栈道近山。安以为武功小邑，无他豪，易高者是也。"[1]因此如果我们面对的是一条窜入《史记》正文的注，那么它在公元 520 年代郦道元写《水经注》之前就已然如此了。杨守敬在《水经注》十八卷的一条注中还进一步说"武功有斜谷"[2]。这条斜谷可能在谭其骧所说汉时的斜水流域，从今天的眉县以西十六公里处流入渭水。《水经注》在几句之后又提到太白山在武功南边。太白山在今眉县以南三十余公里（谭其骧，2:15）。这样武功就应该在斜水之上、今眉县西南，以及太白山之西北处（34.2° N，107.65° E），在谭其骧所拟定的武功（2:15）西边十六公里处。这个位置支持了此处的扶风是指扶风国的治所的理论，它在今天的眉县以东仅数公里，而"武功，扶风西界小邑"就极可能是一句注文，可能源自西晋且很有可能是徐广所注，在公元 527 年郦道元离世前的某个时候被人为疏忽地抄入了正文。这也澄清了武功是长安边邑这一错误认识。

---

[1]杨守敬、熊会贞，《水经注疏》，南京：江苏古籍出版社，1999 年，2:17.1504。
[2]同上，18.1523。

我们还可以在严耕望（1916—1996）《唐代交通图考》的"唐代渭水蜀江间山南剑南区交通图（西幅）"（台北：史语所，1986年，卷4，1178页后）找到支持这个猜想的证据，它清楚地指明（唐时）自渭水河谷到蜀的路线是自渭水分流斜向西南，后转入正南，最后折向正西抵达唐代的三泉县。该图显示，在靠近渭水的河谷口正是谷口所在，它正位于太白山北面。严氏还标记此道为"秦汉褒斜古道"，这个名字亦可见于《汉书》（中华书局本，29.1861）。上面讨论的斜水和褒水都是支流，它们向南流入汉水，它们的河谷正位于斜水附近①。不过，有关斜水河谷和武功之间最明显的联系可见谭宗义的《褒斜道——汉代国内陆路交通考》（香港：新亚研究所，1967年，1—15页及62页后之地图）②。

斜水河谷也可见于现代的陕西地图上，流经其中的河现在被称作石头河，其自南向北流入眉县以西数公里的渭水。从上游流下来后，此河折向西北；而今天的道路（无疑即古代的路［褒斜道］，正如我们在严耕望书中所见的）沿着石头河的支流向北行走一段后便在西边与之汇合（见《陕西省地图册》，徐兰州等编，西安地图出版社，2005年，67、70页）。这片河谷在现代的地图上被清晰地用红字标注着"古栈道遗址"。这些地图让我们更加坚定地认为武功肯定就在今天的安乐镇附近，其位置在石头河的东岸，距今天的眉县西南方向仅十余公里，自石头河（及蜀道）出山后向北数公里。其距汉代首都长安约一百二十余公里。

① 详细解释见《汉语大词典》，9:131b—132a。
② 感谢康达维教授向我提供这个研究。

分配猎物的问题

任安在武功获得声望的途径之一是担任亭长，这个职位似乎要负责组织当地打猎之事。鲁惟一将此段概述为："他因能公平地为出猎人员分配猎物而显名，众人对他的分配都没有异议。"而《史记》的原文为："安留，代人为求盗亭父①。后为亭长②。邑中人民俱出猎，任安常为人分麋鹿雉兔，部署老小当壮剧易处③，众人皆喜，曰：'无伤也，任少卿分别平，有智略。'"

王念孙（1744—1817）对如何向猎户分配猎物提出了另一种解释（《读书杂志》，台北：世界出版社，1963年，1:147），他指出他曾在其他地方看到在"剧易"后断句，其后无"处"字。为了证明这样的断句更优，他指出《太平御览》有三处引文皆无"处"字。我第一次查询这三处引文时，使用的是《四库全书》的数据库。我只找到只有一处引文是没有"处"字的。然后我开始考虑是不是自18世纪后期到19世纪前期，即王念孙的写作年代，《太平御览》在流传中出现

---

① 尽管吕宗力《中国历代官制大辞典》（北京：北京出版社，1994年）中没有出现这个官名，应劭还是对"求盗"和"亭父"作了解释（引自《史记集解》），他认为他们是分配给亭长的两个士卒，前者经常被派去追捕盗贼，后者则负责保持亭的整洁和门户关闭。

② "亭"是由原本的军事区域逐渐演变为管理部门的。一般在主要的陆路和水路上每十里设置一亭，因此武功作为谷口蜀道的一个驿点会设置一个亭。见傅举有《有关秦汉乡亭制度的几个问题》，《中国史研究》，1985年，3:23—28页；尹达等编，《纪念顾颉刚学术论文集》，成都：巴蜀书社，1990年，2:7注20以及1:207注273，其中还有很多关于"亭"和《史记》的重要文章。历史上最著名的亭长必然要数在秦朝任职的刘邦了。

③ 由于这句话有几种不同解读（见下文），因此此处英译本暂且先用吴树平和吕宗力的译文："任安常常替人均分麋鹿雉兔，根据老小丁壮安排在难易不同的岗位，众人都很高兴"（《全注全译史记》，天津：天津古籍出版社，1995，104.2735），并且依从刘伯庄（活跃期627—650）的注释（见泷川资言书，104.9）。

了复杂的文本问题。然而，当我去查阅纸质版的《太平御览》时（影印本，台北：商务印书馆，1968年，429.2a，831.4b和906.2a），我找到了全部三处引文皆无"处"字。因此，如果王念孙所说的没有"处"是更早的断句，那么这句话就应作"部署老小当壮剧易，众人皆喜"①（其意义为：每次人们外出捕猎时，任安都会根据老、小、丁壮来分配他们分别负责难易不同的猎物）。但这样断句有两个问题：1.现存《史记》版本都有"处"字；2.有"处"字的话句意更加通顺（见泷川资言书，104.9）。

郭嵩焘的《史记札记》（5B.350）也提供了一种解释，他说："案：分所猎禽，先令老少与壮强有力者易处，以防争竞。"②他的意思似乎是说要让较为体弱的猎人先挑选猎物，回应了鲁惟一的解读。不过他的解释还不够清楚（至少对笔者而言如是）。他的意思是不是暗示强壮有力者会挤到摆放猎物之处的最前面然后再分配呢？尽管他的札记还可以有另一种理解方式，即"分所猎禽"是"任安把即将要捕猎的动物分配好……"的意思，也就是说任安的部署还包括对猎人进行捕猎分区。而且，无论我们如何理解郭嵩焘的解释，他都似乎忽略了动词"部署"和形容词"剧"在原文中的功能。

因此，至少有两种解释支持任安不是如鲁惟一说的因为捕猎之后

① 译者按，《太平御览》三处引文皆作"部署老小剧易，众人皆喜"，而王念孙在解释时仍保留"当壮"，并释"当壮"为"丁壮"，故此处亦保留"当壮"，倪豪士的英译文也保留了此二字。

② 译者按，倪豪士对此的译文为：In my [Guo's] opinion, [Ren An] divided those animals that had been hunted, first ordering the old and the young to change places with those who were in their prime, were strong, or were powerful, in order to avoid arguments. 将已经猎得的猎物分好，先命令老小的人和强壮有力的人互换一下位置来避免争竞。倪豪士将"易处"理解为交换位置，如《史记·齐太公世家》"战，齐急，丑父恐齐侯得，乃易处，顷公为右"。

的分配而赢得声望的，而是因为在捕猎之前就部署好，因此所有人都能积极参与并在最后的分配中得到相应的部分。

文本及其意义

尽管有例外，但绝大多数的现代学者使用的都是顾颉刚在1950年代校订并由中华书局在1959年出版[①]的现代本《史记》。此本是以张文虎（1808—1885）所编的金陵书局本[②]为底本的，张文虎花了数年工夫并于1866年印行[③]。我们已经看到，中华书局本《田叔列传》遗漏了一句虽然很短但却非常重要的话。当然，金陵书局本（104.3b）也漏了这一句。我们可以猜测，全句"家于武功。武功，扶风西界小邑"重复了"武功"二字，因此很可能是张文虎或是其助手在抄写本卷时漏写了重复的文字。但目前这还只能是一个猜测。

除了猜测，这个广为人用的现代校订本中的这个文本小问题，也许能向我们揭示一个相关联文本之间的异文网络。前文提到，很多《史记》版本都有这一句话。例如泷川资言的版本（104.8）——这是第二受欢迎的《史记》现代版本——就有这四个字。水泽利忠对《史记》的文本研究可能是最详尽的，他指出金陵书局本有缺字，但他错

---

① 奇怪的是，在顾颉刚和徐文珊早期校订的版本里，即《史记·白文之部》（北平研究所历史研究会，1936年，104.4a，3:440）是包含"家于武功"这几个字的。这说明，要么顾颉刚在编辑中华书局本时疏忽了，要么就是徐文珊主要负责了1936年版本的校订工作，见倪豪士，"Historians of China"。

② 中华书局编辑部认为，这个版本是晚清时期能看到的最好的版本，见《史记·史记出版说明》，1:5。

③ 有关此版本的来源，见倪豪士，"The *Textus Receptus* and Chang Wen-hu"，*Grand Scribe's Records*, vol.2, pp.xxxiii-xlvii。

误地以为只缺了"家于"二字①。但我们已经看到，金陵书局本漏了全部四个字。因此我们不单看到了张文虎的一个文本错误，还看到了水泽利忠罕见的疏忽。这些连锁的错误又继续出现在那些仅以中华书局本为底本的文本中：因此吴树平《全注全译史记》忽略了这句，没有任何注释；而王利器《史记注译》虽然出现了这句，但却没有提中华书局本的错漏，因此此卷的译者可能参考了中华书局本之外的本子（尽管在"编辑体例"里明确说明底本就是中华书局本）。而且，青木五郎也沿袭了水泽利忠的疏忽，他尝试在明治书院的《史记》译本中终结这个问题②（见 *Shiki*，卷11，129页注）。

因此就这几行字而言，如果上述的解读是正确的，它们就可能指向了更大的问题，警示我们在阅读《史记》时要多加警惕，我们必须：1.对比多个版本和注释，2.必须使用以实际文本为基础的数据库，3.验证早期的注释，无论是中国的还是西方的，并承认就算是顶尖的学者有时也会犯错。

---

① 水泽利忠，《史记会注考证校补》，日本东方文化学院东京研究所出版，1960年，104.4："金陵无家于二字。"
② 明治书院的译本是由吉田贤抗发起的，后由水泽利忠接续，最近又由青木五郎接手。

宰夫之手:《晋世家》和司马迁的《春秋》

> "文学的目的不是解答问题,而是如何正确地表述问题。"
>
> 1928 年 3 月 6 日
>
> Thornton Wilder 在致 John Towney 的信中如此写道
>
> Wilder 称自己是引 Chekhow 的话

引言

司马谈临终前曾指着孔子的《春秋》嘱咐其子司马迁要"续《春秋》"①。事实也是如此,司马迁十分精通《春秋》,并对这个经典文本非常敬畏,这在他回应壶遂关于为什么孔子要作《春秋》的问题时——这记载在著名的《太史公自序》里——就显示出来了②。在这份长篇自序的最后,也许是以一种开玩笑的口吻,司马迁告诫壶遂,不应该把他的写作与《春秋》相提并论③。实际上,尽管这对于任何熟悉中国历

---

① 《史记》,北京:中华书局,1982 年,第 130 卷:3295 页,3296 页(下文统一简化 为 130:3295, 3296 的形式)。译者按,凡原文作 "Chunqiu" 者,时而指《春秋》 这部书,时而指 "春秋" 类材料;而 "chunqiu" 则一般理解为 "春秋" 类材料。

② 《史记》,130:3297—3300。

③ 《史记》,130:3300:"而君比之于《春秋》,缪矣!"

史传统的读者来说都不是什么新鲜事，但在英文世界里还是缺乏对司马迁是如何将《春秋》及其传注传统应用到其《史记》写作的讨论。

一般认为，司马迁写作《史记》时使用了九十余种有明确标题的史料和朝廷档案，以及他周游天下时在各地收集到的一些个人考察。但他使用了档案中哪些内容——也就是说，档案里有哪些材料，以何种形式存在——仍有讨论的余地。《春秋》及其"传"——无论是口述还是书写下来的——只占全部材料的很小部分。不过这个文本及其"传"还是构成了不少本纪、年表、世家和列传的原始材料。

因此，本文旨在考察司马迁所谓的"春秋"究竟意指为何，他又是如何改编这些材料来实现自己的书写目的的？最后，笔者将分析几个《晋世家》中的例子，就《春秋》传注传统是如何被应用到《史记》的编写，以及《史记》是如何被编撰出来的提出自己的一些猜想。

司马迁的《春秋》

在开始分析司马迁的《春秋》意指为何之前，让我们先回顾一下他的《自序》，他对壶遂如此说道：

> 《春秋》文成数万，其指数千，万物之散聚皆在《春秋》。《春秋》之中，弑君三十六，亡国五十二，诸侯奔走不得保其社稷者不可胜数。①

今本《春秋》正文约有 16,500 余字②，那么司马迁看到的《春秋》文本是否为今本的两倍（笔者认为这里的"数万"至少指三万字）之多？

---

① 《史记》，130:3297。
② 吴树平、吕宗力编，《全注全译史记》，天津：天津古籍出版社，1995 年，130:3356。（下文作"吴、吕书"。）

这个问题暂且按下不表。至于三十六君和五十二国的数字，与董仲舒《春秋繁露·灭国篇》①以及《汉书·楚元王传》所言是相合的②。梁玉绳（1745—1819）从早期文献中找到了几种不同的弑君数目，他认为如果以"传"（他指的应该就是《左传》）为基础去数，这个数目应该是三十七③。同样地，梁玉绳在另一处注中还指出被灭的只有四十一国④。《史记》三家注均未在这些君、国的数目上出注，只有张晏（公元3世纪）提及《春秋》总字数为18,000字⑤。裴骃（活跃于438年左右）认为由于董仲舒《公羊春秋》和《公羊经传》共计44,000余字，因此这两个文本才是司马迁参考的材料。但这两部书均不见著录于《汉书·艺文志》，所以裴骃所说的这两个文本具体所指为何，我们也不得而知⑥。

---

① Steve Davidson and Micheal Loewe ed., *Early Chinese Texts: A Bibliographic Guide*, 1993, pp.77—87.

② 颜师古在《汉书》卷三六的注中列出了全部的三十六君和五十二国，1940—1941页。颜师古还在此卷注中列出了《左传》其他全部的日食、地震、彗星等现象。

③ 梁玉绳，《史记志疑》，北京：中华书局，1981年，36:1467—1468。

④ 同上，1469页。梁玉绳指出，《春秋繁露·王道篇》中给出的数目为五十一。

⑤《史记》，130:3298—3299，集解部分。

⑥《汉书》，30:1712—1714。关于汉代时董仲舒有什么作品在流传，见 Gary Arbuckle "Some Remarks on a New Translation of the *Chunqiu fanlu*," *Early China*, 17（1992）：220—221和218注9。

尽管《汉书·艺文志》没有著录《公羊春秋》，但《汉书》里确实出现过几次（如27:1317和66:2903）。在这些故事里，都有人曾经"治公羊春秋"。《汉书》卷二七的故事是董仲舒自己学习此书。笔者所见的所有现代注家（施丁《汉书新注》[西安：三秦出版社，1994]，刘华清等《汉书全译》[贵州：贵州人民出版社，1995]，张烈《汉书注释》[海口：海南国际新闻出版中心，1997]）都认为这就是《公羊春秋》。王先谦《汉书补注》此处没有出注。由于那时不总是有一个具体的"文本"，所以这里的"公羊春秋"有可能是指一些公羊学派的《春秋》学材料（口述和书面的）。更多关于《公羊传》口述传统的讨论见 Joachim Gentz, *Das Gongyang Zhuan: Auslegung und Kanonisierung der Fruhlings-und Herbstannalen（Chunqiu）*, 2001, pp.349—354.

司马迁可能曾于公元前120年师从董仲舒①，在《史记》和《汉书》里也有一些与今本《春秋繁露》相对应的文字②。不管怎么说，公羊学派在当时是占主流地位的③。陈桐生就曾证明④，就算《春秋》的传注传统不是司马迁春秋史的主要材料⑤，它们对司马迁的影响肯定也是非常大的。

然而，与其继续铺陈现代学者对司马迁《春秋》学的研究，我们还是看看太史公自己是如何定义"春秋"这个词的。《史记》里至少有一处，"春秋"（原文作"chunqiu"）这个词指的是早期诸侯国的编年史。即《十二诸侯年表·序》所说的：

> 太史公读"春秋历谱谍"，至周厉王，未尝不废书而叹也。⑥

中华书局本认为"春秋历谱谍"是一本书（其标点为《春秋历谱谍》）⑦，而沙畹的译本将此五个字翻译为《春秋》的历表（chronolo-

---

① 很多学者都认为"余闻董生曰"表明司马迁是董仲舒的学生，但现代学者陈桐生认为这个看法源自宋儒，而司马迁"闻"董仲舒言不代表太史公就是他的门生，见《〈史记〉与今古文经学》，西安：陕西人民教育出版社，1995年，33—34页。

② 见 Sarah A. Queen, *From Chronicle to Canon: The Hermeneutics of the Spring and Autumn, According to Tung Chung-shu*, 1996, pp.50–51。

③ 同上，31页。

④ 见陈桐生，《〈春秋〉与〈史记〉》，氏著《〈史记〉与今古文经学》，33—94页。与此相反的意见，参考赖长扬，《司马迁与春秋公羊学》，《史学史资料》，1979年，4:9—12。

⑤ 亦可参见 Mark Csikszentmihalyi 关于《春秋》对司马迁的影响的讨论，*Readings in Han Chinese Thought*, 2004, pp.89–93。

⑥《史记》，14:509。

⑦ 同上。

gies）和谱牒（genealogies）①，笔者同意吴树平和吕宗力②的看法，即此处的"春秋"应理解为早期诸侯国的编年史③。

不过，"春秋"这个词在《史记》中多数还是指《春秋》这部经典文本，尤其是在《孔子世家》④中论及孔子作《春秋》时，其曰："乃因史记作《春秋》"；又或是《十二诸侯年表》⑤所谓的："论史记旧闻，兴于鲁而作《春秋》。"⑥

但这个词所指又常常不止是《春秋》这个文本，如：

> 《春秋》讥宋之乱自宣公废太子而立弟⑦，【集解】《公羊传》曰："君子大居正，宋之祸宣公为之也。"⑧国以不宁者十世。【索隐】按：春秋公羊有此说，左氏则无讥焉。

司马迁这里所说的"《春秋》"，似乎即霍克思（David Hawkes）和姜士彬（David Johnson）所说的某种"《春秋》类型的材料"。事实上，他在《公孙弘列传》中也提到了这样的《春秋》类材料，其曰："年

---

① Edouard Chavannes, *Les mémoires historiques de Se-ma Ts'ien, traduits er annotés*, 1898, 3:15, "Le duc grand astrologue a lu les tables chronologiques et les listes généalogiques du Th'ouen ts'ieou..."

② 《全注全译史记》，14.445，注2。

③ 《史记》中还出现过"谱谍"（《史记》，14:511）和"历谱谍"（《史记》，13:488）。

④ 《史记》，47:1943。

⑤ 《史记》，14:509。

⑥ 这里的"春秋"是否有可能指之前提到过的早期诸侯国的编年史？吴树平和吕宗力（14:457注）相信这是指《春秋》。《史记》13:478的"孔子因史文次《春秋》，纪年月，正时日月，盖其详哉"也有可能指《春秋》这个文本。

⑦ 《史记》，38:1633。见张振军的翻译和注释，*The Grand Scribe's Records*, Vol. 5.1: *The Hereditary House of Pre-Han China*，第一部分，2006年，291页和注222。

⑧ 李学勤等编，《春秋公羊传注疏》，北京：北京大学出版社，1999年，隐公三年，41页（《公羊义疏》，四部备要本，5.16a—b）。

四十余，乃学‘春秋杂说’。”注释者①也已经讨论过“春秋”有时指司马迁所能看到的《左传》前文本（proto-*Zuozhuan* text），即《左氏春秋》，如太史公说的："予观《春秋》、《国语》"云云②。但这里的"春秋"也有可能指代《春秋》这个经典和其诸家传注。

据班固的记载，《春秋》的注释有四家：公羊、穀梁、邹氏和夹氏③。如果算上《左传》，那么在司马迁年轻时就有五家被历史明文记载的《春秋》传注在流通。《汉书·艺文志》也载录了包括《公羊传》《穀梁传》《邹氏传》《夹氏传》《左氏传》在内的关于这些学派的作品，此外还有《左氏微》《公羊外传》《穀梁外传》和《公羊杂记》等④。故就算司马迁从未师从董仲舒问学（宋儒即已持此观点⑤），当代学者还是认为可以在他的书中看到明显的公羊学派影响，而董仲舒是一直希望能让公羊学成为正统学问的。所以像《公羊杂记》和《公羊董仲舒治狱》这样的书是很有可能影响了司马迁对春秋史的理解的。

司马迁曾提到他使用过的一些材料：（1）《左氏春秋》⑥，亦称《春

---

① 吴、吕书，31:1475注；韩兆琦，《史记通论》，174页；王叔岷，《史记斠证》，31:1293（其观点与王国维同）。

② 《史记》，1:46。吴树平和吕宗力指出（14:458A，注5），这里的《春秋》是《左氏春秋》的省称，即《史记》14:509—510所言："七十子之徒口受其传指，为有所刺讥褒讳挹损之文辞不可以书见也。鲁君子左丘明惧弟子人人异端，各安其意，失其真，故因孔子史记具论其语，成《左氏春秋》。"

③ 《汉书》，30:1715。班固指出，公羊和穀梁是最先被立为官学的，邹氏传因为没有师说而失传，夹氏传则因没有书于竹帛而失传。

④ 亦见吴康（Kang Woo），"Les commentaires et les écoles du *Tch'oucen ts'ieou*," *Les trois théories politiques du Tch'ouen ts'ieou*, 1932, pp.185–200.

⑤ 见陈桐生，《〈史记〉与今古文经学》，34页。

⑥ 《史记》，14:509—510，"鲁君子左丘明惧弟子人人异端，各安其意，失其真，故因孔子史记具论其语，成《左氏春秋》"。

秋古文》①;（2）《国语》②,（3）《（春秋）灾异之记》③。此外还有公羊学派和穀梁学派的作品④。

如上所述,陈桐生和其他一些学者曾指出司马迁受董仲舒和《公羊传》的影响最大⑤。尽管陈桐生已经指出,《史记》叙事将"获麟"看作极其重要的事件,是源于《公羊传》⑥,但《晋世家》里（还包括笔者与同事近期翻译的其他世家）记载的绝大多数事件与《左传》有着更密切的关系⑦。陈桐生认为司马迁在思想上是受《公羊传》影响的,但他所引的《春秋》传说对《史记》文本产生实际影响的例子似乎反而说明《左传》和《穀梁传》的作用更大（他列举了26例《左传》和3例《穀梁传》的影响）⑧。

回到司马迁在《史记》里对"春秋"这个词的使用和认识,他还提到了另一个（明显与《春秋》有关的）材料,但他没有给出它的名

---

① 《史记》,31:1475。

② 《史记》,130:3300。

③ 《史记》,111:3128。

④ 《史记》,121:3128—3129。

⑤ 陈桐生,《〈史记〉与今古文经学》,33—34页。有关《左传》对《史记》影响的讨论非常多,此处不一一详列（据马格侠统计,二书同见的事件有131件,《〈史记〉对〈左传〉的继承和发展》,《天水师专学报》,1997,1:62）。笔者的研究方法主要受到了如下论文不同程度的启发:何乐生,《〈左传〉〈史记〉名词作状语的比较》,《湖北大学学报（哲学社会科学版）》,1997,4:43—48;梁晓云,《〈史记〉与〈左传〉〈国语〉所记之吴越历史的比较研究》,《河南大学学报》,1997,31.1:54—58;赵慧君,《〈左传〉与〈史记·晋世家〉同义介宾结构比较研究》,《株州工学院学报》,2000,14.1:62—64。

⑥ 陈桐生,《〈史记〉与今古文经学》,38—40页。

⑦ 实际上,《汉书·司马迁传》和《后汉书·班固传》都提到《史记》仅用了三传中的《左传》作为原始材料。亦见下文所引王充在《论衡》中的看法。

⑧ 陈桐生,《〈史记〉与今古文经学》,38—40页。这些例子与本文开始提到的《晋世家》的三个文段均不相同。（译者按,本文此前并未提到《晋世家》,可能是指后文。）

字，即《周本纪》所言：

> 二十年，晋文公召襄王，襄王会之河阳、践土，诸侯毕朝，书讳曰"天王狩于河阳"。①

此处归为"书"的引文可以在传世的《春秋》中找到②。假设这里的"书"即指那个经典文本，但还是很难为其找到准确的翻译，很多译者和注者也都回避了这个问题。（"书"是否可能表示保存于汉朝档案里的文书？）根据《左传》的记载，这个故事的背景为晋文公召集多位诸侯以及周襄王到践土，并让襄王举行巡狩，以便他能向所有参会诸侯展示自己的军事力量③。因为晋文公的行为僭越礼法，故孔子此处采用了隐笔讳书。

《田敬仲完世家》也曾引用《春秋》，其曰：

> 厉公者，陈文公少子也，其母蔡女。文公卒，厉公兄鲍立，是为桓公。桓公与他异母。及桓公病④，蔡人为他杀桓公鲍及太子免而立他，为厉公。厉公既立，娶蔡女。蔡女淫于蔡人，数归，厉公亦数如蔡。桓公之少子林怨厉公杀其父与兄，乃令蔡人诱厉公⑤

---

① 《史记》，4:154。
② 杨伯峻，《春秋左传注》，北京：中华书局，1981，僖公二十八年，450页。
③ 同上，僖公二十八年，473页。亦见 *The Grand Scribe's Records*, Vol. 1: *The Basic Annals of Pre-Han China*, 1994, pp.76–77。《榖梁传》（承载，《春秋榖梁传译注》，上海：上海古籍出版社，1999年，294—295页）和《公羊传》（《春秋公羊传注疏》，260页）的相关文段均无此义。
④ 《史记》（14:557—558）系桓公之死在公元前707年，但《春秋》在公元前706年，见《春秋左传注》，109页。
⑤ 《史记》（36:1577）记载厉公是受到了好女的诱惑。

而杀之。林自立，是为庄公。故陈完[1]不得立，为陈大夫。厉公之杀，以淫出国，故《春秋》曰"蔡人杀陈他"[2]，罪之也。[3]

司马迁此处明显认为《春秋》不书陈他为"厉公"，是对他委婉的批评。《春秋》记载陈他卒于桓公六年（前706，非《史记》记载的前707）。而《左传》桓公六年没有任何与此事相关的记载。因此司马迁这里可能是取材于其他的《春秋》传注传统（而非他常用的《左传》）并受到了它们的影响。

在《穀梁传》里，这件事的记载如下：

> 陈佗者，陈君也，其曰陈佗，何也？匹夫行，故匹夫称之也。其匹夫行奈何？陈侯憙猎，淫猎于蔡，与蔡人争禽。蔡人不知其是陈君也而杀之。何以知其是陈君也？两下相杀不道；（不）其不地，于蔡也。[4]

《公羊传》的记载如下：

> 陈佗者何？陈君也。陈君则曷为谓之陈佗？绝也[5]。曷为绝之？贱也。其贱奈何？外淫也。恶乎淫？淫于蔡，蔡人杀之。[6]

---

① 此处读音从《正义》作"huan"，《史记》，32:1488。
② 《春秋左传注》，109页。
③ 《史记》，46:1879—1880。
④ 《穀梁传》，71—72页（《穀梁补注》，四部备要本，3.15b—16a）。
⑤ 译者按，这句话有两种理解，作者正文使用的是"为什么不称其为陈君"，注中给出了另一种理解，即"陈完的国家将要灭亡了"。
⑥ 《公羊传》，86—87页（《公羊义疏》，四部备要本，13.4b—5b）。

不过，《左传》其实也记载了这件事，只是在很多年之后，即庄公二十二年（前672），田敬仲（即陈完）的事是以闪回（追述）的形式出现的①。这里的叙事明确指出陈他（或称五父）是被厉公谋杀的。实际上，陈他是陈文公（前754—前745年在位）之子，桓公（前744—前707年在位）的弟弟。陈他的兄长去世，他杀了太子免（他的侄子），自己继任为陈公，在位一年即被蔡人所杀，因此他并没有谥号。梁玉绳和其他一些注家已经指出过②，司马迁可能认为陈他和厉公是同一个人（基于他对《公羊传》和《穀梁传》同年记载的误解）。当他看到《左传》庄公二十二年时，他又认为五父是另有其人③。因此司马迁在《田敬仲陈完世家》里所引的《春秋》故事是正确的，但他所放置的历史背景却是错误的。而且，对陈他身份的模糊不清表明司马迁使用了《春秋》三传来写他的春秋史，尽管很多时候并不十分成功。

　　司马迁在另外一处也误解了《左传》中的人名，这似乎是由于他在《孔子世家》里的一个系年错误造成的。《史记·孔子世家》（1907页）是这么记载的："孔子年十七，鲁大夫孟釐子病且死。"但是，孟釐子当卒于公元前518年，孔子时年34岁。这里的问题在于，《左传》里孟釐子之卒被系于昭公七年④。《春秋》将其系于昭公二十四年（前518；杨伯峻《春秋左传注》昭公二十四年，1449页）是正确的，但此年的《左传》却无对应的记载。而且，《春秋》昭公二十四年载孟

---

① 《春秋左传注》，庄公二十二年，222页。
② 《史记志疑》，19:917。亦见《春秋左传注》，桓公六年，109页注。
③ 这里的误读对《陈世家》中与此有关的其他更为详细的记载影响更大，见《史记》，36:1576—1577。亦见 Wang Jing 的相关研究，*The Grand Scribe's Record*, Vol. 5.1: 223–224。
④ 《春秋左传注》，昭公七年，1294—1295页。沙畹（*Les mémoires histori-ques de Se-ma Ts'ien, traduits er annotes*, vol.5, p.294，注3）相信这应该是一次有意的提前，但似乎更像是纯粹的编辑错误。

螯子被称为仲孙获[1]，用的是其氏和名。《公羊传》和《穀梁传》在此年都无传。司马迁明显没有意识到仲孙获与孟螯子是同一个人。

最后一处[2]引用《春秋》的，是《淮南衡山列传》里的一处引语，景帝的两个儿子刘彭祖和刘端都奏议淮南王刘安因谋反事当诛：

> 赵王彭祖、列侯臣让等四十三人议，皆曰："淮南王安甚大逆无道，谋反明白，当伏诛。"胶西王臣端议曰："淮南王安废法行邪，怀诈伪心，以乱天下，荧惑百姓，倍畔宗庙，妄作妖言。《春秋》曰'臣无将，将而诛'。安罪重于将，谋反形已定。……"[3]

此处的议论是由景帝之子刘彭祖和刘端主导的[4]。我们不知道这里的"列侯臣让"所指何人，吴树平和吕宗力猜测"让"可能是"襄"之误，即曹参的孙子平阳侯曹襄[5]。

传世的《春秋》文本中没有相似的文段，这条引文似乎应该出自《公羊传》中的"君亲无将，将而诛焉"[6]。笔者对这句话的理解为：

---

[1] 据方炫琛《左传人物名号研究》（台湾政治大学1983年博士论文，266页），获是他的名，螯是谥号，孟是氏；吴树平和吕宗力（47:1785页，注1）同意方的看法，但他们认为仲孙（亦作孟孙）是氏。

[2] 《史记》里还有一些地方出现"春秋"的字样，但本文不作讨论。

[3] 《史记》，118:3094。参见华兹生的译文，*Records of the Grand Historian of China*, Vol. 2, 1993年，345页；*Griet Vankeerberghen, The Huainanzi and Liu An's Claim to Moral Authority*, 2001年，30页。两人都将"将"理解为"意图"或"将要做之事"。笔者的理解是基于《公羊传》的叙事的。

[4] 见鲁惟一，*A Biographical Dictionary of the Qin, Former Han, and Xin Periods（221BC-AD24）*，2000年，333—334页和293—294页。

[5] 《全注全译史记》，118:3102注。

[6] 《公羊传》，庄公三十二年，187页（《公羊义疏》，四部备要本，61.3a）。当然，也有可能从司马迁开始，"春秋"的所指发生了巨大的变化，但更可能的是，"春秋"的含义对司马迁来说，比我们现在印刷文明下的概念丰富得多。

"当一个不考虑自己父母的君主开始考虑他们时，就会因为父母（或为了父母）而被诛杀。"这里所说的肯定就是般，即庄公的幼子，他最后被围子荦所杀。初读此句，似乎其意旨肯定是在说当荦意图和般的妹妹"戏"时，般没有听取父亲的建议杀了荦（最后反被其杀）。刘安父亲刘长死于文帝之手，这被认为是刘安意图反叛汉朝和武帝并最终谋反的原因。因此，笔者认为刘端这里的议论就充满了悖论，因为与《春秋》所说的儿子要听从父亲的建议相反，刘端是在要求刘安不要再挂念他的父亲，也不要对他的死因怀恨于心。

但如果我们仔细分析一下这句引文，就会发现它其实是指（1）鲁国的继承问题，以及（2）汉帝国的皇位继承问题。据《左传》的记载[1]，公元前662年鲁庄公病将死，他向他的异母弟叔牙咨询该由谁来继承鲁国君位。叔牙推荐了他自己的兄弟庆父（而非庄公之子般）作为可能的继承人。庄公的亲弟季友得知这个消息后，随即命令叔牙自尽。结果，般继位为鲁公，但住在了他母亲的宫殿。两个月后，庆父让围人荦刺杀鲁公般。这就是刘端引用这句话时默认议论者都能理解的故事背景。因此他这里引用这个故事的意图，就是想指出刘安蔑视正常皇位继承的危险性。《公羊传》的这句话便该理解为"当一个君主不尊敬他的亲属时，他就要考虑到自己可能会因此而被杀"。

因此，尽管司马迁常常使用"春秋"来表示《春秋》，但这个词似乎也可以用来表示一些比《春秋》更多但也更松散的材料集合。如前所述，它有时可能指的是《公羊传》。但有时"春秋"也可以指《左传》[2]。

---

① 《春秋左传注》，庄公三十二年，254页。

② 在有关《春秋》的叙述以及《十二诸侯年表》的序里，只提到了三家传中的《左传》（亦见华兹生的相关评述，*Ssu-ma Ch'ien, Grand Historian of China*, 1958年，221页，注12，以及 Joachim Gentz, *Das Gongyang zhuan*, 348页，注16）。

由于这个文本是司马迁写《史记》春秋史部分的主要材料，我们还是来考察一下太史公是如何使用我们今天所谓的《左传》这个传注传统的。

司马迁是如何使用《左传》的：一般情况

且不管那些认为司马迁受到公羊学影响更大的观点，《史记》前十篇世家的叙事确实绝大多数都是以《左传》为基础的。王充（27—91）在《论衡》中就曾提到《史记》和《左传》之间存在密切的关系：

> 《春秋左氏传》者，盖出孔子壁中。孝武皇帝时，鲁共王坏孔子教授堂以为宫，得佚《春秋》三十篇，《左氏传》也。公羊高、穀梁寘、胡毋氏皆传《春秋》，各门异户，独《左氏传》为近得实。何以验之？《礼记》造于孔子之堂，太史公汉之通人也，左氏之言与二书合，公羊高、穀梁寘、胡毋氏不相合。①

因此，本节将考察司马迁使用《左传》的实例，以期摸索出《史记》使用《左传》的一些规律。

关于《左传》和《史记》的关系，顾立三曾经做过一些研究②。他指出，《史记》和《左传》相似文段的差异可以归因为三种编辑类型，即减省、增加和改写——《史记》大部分的借用都使用了"减省"③。今本《左传》计有近20万字④，但这只是《史记》庞大历史叙述的一

---

① 见黄晖，《论衡校释》，北京：中华书局，1990年，1161—1163页。英文版见 Nicolas Zufferey, *Discussions critique par Wang Chong*, 1997年，242—243页，不过，笔者的译文和理解更加接近 Joachim Gentz（前注引书，347—348页）。
② 顾立三，《司马迁撰写史记采用左传的研究》，台北：正中书局，1980年。
③ 《司马迁撰写史记采用左传的研究》，115—121页。
④ 顾立三统计今本《左传》的字数为196845字，见上书，2—4页。

小部分，毫无疑问，司马迁不可能涵盖全部的历史事件，有时候他还要缩写某些叙事来重新排列组合这些材料。

回想一下本文开始提到的司马谈对司马迁说的"续《春秋》"的那段话，它有助于我们考察司马迁是如何想象和理解孔子编辑《春秋》的过程的。在《十二诸侯年表》的序言里，关于孔子编撰《春秋》的具体方法，司马迁是这么说的：

> 孔子明王道，干七十余君，莫能用，故西观周室，论史记旧闻，兴于鲁而次《春秋》，上记隐，下至哀之获麟，约其辞文，去其烦重，以制义法，王道备，人事浃。①

下面我们来看看司马迁在改写《左传》内容为自己的《史记》时是如何"约其辞文，去其烦重"的。请看公元前570年发生在晋国的一件故事，《晋世家》是这么写的：

> 三年，晋会诸侯。悼公问群臣可用者，祁傒举解狐。解狐，傒之仇。复问，举其子祁午。君子曰："祁傒可谓不党矣！外举不隐仇，内举不隐子。"方会诸侯，悼公弟杨干乱行，魏绛戮其仆……②

———————————

① 《史记》，14:509，或121:3115："无所遇，曰'苟有用我者，期月而已矣'。西狩获麟，曰'吾道穷矣'。故因史记作《春秋》，以当王法，以辞微而指博，后世学者多录焉。（《集解》徐广曰："录"，一作"缪"。）"这里的"微"可能是为了与"大"作对比，当然，也有可能是指《春秋》简洁的语言特色，或者是它含混的意旨（或两者兼有）。华兹生认为"录"应以徐广的一作"缪"为是，他可能是正确的。另外，"指博"可能只是"指向博大的东西"，"指"为动词。译者按，原文作"辞微而指博"是相对而言的，所以"指"应该是"意旨"的意思，作名词解。
② 《史记》，39:1682，*Grand Scribe's Records*，vol. 5.1:360—361。译者按，下划线为译者所加，划线内容与前后故事的关系并不大，方便理解下文的讨论。

今本《左传》是这么记载这件事的：

> 祁奚请老，晋侯问嗣焉，称解狐，其雠也。将立之而卒。又问焉，对曰："午也可。"于是羊舌职死矣，晋侯曰："孰可以代之？"对曰："赤①也可。"于是使祁午为中军尉，羊舌赤佐之。君子谓祁奚于是能举善矣。称其雠，不为谄。立其子，不为比。举其偏，不为党。《商书》曰："无偏无党，王道荡荡。"②其祁奚之谓矣。解狐得举，祁午得位，伯华③得官，建一官而三物成，能举善也。夫惟善，故能举其类。《诗》云："惟其有之，是以似之。"④祁奚有焉。⑤

司马迁将《左传》里描述祁奚人物形象的叙述⑥简化了，而他这样做的目的是让这件事本身能与他关于公元前570年的所有叙事协调融合起来。首先，在《左传》中，祁奚的故事不是和魏绛杀杨干之仆连在一起的，而且也没有提及任何关于晋国召集诸侯会盟的事（不论

---

① 羊舌是氏，赤为名，见上引方炫琛博士论文《左传人物名号研究》，289—290页。

② 笔者此处翻译"不偏"的"偏"为"partiality"，采"中立，不偏颇"义，与理雅各的译文略有不同（Legge, *Chinese Classics*, 3:331）。

③ 华是字，伯是排行，参见方炫琛《左传人物名号研究》，290页。

④ 引自《诗经·裳裳者华》，其全句作："君子有之，维其有之，是以似之。"这里对引诗的理解与诗文本来语境下的意思是不同的。高本汉的理解为：The nobleman (possesses it =) knows how to do it; just because he knows how to do it, therefore (he looks like it =) it shows on his appearance. 君子知道应该如何做，只是因为他知道该如何做，因此就表现在他的外表上（*The Book of Odes*, 1950, p.168）。理雅格的解读略有不同：And they〔the rulers〕execute the movement properly, they are possessed of the ability, and right is it their movements should indicate it. 他们（君主）能适当行动，他们有这样的能力，所以他们的行为应该表明出来，这是正确的（*Chinese Classics*, 4: 385）。

⑤《春秋左传注》，襄公三年，927页。

⑥《公羊传》和《穀梁传》都没有提及祁奚。

是《左传》还是《春秋》）。不过《史记》的叙事还是保留了祁奚是个不偏不倚的善人这个信息。但初读时，《史记》里"君子曰"的前后转折还是颇令人困惑①。但如果仔细寻绎，就会发现，所谓"外举不隐仇，内举不隐子"是司马迁机智地借用了十八年后叔向（即羊舌肸）对祁奚的评价，此时叔向刚受政敌内斗牵连而被囚禁（一同被囚禁的还有伯华，即羊舌赤）②。当晋国大夫乐王鲋表示可以为他求情时，叔向说只有祁奚才能帮到他。然后叔向如此说道："乐王鲋，从君者也，何能行？祁大夫外举不弃仇，内举不失亲，其独遗我乎？"③

尽管这里将对祁奚的两种评价合并为一个的做法暗示了一种仔细的重写和编纂，但还是要指出，由于单看《史记》不能确定解狐是否在祁奚举荐他后就死了（《左传》载其将立而卒），所以读者就很难——甚至不可能根据司马迁这里的记载来判断为什么悼公要再问一次谁能代替解狐。实际上，司马迁删去解狐卒这个重要细节的原因，可能是表示，除了遵从孔子"约其文辞"的方法，太史公还想为自己的历史书写"制义法"。

除了对《左传》的缩写，顾立三还举了大量其他例子，他相信这些例子很好地说明了《史记》是如何通过增/改一个字或一段话来廓清《左传》中的事件的④。但有一个例子，其复杂程度可能远非他想的那么简单。这个故事与鲁庄公的淫乱行为有关，我们先看《左传》是

---

① 译者按，根据《左传》，"不党"指举羊舌赤，"外举"和"内举"分别指解狐和祁午，《史记》没有提及羊舌赤，故作者认为是不清楚的。

② 这仍然不能解释《史记》"祁奚可谓不党矣"这句话的出处。它可能是《左传》某个早期版本的佚文，又或许是司马迁对原文的"改写"（参考《论语》7.30和15.21）。

③ 《春秋左传注》，襄公二十一年，1060页。

④ 顾立三，《司马迁撰写史记采用左传的研究》"史事及文辞的改写"章，102—114页。

如何记载的：

> 初，公筑台，临党氏，见孟任，从之。閟。而以夫人言，许
> 之，割臂盟公。生子般焉。[①]

《史记·鲁世家》的改写如下：

> 三十二年，初[②]，庄公筑台临党氏，见孟女，说而爱之，许立
> 为夫人，割臂以盟。孟女生子斑。[③]

顾立三认为，《鲁世家》的"说而爱之"比《左传》的"从之"在文
义上更加清楚。但如果仔细分析，就能发现《史记》的这一改动反而
丢失了《左传》叙事中的庄公鲁莽冲动的意味。"从之"是一种轻率
的行为。（在古代中国）男人比喻美丽的女人为"秀色可餐"，但他们
通常不会去追逐她们。这里庄公的"从之"能激发读者的想象力去猜
测，也许庄公原本筑台的目的就是要窥视党氏的女儿。而且，顾氏也
没有注意到，（在这两个文本里）"许"这个动词的发出者是不同的。

---

① 《春秋左传注》，庄公三十二年，253 页。
② 这里"初"的用法及其文本形成的可能情形，见笔者的另一篇文章，"A Note
  on a Textual problem in the *Shih chi* and Some Speculations Concerning the
  Compilation of the Hereditary Houses," *T'oung Pao*, 2003, 89: 39—58。中译本见
  陈致编，《当代西方汉学研究集萃·上古史卷》，上海：上海古籍出版社，2012
  年，446—462 页（亦收入本书）。不过，我在该文提出的一种解释也用到了这里
  的例子。年份和表示起始的标记"初"并置的不协调，或许也能用这样一个过程
  来解释，即司马迁先列出相应的年份（当然，《左传》里并没有列出这个年份），
  然后再将《左传》的文本（即使该文本是以"初"起头的）放到自己的叙事中。
③ 《史记》，33:1531。

在《左传》里，似乎是夫人屈从了庄公的要求，在庄公承诺让她当夫人后，她才"许"庄公并同意和庄公发生关系①。与此同时，她"割臂"来用鲜血抹唇以与庄公结盟（也包括庄公对她许下的承诺）②。然后很快庄公就和孟女生下了子般。《左传》这些丰富的细节和事情发展之迅猛，在《史记》里都丢失了，而且年轻的庄公还变成了一个温顺而有礼数的人。与其说《史记》厘清了《左传》的叙事，不如说它是用一种与公元前7世纪的鲁国截然不同的礼教和道德要求掩盖了《左传》的本来面貌。

司马迁《晋世家》是如何改编《左传》的：非常规叙事？

上文已经讨论过司马迁是如何使用和理解"春秋"的，他所受到的《公羊传》影响，以及他改编《左传》的几个常规例子，现在我们将具体分析一下《晋世家》。这是一个很长但有趣的文本。如果我们不将它看作是讲述重耳一生的传记的话③，我们就会发现，其中有诸多《史记》是如何使用《春秋》传注传统作为自己原始材料的相关问题。尽管《晋世家》中有很多这样的例子，以下这四个最为不寻常。

第一个是有关晋国俘虏秦国三将的，《晋世家》文曰：

① 理雅各的说法是（5:121），"然后，他（庄公）说如果她能满足他的欲望，并割臂用鲜血来和他起盟，他就答应取她为妻"。

② 关于"割臂"的解释，见杨伯峻《春秋左传注》，庄公三十二年，253页。亦见陆威仪关于"血盟"的解释，Mark Edward Lewis, *Sanctioned Violence in Early China*, 1990, pp.43–50。

③ 重耳的经历是否如马伯乐（Henri Maspero）所定义的是一种"历史演义"，还有商讨的空间，但这里似乎有足够的证据显示，不论是语言学的、文学的还是历史学的，《晋世家》中关于晋文公的部分源自一个独立的叙事系统，可参见我在 *The Grand Scribe's Records*, Vol. 5. 1: 371–373 的"译记"。

败秦师于殽，虏秦三将孟明视、西乞秋、白乙丙以归。遂墨以葬文公。文公夫人秦女，谓襄公曰："秦欲得其三将戮之。"公许，遣之。先轸闻之，谓襄公曰："患生矣。"轸乃追秦将。秦将渡河，已在船中，顿首谢，卒不反。①

这里的记载颇令人迷惑。秦国的三将为什么看到晋国追兵时反而要"顿首谢"之呢？读者可能会认为这是某种反讽式的行为。但最令人不解的还是"卒不反（返）"三个字。他们为什么要返回敌国呢？而且紧接这段记载之后，《晋世家》便曰："后三年，秦果使孟明伐晋；报殽之败，取晋汪以归。"这难道不是与"卒不返"自相矛盾吗？

以上这些问题，只要翻看《左传》的记载，也就是《史记》的原材料，就能豁然开朗了，其曰：

四月辛巳，败秦师于殽，获百里孟明视、西乞术、白乙丙以归。遂墨以葬文公，晋于是始墨。文嬴请三帅，曰："彼实构吾二君，寡君若得而食之，不厌，君何辱讨焉？使归就戮于秦，以逞寡君之志，若何？"公许之。先轸朝，问秦囚，公曰："夫人请之，吾舍之矣。"先轸怒，曰："武夫力而拘诸原，妇人暂而免诸国，堕军实而长寇雠，亡无日矣！"不顾而唾。公使阳处父追之，及诸河，则在舟中矣。释左骖，以公命赠孟明。孟明稽首曰："君之惠，不以累臣衅鼓，使归就戮于秦，寡君之以为戮，死且不朽。若从君惠而免之，三年将拜君赐。"②

_____

① 《史记》，39:1670。
② 《春秋左传注》，僖公三十三年，498页。

在《左传》里，孟明的承诺是充满反讽的，因为他所说的"将拜君赐"的真实含义就是带兵回来复仇。而这也正是他在上述《晋世家》紧接着的那段文字里所做的。

可以看到，在遵从孔子"约其文辞"来对《左传》进行简约化时，《史记》不幸地丢失了孟明对阳处父的回复那充满反讽的意味，而且把文本的意义变得模糊不清。读者不但无法得知孟明的三年之约，反而还会就"卒不返"这样的结语而感到迷惑。

为什么《史记》会变成这样？有几种可能的解释。难道是司马迁或者其他参与编写这部分的人当时犯晕了？也许，但正如下文将述及的那样，他肯定犯了不止一次晕。Jeffrey Bissell 提出了另外一种解释，即司马迁"默认他是为有文化的贵族群体而写《史记》的，他相信这些人有着相同的知识背景"。因此，据 Bissell 的解释，他可能会认为读者看到此处时，自然能够自己补充上必要的故事背景。但 Bissell 的解释在这里还是有不足之处，因为读者还是会为"卒不返"和孟明三年后大军压境的事实而感到诧异。无论是编辑者粗心大意，还是读者有足够的知识背景，两种理论都不能完美地解答这里的问题，下面就让我们再看三个相似的例子。第一个是与晋灵公有关的：

> 十四年，灵公壮，侈，厚敛以雕墙。从台上弹人，观其避丸也。宰夫胹熊蹯不熟，灵公怒，杀宰夫，使妇人持其尸出弃之，过朝。赵盾、随会前数谏，不听；已又见死人手，二人前谏。[①]

这里有问题的是"已又见死人手"一句，为什么宰夫整个尸体从他们

---

① 《史记》，39:1673。

面前经过，但却只说看到"死人手"呢？在我们现代读者看来，这个细节难免让人不解。就算是 Bissell 所说的汉代"有文化的贵族群体"也一定能发现这个问题。他可能会想到《左传》里对应的记载，即宰夫的尸体先是被"置诸畚"，即放在一个竹筐中，他的"手"偶然地从竹筐里露出来，并警示了赵盾，这里刚刚有人被杀，《左传》的版本是这样的：

> （传二·三）晋灵公不君：厚敛以雕墙，从台上弹人，而观其辟丸也；宰夫胹熊蹯不熟，杀之，置诸畚，使妇人载以过朝。赵盾、士季见其手，问其故，而患之。①

《晋世家》的编纂者为什么忽略了这个细节，以致这里的叙事反而变得模糊了？也许真的只是一次不小心的编辑造成的②？

《晋世家》在同一段后如此写道：

> （随会先谏，不听）灵公患之，使钼麑刺赵盾。盾闺门开，居处节，钼麑退，叹曰："杀忠臣，弃君命，罪一也。"遂触树而死。

梁玉绳指出③，在《左传》的叙事里④，钼麑先是看见赵盾"盛服将朝，尚早，坐而假寐"，他是从这种恭敬中看出赵盾是一位忠臣的。但在

---

① 《春秋左传注》，宣公二年，656 页。
② 《吕氏春秋·过理篇》有另一种解读，即灵公是故意让人将尸体"载而过朝"的，这样做是为了"示威"。
③ 《史记志疑》，21:991。
④ 《春秋左传注》，宣公二年，658—659 页。

《晋世家》的叙事里，钼麑是看不到任何表明赵盾为忠臣的迹象的。而在《公羊传》中，钼麑看到赵盾"闺门无人，且食鱼飧"（即无护卫防身，其饮食亦节俭）。钼麑仰慕赵盾的"易而俭"，最后才决定放过赵盾。当然，《史记》删除了这些细节可能也是编辑的疏忽所致。但同时也有可能是司马迁想要"牵合"二传的记载，故导致"割裂不明"[①]。

"牵合"不同传注的叙事似乎是造成下面例子最终面貌的原因所在，即郤克使于齐的故事。《晋世家》如此写道：

> 八年，使郤克于齐。齐顷公母从楼上观而笑之。所以然者，郤克偻，而鲁使蹇，卫使眇，故齐亦令人如之以导客。郤克怒，归至河上，曰："不报齐者，河伯视之！"[②]

此处让人费解的是"令人如之以导客"一句。读者需根据他处的平行文段[③]才能得知，这里所谓的"人如之"应理解为那些和使者一样的残疾人，即或驼背，或跛足，或目盲者。又比如，"楼上观"这个细节，在《左传》的记载里，齐公是用帷幕挡住妇人让她们在暗处观看郤克的[④]。《公羊传》则谓这些妇人爬上了一个梯子来偷看郤克[⑤]。《穀梁

---

①有关赵盾的动机，亦可参见 Graham Sanders, *Words Well Put: Visions of Poetic Competence in the Chinese Tradition*, 2006, p.86。

②《史记》，39:1677。

③译者按，即《穀梁传》，《左传》无此记载。

④《春秋左传注》，宣公十七年，771—772页。

⑤《公羊传》，四部备要本，50.11b。

传》又说他们是在一个塔里窥看的①。而且，三传所说的观看郤克的人以及他们所凭借的对象都是不一样的。尽管《史记》的基本叙事顺序与《左传》一致，但以上的细节却似乎采自《公羊传》和《穀梁传》，因为只有在这两个文本里才能找到那句与事件无关而令人困惑的话的解释，《穀梁传》是这样写的："使秃者御秃者，使偻者御偻者。"《晋世家》的叙事是不是"牵合"三传的记载而造成的结果（尽管并不十分成功）？又或者说，《史记》的这种综合叙事其实是来源于某个已经佚亡的文本，或是现存文本②的佚文？

现在我们来看最后一个例子，《晋世家》的记载如下：

（景公）三年，楚庄王围郑，郑告急晋。晋使荀林父③将中军，随会将上军，赵朔将④下军，郤克⑤、栾书⑥、先縠、韩厥⑦、巩朔⑧佐之。六月，至河。闻楚已服郑，郑伯肉袒与盟⑨而去，荀林父欲还。先縠曰："凡来救郑，不至不可，将率离心。"⑩卒度河。

---

① 《穀梁传》，四部备要本，8.52a；亦见《史记志疑》，21:993。译者按，塔，原文作 tower，《公羊传》作"踊于棓而窥客"，棓，按何休注，为放置在高低不平处之蹰板，乃齐人方言。

② 译者按，按文义当指《左传》。

③ 荀林父即桓子。

④ 赵朔即赵庄子。

⑤ 郤缺之子，其谥号为献，故亦称郤献子。

⑥ 栾盾之子，谥号为武，故亦称栾武子。

⑦ 韩厥是韩国的建立者（见《史记》，45:1865，以及方炫琛博士论文，639页，#2270）。

⑧ 巩朔，谥号为庄，参见方炫琛博士论文，608页，#2142。

⑨ "肉袒"指去衣露体，等待惩罚，是认罪的一种礼仪仪式。见《史记》，38:1610。

⑩ 据吴树平和吕宗力（《全注全译史记》，39:1515页），当在此处断为一句。

楚已服郑，欲饮马于河为名而去。楚与晋军大战。郑新附楚，畏之，反助楚攻晋。晋军败，走河，争度，船中人指甚众。楚虏我将智䓨[①]。归而林父曰："臣为督将，军败当诛，请死。"景公欲许之。随会曰："昔文公之与楚战城濮，成王归杀子玉[②]，而文公乃喜。今楚已败我师，又诛其将，是助楚杀仇也。"乃止。[③]

这里的问题不是（上述宰夫的）"手"，而是"手指"：船中的这些手指是从哪里来的（"争度，船中人指甚众"）？《史记》这里没有引述《左传》宣公十二年的全部故事[④]，但《左传》里有楚军"疾进军"于晋，荀林父急中生计的记载，可以解释"手指"这一细节：

桓子不知所为，鼓于军中，曰："先济者有赏！"中军、下军争舟，舟中之指可掬也。

当然，就算是《左传》的读者也得自行加入一些想象，即是那些已在船上的士兵将那些争相爬上船的士兵手指砍下来的（沈玉成的白话本正是这样翻译的[⑤]），但由于《史记》过于简化，甚至没有提到士兵争相登船的情节[⑥]，所以读者就只好看着这些"手指"而不知所以然了。

[①] 智䓨亦作荀䓨，方炫琛博士论文，437页，#1407。
[②] 子玉即成得臣，他是若敖的孙子（或为曾孙），方炫琛博士论文，316页，#888。
[③] 《史记》，39:1676—1677。
[④] 《春秋左传注》，宣公十二年，739页。
[⑤] 见沈玉成，《左传译文》，中华书局，1997年，189页。
[⑥] 译者按，"争度"即争相渡河之意，王利器《史记注译》即译为"争船渡河"，见1229页。

结论

我们已经考察了《晋世家》中的四个文段，并对《史记》是如何理解和使用"春秋"这个词作了一些推论，笔者想就此提出四种猜想：

1.《晋世家》的编撰者使用了《春秋》三传作为他的原始材料并糅合成他自己的叙事版本。

2.尽管编撰者以《左传》作为他的主要材料，他还是经常借助三传来重构某些历史事件；这些重构有的是对两家或是三家传内容的"牵合"。

3.重构一般都是对这些原始文本"约其文辞"；有时简化得不够仔细，以致《史记》叙事的含义常常含混不清。笔者推测，这可能暗示我们，有一只司马迁之外的手（或者说是一些手指）参与到了《史记》的实际书写过程[①]，但我们已经不知道他们是什么人，又是如何参与其中的。

4.最后，综合以上所有例子，在一个没有现代意义上的"文本"的时代里，只有口述传统和大量繁琐笨重的书面材料（帛书和竹简），司马迁所理解的"春秋"可能指的是一大堆与《春秋》这个经典文本相关的材料，既有书面的，也包含口述的，他不但要学习，还要记忆和诵读这些材料。

附录

今引与刘安受罚相关的《春秋公羊传》经传文如下：

[①]译者按，作者原文用 hand or fingers of an assistant or copyist，其实是借用前面宰夫之手和身中之指的故事来比喻有助手参与了《史记》的编撰。

经：秋七月癸巳，公子牙卒。

传：何以不称弟？杀也。杀则曷为不言刺？为季子讳杀也。曷为为季子讳杀？季子之遏恶也，不以为国狱，缘季子之心而为之讳。季子之遏恶奈何？庄公病将死，以病召季子，季子至而授之以国政，曰："寡人即不起此病，吾将焉致乎鲁国？"季子曰："般也存，君何忧焉？"公曰："庸得若是乎？牙谓我曰：'鲁一生一及，君已知之矣。'庆父也存。"季子曰："夫何敢？是将为乱乎！夫何敢！"俄而，牙弑械成。季子和药而饮之，曰："公子从吾言而饮此，则必可以无为天下戮笑，必有后乎鲁国。不从吾言而不饮此，则必为天下戮笑，必无后乎鲁国。"于是从其言而饮之，饮之无傫氏，至乎王堤而死。公子牙今将尔，辞曷为与亲杀者同？君亲无将，将而诛焉。然则善之与？曰：然。杀世子母弟，直称君者，甚之也。季子杀母兄，何善尔？诛不得辟兄，君臣之义也。然则曷为不直诛，而酖之？行诛乎兄，隐而逃之，使托若以疾死然，亲亲之道也。

《史记》中的李牧：
司马两公取材与列传的概念

司马迁及其父亲司马谈的《史记》是中国最著名的历史著作，无数的学者写了不计其数的书籍、评注、论文和札记批注等来对这一文本展开研究，但我们对《史记》的写作过程却知之甚少，遑论某一章节的具体作者了。我们能确定这个问题的唯一文献来源就是《史记》本身。在过去的二十三年里（从1989年开始），我在威斯康星麦迪逊、德国的埃朗根和慕尼黑，以及最近在新加坡领导了几个由学者们组成的小组，对《史记》进行了翻译与注释研究，这篇文章是我们研究的成果之一。本文将提出在《史记》若干篇目中出现过的赵国将军李牧的材料是如何被组合和编纂的一种可能性。希望这里提出的研究模式能激发更多类似的研究。

让我们先来看看关于李牧最著名的叙述，即附在《廉颇蔺相如列传》下的《李牧列传》：

李牧者，赵之北边良将也①。常居代雁门②，备匈奴。以便宜置吏，市租皆输入莫府，为士卒费。日击数牛飨士，习射骑，谨烽火，多间谍，厚遇战士。为约曰："匈奴即入盗，急入收保，有敢捕虏者斩。"匈奴每入，烽火谨，辄入收保，不敢战。如是数岁，亦不亡失。然匈奴以李牧为怯，虽赵边兵亦以为吾将怯。赵王让李牧，李牧如故。赵王怒，召之，使他人代将。③

我们注意到，李牧防御匈奴时的谨慎保守战略，与司马迁所写的匈奴的策略是呼应的，即《史记·李将军列传》（2780页）描述的匈奴"利则进，不利则退，不羞遁走"。而且李牧所下的"有敢捕虏者斩"这个不可违抗的命令，也让读者想起了卷八一（2445页）的另一位赵国将军，赵奢。在出兵抵抗秦军时，赵奢下令"有以军事谏者

① 李牧为赵将的时间约在公元前229年以前，具体的年代尚待考证。
② 学者对"代雁门"的理解不一。吴树平和吕宗力（《全注全译史记》，天津：天津古籍出版社，1995年，2369页注）认为意思为"代地的雁门郡。代是古国之名"，雁门是郡名。在秦的统治时期，代和雁门均为郡（见鲁惟一，*Dictionary*，807页地图）。战国时期，代曾作为一个独立的侯国，后被赵国所吞并，但吞并的时间并不明晰。我们现在将这里的"代雁门"理解为"（前）代国（后并入赵国）的雁门郡"。王利器（《史记注译》，西安：三秦出版社，1988年，1889页注，1894页）相信代和雁门都是赵郡，因此他将"常居"的"常"翻译为"经常"而不是我们理解的"曾经"。
③ 这段记载有一些问题需要进一步讨论，但由于它们与本文并无直接关系，笔者只在脚注中简单交代一下。例如，李牧的名字"牧"（意思为"放牧"或"管理"）是否与他后来诱捕匈奴的策略有关。可以同《战国策》中他给自己的名字"缲"作进一步的比较与分析（"缲"的意思，《汉语大词典》1017页认为是某种布料；诸桥辙次认为是"打结，编织到一起，用剩下的绣布"，见《大汉和辞典》，8.27891，1176页）。李牧令其部下绝对服从的能力，让人想起冒顿的著名策略，他也将部下培养得绝对服从，最后助他射杀自己的父亲——当时的头曼单于，见《史记》，北京：中华书局，1959年，2888页）。

死"。秦军进逼，赵奢令部队坚守工事，二十八天按兵不动。最后，他成功击败秦军，解除了秦军对阏与的围堵。另外的两位赵国名将，蔺相如以向廉颇谦让而闻名，太史公对其评价为"退而让颇，名重泰山"（2452页）。蔺相如逊让廉颇时，他的家臣为他感到羞耻，其曰"畏匿之，恐惧殊甚，且庸人尚羞之"（2443页）。蔺相如随后向家臣解释，他的退让只是假装出来的，目的是要与廉颇共事并最终给赵国带来兴盛。与李牧一样，这种先屈后伸的策略，正是《李牧列传》的核心主题之一，带来的最终结果，可在其列传之结尾看到（2449—2450页）：

> 岁余，匈奴每来，出战。出战，数不利，失亡多，边不得田畜①。复请李牧。牧杜门不出，固称疾。赵王乃复强起使将兵。牧曰："王必用臣，臣如前，乃敢奉令。"王许之。李牧至，如故约。匈奴数岁无所得。终以为怯。边士日得赏赐而不用，皆愿一战。于是乃具选车得千三百乘，选骑得万三千匹，百金之士五万人②，彀者十万人，悉勒习战。大纵畜牧，人民满野。匈奴小入，详北不胜，以数千人委之。单于闻之，大率众来入。李牧多为奇陈，张左右翼击之，大破杀匈奴十余万骑。灭襜褴，破东胡，降林胡，单于奔走。其后十余岁，匈奴不敢近赵边城。

现代读者很容易就能认同，或者至少是钦佩李牧，他是一个就算

---

① 见《史记》卷三〇（1431页）关于卜式能力的描述。华兹生将"田畜"翻译为"farming and animal raising"，我们的译文为"farmed or ranched"。

② "百金之士"可能与《管子·轻重篇乙》有关，管子询问军士，谓有能陷阵破众者"赐之百金"。也有可能与前文"边士日得赏赐而不用"有关，指那些赏赐已累计达百金的军士。

要丢掉自己的职位也要坚守真我的人。不过，班固（32—92）在《古今人表》中将李牧列为"中中"，与荆轲、淳于髡、吕不韦、孙子等人同列。尽管《史记》中没有对李牧的排位，但司马迁（或司马谈①）似乎对李牧是非常赞赏的。他在卷八一，即著名的赵将廉颇与蔺相如的传记中②，为李牧附了一篇个人的传记；除此之外，司马迁还写了一篇冯唐的传记，司马迁非常明确地表达过仰慕冯唐，而冯唐又是对李牧赞赏有加。

这里有一个耐人寻味的问题，就是司马迁是从哪里发现或得到关于李牧的叙事材料的呢？当然，这些材料可能是来自某部已经失传的著作，也可能是某部著作的一部分，又甚或是来自口述传统（尽管今天所见到的文本中没有太多口述材料的痕迹）。藤田胜久已经分析过，《赵世家》是基于在赵国首都邯郸所编成的档案而写的，而且看起来与可能是在秦国所收集和编辑过的材料不一样③，因此，司马迁或司马谈似乎是能接触到一份来自赵国的且已失传的"史记"。不过，李牧传记载其军事策略的重点在于他的勇气与智慧，因此似乎并不是从以国家事务为中心的材料（类似"编年记"或"赵史记"这样的）派生而来的④。从"太史公曰"的部分我们可以看到更多的线索，以猜测这一材料的来源（这里说话的"太史公"很可能是司马谈而不是司马迁）：

---

① 尽管我们不知道是谁写下这些赵国故事的，但一般我们都会以司马迁为作者。
② 除了李牧的附传，卷八一也简单地附了赵奢和赵括的传记。
③ 见藤田胜久著，曹峰、广濑薰雄译，《〈史记〉战国史料研究》，上海：上海古籍出版社，2008年，298页。
④ 这个猜想是基于最近出土的云梦秦简《编年记》而提出的。

太史公曰：吾闻冯王孙①曰："赵王迁，其母倡也②，嬖于悼襄王。悼襄王废嫡子嘉而立迁。迁素无行，信谗，故诛其良将李牧，用郭开。"岂不缪哉！秦既虏迁，赵之亡大夫共立嘉为王，王代六岁，秦进兵破嘉，遂灭赵以为郡③。

冯王孙（或曰冯遂）是司马谈的朋友。王孙的父亲冯唐在赵国被灭时尚是一个小孩④。因此司马谈的评论肯定是基于冯氏家族中从父亲传给孩子的故事。这种可能性在《史记》卷一〇二，即《冯唐列传》中更为明显⑤：

冯唐者，其大父赵人。父徙代。汉兴徙安陵⑥。唐以孝著，为中郎署长，事文帝。文帝辇过，问唐曰："父老何自为郎？家安在？"唐具以实对。文帝曰："吾居代时，吾尚食监⑦高祛数为我言

---

① "王孙"是冯遂的名，他是司马谈的朋友，见《史记》，2761页。

② 《集解》引徐广注曰："《列女传》曰邯郸之倡。"

③ 很可能至少包括了邯郸、巨鹿、恒山和代四郡，见谭其骧，《中国历史地图集》，1982年，第二册，9页。

④ 冯唐在汉武帝公元前140年登位时已经九十余岁，那么他肯定是在公元前235年前后出生的（参见《史记》2761页）。

⑤ 《史记》，2757—2758页。

⑥ 安陵是在汉惠帝陵园以西数公里所建立的一个小邑。从汉高祖开始，汉廷就将势力庞大的家族迁至这些围绕陵园而建的城邑，使他们离首都长安不远，以便汉廷对他们进行管控。这是由刘敬（《史记》，2720页）提出的建议。到了汉武帝时期，明显已经设置了一个家财的上限，不到这个界线的家庭就不能算作"豪富"，能留在自己的家乡（参见《史记》，3187页）。

⑦ 关于"尚食监"，参见贺凯（Charles Hucker），*A Dictionary of Official Titles in Imperial China*，斯坦福大学出版社，1985年，第5039条。

赵将李齐之贤，战于巨鹿下①。今吾每饭，意未尝不在巨鹿也。父知之乎？"唐对曰："尚不如廉颇、李牧之为将也②。"上曰："何以？"唐曰："臣大父在赵时，为官（卒）〔率〕将③，善李牧。臣父故为代相，善赵将李齐，知其为人也。"上既闻廉颇、李牧为人，良说，而搏髀曰："嗟乎！吾独不得廉颇、李牧时为吾将④，吾岂忧匈奴哉！"唐曰："主臣！陛下虽得廉颇、李牧，弗能用也。"上怒，起入禁中。良久，召唐让曰："公奈何众辱我，独无间处乎？"唐谢曰："鄙人不知忌讳。"

当是之时，匈奴新大入朝那⑤，杀北地⑥都尉卬⑦。上以胡寇为意⑧，乃卒复问唐曰："公何以知吾不能用廉颇、李牧也？"唐对曰："臣闻上古王者之遣将也，跪而推毂，曰阃以内者，寡人制之；

---

① 巨鹿原属赵国。秦将章邯击败项梁后，跨越黄河北上攻击赵国，此时在赵地称王的是赵歇。秦国另一名将军王离在巨鹿围攻赵歇。不过，项羽最后捕获了王离，同时章邯归降。这是决定秦国未来命运的决定性战役。参见《史记》，273、304和355页。

② 廉颇为将，见《史记》，2439页；李牧，见《史记》，2449—2451页。

③《史记》原文作"官卒将"，似是一个官衔。但有注者认为事实上应为"官师"或"官帅"。贾逵（30—101）解释"官师"为"队大夫"。泷川资言认为"卒"是"率"之误，与《汉书》的"帅"（《汉书》，北京：中华书局，1962年，2313页）是一个意思，王叔岷也同意这一观点（《史记斠证》，北京：中华书局，2007年，2868页）。

④ 这里的"时"我们理解为"for a time"，即曾经，但此字不见于《汉书·张释之传》，梁玉绳亦以为"时"字是多余的（《史记志疑》，北京：中华书局，1981年，1361页）。泷川资言引王念孙，称"时"为"而"之讹（102.13）。而王叔岷则认为"时"当为"以"，意思是"in order to（以便）"（2869页）。

⑤"朝那"的"那"为异体字，见《史记》2758页。

⑥ 北地郡郡治在赵国东北部不远处。

⑦《索隐》曰："都尉姓孙名卬。"

⑧ 我们对此句的理解与王利器（2190页）和王树平、吕宗力（2712页）的翻译相同，都将"为意"理解为"忧虑"。

阃以外者，将军制之。军功爵赏皆决于外，归而奏之。此非虚言也。臣大父言，李牧为赵将居边，军市之租皆自用飨士①，赏赐决于外，不从中扰也。委任而责成功，故李牧乃得尽其智能，遣选车千三百乘②，毂骑万三千，百金之士十万③，是以北逐单于，破东胡，灭澹林④，西抑强秦，南支韩、魏⑤。当是之时，赵几霸。其后会赵王迁立，其母倡也⑥。王迁立，乃用郭开谗，卒诛李牧，令颜聚代之。是以兵破士北⑦，为秦所禽灭⑧。

司马氏将冯唐与张释之列为同传，这两个人都曾向文帝提出过非常好的建议，文帝曾在代地为王长达十七年，这是之前赵国的一部分。张释之名字的字面意思为"解释"，强调了这个人物能解释事典

---

① 《索隐》曰："谓军中立市，市有税。税即租也。"

② 《索隐》曰："六韬书有选车之法。"不过，今本《六韬》已无选车之法的内容，仅第三篇是关于如何"选将"的。

③ 何休注《公羊传》隐公五年时解释"百金"的意思为"犹百万也，古者以金重一斤，若今万钱矣"。这种理解亦见于《管子》第八十一篇，《诸子集证》，406页。《史记》记载了一个故事，济北王用470,000金购得一女子，是正常价格的四倍（2805页）。

④ 据《集解》引徐广注，"澹林"一作"襜褴"。《史记》卷八一（2450页）亦作"襜褴"，《集解》解释这是代郡以北的一个匈奴地名。

⑤ 这里的字面意思是他将韩国和魏国变成了赵国的"支"。《史记》卷八一（2451页）作"距"。王叔岷（2870页）引王念孙《读书杂志》曰震泽王氏本"支"作"友"，但当从宋本作"支"，"友"为字误，王叔岷亦认为当作"支"，且与"距"义同（2870页）。

⑥ 汉武帝卫皇后卫子夫也是倡女出身。此段的索隐，以及《史记》卷四三（1833页）的集解，皆引《列女传》曰"邯郸之倡"。王叔岷指出，今本《列女传·孽嬖篇·赵悼倡后传》无此四字（2870页）。

⑦ "北"读作"背"，转身，败北的意思。

⑧ 《史记》卷四三（1832页）对此记载甚略。

的作用，而张释之的确向文帝解释了汉朝的法律系统。另一方面，冯唐也曾向文帝建言，他的建议主要是军事策略，也重点讨论了李牧及其作为赵国将军的作用。当文帝问及李牧时，冯唐刺激他说，就算是文帝找到了像李牧一样的将军，也不可能很好地利用他。冯唐由此得到了文帝的关注，进而有机会再次进言（而不是解释），李牧是如何平衡将军与君主之间的权限的。冯唐于是讲起了我们上面提到的在《廉颇蔺相如列传》最后所附的《李牧列传》的故事。在《李牧列传》中，李牧的战略有更多的细节。但冯唐只是简单地提到李牧得到了赵王的全面支持，即"委任而责成功"。其他的细节，除了百金之士的数量从五万变成了十万，像战车（1300乘）和骑（13000）的数量，以及李牧所降服的区域与民众，都是一样的。只是李牧所挑选的兵种类型以及匈奴区域的地名略有不同①。冯唐随之解释郭开是如何用谗而导致李牧下台和最终被诛杀的结果②。《李牧列传》中并没有提到李牧是如何死的。

这里李牧的材料被分开列入两个传记中的现象并不是孤例。《史记》经常在不同的卷目中给出某位人物的信息，后来的学者将此技法称之为"互见法"，我们经常能在不是某人物的个人传记中看到对这个人物的批评。不过，李牧的例子似乎并不如此，因为无论是卷八一还是卷一〇二都没有对李牧提出批评。而且，我们甚至能猜测卷一〇二《冯唐列传》中的（李牧）故事可能是基于冯遂给司马谈讲述

---

① 《李牧列传》的兵种有"车""骑""百金之士"和"彀"，而《冯唐列传》则为"车""彀骑"和"百金之士"；又《李牧列传》提到的地点有"襜褴""东胡"和"林胡"，而冯唐讲述的是"破东胡，灭澹林，西抑强秦，南支韩、魏"。

② 冯唐将李牧最后失败的下场归咎于赵国最后一任君主赵王迁，同时点出他是倡女之子，这可能是司马迁在暗讽汉武帝倡女出身的卫皇后。

的关于李牧的口述材料而写的。这篇传记极有可能是司马谈死后传给司马迁的。因此它属于原始（一手）材料。另一方面，卷八一很可能一开始只有廉颇和蔺相如这两位赵国将军的列传，因为此卷的标题以及最后的"太史公曰"部分（2451—2452页）都仅仅提到此二人：

> 太史公曰：知死必勇，非死者难也，处死者难。方蔺相如引璧睨柱，及叱秦王左右，势不过诛，然士或怯懦而不敢发。相如一奋其气，威信敌国，退而让颇，名重太山，其处智勇，可谓兼之矣！

从明代的吴见思，到上世纪的李景星，都认为《李牧列传》是一个"附传"。我们据此猜测此传是后来附在原本只有廉颇和蔺相如的传记后的。而且李牧传肯定被修改过以适应《廉颇蔺相如列传》本来的"勇与怯"主题。至于两传在李牧部队构成和军事行动叙事上的微小异文（见上页注），很可能是因为这两个版本都是以口述材料为基础的。

如果情况确如我们猜测的那样，那么李牧的附传就可能是由司马迁所写的，他使用的材料有：1.其父亲司马谈所写的"冯唐列传"；2.与李牧相关的一些被书写下来的不同故事版本。若将此猜想扩大，也许《史记》中所有的"附传"都是司马迁在《史记》的基本草稿完成之后而附上的，如苏代、陈轸、犀首、甘罗、慎到、淳于髡、乐间和乐乘等传。如果我们想进一步了解这部复杂而伟大的历史作品——《史记》——是如何被编辑而成的，我们似乎需要对这些附传，以及它们与其所在的主传的关系作更加深入的研究。

本次论坛的题目为"文明的和谐与共同繁荣——新格局·新挑

战·新思维·新机遇"，也许在此标题下，应该从这些非常具体的传记文本中提出一些更为重要的发现或意义。实际上，我们可以将司马迁对李牧对抗匈奴的战略以及李牧最后遭斥的结局的描述，看作是他对汉武帝对待匈奴的战略以及汉武帝所任命的将军（他们都与宠佞有着某种联系）的间接批评。李牧传记中提到的赵王迁之母"为倡"，也可以解读为对汉武帝宠幸皇后卫子夫的批评，卫子夫本来也是一位歌女。我们甚至可以从这篇小传记对汉人如何看待邻国、（或者说是在汉人的视角下的）帝国的附庸提出一些猜测。至于这是否能为当下的政治提出什么启示，已经超出了本文的讨论范围，非作者能力所及了。

读《史记·孟子荀卿列传》后的感想

本人于二十余年前第一次阅读《史记·孟子荀卿列传》，并开始将其翻译成英文①。1993年夏天笔者与吕宗力、郑再发一起看《史记》中汉代以前的列传，当时没注意到下面将要谈到的问题。最近为准备一门古代传记课程，本人对其再次细读，产生了一些疑问，借此机会提出并向大家请教。

先看一个小问题。本传目下司马贞《索隐》云："按：序传，孟尝君第十四，而此传为第十五，盖后人差降之矣。"但现存《史记》各版本中并无此序。不知《索隐》所据为何。

另外，司马迁于《孟子荀卿列传》卷首引用了孟子与梁惠王的对话：

---

① 发表于 *Grand Scribe's Records*, Bloomington, Indiana: Indiana University Press, 1994, 第七卷, 179—187页。

太史公曰：余读孟子书，至梁惠王问"何以利吾国"，未尝不废书而叹也。曰：嗟乎，利诚乱之始也！夫子罕言利者，常防其原也。故曰"放于利而行，多怨"[①]。自天子至于庶人，好利之弊何以异哉！（《史记》74.2343）

原文出于《孟子·梁惠王上》：

孟子见梁惠王。王曰："叟不远千里而来，亦将有以利吾国乎？"孟子对曰："王何必曰利？亦有仁义而已矣。王曰'何以利吾国'？大夫曰'何以利吾家'？士庶人曰'何以利吾身'？上下交征利而国危矣。万乘之国弑其君者，必千乘之家；千乘之国弑其君者，必百乘之家。万取千焉，千取百焉，不为不多矣。苟为后义而先利，不夺不餍。未有仁而遗其亲者也，未有义而后其君者也。王亦曰仁义而已矣，何必曰利？"

此处《史记》和所引《孟子》原文区别不大。只有王叔岷在《史记斠证》中指出的"有以利吾国"与"何以利吾国"之小异[②]。这类文字变异或与汉代文本的传抄有关。例如王充《论衡·刺孟》论及此事曰："叟不远千里而来，将何以利吾国乎"[③]，与《孟子》原文也略有异处。但如果比较《史记·魏世家》，便可发现对此事描述的较大不同：

---

① 《论语·里仁》，第12章。
② 《史记斠证》，第6册，1659页。
③ 《论衡校释》，北京：中华书局，1990，第2册，450页。

三十五年（前336），与齐宣王会平阿南。惠王数被于军旅，卑礼厚币以招贤者。邹衍、淳于髡、孟轲皆至梁。梁惠王曰："寡人不佞，兵三折于外，太子虏，上将死，国以空虚，以羞先君宗庙社稷，寡人甚丑之。叟不远千里，幸至弊邑之廷，将何利吾国？"孟轲曰："君不可以言利若是。夫君欲利则大夫欲利，大夫欲利则庶人欲利，上下争利，国则危矣。为人君，仁义而已矣，何以利为！"（《史记》44.1847）

虽然这段文字与《孟子》原文语意类似，但依《魏世家》所言，并非孟子独自至梁，而是邹衍、淳于髡同时皆至[1]。明代杨慎以为"此段约《孟子》之文则拙矣"[2]，这是有可能的。但也可能司马迁运用了其他关于孟子的数据，或许是被赵岐（约108—201）删去的《孟子外书》[3]。

无论司马迁写"梁惠王问利"时引用了何书，至少太史公所用《孟子》似乎与现存版本不完全相同。此外还有个细节或可支持这一推测，司马迁谈到阅读《孟子》的感受时是这样表述的："余读孟子书，至梁惠王问'何以利吾国'，未尝不废书而叹也。"此处用了一个"至"字。按《史记·晋世家》中有云"孔子读史记，至文公"，我们知道孔子所阅晋国史非开始于文公，所以在涉及孔子阅读关于文公

---

① 周广业（1730—1798）注："子长约举孟子文，做上下争利。"转引自池田四郎次郎《史记补注》，东京：明德，1978，44.12a，423页。

② 《史记评林》，44.6a。

③ 焦循（1763—1820）《孟子正义·孟子题辞》，北京：中华书局，1987，15页。

的记载时,《史记》用"至"来表述①。因此,本传中司马迁读《孟子》
而"至"梁惠王问"何以利吾国",似乎表示太史公所读"孟子书"
也不始于"孟子见梁惠王"篇。现今版本《孟子》第一章便是《梁惠
王》,或许司马迁当时所见版本并非如此。

司马迁在描述伍被为劝谏淮南王而引用《孟子》时,也给了读
者同样感受:伍被之语"《孟子》曰'纣贵为天子,死曾不若匹夫'"
(《史记·淮南衡山列传》,3087),在今本《孟子》中并不存在。由
此可知,《史记》分别于《魏世家》和《淮南衡山列传》中引用了
《孟子》,引文均与今本不相同。反而距离孟子时期更久远的宋书《太
平御览》引用《孟子》180次,仅4次与现今版本有异。

《史记·燕世家》也涉及孟子:

> (燕哙)三年,国大乱,百姓恫恐……死者数万,众人恫恐,
> 百姓离志。孟轲谓齐王曰:"今伐燕,此文、武之时,不可失也。"
> 王因令章子将五都之兵,以因北地之众以伐燕。士卒不战,城门
> 不闭,燕君哙死,齐大胜。燕子之亡。(《史记》34.1557)

《孟子·公孙丑下》对此事描述曰:

> 沈同以其私问曰:"燕可伐与?"孟子曰:"可。子哙不得与人
> 燕,子之不得受燕于子哙。有仕于此,而子悦之,不告于王而私
> 与之吾子之禄爵;夫士也,亦无王命而私受之于子,则可乎?何

---

①也参考《史记·卫康叔世家》(1605页):"太史公曰:余读世家言,至于宣公之
太子以妇见诛,弟寿争死以相让,此与晋太子申生不敢明骊姬之过同,俱恶伤
父之志。"

以异于是？"齐人伐燕。或问曰："劝齐伐燕，有诸？"曰："未也。
沈同问：'燕可伐与？'吾应之曰'可'，彼然而伐之也。彼如曰：
'孰可以伐之？'则将应之曰：'为天吏，则可以伐之。'今有杀人
者，或问之曰：'人可杀与？'则将应之曰'可'。彼如曰：'孰可
以杀之？'则将应之曰：'为士师，则可以杀之。'今以燕伐燕，何
为劝之哉？"①

针对齐国伐燕，《史记》中孟子的言论与《孟子》所载明显不同。
明代凌稚隆注《燕世家》曰："太史公此言何所本？"朱熹以为"盖传
闻次说之误"；吴汝纶（1840—1903）认为"盖采之《孟子》外篇"②。
实际上，此处司马迁对孟子语言的描写与《战国策·燕策》一致：

> 孟轲谓齐宣王曰："今伐燕，此文、武之时，不可失也。"王
> 因令章子将五都之兵，以因北地之众以伐燕。士卒不战，城门不
> 闭，燕王哙死。齐大胜燕，子之亡。二年，燕人立公子平，是为
> 燕昭王。（《战国策·燕策·燕王哙既立》）③

《史记》中类似上述问题颇有几处，为免烦琐，在此不作赘述。

---

① 《孟子正义·公孙丑下》，285—291 页。
② 转引自池田四郎次郎《史记补注》，34.9b，289 页。
③ 关于孟子对齐伐燕的态度，《梁惠王下》有相关记录：齐人伐燕，胜之。宣王问
曰："或谓寡人勿取，或谓寡人取之。以万乘之国伐万乘之国，五旬而举之，人
力不至于此。不取，必有天殃。取之，何如？"孟子对曰："取之而燕民悦，则
取之。古之人有行之者，武王是也。取之而燕民不悦，则勿取。古之人有行之
者，文王是也。以万乘之国伐万乘之国，箪食壶浆，以迎王师。岂有他哉？避
水火也。如水益深，如火益热，亦运而已矣。"《孟子正义·梁惠王下》，150—
151 页。

回到《史记·孟子荀卿列传》，以下乃司马迁为孟子所作传记全文：

> 孟轲，驺人也。受业子思之门人。道既通，游事齐宣王，宣王不能用。适梁，梁惠王不果所言，则见以为迂远而阔于事情。当是之时，秦用商君，富国强兵；楚、魏用吴起，战胜弱敌；齐威王、宣王用孙子、田忌之徒，而诸侯东面朝齐。天下方务于合从连衡，以攻伐为贤，而孟轲乃述唐、虞、三代之德，是以所如者不合。退而与万章之徒序《诗》《书》，述仲尼之意，作《孟子》七篇。其后有驺子之属。

除这些文字外，《孟子荀卿列传》还两次提到孟子，附于邹衍传中：

> 是以驺子重于齐。适梁，惠王郊迎，执宾主之礼。适赵，平原君侧行撇席。如燕，昭王拥彗先驱，请列弟子之座而受业，筑碣石宫，身亲往师之。作《主运》。其游诸侯见尊礼如此，岂与仲尼菜色陈蔡，孟轲困于齐梁同乎哉！

太史公在描述邹衍于各国的成功之后，指出孔子和孟子不得行其志（即孟子"游事齐宣王，宣王不能用。适梁，梁惠王不果所言"）。随之又云：

> 故武王以仁义伐纣而王，伯夷饿不食周粟；卫灵公问陈，而孔子不答；梁惠王谋欲攻赵，孟轲称大王去邠。此岂有意阿世俗苟合而已哉！

此处司马迁对孟子进行了积极的评价。但孟子之语"大王去邠"并非对梁惠王欲攻赵的回应，而是出自他与滕文公的对话：

> 滕文公问曰："滕，小国也。竭力以事大国，则不得免焉。如之何则可？"孟子对曰："昔者大王居邠，狄人侵之。事之以皮币，不得免焉；事之以犬马，不得免焉；事之以珠玉，不得免焉。乃属其耆老而告之曰：'狄人之所欲者，吾土地也。吾闻之也：君子不以其所以养人者害人。二三子何患乎无君？我将去之。'去邠，逾梁山，邑于岐山之下居焉。邠人曰：'仁人也，不可失也。'从之者如归市。或曰：'世守也，非身之所能为也。效死勿去。'君请择于斯二者。"①

孟子在此以"大王去邠"劝导滕文公应考虑离开滕，而不是发动战争。与梁惠王欲攻赵并无关系。那么，司马迁为何犯这样的错误？是他的记忆有误，还是他另有所据而我们在今本《孟子》中已看不到？此外，《燕世家》中记载了孟子对齐伐燕的态度："今伐燕，此文、武之时，不可失也"，并未一味反对战争，齐宣王也听从孟子之语攻打了燕国。为何司马迁在《孟子荀卿列传》中仅强调孟子不合时宜、不被接受和重用，而忽略此事？

结论

上述小问题或具有较大含义。在《孟子荀卿列传》中，司马迁一方面很尊重孟子，认为他与孔子一样品德高尚（没有"阿世俗苟

---

① 《孟子正义·梁惠王下》，163—167页。

合"）；另一方面却认为在"天下方务于合从连衡，以攻伐为贤"的战国时代，孟子"述唐、虞、三代之德"显然不合时宜，只有邹衍所行"先作合，然后引之大道"才能成功。为凸显这一主题，此传避免涉及孟子"劝齐伐燕"，司马迁似有意为之。

此次会议目的之一是赞美孟子留下的文化遗产。本文仅指出《孟子荀卿列传》中关于孟子的一些小问题。要而言之，本文涉及了两方面的问题：其一，司马迁所用《孟子》的版本问题。其二，司马迁在写《孟子荀卿列传》时对材料的取舍问题。在本传中，司马迁对战国各家学派的看法很清楚：尊重儒家贡献，但不太赞同孟子不合时宜的做法；用较大篇幅描述阴阳家邹衍的学术及其成功："睹有国者益淫侈，不能尚德，若《大雅》整之于身，施及黎庶矣。乃深观阴阳消息而作怪迂之变，《终始》、《大圣》之篇十余万言。其语闳大不经，必先验小物，推而大之，至于无垠。先序今以上至黄帝，学者所共术，大并世盛衰，因载其祥度制，推而远之，至天地未生，窈冥不可考而原也。先列中国名山大川，通谷禽兽，水土所殖，物类所珍，因而推之，及海外人之所不能睹。称引天地剖判以来，五德转移，治各有宜，而符应若兹……其术皆此类也。然要其归，必止乎仁义节俭，君臣上下六亲之施始也滥耳。王公大人初见其术，惧然顾化……是以驺子重于齐。适梁，惠王郊迎，执宾主之礼。适赵，平原君侧行撇席。如燕，昭王拥彗先驱，请列弟子之座而受业，筑碣石宫，身亲往师之。作《主运》。其游诸侯见尊礼如此"，体现出司马迁的肯定态度。

《太史公自序》曰："猎儒墨之遗文，明礼义之统纪，绝惠王利端，列往世兴衰。作《孟子荀卿列传》第十四。"[1]本传中邹衍最终达

---

①《史记》卷一三〇，3314页。

到学以致用的目的，这与司马迁遵从其父遗愿立志著"绍明世，正《易》传，继《春秋》，本《诗》《书》《礼》《乐》"[1]之作，其意是否相似？

以上为笔者从外看内的个人之见，请大家多多指教。

---

[1] 《史记》卷一三○，3296页。

《史记》翻译研究

目标读者与翻译[①]

司马迁的目标读者

华兹生是西方杰出的翻译家（曾翻译《史记》），他不但高产，而且是自阿瑟·伟利（Arthur Waley）以来最成功的将中国文学与历史呈现给英语读者的人。不论是学者还是一般读者，不但能从他的译本中感受到阅读的愉悦，而且获益匪浅。不过，正如鲍格洛（Timoteus Pokora）在评价其译文时指出的，华兹生选择"为一般读者而写作，而且尝试了一种相对自由而不是面对专业学者的翻译风格"，同时，

[①] 译者按，本文第一部分为西方《史记》翻译的简介，可见另文，故此处删去。另，本文的主题是讨论如何让译本的"读者"更好地阅读《史记》，作者区分了司马迁想象的读者与后世的读者，其文章的主体部分为《史记·管仲列传》的英译稿，除了正文的逐字翻译的原则，我们也需要注意脚注的内容，从而看到文章作者（或曰英语读者）是如何理解《史记》，如何将其呈现给更多英语读者的，这是一个有意思的问题。

鲍格洛还呼吁希望能有一个"完全学术的译本"①。我这里想强调一下"完全（complete）"这个词及其对我们翻译项目的目标读者（即西方学术背景下的古代中国研究学者）的重要性。同时，我也想指出一点，即司马迁在写作时心里也是有着明确的读者形象的。他在《管晏列传》的最后是这么说的：

> 吾读管氏《牧民》、《山高》②、《乘马》③、《轻重》④、《九府》⑤，及《晏子春秋》⑥，详哉其言之也⑦。既见其著书，欲观其行事⑧，

①鲍格洛对华兹生译本的书评文章，见 *T'oung Pao*，50（1963），p.321。

②"山高"是今本《管子》第二篇的前两个字，今本篇名为《形势》，可参考李克（Allyn Rickett）的译本 *Guanzi*, Princeton: Princeton University Press, 1985, p.6, n.13。

③李克（Allyn Rickett）在其译本中指出（*Guanzi*，114页），"乘马"二字出现在第一卷第五篇，以及第二一卷第六八、六九和七〇篇（阙）的标题中。一般认为"乘"和"马"是两个量词（乘、码），篇名应为"政府财政"。李克认为，"乘"应读作"sheng"，此词指一种早期的军事赋税系统（即乘马之法）。

④李克（*Guanzi*，6页，注15）指出，很多学者认为《轻重》篇（含今本《管子》最后十九篇的内容）写于汉代，司马迁这里所指或为其他篇章。不过，也有可能是，司马迁这里的说法支持了徐庆誉等学者的观点，即《轻重》篇成书早于《韩非子》。

⑤此篇已佚。《集解》引刘向《别录》云："《九府》书民间无有。"《索隐》认为"九府，盖钱之府藏"（中华书局，1959年，2136页，下同）。据《货殖列传》，管仲曾"设轻重九府"，《正义》认为这里的"轻重"指的是"钱"，而"府"指掌财币之官（3255页），亦见李克译本，6页，注16。有关《管子》的文本史，见李克译本，3—25页。

⑥吴则虞相信，这个文本很可能是齐国学者淳于越在公元前3世纪中期所编，见《晏子春秋集释》，北京：中华书局，1982年，第一卷，18—21页。

⑦这里"之"的字面意思是"those things"，很可能指的是《管子》和《晏子春秋》中所讨论的话题，司马迁及其读者对此都非常熟悉，因此无需赘言。

⑧这句话可能是模仿孔子论人的话，即："宰予昼寝，子曰：'朽木不可雕也，粪土之墙不可圬也！于予与何诛？'子曰：'始吾于人也，听其言而信其行；今吾于人也，听其言而观其行。于予与改是。'"见杨伯峻《论语译注》，北京：中华书局，1988年，45—46页。

故次①其传②。<u>至其书，世多有之，是以不论，论其轶事③</u>。

我认为加下划线的句子体现了司马迁在书写《史记》时的一个重要历史原则：避免重复那些对他的读者而言非常熟悉的文本或这些文本中的信息④。

然而，在翻译领域，这条原则反而暗示了，翻译者必须要遵从一条与司马迁截然相反的路径。作为现代译者，我们不但不能删除我们知道读者可能拥有的材料（而司马迁正是这么做的），反而必须要为读者提供我们认为他们应该掌握的材料，以让他们站在与司马迁心中的目标读者同样的起点上。

翻译到现在，我们越来越坚信，只有通过非常详细而全面的注释（因此我们要解决的问题与针对中国读者的现代汉语译本不同）才能将《史记》适当且"完全"地翻译出来（"完全"同样指要为我们的读者提供足够的知识以让他们成为司马迁所设想⑤的那样）以供学术

---

① 有学者提出，这里的"次"不应该理解为"编次"，如王利器，《史记注译》，西安：三秦出版社，1988年，1613页。它当与其他类似的词，如"序"和"论"一样理解为"to put words into order"，即"compose"，如张大可翻译的"编写"，见《史记论赞辑释》，西安：陕西人民出版社，1986年，251页。

② 这里的"传"与《左传》的"传"用法相同。司马迁似乎在暗示他所写的传将关注管仲和晏婴的行动，借此来补充《管子》和《晏子春秋》所记载的他们的"话"。

③ "轶"的字面意思为"散落（scattered）"的或"遗失（lost）"的"事（stories）"。"轶"还表示正式文本中所没有的文本，如《伯夷列传》（2122页）说"余悲伯夷之意，睹轶诗，可异焉"，《索隐》（2123页）曰："谓见逸诗之文……不编入三百篇。"

④ 这里暂时不讨论司马迁是否在整部《史记》中都贯穿了这个原则，但本文所引的文段是明显如此的。

⑤ 在西方的文学批评中，"作者的意图"是一个非常棘手的问题。不过，推断作者的意图是目前中国本土以及西方汉学家在分析中国语料文献时所使用的最有效的方法之一（至少对我而言如此）。

研究的读者使用。司马迁考虑的是他的读者熟悉什么文本，而我们要考虑的则是不能忽略任何我们的读者可能不熟悉的材料。正是出于这样的顾虑，所以当有学者提出让我们简化一下早期的译文时，我们还是拒绝了，尽管我们的译文确实非常烦琐。

为司马迁目标读者而作的《史记》译文举例

这里，我将用我们翻译的《管晏列传》作为例子。本传的草稿是由陈照明、郑再发和我完成的。其中穿插了一些由参加了翻译讨论会的同事所加的批注和提出的问题，他们一般会在会上提出评论、修正和建议①。括号中的数字表示该文段在中华书局本中的对应页码。

> 原文：管仲夷吾者，颍上人也。少时常与鲍叔牙游，鲍叔知其贤。管仲贫困，常欺鲍叔，鲍叔终善遇之，不以为言。

> 译文：[2131] Kuan [agnomen] Chung [ca.720–645 B.C.] [praenomen] I-wu② was a native of the Ying River region③. When

---

① 在此要感谢富善教授（C. S. Goodrich）、许倬云教授、李克教授以及王振鹄（C. K. Wang）教授，他们提出了大量宝贵的评论和意见。译文中出现的任何错误，责任均归译者。

② "管"为其氏（surname），管氏为周室姬姓（cognomen），夷吾是其名（praenomen），仲为其字（nomen），其死后谥（posthumous name）"敬"。尽管历来一般称其为管仲（见泷川资言，《史记会注考证》，台北，1980年，850C页），司马迁在这里记录了他的全名。亦见王叔岷，《史记斠证》，台北，1982年，7:62:2013；以及方炫琛，《左传人物名号研究》，中国台湾政治大学博士论文，1983年，557—558页。

③ 这里我们依王利器（1611页）的读法，将"颍"理解为河流的名称，"上"的意思为"沿河（along）"或"沿岸（on the shores of）"。尽管中华书局的编辑、王叔岷（2013），以及其他现代的学者都将"颍上"理解为地名（很可能是对《索隐》[2131页]的误解，其曰"汉有颍阳、临颍二县，今亦有颍上县"，在今安徽西部颍水和淮河汇流之处），但在公元前8世纪末管仲出生时，（转下页）

he was young, he associated with① Pao Shu-ya②, so that Pao Shu ［-ya］ knew that he was worthy. Though Kuan Chung was impoverished and often took advantage of Pao Shu ［-ya］, Pao Shu ［-ya］ always treated him well, never deigning to mention any of this③.

这里，司马迁只是随意提了一下管仲常占鲍叔牙便宜，而这对他本卷的友谊主题而言是非常重要的，他似乎认为他的读者非常熟悉我们在注中提供的细节④。

（接上页）并无地名为颍上，见钱穆，《史记地名考》，台北：三民出版社，1984年，439页，以及谭其骧，《中国历史地图集》，北京：地图出版社，1982年，第一卷，29—30页。在公元前7世纪，这片区域被一些小国所占领，颍最后被宋、楚所分（见《中国历史地图集》，卷一，21页，29—30页）。郭嵩焘（1818—1891）认为，这是郑国的领土，但他怀疑管仲的家族确实可以追溯到颍上，见其《史记札记》，台北：世界出版社，1963年，卷五，234—235页。

① 这里我们读"常"作"尝"；枫山本和三条本即作"尝"。鲍叔牙和管仲是在南阳为"贾"的（见426页注①），这是东周首都（今河南北部）北边不远处的一个小国。

② 在这个文本以及其他文本中，鲍叔牙经常被称作"鲍叔"，尽管很明显"叔牙"才是他的名，他在《齐太公世家》中即自称为"叔牙"（1486页）。《正义》引韦昭注曰"鲍叔之子叔牙也"也支持了这个观点（2131页）。而方炫琛相信"叔"表示其辈分（排行第三），"牙"才是其名（见《左传人物名号研究》，626—627页）。

③ 《索隐》（2131页）引《吕氏春秋》曰："管仲与鲍叔同贾南阳，及分财利，而管仲尝欺鲍叔，多自取。鲍叔知其有母而贫，不以为贪。"不过，这段文字不见于今本《吕氏春秋》，见蒋维乔等，《吕氏春秋汇校》，上海：中华书局，1937年，664页。

④ 译者按，"他的读者"指司马迁写作时所设想的读者，而下文"《史记》的读者"则指脱离了司马迁时代背景的全部其他时代的读者，在这篇文章中则着重指英译本《史记》的读者。

原文：已而鲍叔事齐公子小白，管仲事公子纠。

译文：Shortly thereafter, Pao Shu〔-ya〕served the Noble Scion[1] Hsi'ao-po, while Kuan Chung served the Noble Scion[2], Chiu.[3]

　　尽管我们已经在注释中增加了关于这件事的补充材料，但随后司马迁提供了一个故事大纲，这似乎暗示他并不期待他的读者是完全熟悉这个故事的。

---

① "公子（Noble Scion）"是给诸侯世子以外的其他所有合法男性后代的正式头衔，见《春秋左传词典》，中华书局，1985年，99页。小白和纠都是齐僖公〔前730—前698在位〕与其妾所生之子。

② 纠比小白年长（见杨伯峻，《春秋左传注》，中华书局，1981年，卷一，176页注）。一般认为他们是兄弟，但《管子·大匡篇》（四部备要本，7:1b）却记载了管仲这样的一句话："国人憎恶纠之母，以及纠之身，而怜小白之无母也。"他们的同父兄弟，诸儿，可能年纪更大（参见《大匡篇》中所列兄弟的顺序，7:1a）。诸儿是齐公正妻之子，公元前698年继僖公之位，为襄公，公元前686年被弑。刺杀他的人是他的堂弟公孙无知，无知篡夺齐侯之位，后于公元前685年春亦遭齐人所杀（《春秋左传注》，177页）。无知之死引发了小白和纠之间的君位争夺。

③ 关于这些事，有几个文段详细记载了其细节。《春秋左传注》（176页）载"初，襄公立，无常"。杜预认为这是"谓言行无准则，使人莫知所措"，而《史记·齐太公世家》认为是指他醉杀鲁桓公，又"杀诛数不当"，且"通其（鲁桓公）夫人"和"淫于妇人"（1485页）。实际上，襄公的整个在位时期，只有他的不当行为和非法行为是有"常"的。《左传》随后继续记载鲍叔牙预言"乱将作"，然后"奉公子小白出奔莒（在今山东东南部莒县）"，而管仲与公子纠出奔鲁。他们出奔的地点与之后的结局相关。小白奔莒，距齐国首都更近，因此在襄公死后，他第一个回到临淄。公子纠则向比莒国更强的鲁国寻求帮助，并率领他们的军队与小白对抗。但也许纠出奔鲁本身就不是一个好的决定，因为襄公在位期间，鲁国和齐国的关系极其紧张，齐人肯定不愿意接受任何试图由鲁国扶持而立的君主。

原文：及小白立，为桓公，公子纠死，管仲囚焉。鲍叔遂进管仲。管仲既用，任政于齐，齐桓公以霸，九合诸侯，一匡天下，管仲之谋也。管仲曰："吾始困时，尝与鲍叔贾，分财利多自与，鲍叔不以我为贪，知我贫也。

译文：When Hsiao-po was established as Duke Huan ［r. 685–643 B.C.］, Noble Scion Chiu died[1] and Kuan Chung was imprisoned[2]. Thereupon, Pao Shu recommended Kuan Chung ［to the Duke］[3]. Once employed, Kuan Chung was entrusted with the administration of Ch'i and Duke Huan thereby became Grand Duke[4], assembling the feudal lords together[5] and completely rectifying the world[6]. These things all resulted from the counsel of Kuan Chung.

Kuan Chung once remarked, "Earlier when I was in adversity,

---

[1] 齐桓公击败支持公子纠的鲁国军队后，强迫他们处死纠。

[2] 据《春秋左传注》（180页），鲍叔牙率领齐国军队来鲁国，要求鲁公讨伐公子纠，并将管仲交给鲍叔牙。鲁公同意了，将管仲以囚犯的方式交还鲍叔牙，到了堂阜（齐鲁边境），鲍叔牙就将管仲释放了。

[3] 《正义》引《齐世家》曰："鲍叔牙曰：'君将治齐，则高傒与叔牙足矣，君且欲霸王，非管仲不可。夷吾所居国国重，不可失也。'于是桓公从之。"

[4] 即"霸"，为一般诸侯的领主或霸主。

[5] 王叔岷认为"九"当借为"纠"，其引《北堂书钞》作"纠合诸侯"，《左传》僖公二十六年，《晏子春秋·内篇问上》均作"纠合"，见《史记斠证》，2014页。泷川资言则引《论语》（杨伯峻，《论语译注》，151页）："子曰：'桓公九合诸侯，不以兵车，管仲之力也。'"

[6] "一匡天下"亦见《论语》（151页）：子曰："管仲相桓公，霸诸侯，一匡天下，民到于今受其赐，微管仲，吾其被发左衽矣。"尽管这里前后的"九合"和"一匡"存在对称性（对仗），但王叔岷找到不止一个"九"作"纠"的例子，因此这里的对仗可能只是流于表面。

I engaged in trade with Pao Shu [-ya], and in dividing the profits, I gave myself more, but Pao Shu never considered me greedy, because [2132] he knew I was impoverished.[1]

《史记》的读者对这段文字能否作出像向宗鲁那样的反应和理解（见注释），是值得商榷的。但司马迁是期待他的目标读者能想起与《史记》记载相关的全部背景文本的，但同时也不希望他们一下子就否定像这样的文本的潜在的历史真实性。

原文："吾尝为鲍叔谋事而更穷困，鲍叔不以我为愚，知时有利不利也。吾尝三仕三见逐于君，鲍叔不以我为不肖，知我不遭时也。吾尝三战三走，鲍叔不以我为怯，知我有老母也。公子纠败，召忽死之，吾幽囚受辱，鲍叔不以我为无耻，知我不羞小节而耻功名不显于天下也。生我者父母，知我者鲍子也。"

译文：I counseled Pao Shu on affairs and they became worse, but knowing that for all affairs there are opportune and inopportune times, Pao Shu never considered me ignorant. Thrice[2] I gained office and thrice was dismissed by my lords, [but] Pao Shu did not consider me unacceptable, because he knew that my time had not

---

[1] 枫山本和三条本作"尝与鲍叔贾南阳"（见《史记斠证》或《史记会注考证》）。《索隐》（2131页）引《吕氏春秋》亦作"管仲与鲍叔同贾南阳，及分财利，而管仲尝欺鲍叔，多自取。鲍叔知其有母而贫，不以为贪也"。向宗鲁在校注《说苑·复恩篇》的相似记载时，也注意到先秦文献中有不少记载了管仲这段话的平行文段，但他认为这些记载大概只是"寓言"（《说苑校证》，中华书局，1987年，132页）。

[2] 在一些早期的英语文献中，"thrice"可用来表示很多次的意思。

come. I was thrice in battle and thrice I ran[1], but Pao Shu did not consider me cowardly, because he knew that I had an aged mother[2]. When the Noble Scion Chiu was defeated, Shao Hu died for him while I suffered the humiliation of being imprisoned[3], but Pao Shu did not consider me shameless, because he knew that I would not be embarrassed by these trivial observances [of social codes] , but would consider it shameful if my accomplishments and fame were not made known to the entire world[4]. It was my parents who gave birth to me, but it is Master Pao who appreciates me." [5]

---

① 《太平御览》卷四〇九引"三战三走"作"为君三战三北",《列子》《焦氏易林》亦然,见王叔岷《史记斠证》,2015页。

② 徐幹(170—217)《中论》(四部备要本,B:29b)载"昔管夷吾尝三战而皆北,人皆谓之无勇",王叔岷怀疑"盖惟鲍叔不以管仲为怯也",见《史记斠证》,2015页。

③ 召忽是管仲与鲍叔牙之友。他与管仲一同随公子纠出奔鲁,《管子·大匡篇》记载了他决定赴死的故事,从他临终的话能找到管仲为何会接受为杀死其主公的人服务的原因:"'吾不蚤死,将胥有所定也。今既定矣,令子相齐之左,必令忽相齐之右,虽然,杀君而用吾身,是再辱我也。子为生臣,忽为死臣,忽也知得万乘之政而死,公子纠可谓有死臣矣。子生而霸诸侯,公子纠可谓有生臣矣。死者成行,生者成名;名不两立,行不虚至。子其勉之,死生有分矣。'乃行,入齐境,自刭而死。"

④ 《管子·大匡篇》记载了鲍叔牙对此更为明晰的解释,"夷吾之不死纠也,为欲定齐国之社稷也"。司马迁也收录了鲁仲连给燕国将军写的一封信,其中表达了他对管仲的同情与理解,"管子不耻身在缧绁之中而耻天下之不治,不耻不死公子纠而耻威之不信于诸侯"(2468页)。泷川资言认为,司马迁自己也忍受了巨大的耻辱而活着,这其实是他自己的心声。

⑤ 佛尔克(Alfred Forke)只翻译了这一段,见其 Geschichte der alten chinesischen Philosophie, Hamburg: Friederichsen, 1927, pp.67–68;其中并无鲍格洛所说的全传或最后段落的译文(见同书"Traductions",129页)。

这里（见下注），我们发现了另一个司马迁对其目标读者的期待的例子。虽然我们在注中收录了鲁仲连的信，《史记》的读者如果要理解这封信的所指，就必须知道这整个故事。

原文：鲍叔既进管仲，以身下之。子孙世禄于齐，有封邑者十余世，常为名大夫。天下不多管仲之贤而多鲍叔能知人也。管仲既任政相齐，以区区之齐在海滨，通货积财，富国强兵，与俗同好恶。故其称曰："仓廪实而知礼节，衣食足而知荣辱，上服度则六亲固。四维不张，国乃灭亡。下令如流水之原，令顺民心。"故论卑而易行。俗之所欲，因而予之；俗之所否，因而去之。

译文：After he had recommended Kuan Chung, Pao Shu himself worked under Kuan. His descendants for generations received official emoluments in Ch'i, those who were given fiefs held them for more than ten generations[1], and often they became famous high officials. Throughout the world people did not praise Kuan Chung's worthiness, but Pao Shu's being able to appreciate men.[2]

Once Kuan Chung was put in charge of the administration and became prime minister[3] of Ch'i, with the tiny territory of Ch'i

---

[1] 《索隐》解释"十余世"时引《系本》，以为是管仲的十代子孙。泷川资言引洪亮吉（1746—1809）注，以为鲍叔牙亦多子孙，并因此认为《索隐》误解了"十余世"，"以管仲之后当之，恐误"，实际上是指鲍叔牙。泷川资言找到了其中的两个后代，鲍牧和鲍晏，均为齐国官员。

[2] 齐桓公非常感激鲍叔牙能举荐管仲。每次管仲做出一些重大政绩，齐桓公都会先奖励鲍叔牙（见《吕氏春秋·赞能》，四部备要本，24:3b）。

[3] Sydney Rosen 已经表明，在《左传》关于管仲早期的描述中，"相"很可能只是表示"作为一个一般的官员，可能对外交事务有特殊的顾问功能"，见其 "Historical Kuan Chung," *Journal of Asian Studies* 35, no.3, 1976, p.431.

on the seacoast[1] he exchanged commodities so as to accumulate wealth, enriching the country and strengthening its armies, sharing with the common people their likes and dislikes. Therefore he proclaimed[2]: "When the granaries are full, the people will understand [the value of] social codes and moderation. When their food and clothing are adequate, they will understand [the distinction between] honor and disgrace[3]. If the sovereign practices the restrictions [set by the social codes][4], the six relationships will be secure[5]. If the four ties are not extended, the nation will perish[6].

---

① 我们可以在《秦始皇本纪》中找到与此类似的表述:"然秦以区区之地,千乘之权,招八州而朝同列,百有余年矣。"沙畹也曾指出相似的表述在贾谊的《过秦论》中也出现过,见《文选》四部备要本,51:5a。在古代,中国被分为九州,即雍、冀、兖、青、徐、扬、荆、豫和梁,可参见王利器,《史记注译》,1:6:142。

② 《索隐》曰:"是夷吾著书所称《管子》者,其书有此言,故略举其要。"(2133页)李克非常仔细地勾勒过今本《管子》的流变(见 "The Origin of the Present Text," *Guanzi*,14—24页),他相信第一篇肯定是属于早期的篇章之一(51页),且将其时代定在了"公元前4世纪的早期"(52页)。

③ 李克(*Guanzi*,52页注2)指出"荣辱"是《荀子》第二卷第四篇的标题,主要讨论了荀子和孟子对"荣辱"的观点。

④ 这同样见于《管子·牧民篇》(四部备要本,1:1a),房玄龄注"服,行也","度"为"礼度"。尽管这里各种《史记》注有很多不同解释,我们的译文采用了房玄龄的解释,这样最能与整个文本的语境相符。我们的译文还据李克的《管子》译本作了改善。

⑤ 这里采用了《正义》引王弼(226—249)的解释,六亲指"父、母、兄、弟、妻、子"(2133页),亦见李克 *Guanzi*,52页,注3。

⑥ "四维不张,国乃灭亡"引自《管子·牧民篇》,"四维"原意为"四根用来支撑目标的绳或线,或是在渔网四个角的绳子,拉紧这四根绳子渔网就会往中间收紧"(李克,*Guanzi*,52页,注4)。后"四维"表示礼、义、廉、耻四个维度,因此李克将其翻译为 "the four cardinal virtues(四种基本美德)"。

The orders handed down are like the source of a river [which follows a natural course] so that they will be in accord with the hearts of the people." ① For this reason, what he advocated was modest and easy to put into effect②. Whatever the masses desired, he would accordingly give them. Whatever they rejected, he would accordingly abolish.

这里有很多地方可以提供一些管仲政务的实例，但因为它们均可在《管子》一书中看到，所以司马迁并没有这样做。

原文：其为政也，善因祸而为福，转败而为功。贵轻重，慎权衡。桓公实怒少姬，南袭蔡，管仲因而伐楚，责包茅不入贡于周室。

译文：[2133] As for his political strategies, he excelled in creating blessings from disasters and in turning failure into success③. He gave great importance to the weight [of coins] and was careful about the standards of scales④. When Duke Huan was

①最后这几句改自《管子》(1:2b)，我们的译文也是以李克的译文为基础的。

②《正义》(2133页)解释此句为"言为政令卑下鲜少，而百姓易作行也"。

③《战国策·燕策》中有类似的表述："圣人之制事也，转祸而为福，因败而为功，故桓公负妇人而名益尊。"（英译见 James I. Crump, *Chan- kuo Ts'e*, San Francisco: Chinese Materials Center, 1979）亦见《史记·苏秦列传》："智者举事，因祸为福，转败为功。"（2270页）

④《索隐》曰："轻重谓钱也，《管子》有《轻重篇》。"（2133页）但《正义》理解此句是取其比喻义的："轻重谓耻辱也，权衡谓得失也，有耻辱甚贵重之，有得失甚戒慎之。"此篇是不知何人（刘向？）分《管子》为八篇中的一篇。《轻重篇》是《管子》最后的部分（四部备要本，卷二四），主要讨论经济（转下页）

truly angry with Shao-chi and raided south into Ts'ai①, Kuan-chung took advantage of the situation to launch a punitive expedition against Ch'u, which he accused of failing to present "bound reeds" as tribute to the Chou House②.

这里的例子更能说明详细注释的必要性。司马迁期待他的读者已经了然这个少姬是如何摇荡小舟来吓唬她丈夫的故事。

原文：桓公实北征山戎，而管仲因而令燕修召公之政。

（接上页）问题。这些内容看起来"像是晚出的"，而且"常常与代表公元前81年著名的盐铁争论的学者相关联"（见李克，"*Kuan-tzu and the Newly Discovered Texts on Bamboo and Silk*," *Chinese Ideas about Nature and Society*，白光华［Charles LeBlanc］与白瑞德［Susan Blader］编，香港大学出版社，1987年，243页注18）。李克曾私下告诉我，我们这里对"轻重"的理解可能是正确的，但要注意："在《管子》中这个术语要复杂得多。其有通过操控商品来控制物价和产量的意思，同时也有一些原始的货币定量理论的意味。"

① "少姬"的字面意思为"年轻的伴侣"，其他地方称之为"蔡姬"。《索隐》（2133页）："按：谓怒荡舟之姬，归而未绝，蔡人嫁之。"这个故事见于《左传》，其载："齐侯与蔡姬乘舟于圃，荡公。公惧变色，禁之，不可。公怒，归之，未之绝也，蔡人嫁之。"蔡国在今河南省东南部汝水边上的新蔡附近，距齐国首都临淄西南360英里的楚国边境上，见《中国历史地图集》，第一册，20—21页，29—30页。因此，要攻击楚国，必须经过蔡国（或从其边境绕行）。在《左传》之后的一些叙事中，包括《齐世家》（1489页）和《管蔡世家》（1566页），这件事的记载都更详细，且与《左传》所载次年（前656）诸侯联合攻击蔡国之事联系起来了。杨伯峻（289页）在其注中引述了数个不同版本，其中一个记载云"号言伐楚，其实袭蔡"。但他最后总结道："此盖说客及作者欲以证成其说之言，仍当以《左传》为信。"

② 此次"伐"是以周王的名义发起的。这里给出的理由是楚国不再向周进贡苞茅（枫山本和三条本作"菁茅"，见王叔岷，2017页），苞茅是绑在一起来过滤献祭用酒的材料。

译文：When Duke Huan was in fact leading a campaign north against the Jung [tribe] of the Mountains[1], Kuan Chung took advantage of the situation to order the lord of Yen to cultivate the [model] government of Duke Shao[2].

这里司马迁再一次预期他的读者对桓公严格遵守当时社会规范的故事了然于胸，这个故事他在《史记》的其他地方讲述过。

原文：于柯之会，桓公欲背曹沫之约，管仲因而信之，诸侯由是归齐。

译文：At the convention of K'o, Duke Huan intended to break his agreement with Ts'ao Mo [after the convention of K'o], Kuan Chung took advantage of the situation and made him [appear] faithful to his word[3], and through this the feudal lords all submitted

---

① 山戎亦称北戎，居住在滦河的下游地区，在今河北东部（唐山市以东30—40英里）。

② 据《史记·齐世家》（1488页）："二十三年，山戎伐燕，燕告急于齐。齐桓公救燕，遂伐山戎，至于孤竹而还。燕庄公遂送桓公入齐境。桓公曰：'非天子，诸侯相送不出境，吾不可以无礼于燕。'于是分沟割燕君所至与燕，命燕君复修召公之政，纳贡于周，如成康之时。"

③ 此事发生于齐桓公五年（前681）。所有关于这些事的记载都存在一些错误，而且大致提供了两个不同的故事版本（参见杨伯峻，《春秋左传注》，193—194页，尤其是194页）。不过，诸故事版本都认为，鲁庄公与齐桓公"盟于柯"（在今山东西北部的东柯县西南部，见王利器，《史记注译》，1080页）以解决齐鲁之间的争端。鲁国献遂邑以求两国和平（遂邑在今泰山脚下泰安市东南二十英里，汶河以北十英里，鲁国首都曲阜北边四十余英里）。有一些文献（包括《齐世家》，1487页）描述了曹沫（亦作曹刿）是如何以匕首劫齐桓公于坛上，并威胁其退还鲁国城邑的故事。齐桓公被迫答应曹沫的要求，曹沫也放开了桓公。之后，桓公想反悔并杀掉曹沫。不过，此时管仲向桓公进言，说如果桓（转下页）

to Ch'i[①].

这段话颇为耐人寻味。如果说司马迁这里并不期待读者（了解相关史事从而）看到他此处微言的重点，那么几乎可以说，他（这种叙事技巧）使用的正是数个世纪之后的中国小说家才开始使用的一种手法，即"欲知后事如何，请听下回分解"。

> 原文：故曰："知与之为取，政之宝也。"管仲富拟于公室，有三归、反坫，齐人不以为侈。管仲卒，齐国遵其政，常强于诸侯。后百余年而有晏子焉……（太史公曰）："管仲，世所谓贤臣，然孔子小之。岂以为周道衰微，桓公既贤，而不勉之至王，乃称霸哉？语曰'将顺其美，匡救其恶，故上下能相亲也'。岂管仲之谓乎？"

> 译文：Therefore, it is said that "Knowing that 'to give is to

（接上页）公弃信于诸侯，就会失去天下的援助。梁玉绳（《史记志疑》卷二七，1184—1185页）认为，这三件事（即袭蔡、伐山戎和曹沫之逼）是"皆不可信"的。

① 一般认为齐桓公称霸是在其在位第七年（前679，见《齐世家》，1487页）。Sydney Rosen 是如此总结齐桓公称霸的最后过程的："公元前684年，齐桓公灭谭国，因为谭公冒犯了他。公元前683年，他娶周室王姬。公元前681年，诸侯会盟以讨论平定宋国之事。有注者认为这次会盟是由齐国召集的，尽管《左传》对此并无明确记载。遂国没有派出使者参与会盟，当年夏，齐国灭遂。同年冬，鲁国与齐国会盟以求两国之间的和平。齐公以周天子的名义率领数国诸侯出兵伐宋。宋国投降求和。然后在公元前679年，齐国再次召集诸侯会盟，'桓公于是始霸'。"见"Changing Conceptions of the Hegemon in Pre-Ch'in China," *Ancient China: Studies in Early Civilization*, ed. David T. Roy and Tsuen-hsuin Tsien，香港：中文大学出版社，1978年，99—114页。

receive' is the most precious thing in governing." ①

[2134] Kuan Chung's wealth was comparable to that of a ducal house. He held [the privilege of] the "three returns" ② and that of using the cup-stand③, but the people of Ch'i did not consider him extravagant.After Kuan Chung died, the country of Ch'i followed his policies and Ch'i was often stronger than the other feudal states.

---

① 这句话亦见于《管子·牧民篇》。《老子》中也有类似的表达，"将欲夺之，必固与之"。今本《老子》读"夺"为"取"。朱谦之考察了诸学者的观点以及与此异文相关的文本，最后认为应读作"夺"。这里出现"取"这个异文可能是为了与后面的"与"押韵。无论如何，我们认为这里的意思为，管仲的策略是偿还给鲁国想要的领土以换取其他诸侯对齐国的信任，包括鲁国。

② "三归"的解释有很多。《正义》（2134页）认为："三归，三姓女也。妇人谓嫁曰归。"V. A. Panasjuk（*Syma czjan', Izbrannoe*，莫斯科，1956，55页）亦采此说。但郭嵩焘不同意《正义》的解释，他认为这个解释来自何晏《论语集解》所引包咸的注，郭指出，"礼，诸侯始娶，同姓之国以娣侄媵；一娶三姓女，于礼未闻"，他的结论是，"三归者，市租之常例之归公者也"，并举《管子·轻重篇》和其他文本佐证，参见《史记札记》，商务印书馆，1957年，卷五上，235—236页。王利器（1612页）将各种"三归"的解释归纳为主要的三种：1.台名，2.城邑名，3.家有三处。王叔岷（2018页）认为郭说较胜，我们这里也是采用郭说。

③ 泷川资言（851C页）解释"反坫"为"在两楹之间，献酬饮毕，则反爵于其上"。郑玄（127—200，《礼记正义》，四部备要本，8:3a）解释为"反爵之坫也，盖在尊南，两君相见，主君既献，于反爵焉"，即一国君主接待来访君主时，敬酒后用来放爵的垫子。郑玄所注的这段《礼记》正文是关于诸侯僭越周王之礼的。也许是与此对应，孔子这里想批评管仲作为臣子也有了"反坫"和"三归"这种君主才能享有的东西。

译者按，其实《论语·八佾》有载"邦君为两君之好，有反坫，管氏亦有反坫。管氏而知礼，孰不知礼"，何晏《集解》引郑玄注曰"若与邻国君为好会，其献酢之礼更酌，酌毕则各反爵于坫上，今管仲皆僭为之，如是不知礼"。

Over a hundred years later, there was Master Yen[①].

Kuan Chung was what the world refers to as worthy official, but Confucius belittled him[②]. Could it be because he considered that the Way of the Chou House was in decline and Duke Huan was worthy, yet Kuan Chung did not exhort him to become king, but rather to proclaim himself Grand Duke? The saying goes: '[A gentleman] guides [his ruler] in accordance with [his ruler's] merits and rectifies [him] in order to redeem him from his excesses[③]. For this reason the one above and the one below are able to develop a close relationship.'[④] Doesn't this refer to Kuan Chung?

结论

我们的译文中可能有不少地方会让读者感到困惑（例如如何理解"Grand Duke"和"Noble Scion"这些新的名词）。不过，我希望通过以上的译文例子，已经能向读者表明，《史记》作为一个整体性的作品，不只《史记》的各部分——本纪、表、书、世家和列传——要

①王利器指出（1612页），管仲卒于公元前645年，而晏婴初仕齐灵公朝是在公元前556年，距管仲之死仅89年，不够百余年。不过，晏子事齐国多年（他卒于公元前500年，据《史记》1505页），司马迁这里的意思可能是"百余年后晏子开始掌政齐国"。

②泷川资言（852C页）猜测史公此说可能源自《论语·八佾》的"管仲之器小哉"。马古烈（Margoulies，82页，注33）相信，孔子可能是妒忌管仲将齐国变得如此强大，因为齐国是孔子家乡鲁国的敌国。

③《正义》将"其"理解为齐国及其百姓（2136页），"言管仲相齐，顺百姓之美，匡救国家之恶"，Panasjuk也是如此翻译的。

④此语来自《孝经》（四部备要本，8:2a—b）："君子之事上也，进思尽忠，退思补过，将顺其美，匡救其恶。"

相互参照着来阅读，司马迁更是将其看作他的读者所能看到的所有文献材料的有机组成部分。也许，并不是每一个汉代的读者都能在司马迁"要求"之处想起或看到每件事或叙述的细节，但很明显司马迁心中的理想读者是可以做到的。因此，在为现代学术型读者而准备的所有译本中，就务必要提供充分的注释来营造与其相同的语境。当然，现代读者也可以参考或忽略我们译本中提供的相关背景。我们已经意识到，任何对《史记》的翻译都会失去其本来的风格和韵味，因此希望我们翻译所遵循的这种原则，至少能保留些许司马迁的史学精神。

附录：译者手记

尽管司马迁只呈现了几个描绘管仲和晏子形象的事件，他还是展示了两者之间高度的相似点。首先，他们都是齐国的丞相，并为其国君和国家作出了重大的贡献。从这个层面看，管仲的成就要大于晏子。尽管如此，孔子还是"小"管仲了，司马迁在揣度其原因时注意到，也许是齐桓公为贤君，管仲本来可以助其成就王道而不仅仅只是称霸。

另一个对比的地方，是管仲和晏子与其同僚之间的关系。管仲的成就源于鲍叔牙对其天赋的赏识——尽管他曾被驱逐和下狱。管仲自己是否也能欣赏别人的优点，《史记》没有表现，但从他低估了齐桓公来看，他似乎是缺乏这种识人的能力的。但晏婴是能看出曾在"缧绁"中的越石父以及他的车御之贤的。

我们也向读者推荐阅读姜士彬（David Johnson）的"Epic and Early China: The Matter of Wu Tzu-hsü"（*Journal of Asian Studies 40*, no.2, February 1981, pp.255–271），他在文中提出了一种关于"matter（法语原文为 matiére，意为故事以及与某人相关的人物的合集）"是如何形成的理论，他的主要考察对象是先秦时期和帝国早期的伍子胥，这同样适用于管仲、晏婴，以及其他的先秦人物。此外还有 Sydney Rosen 的博士论文 "In Search of the Historical Kuan Chung"（芝加哥大学，1973年），以及她的同名文章（*Journal of Asian Studies* 25〔1976〕，pp.431-440），她将自己的研究限制在《左传》和《国语》两个文本之内，并试图在早期为管仲创造这种 matiére 的过程中找到某种传统。也推荐李克英译本《管子》的序言，他详细讨论了管子这个人物的形象及其作品是如何演变的，这给我们用姜士彬的方法来研究管子提供了诸多可能。还有佛尔克的 "Yen Ying, Staatsmann und Phiosoph, und das Yen-tse Tsch'un-tch'iu"（*Asia Major*, Hirth Anniversary Volume, London, 1924, pp.101-144）；R. L. Walker 的 "Some Notes on the *Yen-tzu Ch'un-ch'iu*"（*Journal of the American Oriental Society* 73, 1953, pp.156-163）；Rainer Holzer 的著作 *Yen-tzu und das Yen-tzu Ch'un-ch'iu* 的前言部分（Frankfurt: Lang, 1983；"Yen-tzus Biographie," pp.2-7, Holzer 在这部分翻译了《史记·管晏列传》的开头以及"太史公曰"部分；以及 "Untersuchungen zur Textgeschichte," pp.8-16）。

关于他们生平更为详尽的介绍，以及司马迁为之作传的动机，见梁启超的《管子传》（台北：中华书局，1963年重印），郑樵《通志》也收集了关于二人更多的传记材料。译本有：马吉烈（Georges Margoulies）的 "Biographies de Kouan〔Tchong〕et de Yen〔Ying〕"（*Le Kou-wen chinois*, Paris: Geuhner, 1962, pp.77-83）；V. A. Panasjuk, *Syma Czjan', Izbrannoe*（Moscow, 1956, pp.51-55）；以及 Evan Morgan, "The Lives of Kuan Chung and Yen Tzu"（*A Guide to Wenli Styles and Chinese Ideals*, London, 1931, pp.117-127）。

《史记》其他研究

史公和时势
——论《史记》对武帝时政的委曲批评

　　以前的学者，无论是国内国外，要谈司马迁的思想，都比较喜欢提出他对儒家和黄老的意见，或者分析他对孔子、伍子胥、屈原等人的评价。譬如王明信和俞樟华在他们的《司马迁思想研究》一书的"《屈原列传》讨论""司马迁与孔子""司马迁与道家"几章[1]，或者像杜润德在他的 *The Cloudy Mirror: Tension and Conflict in the Writings of Sima Qian*（《谜镜：司马迁书写中的张力与矛盾》）中 "The Frustration of the Second Confucius"（《第二位孔子的失望》）一章所提出的[2]。还有像清代李晚芳（约1691—约1767）在《读书管见》中曰："司马迁作《屈原传》，是自抒其一肚皮愤懑牢骚之气，满纸俱

---

① 北京：华文出版社，2005年。
② Albany: SUNY Press, 1995, pp.1–27.

是怨辞。盖屈原获罪被放，司马亦获罪被刑。"①

笔者在最近二十年把《史记》翻成英文的过程里，对这些题目颇感兴趣。但是本人去年参加一小群学者修订重写牛津大学的《世界古代史学史》一书的计划，才注意到太史公对他当时政策的看法。笔者的责任是要撰写"司马迁和他的《史记》"的部分。因此，笔者开始再一次研读《史记》里关于汉武帝时代的资料，越读越觉得这个题目值得再考虑。

太史公一生都处于汉武帝刘彻统治时期。平常要查明太史公对任何皇帝的评价，只要研读关于那位皇帝的本纪。可惜，《孝武帝本纪》早就不见了②。目前的《孝武帝本纪》就是后人用《封禅书》抄录过来的文章。不过，我们可以在本纪之外找到太史公对汉武帝的意见。比方说，在《史记·平准书》里司马迁很明显地表示他以为刘彻开始当皇帝，国家的一切运转良好。《平准书》曰：

> 至今上即位数岁，汉兴七十余年之间，国家无事，非遇水旱之灾，民则人给家足，都鄙廪庾皆满，而府库余货财。京师之钱累巨万，贯朽而不可校。太仓之粟陈陈相因，充溢露积于外，至腐败不可食。众庶街巷有马，阡陌之间成群，而乘字牝者傧而不得聚会。守闾阎者食粱肉，为吏者长子孙，居官者以为姓号。故人人自爱而重犯法，先行义而后绌耻辱焉。③

---

① 卷二，转引自杨燕起等，《史记集评》，北京：华文出版社，2005年，512页。
② 虽然我们不知道原来的《孝武帝本纪》有怎样的内容和文法，但是可能太史公在彼文里提出一些关于汉武帝时丞相的资料，因此，他觉得不需给那些丞相专门撰写传记。
③《史记》卷三〇，北京：中华书局，1982年，1420页。

实在说，太史公此段没有提到政治人物或者政策，他只是形容汉武帝即位初的国力。因为《平准书》没有提出当时朝廷的情况，我们也没有一篇可靠的《孝武帝本纪》可以参考，要调查司马迁对汉武帝时政策的看法，只好看看《史记》里面司马迁当代大臣的列传。

学者已经指出司马迁怎么用《史记·张丞相列传》描写汉代初年的政策。在这篇列传里，司马迁撰写汉朝早年的五位丞相的传记，从张苍到申屠嘉①。虽然《张丞相列传》没有《史记》的标准结构，学者还是认为这个列传是太史公自己撰写的，是让读者更了解司马迁对最初几位汉代皇帝看法的一卷。在《张丞相列传》最后几句话里，司马迁简单地形容继申屠嘉当丞相的几位。他说：

> 景帝时开封侯陶青（前155—前150年任职）、桃侯刘舍（前147—前143年任职）为丞相。及今上时，柏至侯许昌、平棘侯薛泽、武强侯庄青翟、高陵侯赵周等为丞相。皆以列侯继嗣，娖娖廉谨，为丞相备员而已，无所能发明功名有著于当世者。②

这段话后有"太史公曰"赞，也有后人补充的下文，比较仔细地谈到武帝以后的几位丞相。下文给读者介绍的第一句话就是：

> 孝武时丞相多甚，不记，莫录其行起居状略，且纪征和以来。

---

① 笔者在《中国文学》已经谈到《史记》第三十六列传《张丞相列传》是司马迁所写不完全的可能性，见 "Tales of the Chancellor（s）: The Grand Scribe's Unfinished Business," *CLEAR* 25（2003）: 99–117。
② 《史记》卷九六《张丞相列传》，2685页。

但是这个补充的部分不完全可靠，梁玉绳（1745—1819）《史记志疑》按：

> 此下皆后人妄续，孝武在位五十四年，丞相十二人，窦婴、许昌、田蚡、薛泽、公孙弘、李蔡、庄青翟、赵周、石庆、公孙贺、刘屈氂、车千秋，而公孙贺已上十人见史公本书，其所未及者刘、田二相耳，何云多甚莫录哉！

梁玉绳的说法非常有道理[1]。本人是1943年生的，从那年一直到现在敝国有了12个总统[2]。每一个总统都影响了当代历史。如果笔者想撰写美国20世纪中叶以来历史的话，非注重那12位总统不可。虽然本人一定没有太史公良史执笔的才能，两方面的情况还是类似的。

按照《史记》全部年代顺序的结构，列传中先写汉代以前的人（从卷六十一的伯夷列传到卷八十八的蒙恬列传）。然后形容汉代初年的政治和军队人员，从张耳、陈馀（卷八十九）至季布、栾布（卷一百）。然后记载孝文、景帝时的名人，从袁盎（卷一百一）到吴王濞（卷一百六），到《魏其武安侯列传》（卷一百七）才继续描写武帝时代人。窦婴、田蚡两人，就是汉武帝初年的两位丞相。但是除了

---

①实在说，《史记·田叔列传》末曰："时左丞相自将兵，令司直田仁主闭守城门，坐纵太子，下吏诛死。"提到的左丞相就是刘屈氂。

②Franklin Delano Roosevelt（1933—1945年在任，下同），Harry Truman（1946—1952），Dwight D. Eisenhower（1952—1960），John F. Kennedy（1960—1963），Lyndon B. Johnson（1963—1968），Richard M. Nixon（1968—1975），Gerald Ford（1975—1976），Jimmy Carter（1976—1980），Ronald Reagan（1980—1988），George Bush（1988—1992），Bill Clinton（1992—2000），George W. Bush（2000—2008）。

窦、田列传以外，汉武帝十二位丞相，只有石庆（卷一百三）和公孙弘（卷一百一十二）有传记。从田蚡公元前130年在丞相之任去世以后，一直到石庆（前112），有四位丞相——薛泽（前131—前124年在任）、李蔡（前121—前118年在任）、庄青翟（前118—前115年在任）和赵周（前115—前112年在任）——在《史记》列传里都没有传记①。这三十年（前131—前112）也是司马迁成熟的时代。司马全家从龙门搬到茂陵（前127年左右），他第一次当官（作郎，前121年左右），配合他父亲随皇帝游巡天下。这些事情都在这三十年之内。如此，难道司马迁没有仔细地分析这些高官的履历吗？

司马父子两人都佩服孔子撰述历史的成就。司马谈在临终前鼓励司马迁效仿孔子的工作，劝他说：

> "自周公卒五百岁而有孔子。孔子卒后至于今五百岁，有能绍明世，正《易传》，继《春秋》，本《诗》《书》《礼》《乐》之际？"意在斯乎！意在斯乎！②

但是"继《春秋》"的意思是什么？司马迁自己在《匈奴列传》的"太史公曰"中有一个很明显的解释：

> 孔氏著《春秋》，隐桓之间则章，至定哀之际则微，为其切当世之文而罔褒，忌讳之辞也。③

---

① 许昌，公元前139—前135年任丞相，也没有传。
② 《史记》卷一三〇，3296。参考《司马相如列传》太史公曰："《春秋》推见至隐，《易》本隐之以显。"（《史记》卷一一七，3073页）
③ 《史记》卷一一〇，2919页。

《史记》没有那四位汉武帝朝丞相的传记，也是因为司马迁是"继《春秋》"，是用"忌讳之辞"。太史公认为在汉武帝朝廷之内，丞相常常没有权威和影响，他们虽然有可用事的官位，如《张丞相列传》云："……廉谨，为丞相备员而已，无所能发明功名有著于当世者。"代替汉武帝时期丞相传记，司马迁撰写朝廷真正有权威的人，像《酷吏列传》中的张汤。为了介绍张汤，司马迁用了一个小故事。我们知道司马迁喜欢在《史记》里用故事。扬雄（前53—公元18）在《法言》批评太史公说："孔子多爱，爱义也。子长多爱，爱奇也。"①虽然笔者也认为司马迁"爱奇"，但是也想提出太史公在某一个人传记的开端用轶事来描绘一个人的特性也是他撰写历史的技巧之一。张汤传记的头一段话是一个好的例子：

> 张汤者，杜人也。其父为长安丞，出，汤为儿守舍。还而鼠盗肉，其父怒，笞汤。汤掘窟得盗鼠及余肉，劾鼠掠治，传爰书，讯鞫论报，并取鼠与肉，具狱磔堂下。其父见之，视其文辞如老狱吏，大惊，遂使书狱。②

读这个轶事可以让人想到其他类似的《史记》列传里介绍人的小片段（introduction），就是《李斯列传》：

> 李斯者，楚上蔡人也。年少时，为郡小吏，见吏舍厕中鼠食不絜，近人犬，数惊恐之。斯入仓，观仓中鼠，食积粟，居大庑

---

①《法言·君子篇》，四库全书本，9.4b。
②《史记》卷一二二，3137页。

之下，不见人犬之忧。于是李斯乃叹曰："人之贤不肖譬如鼠矣，在所自处耳！"①

这个写法，可以算是"忌讳之辞"。太史公一方面介绍张汤，一方面把这两个有名的严肃的大官并置在读者心里。由此，太史公先让他描写的人在开篇的轶事里自己表达他们的个性，然后，在列传之中，再比较直接地评价那个人的性格。《张汤列传》可以再一次算作好的例子。以上我们看到司马迁用轶事来开始他的传记，这个列传随后叙述张汤当官初年的事情和他跟赵禹的交情。等到与老鼠盗肉的故事有一点距离，太史公才直接批评张汤说：

> （张）汤为人多诈，舞智以御人。始为小吏，干没，与长安富贾田甲、鱼翁叔之属交私。及列九卿，收接天下名士大夫，己心内虽不合，然阳浮慕之。②

提到张汤"始为小吏"的情况，也呼应开头"狱鼠堂下"的故事③。

　　除了漏掉一个人的传记或者用"忌讳之辞"，司马迁也采用"隐而章"之方法④。如此，太史公要批评某一个人，就把批评那个人的话放在他的传记之外。譬如说，司马迁没有在《外戚世家》说武帝前几年对于朝政具有很大影响力的是武帝外祖母窦太后和母亲王皇后，但

---

① 《史记》卷八七，2539页。

② 《史记》卷一二二，3138页。

③ 太史公最后对张汤的评论放在《平准书》："是岁也，张汤死而民不思。"（《史记》卷三〇，1434页）

④ 这是苏洵的说法；参考苏洵，《史论中》，《嘉祐集》，9.3b，四库全书本。

在《窦婴列传》中这种意图表现得很明显。虽然窦太后之前帮亲戚窦婴升为丞相（前140），但是她很快觉得窦婴支持的儒学威胁了黄老的地位。因此：

> 及建元二年（前139），御史大夫赵绾请无奏事东宫。窦太后大怒，乃罢逐赵绾、王臧等，而免丞相、太尉，以柏至侯许昌为丞相，武强侯庄青翟为御史大夫。魏其、武安由此以侯家居。武安侯虽不任职，以王太后故，亲幸，数言事多效，天下吏士趋势利者，皆去魏其归武安。武安日益横。①

许昌自己没有传。司马迁好像认为他就是窦太后的傀儡。那位已经目盲了好久的老太太窦太后建元六年（前135）去世后，王皇后很快显示出她的权威：

> 丞相昌、御史大夫青翟坐丧事不办，免。以武安侯蚡为丞相，以大司农韩安国为御史大夫。②

田蚡就是王皇后同母异父的弟弟。

建元四年（前137），灌夫因为醉酒，侮辱了田蚡，窦婴为了保护灌夫，请见皇帝。汉武帝听了窦婴的话，觉得有道理，但是，他还是劝窦婴去东宫廷跟王皇后"辩之"。然后，窦婴也在朝廷批评了田蚡。汉武帝听了大臣辩论窦婴、田蚡两人的看法后，还不能决定谁是

---

① 《史记》卷一〇七，2843页。
② 《史记》卷一〇七，2843页。

谁非。此时太史公让读者入宫偷听武帝和王皇后的对话：

> 即罢起入，上食太后。太后亦已使人候伺，具以告太后。太后怒，不食，曰："今我在也，而人皆藉吾弟，令我百岁后，皆鱼肉之矣。且帝宁能为石人邪！此特帝在，即录录，设百岁后，是属宁有可信者乎？"上谢曰："俱宗室外家，故廷辩之。不然，此一狱吏所决耳。"①

在《魏其武安侯列传》中，"太史公曰：魏其、武安皆以外戚重"②。

窦婴和田蚡，虽然"以外戚重"，太史公还是赞美他们的长处。窦婴"喜宾客"。太史公觉得要推行好政策的人应该多有宾客，也应该推举有能力的客人。所以他赞美"田叔……义不忘贤"，为了"明主之美以救过"③，钦佩张释之、冯唐"言古贤人，增主之明"④。韩安国也有这样的性格：

> 所推举皆廉士，贤于己者也。于梁举壶遂、臧固、郅他，皆天下名士，士亦以此称慕之。⑤
>
> 太史公曰：余与壶遂定律历，观韩长孺之义，壶遂之深中隐厚。世之言梁多长者，不虚哉！⑥

---

① 《史记》卷一〇七，2851—2852页。
② 《史记》卷一〇七，2856页。另见："建元中，武安侯田蚡为汉太尉，亲贵用事。"（《史记》卷一〇八，2860页）
③ 《史记》卷一〇四，2779页。
④ 《史记》卷一三〇，3316页。
⑤ 《史记·韩长孺列传》卷一〇八，2863页。
⑥ 《史记》卷一〇八，2865页。

司马迁也认为推荐贤者需要有名主。虽然他没有批评汉武帝任用贤人的能力，但是用冯唐警告孝文帝的几句话来暗中劝谏武帝：

> （冯）唐对曰："尚不如廉颇、李牧之为将也。"上曰："何以？"唐曰："臣大父在赵时，为官率将，善李牧。臣父故为代相，善赵将李齐，知其为人也。"上既闻廉颇、李牧为人，良说，而搏髀曰："嗟乎！吾独不得廉颇、李牧时为吾将，吾岂忧匈奴哉！"唐曰："主臣！陛下虽得廉颇、李牧，弗能用也。"①

其实，司马迁用大将军卫青的话解释汉武帝的看法：

> 太史公曰：苏建语余曰："吾尝责大将军至尊重，而天下之贤大夫毋称焉，愿将军观古名将所招选择贤者，勉之哉。大将军谢曰：'自魏其、武安之厚宾客，天子常切齿。彼亲附士大夫，招贤绌不肖者，人主之柄也。人臣奉法遵职而已，何与招士！'"②

汉武帝把窦婴和田蚡的推荐混在一起可能是因为两人"以外戚重"。

再说，有所谓"深刻"的官人，像张汤，是由田蚡的关系授权③。张汤自己推荐人的惯例是：

> 奏事即谴，汤应谢，乡上意所便，必引正、监、掾史贤者，

---

① 《史记》卷一〇二，2757页。
② 《史记》卷一一一，2946页。
③ 《史记》："武安侯为丞相，征汤为史，时荐言之天子，补御史，使案事。"（卷一二二，3138页）

曰："固为臣议，如上责臣，臣弗用，愚抵于此。"罪常释。（闻）
〔闲〕即奏事，上善之，曰："臣非知为此奏，乃正、监、掾史某
为之。"其欲荐吏，扬人之善蔽人之过如此。[1]

结果田蚡在元光四年（前131）死了以后，汉武帝没有按照惯例挑选
御史大夫拜为丞相。那时御史大夫韩安国"为御史大夫四岁余，丞相
田蚡死，安国行丞相事，奉引堕车蹇。天子议置相，欲用安国，使使
视之，蹇甚，乃更以平棘侯薛泽为丞相"[2]。韩安国受伤有多严重不能
确定。但是安国"病免数月，蹇愈，上复以安国为中尉。岁余，徙
为卫尉"[3]。其实，汉武帝不用韩安国也可能有别的原因，如司马迁在
前文曾经有所暗示：四五年前（建元六年公元前135或者元光元年公
元前134）匈奴来请和亲，汉武帝让大臣议论。有燕人大行王恢建议
"兴兵击之"，韩安国反对说：

> 千里而战，兵不获利。今匈奴负戎马之足，怀禽兽之心，迁
> 徙鸟举，难得而制也。得其地不足以为广，有其众不足以为强，
> 自上古不属为人。汉数千里争利，则人马罢，虏以全制其敝。且
> 强弩之极，矢不能穿鲁缟；冲风之末，力不能漂鸿毛。非初不
> 劲，末力衰也。击之不便，不如和亲。[4]

然后，"群臣议者多附安国，于是上许和亲"。这个"多附安国"的

---

① 《史记》卷一二二，3139页。
② 《史记》卷一〇八，2863页。
③ 《史记》卷一〇八，2863页。
④ 《史记》卷一〇八，2861页。

"多附"两字表示也有一些不同意的大臣。因为第二年汉伏兵于马邑袭击单于，所以武帝很可能也不完全赞成韩安国的建议。无论如何，元光五年（前130）为相的就是一个背景比较不明的诸侯薛泽[1]。从马邑事件以后，可以说二十几岁的汉武帝开始自己主政。武帝即位之初是被他祖母和母亲所影响的。连他的头两个丞相也和她们有关。那个时代首要是注重国内或者是宫内的问题。元光五年后，匈奴的问题越来越重要："当是之时，匈奴新大入朝那……上以胡寇为意。"[2]在这个情况之下，司马迁在《匈奴列传》提出他自己的意见，对武帝采纳谄佞之臣制定的匈奴政策提出批评：

> 世俗之言匈奴者，患其徼一时之权，而务谄纳其说，以便偏指，不参彼己；将率席中国广大，气奋，人主因以决策，是以建功不深。[3]

太史公在《史记》里再次强调选择有能力的贤人的重要性：

> 尧虽贤，兴事业不成，得禹而九州宁。且欲兴圣统，唯在择任将相哉！唯在择任将相哉！

从公元前135年一直到公元前119年有几次大规模的发兵攻击匈奴。一方面，汉武帝让卫、霍二人屡建战功，很受重用。另一方面，"务谄纳其说"的人也突出了。张汤的经历又可以代表这个方向：

---

① 《史记》中说薛泽是广平侯（卷一八，885页）。
② 《史记》卷一〇二，2758页。
③ 《史记》卷一一〇，2919页。

会浑邪等降，汉大兴兵伐匈奴，山东水旱，贫民流徙，皆仰给县官，县官空虚。于是丞上指，请造白金及五铢钱，笼天下盐铁，排富商大贾，出告缗令，锄豪强并兼之家，舞文巧诋以辅法。汤每朝奏事，语国家用，日晏，天子忘食。丞相取充位，天下事皆决于汤。百姓不安其生，骚动，县官所兴，未获其利，奸吏并侵渔，于是痛绳以罪。则自公卿以下，至于庶人，咸指汤。汤尝病，天子至自视病，其隆贵如此。①

这段亦显示张汤的权威，证明他被汉武帝宠任的程度。司马迁以为当代对匈奴的政策是错的，但是他自己不敢直接表达这个看法。太史公把想说的话放在几个《史记》里人物的口中，像一位博士狄山认为"中国以空虚，边民大困贫"②，又如主父偃引《兵法》曰"兴师十万，日费千金"③。或是用太史公自己的话形容秦代攻击匈奴的结果："行十余年，丁男被甲，丁女转输，苦不聊生，自经于道树，死者相望。"④

因此，汉武帝在位，时已变易：从"国家无事，非遇水旱之灾，民则人给家足，都鄙廪庾皆满，而府库余货财"到"丁男被甲，丁女转输，苦不聊生，自经于道树，死者相望"。没人敢推荐贤人，推荐的人都是被用事者推荐的。汉武帝初期的窦婴很慷慨：他把皇帝赐给

①《史记》卷一二二，3140—3141页。
②他建议说："兵者凶器，未易数动。高帝欲伐匈奴，大困平城，乃遂结和亲。孝惠、高后时，天下安乐。及孝文帝欲事匈奴，北边萧然苦兵矣。孝景时，吴楚七国反，景帝往来两宫间，寒心者数月。吴楚已破，竟景帝不言兵，天下富实。今自陛下举兵击匈奴，中国以空虚，边民大困贫。由此观之，不如和亲。"然后汉武帝问张汤的看法，汤就说："此愚儒，无知。"（卷一二二，3141页）
③《史记》卷一一二，2955页。
④《史记》卷一一二，2958页。

他的黄金"陈之廊庑下，军吏过，辄令财取为用，金无入家者"①。董仲舒也是相似的。他"至卒，终不治产业，以修学著书为事"②。相反，杜周十几年后"初征为廷史，有一马，且不全；及身久任事，至三公列，子孙尊官，家訾累数巨万矣"③。同时王温舒"爪牙吏虎而冠。于是中尉部中中猾以下皆伏，有势者为游声誉，称治。治数岁，其吏多以权富"④。田蚡"胜贪"，连韩安国也"贪嗜于财"⑤。

给汉武帝做官的不只是有贪心，也多不大度⑥。张汤又可以当例子：

> 汤为御史大夫七岁，败。河东人李文尝与汤有邰，已而为御史中丞，恚，数从中文书事有可以伤汤者，不能为地。汤有所爱史鲁谒居，知汤不平，使人上蜚变告文奸事，事下汤，汤治论杀文，而汤心知谒居为之。上问曰："言变事纵迹安起？"汤详惊曰："此殆文故人怨之。"谒居病卧闾里主人，汤自往视疾，为谒居摩足。赵国以冶铸为业，王数讼铁官事，汤常排赵王。赵王求汤阴事。谒居尝案赵王，赵王怨之，并上书告："汤，大臣也，史谒居

---

① 《史记》卷一〇七，2840页。
② 《史记》卷一二一，3128页。
③ 《史记》卷一二二，3154页。
④ 《史记》卷一二二，3150页。
⑤ 《史记》卷四九，1978页；卷一〇八，2863页。
⑥ 韩安国是个例外，太史公用一则轶事表明：有一个人侮辱韩安国，"其后安国坐法抵罪，蒙狱吏田甲辱安国。安国曰：'死灰独不复然乎？'田甲曰：'然即溺之。'居无何，梁内史缺，汉使使者拜安国为梁内史，起徒中为二千石。田甲亡走。安国曰：'甲不就官，我灭而宗。'甲因肉袒谢。安国笑曰：'可溺矣！公等足与治乎？'卒善遇之"。（《史记》卷一〇八，2859页）

有病，汤至为摩足，疑与为大奸。"事下廷尉。①

虽然太史公不常责备李广，他还是提出李将军报复性的行为：

> （李广）尝夜从一骑出，从人田间饮。还至霸陵亭，霸陵尉醉，呵止广。广骑曰："故李将军。"尉曰："今将军尚不得夜行，何乃故也！"止广宿亭下。居无何，匈奴入杀辽西太守，败韩将军，后韩将军徙右北平。于是天子乃召拜广为右北平太守。广即请霸陵尉与俱，至军而斩之。②

减宣是同样的人：

> （减宣）中废。为右扶风，坐怨成信，信亡藏上林中，宣使郿令格杀信，吏卒格信时，射中上林苑门，宣下吏诋罪，以为大逆，当族，自杀。而杜周任用。③

这段最后两字"任用"也揭露元光元年（前134）一直到元鼎二年（前115）张汤自杀，酷吏深刻的用事。

在太史公书中要找到宽容的人，必须转到政府以外的游侠：

> （郭）解出入，人皆避之。有一人独箕倨视之，解遣人问其名姓。客欲杀之。解曰："居邑屋至不见敬，是吾德不修也，彼何

---

① 《史记》卷一二二，3142页。
② 《史记》卷一〇九，2871页。
③ 《史记》卷一二二，3152页。

罪!"乃阴属尉史曰:"是人,吾所急也,至践更时脱之。"每至践
更,数过,吏弗求。怪之,问其故,乃解使脱之。箕踞者乃肉袒
谢罪。少年闻之,愈益慕解之行。①

太史公用这样的手法来反衬武帝时官员的恶劣品质。有这类行为的
人,最后会为众人所不齿,像窦婴、田蚡、灌夫,"众庶不载,竟被
恶言"②。

元鼎五年(前112),汉武帝第七个丞相赵周"有罪,罢"。那年
御史大夫是以前的太子太傅石庆。石家兄弟皆"驯行孝谨"③,注重礼
节。石庆入官汉朝军队:

> 南诛两越,东击朝鲜,北逐匈奴,西伐大宛,中国多事。天
> 子巡狩海内,修上古神祠,封禅,兴礼乐。公家用少,桑弘羊等
> 致利,王温舒之属峻法,兒宽等推文学至九卿,更进用事,事不
> 关决于丞相,丞相醇谨而已。在位九岁,无能有所匡言。尝欲请
> 治上近臣所忠、九卿咸宣罪,不能服,反受其过,赎罪。④

因此,太史公只给汉武帝四个丞相撰写传记,是为了让人了解前面提
到的补《张丞相列传》的那句话"孝武时丞相多甚,不记,莫录其
行起居状略"含有深意。如果太史公没有为其他丞相作列传,他用
什么记录汉武帝在位之年的事情,表明自己对武帝时政的看法呢?看

---

① 《史记》卷一二四,3186页。
② 《史记》卷一〇七,2856页。
③ 《史记》卷一〇三,2764页。
④ 《史记》卷一〇三,2767页。

看《史记》目录，窦婴、田蚡的《魏其武安侯列传第四十七》以后有《韩长孺列传第四十八》代表应该做丞相的一位，《李将军列传第四十九》描写武帝不能任用在对匈奴作战中有功的将军。《匈奴列传第五十》包括匈奴历史和太史公自己对匈奴问题的看法。《卫将军骠骑列传第五十一》从另外的视角来叙述两位"以外戚重"的将军跟匈奴的战争。第五十二个列传，《平津侯主父列传》是给第三位汉武帝丞相公孙弘的传记①。但是，公孙弘自己承认"奉职不称"②。主父偃的传记强调了当代匈奴政策的缺点。《循吏列传第五十九》因为没有汉代循吏的例子，所以间接地可以算是强调汉武帝和"酷吏"的关系。考虑司马迁在这些列传描写大臣名将的不少短处以后，可以更容易地了解他为什么决定作《游侠列传第六十四》。太史公认为在贪官酷吏横行官场的时代，游侠们如一阵春风悦人耳目：

> 今游侠，其行虽不轨于正义，然其言必信，其行必果，已诺
> 必诚，不爱其躯，赴士之厄困，既已存亡死生矣，而不矜其能，
> 羞伐其德，盖亦有足多者焉。③

比方说，鲁朱家"与高祖同时。鲁人皆以儒教，而朱家用侠闻。所藏活豪士以百数，其余庸人不可胜言。然终不伐其能，歆其德，诸所尝

---

①虽然石庆（前111—前103在任）也有传记。

②《史记》卷一一二，2952页。公孙弘也太喜欢顺承皇帝的意见：尝与公卿约议，至上前，皆倍其约以顺上旨。汲黯庭诘弘曰："齐人多诈而无情实，始与臣等建此议，今皆倍之，不忠。"上问弘。弘谢曰："夫知臣者以臣为忠，不知臣者以臣为不忠。"上然弘言。左右幸臣每毁弘，上益厚遇之。（《史记》卷一一二，2950页）

③《史记》卷一二四，3181页。

施，唯恐见之。振人不赡，先从贫贱始。家无余财，衣不完采，食不重味，乘不过軥牛"①。太史公通过把游侠与当时的贪官酷吏对比，深切感叹："'窃钩者诛，窃国者侯，侯之门仁义存'，非虚言也。"②

暂时的结论

这篇小论文的目的是要提出一些关于司马迁对当代政策的看法，同时要再考虑太史公是用什么撰写技巧表达这些看法。从上面提出的例证可以看到司马迁认为汉武帝年轻的时候（前140—前131）受到外戚影响太大。虽然有贤良的丞相（窦婴），但是因为窦丞相失去窦太后之宠信，反对皇帝的匈奴政策，也反对皇帝母亲的弟弟田蚡，所以武帝不让他用事。然后（前131—前119）汉武帝为了攻击匈奴，用了"酷吏"推进他自己的政策。同时让卫青和霍去病取得权威的地位。公元前117年霍去病去世，汉武帝在鼎湖生病了。方士发根给汉武帝介绍了一个从上郡来的巫师。那个巫师的确能治愈武帝的病。因此，从那年后，皇帝不断依靠官场之外的方士和巫师。武帝越注意这类人的建议，越不想听取朝廷内贤人的谏言。结果，后来选择的丞相大部分是政治利益集团以外的人。石庆是一个很好的例子。他原来是太子太傅，当了丞相几年后，情况已经变为"事不关决于丞相"。因此，汉武帝依靠桑弘羊和儿宽这类人。桑弘羊给汉武帝"抑天下物，名曰'平准'"③，让皇帝积极攻击匈奴政策有一个经济的基础。司马迁为了表达他对"平准"的看法，采用委曲的方法形容战国时代李克等人政策的结果：

---

① 《史记》卷一二四，3184页。
② 《史记》卷一二四，3182页。
③ 《史记》卷三〇，1441页。

尽地力，为强君。自是以后……贵诈力而贱仁义，先富有而后推让。故庶人之富者或累巨万，而贫者或不厌糟糠。[1]

儿宽虽然被司马迁认为是"为人温良，有廉智，自持，而善著书、书奏，敏于文"，但是"口不能发明"，"在三公位，以和良承意从容得久，然无有所匡谏；于官，官属易之，不为尽力"[2]。

由此，虽然司马迁撰写的《武帝本纪》没有传下来，太史公还是很明显地批评他同时代的官人和政策。像张守节（730年左右）在他的《史记正义·匈奴列传》注曰："言尧虽贤圣，不能独理，得禹而九州安宁。以刺武帝不能择贤将相，而务谄纳小人浮说，多伐匈奴，故坏齐民。故太史公引禹圣成其太平，以攻当代之罪。"[3]这是否就是所谓孔子"为其切当世之文而罔褒，忌讳之辞也"？

王允称《史记》为"谤书"[4]，裴松之（372—451）早就反对这个说法："史迁纪传，博有奇功于世……迁为不隐孝武之失，直书其事耳，何'谤'之有乎？"[5]太史公一方面认为汉武帝不信任他的丞相或者御史大夫的建议和指教，使王朝濒临大祸；另一方面司马迁很可能觉得有责任说出自己的意见。虽然太史公了解不能让"九州安宁"，但是还有机会保护像李陵这样的"贤将"。司马迁亲身经历汉武帝严刑峻法的政策，因此，发愤修改和补充他的史书。最后，太史公虽然

①《史记》卷三〇，1442页。司马迁赞成的经济观点可以在他描写桑弘羊的陪衬者卜式的行为、思想和话语时看出来（参看卜式传记，《史记·平准书》，卷三〇，1431—1440页）。
②《史记》卷一二一，3125页。
③《史记》卷一一〇，2920页，注7。
④《后汉书·蔡邕列传》："昔武帝不杀司马迁，使作谤书，流于后世。"
⑤《三国志》卷六注。

"不满武帝穷兵匈奴事"，他还是"特不敢深论，而托言择将相，其旨微矣"①。如此，司马迁最后还是可能报复汉武帝给予他的"最下腐刑"②。如太史公引谚曰："人貌荣名，岂有既乎!"③

关于这一问题笔者只是粗浅地提出自己的看法，希望能够抛砖引玉。请大家多多指教。

---

① 引茅坤在《史记抄》卷七五的话（参考杨燕起等，《史记集评》，561页）。
②《报任安书》，《汉书》卷六二，2732页。
③《史记》卷一二四，3189页。

希罗多德与司马迁：
对两位历史学家早期卷目风格及史料之初探

因此，没有一幅画，或是一部历史，可以向我们展示全部的真相；但那是最好的画和最优秀的历史学家，他们呈现了真相的一部分，却几乎产生了全景般的效果。

——托马斯·巴宾顿·麦考利男爵（Thomas Babington Macaulay，1800—1859）

这很滑稽，但我确实认为，如果一个人活着时没有什么轶事供人们在他死后谈论，那么他就不仅仅会在历史上消失，甚至在他的家族中也会消失。当然，这是大多数人的命运，他们的整个人生，无论多么的精彩与生动，最后都会沦为族谱上那可悲的用黑色墨水写成的名字，有时后面还会标上一个日期，或者是一个问号。

——《绝密手稿》（*The Secret Scripture*）

塞巴斯蒂安·巴里（Sebastian Barry）

序言

　　过去，东西方两位最伟大的历史学家希罗多德（Herodotus，约前484—前425）与司马迁已经被人们做过很多比较了[①]。当然，他们之间的差异是明显的：希罗多德的《历史》聚焦于希腊和波斯的冲突，而司马迁的《史记》则是对他所处时代全部已知历史的叙事。而且，他们的风格也截然不同。不过，他们之间的相似之处还是引人注目。首先，他们的背景具有一定的可比性。希罗多德来自小亚细亚海岸的哈利卡尔那索斯（Halicarnassus），毗邻波斯的边境；司马迁来自韩城，这是毗邻匈奴的一个县，匈奴是帝国北边的一个民族，经常侵扰汉朝边境。不过，他们两个在家乡的时间都不长，而是四处周游，通过在各地与当地人谈话来收集大量的原始资料。他们都只写了一部主要的作品，然后在完成不久后就去世了。希罗多德的《历史》和司马迁的《史记》是他们各自文化中第一部完整的历史著作。此外，与希腊（城邦）和中国（诸侯国）大部分早期历史的本土特征不同的是，希罗多德和司马迁在他们各自的文化中，都首次对他们所知的整个世界进行了叙述。

　　希罗多德将不同的材料围绕一个焦点而编织起来——即波斯战争的起源及其影响。司马迁也采用了很多不同的材料，并且将它们塑造成一些学者所认为的对汉武帝政策和政治的批评，司马迁一生大部分

[①] 见邓嗣禹，《司马迁与西罗多德之比较》，《史语所集刊》，28（1956）：445—463页；Siep Stuurman, "Herodotus and Sima Qian: History and the Anthropo-logical Turn in Ancient Greece and Han, China," *Journal of World History*, 19.1（2008）：1—40。

感谢邹昕女士，她帮忙收集和讨论了本文所引的文本；以及 Barry Powell，他在有关希罗多德的诸问题上给了我不少指导建议。

的时间都处于汉武帝的统治之下，而他主要批评的是那些对匈奴的军事政策。

他们死后不久，都遭到了另一位新的重要历史学家的批评（即修昔底德，约公元前460—前395；以及班固，公元32—92）。希罗多德和司马迁对周围的民族感兴趣（尤其是埃及人和匈奴人）。他们两个都对帝国主义感兴趣（正如波斯人的大流士和薛西斯，以及汉武帝所体现的那样），尽管他们的角度大相径庭[①]。

甚至他们编纂各自历史作品的动机也有相似性。希罗多德在他文本的第一句就告诉我们："这里发表出来的，乃是哈利卡尔那索斯人希罗多德的研究成果，他所以要把这些研究成果发表出来，是为了保存人类的功业，使之不致由于年深日久而被人们遗忘，为了使希腊人和异邦人的那些值得赞叹的丰功伟绩不致失去它们的光彩。"[②]司马迁在其"太史公自序"中是这么说的："灭功臣世家贤大夫之业不述，堕先人所言，罪莫大焉！"[③]他又说："岩穴之士，趣舍有时若此，类名湮灭而不称，悲夫！闾巷之人，欲砥行立名者，非附青云之士，恶能施于后世哉！"（2127页）最后，两位历史学家的天才很早就曾被人质疑过。事实上，我把过去20年的时间都花在了司马迁身上，一个一直悬而未决的问题就是，司马迁究竟能不能算作现代意义上的历史学家。

---

①史嘉柏（David Schaberg）指出，"司马迁的《史记》是非常杰出的帝国文本"，见 "Travel, Geography, and the Imperial Imagination in Fifth-Century Athens and Han China," *Comparative Literature* 51.2（Spring 1999），p.154。

②译者按，这里使用的是王以铸的译文，见《希罗多德历史》，北京：商务印书馆，2009年，1页。倪豪士原文引用的是 Andrea L. Purvis 的译文，见 Robert B. Strassler ed., *The Landmark Herodotus, The Histories*, New York: Pantheon, 2007. pp.8–9。

③《史记》，中华书局，1959年，3299页。

他是一个讲述故事的人，一个文学风格创造者，一个强烈支持在财政和军事问题上采取克制保守政策的朝臣，一个拥有巨大好奇心的人，一个孝子，一个系统化的人，但最重要的是，一个充满正义感的人。正是这种正义感，被他贯穿于中国历史的传统中（大部分是口述的）。他希望能保存那些"功臣世家贤大夫之业"①。

不过，本文并不打算关注两者的相似性，而是聚焦于两部历史著作的建构这一更实际的问题，尤其是他们对轶闻的使用。我的目的是考察希罗多德大量使用的口头故事传统，然后跟司马迁对其经常使用的类似材料的运用进行一些对比。事实上，轶闻在两部文本中都扮演了重要的角色。

希罗多德与巨吉斯的故事

第一个被希罗多德搬上历史舞台的人物是吕底亚的统治者克洛伊索斯（Croesus，公元前560—前547/6年在位），他之所以被提到，乃是因为他是"在异邦人中间第一个制服了希腊人的人，他迫使某些希腊人向他纳贡并和另一些希腊人结成联盟"。在介绍克洛伊索斯的几句话之后，希罗多德把我们带回了克洛伊索斯的祖先那里，他们都是赫拉克勒斯（Hercules）的后代，统治了吕底亚505年，他用几行字就介绍完了。然后，他开始放慢叙事的速度，讲了一些公元前8世纪最后几年发生在吕底亚首都萨迪斯的王位继承轶事来取悦他的读者②。当时的国王叫坎道列斯（Kandaules），据希罗多德所述，他"宠爱上

①《史记》，中华书局，1959年，3299页。

②The Landmark Herodotus: 1.8-12（pp.8-9）。译者按，以下若引《历史》，均用王以铸的译文，北京：商务印书馆，2009年，但在人名翻译上略有不同，如王译 Hercules 为海拉克列斯，这里译为赫拉克勒斯，且据倪豪士所引而略有改动。

了自己的妻子"，这在古时的宫廷婚姻中简直就是个笑话。希罗多德接着讲述：

> 但是，这个坎道列斯宠爱上了自己的妻子，他把她宠爱到这样的程度，以致认为她比世界上任何妇女都要美丽得多。在他的侍卫当中有他特别宠信的一个人，这就是达斯库洛斯的儿子巨吉斯。坎道列斯把所有最机密的事情都向这个人讲。既然他对于自己妻子的美丽深信不疑，因此他就常常向这个巨吉斯拼命赞美自己妻子的美丽。

> 在这以后不久的时候，终于有一天，命中注定要遭到不幸的坎道列斯向巨吉斯这样说："巨吉斯，我看我单是向你说我的妻子美丽，那你是不会相信的（人们总是以眼见为实，耳闻为虚）。你想个什么办法来看看她裸体时的样子吧。"巨吉斯听到这话便大声地叫了起来，他说："主公，您要我看裸体时候的女主人么？您说的这话是多么荒唐啊。您知道，如果一个妇女脱掉衣服，那也就是把她应有的羞耻之心一齐脱掉了。过去我们的父祖们已经十分贤明地告诉了我们哪些是应当做的，哪些是不应当做的，而我们必须老老实实地学习古人的这些教诲。这里面有一句老话说，每个人都只应当管他自己的事情。我承认您的妻子是举世无双的丽人。只是我恳求您，不要叫我做这种有坏体统的事情。"

> 巨吉斯这样说，是打算拒绝国王的建议，因为他心里害怕自己会因此而招来什么可怕的后果。然而国王却回答他说："巨吉斯，不要害怕我和我的妻子（那个女人），不要疑心我说这话是打算试探你的忠诚，也不要害怕你的女主人会把什么危害加到你的身上。要知道，我会把这件事安排得要她根本不知道你曾经看

见过她。我叫你站在我们卧室的敞开的门的后面①。当我进来睡觉的时候，她是会跟着进来的；在入口附近的地方有一把椅子，她脱下来的每一件衣服都放在这个椅子上。这样你就可以逍遥自在地来看她了。等她从椅子走向床而她的背朝着你的时候，那你就可以趁着这个机会注意不要被她看见，从门口溜出去了。"

巨吉斯这时既无法逃避，就只好同意这样做了。于是坎道列斯在夜间要就寝的时候，便把巨吉斯引进了自己的卧室，过了一会儿，他的王后也跟进来了。

她进来之后，就把衣服脱掉放到椅子上面，而巨吉斯就在门后面望着她。而当她到床上去，她的背朝着巨吉斯的时候，他就从房中偷偷地溜出去了。可是，当他出去的时候，她是看见了他的，于是她立刻猜到了她丈夫所做的是怎么一件事。可是，由于害羞的缘故，她并没有叫出来，甚至装作什么都没有看到的样子，心里却在盘算着对她的丈夫坎道列斯进行报复了。原来在吕底亚人中间，也就是在几乎所有异邦人中间，在自己裸体的时候被人看到，甚至对于男子来说，都被认为是一种奇耻大辱。

在那个时候，她一语不发装作若无其事的样子。

然而到早晨天刚亮的时候，她便从自己的仆从当中选出了一些她认为对她最忠诚的人来，对他们作了部署，然后派人把巨吉斯召到她面前来。巨吉斯做梦也没有想到王后已经知道了昨夜发生的事情，所以就遵命来见王后了。因为在这之前，每逢王后派人召唤巨吉斯来的时候，他都会前来见她。巨吉斯来到的时候，她就向他

---

① 这扇通往房间的门既让空气也让光进入房间，而且整晚都没关上，见 Heinrich Stein 的 注（b.1828），*Herodotus Erklärt*, Berlin: Weidmannsche Buchhandlung, 1901，卷一，14页，注8。

说："巨吉斯，现在有两条道路摆在你跟前，随你选择。或者是你必须把坎道列斯杀死，这样就变成我的丈夫并取得吕底亚的王位，或者是现在就干脆死在这间屋子里。这样你今后就不会再盲从你主公的一切命令，去看那你不应当看的事情了。你们两个人中间一定要死一个：或者是他死，因为他怂恿你干这样的事情；或者是你死，因为你看见了我的裸体，这样就破坏了我们的礼节。"

巨吉斯听了这些话，一时茫然自失地站在那里什么话也讲不出来；过了一会儿之后他就恳求王后不要强迫他作一个这样令人为难的选择。但是当他发现他恳求无效而且他确是有必要明确说出是杀死主公还是被别人杀死的时候，他就选择了一条给自己留活命的道路；于是他便请王后告诉他："既然你强迫我违反着自己的意志把我的主公杀死，那么告诉我，你想叫我怎样向他下手呢？"她回答说："向他下手的地方最好就是他叫你看到我的裸体的那个地方。等他睡着的时候下手吧。"

当阴谋的一切全都准备停妥，而夜幕又降临下来的时候（巨吉斯看到自己既无法脱身又根本不能逃跑，而是非要把坎道列斯杀死或是他自己被杀死不可），巨吉斯便随着王后进入了寝室。她把一把匕首交给巨吉斯并把他藏在同一个门的后面。而过了一会儿，当坎道列斯睡着的时候，巨吉斯便偷偷地溜出来把坎道列斯杀死了，这样巨吉斯便夺得了坎道列斯的妃子和王国；大约与巨吉斯同时代的人、帕洛斯的阿尔齐洛科斯在一首抑扬三步格的诗里，便曾经提到这个人。[1]

---

[1] 这个轶闻（尤其是杀害坎道列斯的方法）让人想起了唐传奇《冯燕传》里冯燕杀死张婴的故事，见汪辟疆校录，《唐人小说》，上海古籍出版社，1978年，165页。

此外还有两条材料提供了这件事的相关信息：一是大马士革的尼古拉斯（Nicolaus of Damascus，约公元前64—前4之后）的 *Historiai*（根据吕底亚的赞瑟斯［Xanthus］的 *Lydiaca* 而写的[1]，很明显赞瑟斯是希罗多德的同时代人[2]），另一个就是柏拉图的《理想国》。尼古拉斯告诉我们，吕底亚三大家族之间存在矛盾和冲突：即赫拉克利德斯家族（Heraklides，即坎道列斯的家族），达斯基利亚家族（Daskylians，巨吉斯的后裔），以及泰罗尼达斯家族（Tylonidans）。达斯基利亚家族与泰罗尼达斯家族是世仇。达斯基洛斯（Daskylos，巨吉斯的祖父）是朝中大臣，但被吕底亚国王的一个儿子（也是赫拉克利德斯家族的）在国王毫不知情的情况下谋杀了，他的妻子后来逃到了乡下。国王诅咒谋杀者，但不知道那就是自己的儿子。很多年之后，巨吉斯被召回朝中服侍新的国王萨蒂亚忒斯（Sadyattes）。巨吉斯通过一系列的测试证明了他对新国王的忠诚。但是，当他被派去迎接国王的新娘时，却爱上了这位新娘，还试图去勾引她。在新婚之夜，新娘将巨吉斯的勾当告诉了国王，一个爱上了巨吉斯的女奴隶向巨吉斯通风报信。究竟是杀死国王，还是让国王杀了自己（希罗多德版本也有同样的迟疑），巨吉斯思虑一番后决定和他的朋友一起夜闯寝宫，杀国王于睡梦之中。希罗多德的版本中也残存了一些赞瑟斯所描述的党派之分（I.13）："在吕底亚人激愤于他们国王的被杀而拿起武器之时，巨吉

---

[1] 参见 Simon Hornblower and Antony Spawforth eds., *The Oxford Classical Dictionary* 中关于 Xanthus 的词条，Oxford and New York: Oxford University Press, 1996, p.1627。

[2] 原始文本收录于 Felix Jacoby（1876—1959），*Die Fragmente der griechischen Historiker*, Berlin: Weidmannsche Buchhandlung，1926，第二部分，90号残片，348及随后数页，以及 *Zeitgeschichte, Kommentar zu Nr. 64-105*，第二卷，Berlin: Weidmannsche Buchhandlung，1926，246页。

斯一派的人们便和这些吕底亚人达成了一项协定……"赞瑟斯版本和希罗多德的叙述还有一些相似之处，例如提到萨蒂亚忒斯以及暗示坎道列斯是在考验巨吉斯时（《历史》I.9.1："别害怕，巨吉斯，不要疑心我说这话是打算试探你的忠诚，也不要害怕你的女主人会把什么危害加到你的身上。"Purvis，第8页）。不过，在希罗多德的版本里，萨蒂亚忒斯是巨吉斯的孙子而不是他的祖先[1]。总括而言，学者们已经普遍得出结论，赞瑟斯的这个版本，是四个世纪后大马士革的尼古拉斯编写自己的著作时所依据的本子，希罗多德当时是不知道其存在的[2]。

柏拉图关于巨吉斯的叙述是格劳孔在一次关于"义人（just man）"的争论中告诉苏格拉底的（见《理想国》第二卷，359）[3]。格劳孔认为，就算是义人也会行不义之事，如果他知道自己能从中脱身的话。然后他就举了巨吉斯的例子：

> 眼前有两个人，一个正义，一个不正义，我们给他们各自随心所欲做事的权力，然后冷眼旁观，看看各人的欲望把他们引到

---

[1] 有关本段以及其他平行文段中这些容易引起混淆的名字的问题，见 Heinrich Stein, *Herodotus Erklärt*, 卷一，第10页，注2；以及 Daniela Fausti 在 Augusta di Filippo Cassola 翻译的 *Erodot Storie, Volume Primi*（*Libri I–II*）86页所作注21，Milan: BUR, 1997［1984］。Fausti 指出，"坎道列斯"可能是一个国王纪的外号，类似于希腊的"库娜奇斯 Kunagches"，即"狗刑人"。萨蒂亚忒斯后来又重新出现为巨吉斯的继位者，Jacoby（*Kommentar*，246页）也曾就这个奇怪的问题提出过自己的想法。

[2] 例如，Karl Reinhardt（1886—1958）就反对赞瑟斯作为希罗多德著述的一个来源，见 "Herodotus Persergeschichten," *Vermächtnis der Antike, Gesammelte Essays zur Philosophie und Geschichtsschreibung,* Carl Becker ed., Göttingen: Vandenhoeck and Ruprecht, 1960, p.139。他与 Hans Peter Stahl（"Herodots Gyges-Tragödie," 386—387页）都给出了赞瑟斯版本的概述。

[3] 译者按，以下译文采用郭斌和、张竹明译《理想国》，北京：商务印书馆，1986年。

哪里去？我们当场就能发现，正义的人也在那儿干不正义的事。人不为己，天诛地灭嘛！人都是在法律的强迫之下，才走到正义这条路上来的。我所讲的随心所欲，系指像吕底亚人巨吉斯的祖先所有的那样一种权力[①]。据说他是一个牧羊人，在当时吕底亚的统治者手下当差。有一天暴风雨之后，接着又地震，在他放羊的地方，地壳裂开了，下有一道深渊。他虽然惊住了，但还是走了下去。故事是这样说的：他在那里面看到许多新奇的玩意儿，最特别的是一匹空心的铜马，马身上还有小窗户。他偷眼一瞧，只见里面一具尸首，个头比一般人大，除了手上戴着一只金戒指，身上啥也没有。他把金戒指取下来就出来了。这些牧羊人有个规矩，每个月要开一次会，然后把羊群的情况向国王报告。他就戴着金戒指去开会了。他跟大伙儿坐在一起，谁知他碰巧把戒指上的宝石朝自己的手心一转。这一下，别人都看不见他了，都当他已经走了。他自己也莫名其妙，无意之间把宝石朝外一转，别人又看见他了。这以后他一再试验，看自己到底有没有这个隐身的本领。果然百试百灵。只要宝石朝里一转，别人就看不见他。朝外一转，就看得见他。他有了这个把握，就想方设法谋到一个职位，当上了国王的使臣。到了国王身边，他就勾引了王后，跟她同谋，杀掉了国王，夺取了王位。[②]

格劳孔说的故事与希罗多德版本的差异大得惊人。巨吉斯不再是

[①] 这里有两种可能的理解，一是"巨吉斯的祖先"，二是"吕底亚人克洛伊索斯的祖先巨吉斯"，见 Bernard Bpsanquet, *A Companion to Plato's Republic for English Readers*, London, Rivingtons, 1906，74 页注。

[②] Paul Shorey trans., Plato, in *Twelve Volumes, V. The Republic*, Cambridge, Mass: Harvard University Press, 1982, Loeb Classical Library, I: 117–118.

一个朝臣（希罗多德版本），而只是一个牧羊人。也许这反映了"巨吉斯（Gyges）"这个名字的词源，即"来自大地的（of the earth）"或"凡人，住在地球的人（earthling）"[①]。更甚者，巨吉斯还有一个由某种神秘的方式而得到的魔法指环——他很快就知道这个指环能让他拥有隐身（invisible）的能力。当他了解了这种能力后，他马上就开始计划勾引国王的妻子，然后像希罗多德版本所说的那样谋杀国王。对希罗多德来说，这是一个也许可以称作"宠爱妻子的国王"的民间故事，但对柏拉图而言，这个故事所说的是，在不会被发现的情况下，义人有行不义之事的可能性。因此他的故事里引入了隐身指环这样的主题。

希罗多德的版本非常清楚地分为了四幕。第一幕是坎道列斯说服巨吉斯[②]。第二幕是巨吉斯如何在隐蔽处偷看了裸体的王后[③]。第三幕发生在第二天清晨，王后面质巨吉斯，让他在被杀与弑君之间作出选择。第四幕，也就是最后一个场景，是巨吉斯刺杀国王。格劳孔在《理想国》中所说的版本，只是对希罗多德第一幕的一个简要概括，但根据格劳孔所说，是巨吉斯自己想拥有王后。一得到能满足他这个不道德欲望的力量，巨吉斯就开始行动了。在《理想国》中，巨吉斯是非常激进主动的。在希罗多德的版本中，他是被动的，受控于坎道

[①] Susanne Bernard, "The Ring of Gyges," *Plato's Dialogues, Republic*（https://www.plato-dialogues.org/tetra_4/ republic/gyges.htm）.

[②] John G. Gammie 曾指出，坎道列斯本身是一个非常典型的希罗多德式暴君，他的证据有：1.坎道列斯傲慢，其行为毫无缘由，或不受习俗所约束；2.对仆人的反应前后不一致；3.有与传统习俗背道而驰的倾向性；4.对女性有某种暴力倾向。见 "Herodotus on Kings and Tyrants: Objective Historiography or Conventional Portraiture," *Journal of Near Eastern Studies*, 45（1986），p.174.

[③] 艺术家对这个场景非常着迷；例如法国画家 Jean-Léon Gérôme（1824—1904）的 *King Candaules*（1859）。

列斯和王后①。尽管巨吉斯的形象因希罗多德戏剧性的创造而显得栩栩如生，但《历史》中的巨吉斯是配不上坎道列斯的妻子的，她才是希罗多德故事中的主导人物。

有学者相信，很有可能是柏拉图编了这个故事让格劳孔说出来的。但更可能的是，这两个不同的故事版本来自口述传统②，它们属于两个冲突的故事传统，一个由那些原本反对巨吉斯篡位的人所传述（坎道列斯的后人或他的支持者），一个由那些试图淡化巨吉斯篡位之实，同时建立一条美尔姆纳达伊王族的谱系的人讲述（巨吉斯于公元前716—前678间在位，他的王嗣一样延续到克洛伊索斯［Croesus］，约公元前561/560—前547/546年在位）③。在这样的家族传述中，自然会掩饰巨吉斯对权力的欲望，弱化他的放荡，以及粉饰他篡夺吕底亚王位的行径，并将这些归咎于坎道列斯的错误判断，以及他的王后的脾性，正如希罗多德所写的那样。

在（希罗多德）之后的（其他）故事里，王后的名字变成了 Nysia或 Tudo（大马士革的尼古拉斯版本），而且她有"双瞳（dikoros）"和"龙石（drakontite，一种反咒）"，可以无视隐身指环的力量，让她看见隐身的巨吉斯④。在希罗多德的版本中，王后连名字都没有，也

①巨吉斯屈从其主人和王后时使用的语言是非常相似的，"巨吉斯这时既无法逃避，就只好同意这样做了"，以及"巨吉斯看到自己既无法脱身又根本不能逃跑"。

②Rosalind Thomas 曾指出，"大部分过去的家族的知识都是在古典时期通过口述的方式保存下来的"，*Oral Tradition and Written Record in Classical Athens*, Cambridge: Cambridge University Press, 1989, p.101。

③Robert Fowler 认为，柏拉图的重述"似乎曾用来记录希罗多德之前就已经存在的口述传统"，"Herodotus and His Prose Predecessors," *The Cambridge Companion to Homer*, Cambridge: Cambridge University Press, 2004, p.33。

④Kirby Flower Smith, "The Tale of Gyges and the King of Lydia," *American Journal of Philology*, 23.4（1902）, pp.367, 370.

没有任何武器，只有才智。希罗多德强调的不是她的美，而是她的足智多谋，当她发现巨吉斯偷偷溜走时当机立断作出决策，同时还能隐藏自己的情绪并仔细计划来作出报复。他在故事的前半部分只是简单地称她为"坎道列斯的妻子"（《历史》，I.8.2，"巨吉斯，我看我单是向你说我的妻子美丽，那你是不会相信的"），或是"那个女人"（I.9.1，"巨吉斯，不要害怕我和我的妻子〔那个女人〕"），每次都只是用"gynê"这个希腊单词，但在巨吉斯第一次见到她后，就改称她为"Basileia"（或曰"queen 王后"）（I.10.1，"便把巨吉斯引进了自己的卧室，过了一会儿，他的王后也跟进来了"）[1]。作为"王后"，她被塑造成非常果敢和一心复仇的高效率统治者。尽管巨吉斯和王后的正式会面重新引发了他之前跟坎道列斯谈话时的困境[2]，但王后所提供的选择是更为激进而严酷的：弑君或被杀。希罗多德甚至使用了相似的语言来表现这两幕的相似性。坎道列斯告诉巨吉斯，他进入房间之后可以躲起来"安静地"[3]观察他的妻子，同一个表述也出现在王后发现巨吉斯偷窥自己后如何压抑自己情绪的场景中[4]。

尽管读者不知道王后是怎么知道是她的丈夫背叛她的，有一份名

---

[1] 很多学者都对这里国王与王后共用一间卧室感到不解，因为在爱奥尼亚（Ionic）社会里，贵族女性是享有单独的卧室的。这样的卧室安排与柏拉图版本的故事更契合，这样巨吉斯就可以先勾引坎道列斯的妻子，然后再杀了他。

[2] 关于希罗多德版本中的重复，参见 Timothy Long, "Toward a Method, Gyges and Candaules' Wife," *Repetition and Variation in the Short Stories of Herodotus*, Frankfurt am Main: Anthenäum, 1987, pp.9–38。

[3] 译者按，I.9.2，希腊文作 *hesuchiên...theasasthai*，倪氏这里解释为"in silence"，上引中文译文文作"逍遥自在地"。

[4] 译者按，I.11.1，希腊文作 *hesuchiên eiche*，倪氏这里解释为"she remained silent"，上引中文译本作"她一语不发装作若无其事"。

为"巨吉斯悲剧（Gyges Tragedy）"的残片（年代不确）[1]提供了一种可能性[2]。王后是这么说的：

> 我清楚地看到了巨吉斯，不是胡乱指认，
> 我害怕这是不是什么寝宫弑杀的阴谋——
> 像那些暴君的后果；
> 但当我看到坎道列斯还醒着的时候，
> 我就知道发生了什么，以及是谁做的。

在研究这块关于巨吉斯的残片与故事时，Kirby Flower Smith 教授猜测，原始的故事应该包含三个基本部分：第一部分叙述的是坎道列斯如何愚蠢地说服（或曰准许）巨吉斯去看他的妻子，第二是巨吉斯和王后如何成为情人的情色场景，最后则是王后的复仇[3]。在他猜想的背景故事里，这个情色情节可能并不符合希罗多德关于巨吉斯听到

---

① 这些残片最早由 E. Lobel 在 1950 年出版，"A Greek Historical Drama," *Proceedings of the British Academy*, 35: 1–12；A. E. Raubitschek（1912–1999）后讨论过其年代和重要性，见 "Gyges in Herodotus," *Classical Weekly*, 48.4, 1955.1.24: 48–50；亦可参见 Roger Travis, "The Speculation of Gyges in P. Oxy. 2382 and Herodotus Book, 1," *Classical Antiquity* 19.2（2010.10）: 330–359。

② 第二种可能就是（尽管 Smith 反对这种观点），王后能用她的双瞳来看到站在门背后的巨吉斯（Kirby Flower Smith, "The Tale of Gyges and the King of Lydia," *American Journal of Philology*, 23.4［1902］, p.373）。

③ Smith 对原故事作了一个相当长的重构，似乎其中有来自不同材料和时代的主题（"The Tale of Gyges and the King of Lydia"，383—385 页）。不过，更有可能的是，故事的原始形态已经遗失了，而当时所存材料中的诸变种更多地证明了地域和故事传播者的差异。译者按，故事传播者 logopoioi，是希罗多德对他之前的讲述者的称呼，又作 "logographor"，意为"早期叙事散文的书写者，讲故事的人"，参见 https://www.oxfordreference.com/view/10.1093/oi/authority. 20110810105308638。

王后之召时的反应的描述："巨吉斯做梦也没有想到王后已经知道了昨夜发生的事情，所以就遵命来见王后了"。

另外一些希罗多德肯定使用了巨吉斯故事的原始口述材料的证据包括：巨吉斯两次谈话（一次与国王，一次与王后）的相似结构；两次相距很近的重复表达（repetition），"坎道列斯宠爱上了自己的妻子，他把她宠爱到这样的程度，以致认为她比世界上任何妇女都要美丽得多（most beautiful of all women）"（I.8.2），和紧随其后巨吉斯的回应"我承认您的妻子是举世无双的丽人（most beautiful of all women）"①。如此多样的文学主题、修辞手法，尤其是还有这么多同义词的并置，都揭示了希罗多德在塑造这部作品时的痕迹。这个故事中的三个主题展示了观看（see/look）的不同方法，思考的不同类型，以及信任。以希罗多德对 peithô（从个人内心升腾起的信念）和nomos（基于社会准则或规范的信念）②这两种对立形式的呈现为例。当坎道列斯怀疑巨吉斯对他妻子之美的信服时，他使用了 peithô 的一种变形（ou peithesthai，即"不〔会〕相信"，I.8.4），巨吉斯引用了一句古谚（nomos）"每个人都只应当管他自己的事情（look only at what belongs to you, I.8.4）"来反驳国王的话。希罗多德也玩起了同样有"去看"之义但又有微妙差异的不同动词，他将 oraô（看，感

---

① 亦可参见 Timothy Long, "Toward a Method, Gyges and Candaules' Wife," *Repetition and Variation in the Short Stories of Herodotus*。

② 有关 nomos 在这个 logos（译者按，此处应取其最早的含义之一，即故事、交谈、话语，对应上页注中的 logopoioi，讲故事的人）中的作用，见 Michael Davis, "The Tragedy of Law: Gyges in Herodotus and Plato," *Review of Metaphysics*, 53.3（2000.3）: 635–655；以及 Rosalind Thomas, "The Intellectual Milieu of Herodotus," *Cambridge Companion to Herodotus*, Cambridge: Cambridge University Press, 2007, p.69。
司马迁和希罗多德之间还有一个相似点，那就是他们都很重视"礼"和"个人的责任"（参见《史记》卷一三〇，3298页）。

知，I.9.1，9.3，10.3，11.1，11.2和11.4）变成了theaomai（检查，回顾，思考，I.8.2，9.2，10.1，11.3）。例如，"在自己裸体的时候被人看到（*oraô*），甚至对于男子来说，都被认为是一种奇耻大辱"，与之形成强大对比的是，当提到巨吉斯看到坎道列斯妻子的裸体时使用了语气更强的动词*theaomai*，有批评者因此认为王后的抱怨"你看见了我的裸体"含有"你窥视了我"的意思[1]。巨吉斯自己也引用了"每个人都只应当管他自己的事情"来告诫国王。而且，尽管希罗多德的故事里没有什么魔法指环，却有坎道列斯坚持说巨吉斯所作所为都是在他的权力控制之下，因此对王后而言是"隐身（invisible）"的。王后察觉到巨吉斯时——对王后而言不是"隐身"的——当下的反应，与坎道列斯在评估整件事时那种没有远见的形象形成了强烈的对比，尤其是他在评价他的妻子时说的"巨吉斯，*不要害怕我和我的妻子（那个女人），不要疑心我说这话是打算试探你的忠诚，也不要害怕你的女主人会把什么危害加到你身上*"（斜体是笔者所加）。甚至在希罗多德故事结尾提到的阿尔奇洛科斯的诗（I.12）也回到这个"看"的主题（sight motif），"我不担心黄金巨吉斯的健康，也从未妒忌过他；我不羡慕诸神的杰作，我也不想要至上的专政；因为这些都是*我目不能及的*（far beyond my sight）"[2]。所有这些都与希罗多德的信念相符，用坎道列斯的话说就是，"人们总是以眼见为实，耳闻为虚"[3]。信

---

[1] 参见 Timothy Long, "Toward a Method, Gyges and Candaules' Wife," *Repetition and Variation in the Short Stories of Herodotus*, p.31.

[2] 引自 Marc Shell, "The Ring of Gyges," *Mississippi Review*, 17（1989），p.28.

[3] 这样的例子很多，以下的这段话（希罗多德推测埃及一开始可能是尼罗河的淤泥冲积而成的海湾）也说明希罗多德对"眼见为实"的信念："因此，关于埃及，我首肯这样说的人们的话，而且我自己也完全信服他们所说的话。因为我看到，尼罗河是在离相邻地区相当远的地方流到海里去的，在山上可以看到贝壳，地面上到处都蒙着一层盐，以致附近的金字塔都要受到损害。"（《历史》，II.12，133页）

任，或者说信念，可以看作故事的第三个主题。坎道列斯非常信任巨吉斯。他背叛了他妻子对他的信任。作为报复，她召来了她的心腹并尝试诱逼说服巨吉斯，一来她可以报复其丈夫，也让巨吉斯对其主公不忠。她诱逼巨吉斯的一个理由是他对坎道列斯过于"盲从"。巨吉斯成为国王后，忠于坎道列斯的支持者拥兵而起，但他们最后相信了德尔斐（Delphi，中译本作戴尔波伊）的神谕，神宣布巨吉斯为吕底亚的国王（I.13）。这里起义的主题响应了普鲁塔克（Plutarch）在其 *Moralia* 中的叙事，即巨吉斯篡夺坎道列斯王位的意图是如何得到卡利亚的阿瑟李斯（Aerselis of Caria）的武装支持的①。

　　总括而言，希罗多德在呈现这一叙事时似乎有四个意图。首先，这是设计来解释克洛伊索斯家族，即美尔姆纳达伊王朝，是如何统治吕底亚王国的。希罗多德是这样开始他的叙事的："吕底亚地方的人、阿律阿铁斯的儿子克洛伊索斯是哈律司河以西所有各个民族的僭主。"（I.6）。为了解释"海拉克列达伊族手里掌握着的主权"是如何"转到被称为美尔姆纳达伊族的克洛伊索斯一家的手里"的（I.7），希罗多德插入了巨吉斯的故事，跟荷马为其故事提供背景的做法是一样

---

① *Quaestiones Graecae*, 301f–302a，"坎道列斯认为它（赫拉克勒斯之斧）并无价值，并让他的一个随从扛着。但当巨吉斯叛变并与坎道列斯对战时，阿瑟李斯从米拉萨带领了一支部队来，并与巨吉斯同盟，他击败了坎道列斯和他的随从，把这把斧子和其他战利品一同带回了卡利亚"。见 "The Greek Questions," in Frank Cole Babbitt trans., *Plutarch's Moralia*, Cambridge: Harvard University Press, 1962（1936），p.233.
　　Gabriel Danzig 认为，"巨吉斯担任了一个军事职位（长矛手）这一事实，本身就像是一个暗示，正如在普鲁塔克故事版本中那样，推翻坎道列斯的本身就是一场军事政变"，见 "Rhetoric and the Ring: Herodotus and Plato on the Story of Gyges as a Politically Expedient Tale," *Greece and Rome*, 55（2008），p.182.

的[①]。其次，他试图囊括一些描绘妻子和妇女行拐诱骗的简单叙事，这也是目前最引人入胜的部分。再次，这是一个令人难忘的故事[②]，肯定吸引了希罗多德的读者，促使他们有热情继续读完《历史》这部有八本（九卷）之巨的长篇著作。希罗多德是否听过或读过这个故事的其他叙事，例如柏拉图说的版本，我们无法确定[③]。在某些地方（例如IV.81），希罗多德提到过他听到一些事件的不同叙事，但在这里他没有这么说。在第一卷的后面，当被波斯人所俘的克洛伊索斯试图从德尔斐的神谕中探知自己不幸命运的缘由时，皮媞亚向他复述了一个像是概括《历史》里故事（I.8—12）的版本："任何人都不能逃脱他的宿命，甚至一位神也不例外。克洛伊索斯为他五代以前的祖先的罪行而受到了惩罚。这个祖先当他是海拉克列达伊家的亲卫兵的时候，曾参与一个女人的阴谋，在杀死他的主人之后夺取了他的王位，而这王位原是没有他的份的。"（I.91，Purvis，51页）这个版本可能是忠于美尔姆纳达伊家族的学者所传述下来的叙事，他们用坎道列斯的愚蠢和神谕的裁决来合理化巨吉斯的王座。最后，从更大的层面看，巨吉斯的故事支撑起了整个《历史》的框架，巨吉斯的悲剧，以及其平行故事——薛西斯爱上了他兄弟玛西斯铁斯的妻子（《历史》，IX.108—

①见 Irene J. F. de Jong 的讨论，"Narrative Units and Units," *Brill's Companion*, pp.253-254。

②如 Gabriel Danzig 所言（"Rhetoric and the Ring"，175页），"希罗多德意识到，要写一部文学作品，描写一位美丽的女性是非常好的开头"。

③Gabriel Danzig（上引文章）和 Andrew Laird 最近提出了柏拉图编造了他自己的巨吉斯故事版本的观点，对笔者而言缺乏说服力，见 Andrew Laird, "Ringing the Changes on Gyges: Philosophy and the Formation of Fiction in Plato's *Republic*," *Journal of Hellenic Studies*, 121（2001）: 12-29。

113，最后一卷的故事），是整部书的背景架构[①]。Erwin Wolff 认为，希罗多德想将《历史》的开头与玛西斯铁斯的故事形成一个呼应，这就是他选择这个版本的巨吉斯故事的原因[②]。

司马迁与舜的故事

我们现在要从希罗多德《历史》最后的故事转移到司马迁《史记》开头的一些故事来。与希罗多德在《历史》中的做法一样，司马迁的第一卷《五帝本纪》开篇也叙述了一些最早的统治者以及他们的祖先的故事。他对中国最早的三大帝王，即黄帝、颛顼以及尧的叙述，比希罗多德为吕底亚国王，即坎道列斯的祖先所写的都要长[③]。

[①] John G. Gammie 制作的表很好地呈现了这些平行故事，从表中我们可以看出，坎道列斯非常迷恋（herasthê）自己的妻子（I.8.1），而薛西斯则爱上了（hera）自己的弟媳（IX.108.1）；两个女性的名字都没有被提及；坎道列斯是自发要巨吉斯偷窥自己妻子的（I.8.2），而薛西斯也是主动跟他想要的阿尔塔翁铁斯提出请求的（IX.109，译者按，阿尔塔翁铁斯 Artayntes，薛西斯弟弟与其无名的妻子所生，薛西斯对这位无名的弟媳求而不得，转而想将他们的女儿 Artayntes 嫁给自己的儿子大流士 Darius）；事情接踵而来，对坎道列斯（chrên gar kandaulêi genesthai kakôs, I.8.2）与阿尔塔翁铁斯及其家人（tei de kakôs gar edee panoikiê genesthai, IX.109.2）来说都非常不利；坎道列斯被冒犯的妻子并没有给出可以让步的选择（I.11.2），薛西斯被冒犯的妻子也利用了波斯的法律与惯例提出了一个薛西斯无法拒绝的要求（IX.110–111）；未来的独裁者巨吉斯发现自己处于一个非常困难的境地，他要杀掉自己的君主（I.11），而正任国王的薛西斯也受习俗所制而不得不同意妻子的请求，将他之前倾心的女子交给妻子处死或残害（IX.110–111）；神谕说巨吉斯的家族五代之后将会遭报复（I.13），玛西斯铁斯的家族（即国王的兄弟）被薛西斯歼灭了（IX.113）。见 John Gammie, "Herodotus on Kings and Tyrants: Objective Historiography or Conventional Portraiture?" *Journal of Near Eastern Studies* 45（1986）: 186–187.

[②] Erwin Wolff, "Das Weib des Masistes," *Hermes* 92（1964）: 51–81. 亦见 John Gould, *Herodotus*, New York: St. Martin's Press, 1989, p.31。

[③] 见 Felix Jacoby 关于吕底亚故事（logos）的讨论，*Griechische Historiker*, Stuttgart: Alfred Druckenmüller, 1956, pp.419–423。

而且，司马迁主要关注这三个神话中的统治者作为伟大的文明缔造者的公共形象，甚少提及他们私下的个性或形象。从第四个上古皇帝舜开始，他的轶闻中出现了对这些早期统治者神迹般的创造力的叙事转移①。这些轶闻也是从叙述舜的祖先谱系开始的，就像希罗多德先罗列巨吉斯的先祖一样。舜一开始出现是在他的前任帝尧的统治末期的叙事里，这有点类似于预叙（prolepses，或 flash-forward②）。尧在晚年时想寻找贤人来"践朕位"，四岳向他举荐了舜，因为尽管"父顽，母嚣，弟傲"，但舜还是"能和以孝"（《史记》，21页）。最后，尧决定将其二女嫁与舜。尧崩时，舜曾自己躲起来以避让尧的儿子丹朱，但最后还是被众人推举而登位。在叙述完这些之后，出现了一段舜的传记，又大致地复述了一下上面提到的故事：

> 虞舜者，名曰重华。重华父曰瞽叟，瞽叟父曰桥牛，桥牛父曰句望，句望父曰敬康，敬康父曰穷蝉，穷蝉父曰帝颛顼，颛顼父曰昌意：以至舜七世矣。自从穷蝉以至帝舜，皆微为庶人。③（《史记》，31页）

从这里开始，司马迁接着给出了更多关于他的家庭关系的细节（32页）：

---

① 有关舜的材料的最好介绍，见艾兰（Sarah Allan）的 *The Heir and the Sage*, San Francisco: Chinese Materials Center, 1981, "Legend Set 1: Tang Yao to Yu Shun", pp.27–54。

② 译者按，电影术语，表示提前叙述未来事件，与闪回（flashback）相反。

③ 本文所用《史记》英译文均引自 *Grand Scribe's Records, Volume I: The Basic Annals of Pr-Hans China*, William H. Nienhauser, Jr. ed., Bloomington: Indiana University Press, 1994。（译者按，本译文均采用《史记》中华书局1959年本。）（转下页）

舜父瞽叟盲[①]，而舜母死，瞽叟更娶妻而生象，象傲。瞽叟爱后妻子，常欲杀舜，舜避逃；及有小过，则受罪。顺事父及后母与弟，日以笃谨，匪有解。

司马迁这里处理的是中国历史中最早且记事模糊的时代，他自己的行文风格也加深了这一模糊性。他在介绍这么多人物时都没有介绍其时代背景。而且，他的文本前后也不能保持一致性。如果舜能（在其父亲欲杀之时）"避逃"，那他又是如何"有小过，则受罪"的呢？如果瞽叟"常欲杀舜"，舜是如何能"顺事"他的家人的呢[②]？更让人

（接上页）有关舜的研究，还可参考叶乃渡（Eduard Erkes）的 "Zur Sage von Shun," *T'oung Pao*, 34（1939）: 295–333；佛尔克（Alfred Forke），"Yao, Shun and Yü," *Asia Major*, 1（1944）: 9–55；Wolfgang Münke, "Shun," *Die klassische chinesische Mythologie*, Stuttgart: Ernst Klett, 1976, pp.288–301；Gerhard Schmitt, "Shun als Phönix-ein Schlüssel zu Chinas Vorgeschichte," *Altorientalische Forschungen*, 1（1974）: 310；艾兰（Sarah Allan），*Heir and the Sage*, San Francisco: Chinese Material Center, 1981。

① 据《正义》解释"瞽叟"曰："无目为瞽，舜父有目不能分别好恶，故时人谓之瞽，配字曰叟。叟，无目之称也。"因此，下文说"舜父瞽叟盲"是可能的，因为"瞽"在这里只是比喻义。《庄子·逍遥游》里也有类似的关于盲的讨论，见郭庆藩，《庄子集释》，中华书局，1989年，30页。"瞽叟"这个名字毫无疑问是与其子之名"重华"（双瞳）相对的。

② 陆威仪（Mark Edward Lewis）曾讨论过"恶父孝子"的问题，见"Flood Taming and Lineages," *The Flood Myths of Early China*, Albany: SUNY Press, 2006, pp.79–108。他指出，"中国早期神话中有一个不断出现的模式，即贤人之父为恶人，而且他们自己一般也会生出邪恶的后代。在这段时期保留下来的圣人传说里，几乎有着这样一种规则，即如果代际之间的转变在文本中被标示出来了，一般都是道德质量或价值发生了颠覆。一个高尚的贤人或圣人不可避免都有一个不好的父亲，如果他们的父亲被提到了，那么这个圣人的儿子也会是个坏人。"（81页）他还指出，瞽叟和舜之间有一些共同点，例如他们都是世袭的乐人（101页），陆威仪此处引了《国语》和《吕氏春秋》的记载作为支持。

迷惑的是，司马迁写着写着又重新介绍了一遍舜，而且这次是使用他在人物传记中惯常的开篇手法：

> 舜，冀州①之人也。舜耕历山，渔雷泽，陶河滨，作什器于寿丘，就时于负夏。②

这里所举之事就像是在描述舜的日常生活一般，但在与《史记》几乎同时期的其他叙述中（如《新序》③），这是四岳举荐舜后，尧给舜安排的工作，用来考验舜的能力。但在这里，并没有交代这些事的任何时间背景。在这段之后，又出现了一段重复的记载——已经是第三次了——即舜与其父亲、继母和兄弟的关系：

> 父瞽叟顽，母嚚，弟象傲，皆欲杀舜。舜顺适不失子道，兄弟孝慈。欲杀，不可得；即求，尝在侧。

沙畹在其译本的此处注释说，这些几乎一字不差地对舜家庭问题的重复反映了司马迁编书时的程序，其中一步就是将不同的故事（版本）缝合在一起，却没有建立任何时间或叙事的统一性④。尽管司马迁

---

① 大致相当于今天山西的西部和中部地区，见 *Grand Scribe's Records*，第一卷，11 页，注 122。
② 据考，历山为今雷首山，位于今山西西南部汾水和黄河汇流处附近，见 *Grand Scribe's Records*，第一卷，11 页，注 123。雷泽和负夏就在历山附近。
③ 刘向著，石光瑛校释，《新序校释·杂事篇》，北京：中华书局，2001 年，1—20 页。石光瑛的注中引用了诸多关于舜生平的重要早期数据。
④ 沙畹，*Les mémoires historiques de Se-ma Ts'ien*，Paris: Ernest Leroux, 1895，第一卷，73 页，注 2。

有时会在《史记》的不同卷目中记录同一个人物的不同故事传统（如《楚世家》和《屈原列传》都记录了屈原的事），但上引两个文段几乎是一模一样的，因此似乎不需要考虑它们是属于"不同的故事/版本（diverse legends）"[1]。

随着文本进一步展开，情况变得越来越复杂;《史记》又重复了《五帝本纪》早前的另一个主题，即舜是如何被推荐给尧的（《史记》，33页）：

> 舜年二十以孝闻。三十而帝尧问可用者，四岳咸荐虞舜，曰可。于是尧乃以二女[2]妻舜以观其内，使九男与处以观其外。舜居妫汭，内行弥谨。

早前，舜是作为"矜（单身男子）"而被推荐给尧的，这里只说他是二十岁（在当时，正常的婚嫁年龄为三十[3]）。在这里司马迁很有可能是将相似的文本缝合在一起，却没有想着去提供任何时间或叙事顺序。

> 尧二女不敢以贵骄事舜亲戚，甚有妇道。尧九男皆益笃。

在大马士革的尼古拉斯的巨吉斯故事版本中，坎道列斯对巨吉斯进行

---

[1] 父顽、母嚚、弟傲的描述见于《尧典》，见孙星衍，《尚书今古文注疏》，北京：中华书局，1986年，2:5581:30。译者按，《尧典》及相关记载在《尚书今古文注疏》卷一。

[2] 据后来的叙事可知为娥皇与女英。

[3] 见崔述的评论，引自泷川资言，《史记会注考证附校补》，上海：上海古籍出版社，1986年，31页。

了诸多的考验。《尚书·小序》记载"虞舜侧微，尧闻之聪明，将使嗣位，历试诸难"①。因此，似乎尧帝在将自己的女儿许配给舜时，实际是想测试一下，舜能否将其在农、渔、陶三方面的积极态度也扩展到与其女儿的相处之中。

《史记》的叙事接着又回到了舜在渔、农方面的贡献：

> 舜耕历山，历山之人皆让畔；渔雷泽，雷泽上人皆让居；陶河滨，河滨器皆不苦窳。一年而所居成聚，二年成邑，三年成都。尧乃赐舜絺衣与琴，为筑仓廪，予牛羊。

故事到这里，似乎是说尧已经考验完舜，正要准备给他安排一些重要的职位。但司马迁的叙事并不如此。相反，读者被迫无奈要再看一遍舜和他的父亲以及兄弟之间糟糕的家庭关系（已经第四次了）：

> 瞽叟尚复欲杀之，使舜上涂廪，瞽叟从下纵火焚廪。舜乃以两笠自扞而下，去，得不死。后瞽叟又使舜穿井，舜穿井为匿空旁出。舜既入深，瞽叟与象共下土实井，舜从匿空出，去。瞽叟、象喜，以舜为已死。象曰："本谋者象。"象与其父母分，于是曰："舜妻尧二女，与琴，象取之；牛羊仓廪予父母。"象乃止舜宫居，鼓其琴。舜往见之。象鄂不怿，曰："我思舜正郁陶！"舜曰："然，尔其庶矣！"舜复事瞽叟爱弟弥谨。于是尧乃试舜五典百官，皆治。②

---

① 孙星衍，《尚书今古文注疏》，558页。
② 《史记》卷一，32—33页。

这里交代了舜是如何让尧信服并最终被选中来继帝位的背景故事（《史记》接下来记述的是舜作为统治者的官方举措）。这些故事所要强调的重点，是舜对其父亲的孝以及对其弟弟的悌，还有就是舜在重塑民众（包括普通人和贵族）方面的作用。

司马迁以一种近乎概述的风格讲述了全部的故事版本序列，这有点像是奥尔巴赫（Eric Auerbach）所描述的那种风格："只有叙事中的关键点被强调出来，这些关键点之间的事均未有交代（nonexistent 不存在的）；时间和地点也是不确定的，需要人们去解读；思想和感情也没有被表达出来，只能从沉默和破碎的言说中体会，整个……（都）难以捉摸。"①读者可能已经感觉到，也许可以跳过这些重复的叙事，至少可以跳到最后的那个场景，在那里我们终于看到舜和象两兄弟在舜的家中对质，让人不得不想起巨吉斯试图从寝宫里偷偷溜走的紧张场景。梁玉绳在看到此处时的反应也许是最能代表传统读者的，他说："象居宫，鼓琴，二女何以自安？且是时舜在何处而反往见象耶？"②梁玉绳可能想到的是万章（就像柏拉图书中的格劳孔）在《孟子》里讲述的另一个版本：

---

① Eric Auerbach（1892–1957），*Mimesis*, Princeton: Princeton University Press, 2003, pp.11–12. 译者按，中译本可参考吴麟绶、周新建、高艳婷译，《摹仿论》，天津：百花文艺出版社，2002年，12页。这里的最后一句原文为 "the whole...remains 'fraught with background'"，字面意思是"充满了背景"，这是奥尔巴赫在对比荷马和圣经两种文本风格时对圣经的一个描述，相对地，他用 foreground 来形容荷马所描写的宙斯等人物的特点。简而言之就是，置于前景（foreground）的人物，其思想、情感、动机都被清楚呈现而又紧密联系，人物对于读者而言是非常清晰的；置于背景（background）的人物，则缺乏前景人物的这些要素，以至于读者难以确切地把握这些人物的思想和情感，故此处译为"难以捉摸"，是一种充满神秘感的置身于巨大虚空般（background）的感受。
② 梁玉绳，《史记志疑》，中华书局，1982年，18页。

万章曰：“父母使舜完廪，捐阶，瞽瞍焚廪；使浚井，出，从
而掩之。象曰：‘谟盖都君，咸我绩；牛羊父母，食廪父母，干戈
朕，琴朕，弤朕；二嫂使治朕栖。’象往入舜宫，舜在床琴[1]，象
曰：‘郁陶，思君尔！’忸怩；舜曰：‘惟兹臣庶，汝其于予治。’[2]
不识舜不知象之将杀己与？”[3]

这里，我们看到了《史记》没有说的象杀其兄的目的。象宣明了
自己才是谋杀舜整件事背后的主使，他决定了如何瓜分舜的财产，包
括舜的妻子——只是他到了舜的家中时却发现舜并没有死，还坐在家
中等他。这些都不见于《史记》。司马迁肯定是读过《孟子》的。那
么为什么他却无视了这段记载？也许是他感觉万章透露出的对舜的评
价（万章怀疑舜不是真的不知道象要杀自己）与司马迁自己的不同。
无论如何，万章对当时普遍接受的故事的质疑，暗示了当时可能存在
舜故事的其他版本，而这些没有被《史记》收录其中。

万章在与孟子的讨论中提供了更多有关舜放逐象的证据（《孟
子》，5a.3.1—2）：

万章问曰：“象日以杀舜为事，立为天子则放之，何也？”孟
子曰：“封之也。或曰放焉。”万章曰：“舜流共工于幽州，放驩兜

---

[1] 有关舜所作之乐，可参见 Schmitt, "Shun als Phönix", 316页。早期中国最优
秀的音乐家，一般都是像舜的父亲这样的盲人。

[2] 《索隐》说这句话是“《孟子》取《尚书》文”，《史记》，35页；又见阎若璩，
《尚书古文疏证》，4.26b，四库全书本。

[3] 原文采用 D. C. Lau 的译本，*Mencius*, Harmondsworth: Penguin, 1970, pp.139–
140。

于崇山，杀三苗于三危，殛鲧于羽山①：四罪而天下咸服，诛不仁也。"②

这里有两点值得思考。首先，孟子承认有一些与他不同的传统或解读，即"或曰放焉"。第二，万章指出了舜为保持天下安宁而采取的更暴力的手段，即"流""放""杀"和"殛"。舜垂拱无为而天下大治，正如有人所说的理想贤君所应该做的那样③。其他的早期文本关于舜的事迹的描述所反映出的正是这种更为激进的传统——让我们想起普鲁塔克所认为的，巨吉斯是通过武装叛乱来夺取王位的。这样的叙事可见于《越绝书·吴内传》：

> 舜有不孝之行。舜亲父假母，母常杀舜。舜去，耕历山。三年大熟，身自外养，父母皆饥。④

这是对舜耕历山的另一种解读。尽管他在历山的成就给尧留下了印象，但作为长子他却没有供养自己的父母。这里看似是由于家庭矛盾而导致舜到历山耕作，这一时间顺序并不见于《史记》，但却是其他汉代以及后来文本的通行解释。而且，《越绝书》还将罪责放在了舜的继母头上，而不是其他的男性家庭成员（其他大部分文本认为是男

---

① 亦见《史记》28页。不过《史记》载"四罪"（共工、鲧、三苗和驩兜）也是四岳向尧推荐的继位者。

② D. C. Lau, *Mencius*, p.140.

③ 亦见孔子关于舜的评价，"无为而治……恭己正南面而已矣"，《论语》，15.4。

④ 《越绝书》，3.34b，四库全书本；亦见 Keith Nathaniel Knapp, *Selfless Offspring, Filial Children and Social Order in Medieval China*，檀香山：夏威夷大学出版社，2005年，51页。

性)。《庄子》里也可以看到舜作为一个负面人物的传统，其曰"尧不慈，舜不孝"，又曰"尧杀长子，舜流母弟"①。《庄子》里还有其他对舜之成就的批评性解读，例如《天运》篇：

> 舜之治天下，使民心竞，民孕妇十月生子，子生五月而能言，不至乎孩而始谁，则人始有夭矣。②

尽管这段文字的基调可能只是代表了某种道家对儒家典范的看法，但这里描述的独特细节，暗示了它们可能来自另外一个故事群。

刘向在《说苑》里也引用了对舜耕历山的另一种解释：

> 故舜耕历山而逃于河畔，立为天子则其遇尧也。③

这里暗示了舜在历山的成绩——在司马迁的叙事里缺乏任何的背景介绍——是引起尧对他关注的重要因素，而不仅仅是像《史记》叙述顺序所暗示的那样只是对农民纯粹的善举。《庄子·让王》篇也有类似的主题：

> 舜以天下让其友北人无择，北人无择曰："异哉后之为人也，居于畎亩之中而游尧之门！不若是而已，又欲以其辱行漫我。吾

---

① 这两句都出自《盗跖》篇，见《庄子集释》，4:9B.997以及1005。原文采用华兹生的译文，*The Complete Works of Chuang Tzu*, New York: Columbia University Press, 1968, pp.328，333。

② 郭庆藩（1844—1896）指出，"古者怀孕之妇，十四月而诞育，生子两岁，方始能言"，见《庄子集释》，2:5B.528。

③ 刘向著，向宗鲁校证，《说苑校证·杂言》，北京：中华书局，1987年，423页。

羞见之。"因自投清泠之渊。①

这些不一样的传统②正是东方朔在其《怨世》中提到的："唐虞点灼而毁议。"③它们肯定是通过口头传述的，正如以下万章和孟子之间的对话所言：

> 万章曰："父母爱之，喜而不忘；父母恶之，劳而不怨④。然则舜怨乎?"曰："长息问于公明高曰：'舜往于田，则吾既得闻命矣。号泣于旻天，于父母，则吾不知也。'公明高曰：'是非尔所知也。'夫公明高以孝子之心为不若是恝；我竭力耕田，共为子职而已矣；父母之不我爱，于我何哉!"⑤

我们可以很明显地从这个对话得知，就算是早期的读者也对舜故事的复杂性感到困惑。与大多数早期文学作品一样，这些舜的故事都是口述流传下来的，其中不乏像公明高和孟子所说的那种解释。

如上所见，诋毁舜的人并不相信儒者的观点。就算是后来的与儒家有关系的作者，如韩非子，也觉得将舜看作圣人是有问题的："舜

---

① 《庄子集释》，4:9B.984—985；英译见华兹生译本，*Chuang Tzu*，320页。
② D. C. Lau 在讨论关于舜的材料时说："也许，我们这里强调一下这一事实并不是不合时宜的：儒家关于舜的故事只是早期历史的一个版本而已，同时还存在着其他版本。例如，据儒家版本，尧退位让舜……但是根据《竹书纪年》，舜把尧囚禁起来了。" *Mencius*，224页。
③ 英译见霍克思（David Hawkes），*Songs of the South*, Oxford: Oxford University Press, 1959, p.126；原文可参见，《楚辞补注》，北京：中华书局，1983年，245页。
④ 此处引自《论语》，4.18。
⑤ 英译见 D. C. Lau, *Mencius*，138页。

偪尧，禹偪舜，汤放桀，武王伐纣，此四王者，人臣弑其君者也，而天下誉之。"①这些负面的传统很可能起源自尧的继位者之间的政治斗争。上引《孟子》里万章的一段话（5a.3.1—2），正说舜为了争得帝位而流放或杀害了共工、驩兜和鲧等，他们都曾被推荐为尧的继位者（《史记》，20页），正与巨吉斯击败赫拉克利德斯家族和泰罗尼达斯家族一样。舜，正如柏拉图和大马士革的尼古拉斯所讲述的版本里的巨吉斯那样，只是一个普通人②。

不过，在《史记》成书后几个世纪内被写下的那些文本中，舜的传奇故事的流变一直紧贴着《史记》的叙事，就好像希罗多德的巨吉斯故事版本成了后来的主流一样。最著名的故事仍然是舜的父亲及其继弟都想要杀了他③。梁玉绳认为这些故事肯定是战国时期的游说之士所编造的："焚廪、捭井之事，有无未可知，疑战国人妄造也。"④宋代之后，出现了很多《史记》的选本，如吕祖谦（1137—1181）的《史记详节》。在这些文本中，舜从廪和井中逃命的部分被省略了⑤。这些修订过的故事版本并不容许像《庄子》《韩非子》以及《孟子》里万章所说的那些与作为圣人的舜背道而驰的说法出现。因此，我们看不见任何描绘舜挫败他弟弟的图像（舜的妻子就在背景中），但却可以

---

① 参见《韩非子·说疑》，17.15b，四库全书本；这个传统亦见《难一》篇。
② 见《孟子》，7a.16，"舜之居深山之中，与木石居，与鹿豕游，其所以异于深山之野人者几希"，D. C. Lau 译本，227页。
  司马迁称舜是颛顼之后裔（《史记》，31页），但皇族之后变成平民似乎是不大可能的。
③ 见南恺时（Knapp）关于后来的舜的故事版本的精彩讨论，*Selfless Offspring, Filial Children and Social Order in Medieval China*, pp.49-50.
④ 梁玉绳，《史记志疑》卷一，18页。
⑤ 见吕祖谦，《史记详节·虞舜》，上海：上海古籍出版社，2007年，10—13页。

看到无数巨吉斯偷窥坎道列斯妻子的画作①。

结论

梁玉绳所说的一部分《史记》叙事是以口述传统为基础的这个观点②，将我们带回了司马迁所用史料来源的问题上。如上所述，希罗多德和司马迁都以他们长途旅行所听闻的事为基础③。希罗多德作品的整体结构模型常常被认为是荷马，即口述韵文体。一些学者批评他对事件或动因的描述不够严谨，常说是"据某某说"（如雅典人、科林人或是埃及祭司），但这种批评正说明他在传达的是那些他认为读者（或听众）非常熟悉的口述传统中的集体与社会记忆。因此同理，希罗多德讲述的巨吉斯故事无疑与美尔姆纳达伊家族的学者所说的是一样的。不过，司马迁所据的材料更为多样，他将不同流派的传统，无论是书写下来的（有的是一般文本，有的写在档案上）还是口头流传的（有些是周游天下时从当地听闻的，还有一些基础更广）都编织在一起。他会在每卷的最后说明自己编写的理由，在《五帝本纪》的最后他如是说：

> 余尝西至空桐，北过涿鹿，东渐于海，南浮江淮矣，至长老皆各往往称黄帝、尧、舜之处，风教固殊焉，总之不离古文者近是。予观《春秋》、《国语》，其发明《五帝德》、《帝系姓》章

---

① 例如 William Etty（1787—1849）的名画，"Candaules, King of Lydia, Shews His Wife to Gyges"。

② 译者按，作者全文并未引用梁玉绳这个观点，而是"疑战国人妄造"，应当区分开来。

③ Rosalind Thomas, "Introduction," *The Histories*, Robert B. Strassler ed., New York: Pantheon, 2007, p.xxii.

矣，顾弟弗深考，其所表见皆不虚。《书》缺有间矣，其轶乃时时见于他说。非好学深思，心知其意，固难为浅见寡闻道也。余并论次，择其言尤雅者，故著为本纪书首。[1]

司马迁向读者说明了自己所据的材料，强调了各地"风教"的差异。这些"风教"大都与司马迁在"古文"中看到的相近，就这里而言可能指的是《尚书》，《五帝本纪》的部分内容大概就采自其中。但司马迁也指出"《书》缺有间（不同），其轶乃时时见于他说"，他这里说的"他说"究竟指的是什么呢？是梁玉绳所说"战国人妄造"的吗？而且"说"这个字（意为"故事"或"解说"）也强烈地暗示了这些材料与孟子对万章说的"或曰放焉"一样具有口头属性。

司马迁"太史公曰"最让人奇怪的是最后一句，"余并论次，择其言尤雅者"。对材料进行选择和论次的过程是司马迁建立其风格的根基之一。但是，与希罗多德仅讲述了一个巨吉斯故事的版本相比，司马迁给读者提供了有关舜的故事大杂烩，而且它们似乎并没有什么明显的结构。舜与其家庭成员之关系的故事出现了四次，其中有三个版本舜的父亲都试图将其杀害。其他的一些事也重复出现过多次。因此很难找到证据来证明司马迁自己所说的"并论次，择其言尤雅者"。这使包括梁玉绳在内的学者都猜想这些"本纪"内容其实是衍文或后人所妄增[2]。不过，《五帝本纪》是《史记》的第一卷，按理说它应该属于比较完好地流传（不论是口头还是写本的形式）下来的部分才是。也许关于舜篡位的故事传统在司马迁时代的接受度，比巨吉斯与

---

① 《史记》卷一，46页。
② 《史记志疑》，17—18页；亦见李人鉴，《太史公书校读记》，兰州：甘肃人民出版社，1998年，6页。

魔法指环的故事在希罗多德时代的接受度要广得多。当时对舜的怀疑甚至让韩非子作出"舜一从而咸包，而尧无天下矣"的论断①。不过，如果说这种假设能解释为什么舜与其父亲的关系会重复出现一次，却还是无法解释为什么要几乎一字不差地重复几次舜的孝行。牛运震曾经试图解释这个现象②，他先是在《史记评注》（引自杨燕起等，《历代名家评〈史记〉》，323页）中指出舜与其父母的关系、耕历山这两类叙事有重复，然后提出："此皆先虚后实、先略后详之法。他史之妙，妙在能简。史记之妙，妙在能复。盖他史只是书事，而《史记》兼能写情。情与事并，故极往复缠绵、长言不厌之致，不知者以为冗繁，则非也。一部《史记》佳处正在此。"这让我们想起沙畹所说的《史记》"将不同的故事（版本）缝合在一起，却没有建立任何时间或叙事的统一性"（见上文）。这种现象可在圣经文本及其批评中找到。例如关于洪水的叙事（《创世记》，6.5—8.6）就提供了一些有趣的相似文段③：

VI

5耶和华见人在地上罪恶很大，终日所思想的尽都是恶，6耶和华就后悔造人在地上，心中忧伤。7耶和华说："我要将所造的人和走兽，并昆虫，以及空中的飞鸟，都从地上除灭，因为我造

---

① 见《韩非子·难三》，16.5a，四库全书本。
② 牛运震，山东滋阳人，字阶平，人称空山先生，1733年进士，撰有不少关于经典文献、历史和文学的文字（包括《春秋传》《空山堂文集》《史论》等），以廉洁勤政、兴利除弊而著称于世，事迹见《清史列传》，北京：中华书局，1987年，19:75.6196—6197。
③ 陆威仪已经指出，舜就是古代中国洪水神话的一部分，*Flood Myths*，181页，注1。

他们后悔了。"8惟有挪亚在耶和华眼前蒙恩。

9挪亚的后代记在下面。挪亚是个义人,在当时的世代是个完全人。挪亚与神同行。10挪亚生了三个儿子,就是闪、含、雅弗。

11世界在神面前败坏,地上满了强暴。12神观看世界,见是败坏了;凡有血气的人,在地上都败坏了行为。13神就对挪亚说:"凡有血气的人,他的尽头已经来到我面前;因为地上满了他们的强暴,我要把他们和地一并毁灭。14你要用歌斐木造一只方舟,分一间一间地造,里外抹上松香。15方舟的造法乃是这样:要长三百肘,宽五十肘,高三十肘。16方舟上边要留透光处,高一肘。方舟的门要开在旁边。方舟要分上、中、下三层。17看哪,我要使洪水泛滥在地上,毁灭天下;凡地上有血肉、有气息的活物,无一不死。18我却要与你立约,你同你的妻,与儿子儿妇,都要进入方舟。19凡有血肉的活物,每样两个,一公一母,你要带进方舟,好在你那里保全生命。20飞鸟各从其类,牲畜各从其类,地上的昆虫各从其类,每样两个,要到你那里,好保全生命。21你要拿各样食物积蓄起来,好作你和它们的食物。"22挪亚就这样行。凡神所吩咐的,他都照样行了。

VII

1耶和华对挪亚说:"你和你的全家都要进入方舟;因为在这世代中,我见你在我面前是义人。2凡洁净的畜类,你要带七公七母;不洁净的畜类,你要带一公一母;3空中的飞鸟也要带七公七母,可以留种,活在全地上;4因为再过七天,我要降雨在地上四十昼夜,把我所造的各种活物都从地上除灭。"5挪亚就遵着耶和华所吩咐的行了。

6当洪水泛滥在地上的时候，挪亚整六百岁。7挪亚就同他的妻和儿子儿妇都进入方舟，躲避洪水。8洁净的畜类和不洁净的畜类，飞鸟并地上一切的昆虫，9都是一对一对地①，有公有母，到挪亚那里进入方舟，正如神所吩咐挪亚的。10过了那七天，洪水泛滥在地上。

11当挪亚六百岁，二月十七日那一天，大渊的泉源都裂开了，天上的窗户也敞开了。12四十昼夜降大雨在地上。13正当那日，挪亚和他三个儿子闪、含、雅弗，并挪亚的妻子和三个儿妇，都进入方舟。14他们和百兽，各从其类，一切牲畜，各从其类，爬在地上的昆虫，各从其类，一切禽鸟，各从其类，都进入方舟。15凡有血肉、有气息的活物，都一对一对地到挪亚那里，进入方舟。16凡有血肉进入方舟的，都是有公有母，正如神所吩咐挪亚的。耶和华就把他关在方舟里头。

17洪水泛滥在地上四十天，水往上长，把方舟从地上漂起。18水势浩大，在地上大大地往上长，方舟在水面上漂来漂去。19水势在地上极其浩大，天下的高山都淹没了。20水势比山高过十五肘，山岭都淹没了。21凡在地上有血肉的动物，就是飞鸟、牲畜、走兽，和爬在地上的昆虫，以及所有的人，都死了。22凡在旱地上、鼻孔有气息的生灵都死了。23凡地上各类的活物，连人带牲畜、昆虫，以及空中的飞鸟，都从地上除灭了，只留下挪亚和那些与他同在方舟里的。24水势浩大，在地上共

①E. A. Speiser 指出，"都是一对一对地（two of each）"似乎是 *J* 文本的表述，但与文本他处的 *J* 文本数目不同。因此，他相信这是由某个后来的编辑者篡入正文的，大概是想与 *P* 传统的叙事保持一致。

一百五十天。

VIII

1神记念挪亚和挪亚方舟里的一切走兽牲畜。神叫风吹地，水势渐落。2渊源和天上的窗户都闭塞了，天上的大雨也止住了。3水从地上渐退。过了一百五十天，水就渐消。4七月十七日，方舟停在亚拉腊山上。5水又渐消，到十月初一日，山顶都现出来了。

6过了四十天，挪亚开了方舟的窗户，7放出一只乌鸦去；那乌鸦飞来飞去，直到地上的水都干了……①

E. A. Speiser 将有不同宗教背景的学者对上引文段的问题总结如下：

> 毋庸置疑，《圣经》关于洪水的记载是一个复合的叙事，它反映了不止一个独立的材料来源。其中一个可以追溯到 *P*（即祭司传统 Priestly），除了有一两句之外，其余都很容易就能辨认出来。但祭司之外的叙事者或叙事者们却引起了相当多的问题和争论。不过，如果你准备忽略一些技术性极高的细节……那么就不会太难接受 *J*（耶和华传统）作为唯一的其他作者。就我们目前的目的而言，更为严峻的问题是，事实上 *P* 和 *J* 各自的传统都没有以相联的形式流传下来……而这里两股流派却交织在一起，结果是我们所见的既技艺娴熟又复杂的"拼接品"。然而……这些

---

① 倪氏采用的是 E. A. Speiser 的版本，*The Anchor Bible, Genesis*, Garden City, N.Y.: Doubleday, 1964, pp.47–49。中译使用新标点和合本译文，见 http://rcuv. hkbs.org.hk/CUNP1/GEN/1/，或新加坡圣经公会出版社出版，1988年。

底本虽然被裁剪和重新排列，但它们本身并没有被改变。因此，我们不仅看到了某些重复（如 VI.13–22，VII.1–5），也看到了明显的内部矛盾，尤其是进入方舟内的各种动物的数目（如 VI.19–20，VII.14–15，VII.2–3），以及洪水泛滥的时间表（VIII.3–5，13–14，VII.4、10、12、17，VIII.6、10、12）。[①]

W. Gunther Plaut 对这些叙事有着相似的反应（*The Torah, A Modern Commentary*, New York: Union of American Hebrew Congregations, 1981, p.62），他说：

> 洪水的故事是《圣经》两种传统交汇的一个特别突出的例子。就像在《创世记》的前两章，以及在该隐和塞特后代的关系中那样，这些不同的材料有时是非常明显的。但有时候，比如这里，两种传统极其紧密地交织在一起，以至于乍一看会以为它们是一个脉络的。

---

① E. A. Speiser ed., *The Anchor Bible*, Genesis, Garden City, New York: Doubleday, 1964, p.54。

有意思的是，马丁·路德（Martin Luther，1483—1546）以一种与牛运震解释舜的重复故事相似的方式来解释洪水叙事里被重复的文段："但是，通过这些不断的重复，摩西似乎不单想让我们感知他自己本来就极其复杂的思绪，也感知挪亚的内心，他被神圣的精神所填满，由爱而生的焦灼，而且几乎被即将来临的灾难带来的情绪所征服……因此，这不是毫无目的的同义反复或重复。圣灵（上帝）并不是毫无目的地喋喋不休，而那些无知和自满的人，他们以为自己把《圣经》读过一两次就可以把它扔在一边，就好像他们已经非常熟悉，里面已经没有什么值得他们再学习了。通过这种方式，摩西就像是在读者的头脑中挥鞭子一样，好让他们不要以为上帝的话是无关痛痒的。"见 *Lectures on Genesis*, George V. Schick trans., *Luther's Works*, vol.2, St. Louis: Concordia Publishing House, 1960, p.91。

Plaut 接着重构了 J 和 P 两个传统①：

J

主看见人的罪恶，他后悔造人。主的心中忧伤。

然后主对诺亚说，"你要进入方舟，因为在这世代中，我见你在我面前是义人……凡洁净的畜类，你要带七公七母；不洁净的畜类，你要带一公一母；飞鸟也要带七公七母。我要降雨在地上四十昼夜。……"

过了那七天，洪水泛滥在地上。大雨降了四十昼夜。诺亚放出一只鸽子去，鸽子找不着落脚之地。他等了七天，鸽子叼着一片橄榄叶回来。又等了七天，放出鸽子去，就不再回来了。

诺亚离开了方舟。他筑了一座坛，拿各类洁净的牲畜、飞鸟，献在坛上为燔祭。主答应不再带来洪水泛滥。

P

神看见人的败坏，他对诺亚说，"凡有血气的人，他的尽头已经来到我面前"。

你造一只方舟。凡活物，每样两个，一公一母，飞鸟，牲畜，昆虫，你要带进方舟。

当诺亚六百岁，二月十七日那一天，大雨开始降下。大水泛滥了一百五十天。最后，水就渐消。诺亚放出一只乌鸦。那乌鸦飞来飞去，直到地上的水都干了。

当诺亚六百零一岁，二月二十七日那一天，他与家人离开了

---

①译者按，J 传统的内容大致对应和合本中称耶和华的文段，而 P 传统对应称神的部分。

方舟。神与诺亚立约，把虹放在云彩中作为立约的记号，不再用洪水灭绝地了。

司马迁关于舜的叙事与 Speiser 指出的《创世记》中的"某些重复"文段并无不同。事实上，如果对这四个描述舜与瞽叟、继母和象的关系的段落作新的分析，将它们放到更大的叙事单元中，那么就可以将它们理解为分属于四个不同叙事中：

（1）《史记》卷一21页：尧与四岳讨论继位者的问题，其中提到了舜的孝悌以及他的父母。这是一个属于尧的材料。

（2）《史记》卷一31—32页：这是一个以舜的祖先开始的家族叙事，并附有瞽叟试图杀害舜的故事。这是一个舜的谱系的材料。

（3）《史记》卷一32页：一个典型的《史记》传记篇首，以"舜，冀州之人也"开篇，并逐字将上一个材料中瞽叟试图杀舜的故事也涵盖进来了。

（4）《史记》卷一33页：表现舜的孝顺的篇幅更长的叙事。这里给出了很多瞽叟和象试图杀舜的细节。这可能是一个关于孝顺的材料，也许还有一些其他人物的例子。

因此，今本《五帝本纪》可能是一个与上述相似的文本拼凑在一起的复合文本。尽管它是《史记》的第一卷，但没有任何理由认为司马迁最先写成的是这一卷。它可能是司马迁——或其父亲司马谈——所写的草稿，但没有作最后的修改和编辑。

我们很难根据这么一点希罗多德和司马迁的对比来得出太多结论。但很明显，两个历史学家都采用了那些符合他们自身所处时代和地域的故事版本（这里我们讨论了巨吉斯和舜的故事）。希罗多德接受了吕底亚故事讲述者关于巨吉斯并非主动夺位的故事。通过一种被奥尔巴赫称为"荷马式"的方式和风格，希罗多德将这个版本塑造成一个让人印象深刻的迷你戏剧，并给出了一个历史背景，突出了叙事的连贯性，以及将一些主要的事件——如何与坎道列斯及其妻子相遇——搬到了历史舞台的中央。司马迁选择将几个关于舜的叙事编织在一起，舜在这些叙事中是一个道德模范和孝子，这些叙事也符合公元前2世纪在朝廷中有极强代表性的儒（儒家学者的先驱）的解读。在编辑他的复合文本时，司马迁为了一个更大的目的，即创造一个圣王的形象（尽管看起来有点混乱），牺牲了文本的组织、戏剧性以及人物的复杂性格（如在《孟子》中所描述的舜）。正如学者所说，我们可以将希罗多德的作品大声朗诵出来，与他同时代的观众肯定会大声叫好，但司马迁的作品则需要仔细地研究。

附 录

聚沙成塔，砥砺前行：
记倪豪士领导的《史记》全译本项目

倪豪士（William H. Nienhauser, Jr），1943年12月10日生于美国密苏里州圣路易斯市（St. Louis, Missouri）。1962年5月，进入位于加利福尼亚州蒙特雷市（Monterey, California）的陆军语言学校（Army Language School）学习中文，一年后被派往冲绳服役18个月，1965年退役。同年进入印第安纳大学（Indiana University）求学，于柳无忌教授（1907—2002）的指导下研究中国文学，取得学士、硕士及博士学位。攻读博士期间，曾于德国波恩大学（Bonn University）访学一年（1968—1969），受业于霍布理教授（Peter Olbricht，1909—2001）。自威斯康星大学麦迪逊分校（University of Wisconsin-Madison）任教之始，倪氏以博士论文"An Interpretation of the Literary and Historical Aspects of the *Hsi-ching tsa-chi*（Miscellanies of the Western Capital）"为起点①，探索中国早期历史与虚构传记。其关于唐传奇的研究可参看《传记与小说：唐代文学比较论集》和 *Tang Tales, A Guided Reader*②。在对唐代传记和传奇的研究中，他逐渐将视野转向汉代的国家性叙事，即司马谈、司马迁父子编纂的《史记》。1989年起，倪豪士开始主持《史记》译注小组，参与人员虽屡经更迭，工作仍持续至今。《史记》译注工作坊曾在美国、德国、法国等国家及中国的香港、南京、天津等城市举办。除上述国家的学者外，亦有来自英国、罗马尼亚、俄罗斯、意大利、日本等地的学者参加。如今印第安纳大学出版社与南京大学出版社已出版8册《史记》英译本，成果丰硕。

一

台湾是倪教授《史记》全译本项目的起源地。据倪氏回忆，彼时他正致力于唐传奇的研究。唐传奇上承史传文学传统，又与作为古文运动中流砥柱的韩愈、柳宗元等人息息相关。若有意深入研究唐传奇，作为秦汉史传文学高峰的《史记》是无法回避的重要文本。基于《史记》与唐传奇的种种关联，台湾大学的王秋桂教授建议他进行《史记》的英译或重新整理既有的点校本。倪氏选择了在当时看来更为可行的翻译工作，并在1989年得到台湾"文建会"14万美元的

---

① William H. Nienhauser, Jr., "An Interpretation of the Literary and Historical Aspects of the *Hsi-ching tsa-chi*（Miscellanies of the Western Capital）"（PhD diss., Indiana University, 1972）.

② 倪豪士，《传记与小说：唐代文学比较论集》（北京：中华书局，2007）；William H. Nienhauser, Jr., *Tang Tales, A Guided Reader*, 2 vols.（Singapore: World Scientific Publishing, 2010, 2016）.

研究基金①，《史记》全译工作因此顺利开展。最初的翻译小组成员包含倪豪士、郑再发、魏伯特（Robert Reynolds），以及陈照明等教授。1989年夏天，翻译小组便完成了4篇列传和1篇本纪的翻译工作。此后两年间，又陆续翻译当时尚未有英译的30篇《史记》（即第1册和第7册英译本）。倪教授坦言，小组成员在翻译工作中遇到许多困难，面对难以抉择的字句，争论可以从早晨持续到晚间，甚至延续至次日；然而今时今日回顾，所有已经越过或仍在努力越过的障碍都成为更好之译本的资粮。此刻谈起当初那段着实辛劳的开辟之日，倪氏用"有趣"为其总结。

1991年，倪豪士自台湾返回美国，《史记》的翻译工作也随之展开新的一页。时任印第安纳大学出版社主编的John Gallman，对《史记》英译本深感兴趣，在他的帮助下，倪教授带领的翻译小组与印第安纳大学出版社签订合约，陆续出版与再版至少8册《史记》英译本。2018年开始的修订工作也在印第安纳出版社的支持下顺利进行，至今已完成第1册与第7册的修订和再版，2019年亦将再版其他列传分册。

《史记》翻译小组最初不足5人，而今日之规模已堪称庞大②。同时进行翻译的各小组成员虽仅十余人，但据倪氏回忆，实际参与翻译工作的学者，包括研究生、教授和访问学者，总计已超过100人次。

---

① 据倪教授回忆，同期获得资助的还有宇文所安（Stephen Owen）的 *An Anothology of Chinese Literature: Beginnings to 1911*（New York: W. W. Norton, 1996），和马悦然（Nils Göran David Malmqvist）的 *A Selective Guide to Chinese Literature 1900-1949*（Leiden: Brill, 1989）。

② 据倪教授回忆，正是全球各地持续举办的工作坊让此项目的规模和参与人数不断扩大。最初工作坊被定名为 "Workshops on Early Chinese Historiography 早期中国史传工作坊"。实际上，该工作坊的内容几乎就是讨论和翻译《史记》。关于工作坊的举办时间与地点，请参本文附表。关于各工作坊的成果和参与人员名单，请参《史记》英译全译本前言。

其中包含笔者这般仍徘徊逡巡于学术道路发端处的入门者、正在学术一线奋斗的中青年学者，以及如倪教授这样成就卓越的汉学家。他们投身学术工作的时间或有长短之别，然皆热爱《史记》，并愿将此经典呈现予世界。

二

《史记》翻译小组的形式，起源于倪教授在研究生时期参与的诗歌阅读小组。自他在台湾与郑再发教授等人共同进行《史记》的翻译项目起始，便采用圆桌讨论的形式。为使每人都能充分参与，成员须依序逐句朗读译文，后由所有成员自由发言、讨论。每次讨论的译文由一位或数位成员负责整理，在集会前寄送给其他成员研读。此模式可追溯及1991年，现今仍为位于麦迪逊及慕尼黑的《史记》翻译小组所延续。翻译的底本为中华书局1959年出版的《史记》，同时参考2013年、2014年的两种修订本。常用的参考文献则包括：梁玉绳（1716—1792）的《史记志疑》、张文虎（1808—1885）的《校刊史记集解索隐正义札记》、泷川资言（1865—1946）的《史记会注考证》、李人鉴（1914—2004）的《太史公书校读记》、王叔岷（1914—2008）的《史记斠证》、吴树平和吕宗力等人编著的《全注全译史记》、韩兆琦的《史记笺证》等[1]。至于其他语言的译本，则包括

---

[1] 以上书目之版本分别为：梁玉绳，《史记志疑》（北京：中华书局，1981）；张文虎，《校刊史记集解索隐正义札记》（北京：中华书局，1977）；泷川资言，《史记会注考证》（东京：东方文化学院东京研究所，1934）；李人鉴，《太史公书校读记》（兰州：甘肃人民出版社，1998）；王叔岷，《史记斠证》一百三十卷（台北：史语所，1982）；吴树平、吕宗力等人编，《全注全译史记》（天津：天津古籍出版社，1995）；韩兆琦，《史记笺证》（南昌：江西人民出版社，2005）等。部分书目亦会同时使用更易获得的其他版本。

沙畹（Édouard Chavanne，1865—1918）的5册《史记》译本、2016年出版的法文全译本，以及俄文、日文与德文译本。

关于翻译理念，倪豪士教授并未明确提出一个系统性的理论，然或可以"切实可行（practical）"为其一以贯之的原则。在倪氏的《史记》翻译计划之前，《史记》的英译本并非一片空白。最出名的即华兹生（Burton Watson，1925—2017）在1961年出版、1969年和1993年修订的《史记》节译本，包含81篇译文[①]。不同于华兹生偏向意译（paraphrase）的翻译理念，倪教授试图更进一步提供字面的（literal）、逐字的（word-to-word）等贴近文本的翻译。最早由魏伯特为《史记》翻译专门编写的中英词汇表，至今仍不断更新修订。例如，根据最新版的中英词汇表，"崩"被译为 pass away（of rulers），"薨"被译为 to pass on（of nobles），"卒"被译为 to expire（also of nobility），而"死"被译为 to die（of common people and those kings/nobles Ssu-ma Ch'ien despises），其逐字翻译的主张可见一斑。此外，为与早年出版的译本保持一致，目前的译本仍采用威妥玛拼音（Wade-Giles system）。

三

倪教授《史记》英译本的读者群体，主要是西方世界的汉学研究者及爱好者。意即相较于其他英译本（如华兹生的译本），此译本更

---

①Burton Watson, *Records of the Grand Historian of China*（New York: Columbia University Press, 1961）; *Records of the Historian: Chapter from the Shih chi of Ssu-ma Ch'ien*（New York: Columbia University Press, 1969）; *Records of the Grand Historian: Han Dynasty,* 2 vols（Hong Kong, New York: Renditions-Columbia University Press, 1993）.

为学术研究所用。自1994年出版以来，倪教授主编的《史记》译本已成为英语世界相关领域的基本参考文献。由于初版翻译的不足，并为补充近年学术研究成果，目前的《史记》翻译项目实为修订与新译并行。

参与《史记》翻译工作，最大的困难为文字的校勘和语言的局限。倪教授常对组员说：批评一个翻译很容易，但提出一个更好的翻译却很难。就翻译工作而言，第二种意见或许更具价值。对于特定文本（certain text）来说，完美无缺、面面俱到的翻译其实并不存在，在语境和时代的变化下，永远可能有更好的翻译。语言的局限包含对外语的掌握，以及言不尽意等。前者尚有诸多解决路径，然对于后者，除在语言内部深掘外，似无他途。对译者而言，我所谓的语言局限，一部分是指母语者在翻译《史记》时对文本（可能的歧义或细微差异）"视而不见"。古代汉语的每一个字都可能是歧义丛生的小径，在母语的阅读体验里，这种种歧义都被母语的熟稔感包裹并消化。如对一个稍有古汉语基础的读者来说，《史记》中一个平常的"乃"字可快速念过，但翻译小组的成员则须对此字加倍谨慎。"乃"可以是therefore、only then、and等字词。经过掌握含义，到复述含义，再到尝试精准地以另一种语言复现原文本，翻译迫使读者改变阅读节奏，也使本来可以在一种语言内含糊栖身的种种歧义清晰地显现。反之，非母语者的敏锐度可以使文本中细微的字句问题更为清楚。若兼有译者和研究者的双重身份，这种对歧义和字句的敏感可能正是研究的起点。

除了于文本中愈探愈入、愈研愈出，翻译者与研究者身份的二重性也必然扩大文本研究的外延。像倪教授这样的汉学家，其自身的研究亦受到翻译工作的影响。从他早年关于《南柯太守传》等唐传奇的研究（20世纪80年代），到2018年11月在普林斯顿（Princeton）以 "A Study of the Various Uses of 'Plowing' （Geng 耕）in Early Literary Texts" 为题的演讲，翻译和学术研究相辅相成的痕迹宛然。多年以来的《史记》翻译和研究工作，使倪氏逐渐产生以《史记》文本与内容为核心、不断延展的学术兴趣。比如研究儒家经典《论语》与《春秋》时，倪氏都对其与《史记》的关系颇感兴趣。熟悉儒家经典的司马迁，在其"太史公曰"的部分，也经常引用儒家的经典。如明确指出其说出自孔子的段落，亦会以"或曰"阐释或节录儒家经典语句。明言引自孔子的篇章，或一字不漏地引用，或"断章取义"地稍加修改，甚至有的虽说是引自孔子，却无法在现存的典籍中查考其源由；"或曰"的部分，则引自其他经典，也有今无可考之文。这些细微的差别，不能单用"书法"一词概括。在翻译过程中，倪教授对此类问题与组员的探讨研究结果多以脚注形式呈现，并胪列学界权威或最新研究成果以资参考。若有特别值得注意的问题，也会附记在每篇翻译后的 "Translator's Notes（译者笔记）"。这也让每篇译稿的体量远远超过其他各种语言的《史记》译本，注释篇幅又常大于正文。于学者而言，这些汇集当代学术成果的注释本身含有极高的价值。正因如此，倪教授的《史记》全译本，不仅可以看作是一个《史记》文本的英文译本，更是以《史记》文本为核心，外延至简牍、地理、小学等各个门类的研究著作。如此，全译本的价值也就不限于翻译本身，而是深具研究价值的学术作品。

四

对于《史记》的翻译项目，也许最常被问及的问题便是何时可以完全完成。2019年8月，第11册译本 *The Grand Scribe's Records,*

Volume XI: The Memoirs of Han China, Part IV 出版①，第5册第2部分和第6册的翻译工作也将持续进行，内含"世家"部分内容。倪教授尚未有退休的打算，虽无法确定何时能完成全部的翻译修订，但将努力"继续做下去（keep going）"。《史记》翻译项目发展至今，已远非一个单纯的翻译项目可以概括，其参与者不乏学贯中西的学人，以及许多对《史记》感兴趣的跨领域研究人才。倪教授戏言未来或可整理一份曾参与此项目的人员名单，并附上相关趣事，作为这个项目的衍生品。数十年间案牍辛劳中的点点滴滴，不但引人会心一笑，其经验与成果也是中外经典译介的珍宝。

---

① William H. Nienhauser, Jr. ed., *The Grand Scribe's Records, Volume XI: The Memoirs of Han China, Part IV*（Bloomington: Indiana University, 2019）.

附表:《史记》英译项目大事记

年份	事项
1989	倪豪士曾于1982年、1985—1987年担任台大客座教授,承外文系教授王秋桂建议,开始翻译《史记》当时尚未英译的30篇,并以台湾"文建会"总计14万美元的研究基金,成立最初的《史记》翻译小组,成员为倪豪士、郑再发、吕宗力、魏伯特(Robert Reynolds)与陈照明。
1990	在印第安纳大学出版社主编 John Gallman 的支持下,与该出版社签订出版合约,拟出版9册《史记》英译全本。
1994	1月,印第安纳大学出版社出版《史记》英译本第1册和第7册:*The Grand Scribe's Records, Volume I: The Basic Annals of Pre-Han China; The Grand Scribe's Records, Volume VII: The Memoirs of Pre-Han China*。
1997	在威斯康星大学麦迪逊分校东亚系主任高德耀(Robert Joe Cutter)和院长 Philp Certain 的支持下,以 "Early Chinese History and Historiography(早期中国历史与史学史)" 为主题的第一届《史记》工作坊于1997年8月举办,邀集世界各地相关领域的学者前来麦迪逊发表论文,并参与讨论《史记》译稿(以下简称《史记》国际工作坊)。参会学者及研究生名单参看《史记》英译本第2册《致谢》(pp.ix–xi)。
1999	8月,在麦迪逊举行第2届《史记》国际工作坊。
2001	倪豪士获得亚历山大·洪堡基金(Alexander von Humboldt Foundation)的资助,于夏天前往德国埃朗根–纽伦堡大学(University of Erlangen-Nuremburg)访学,并与朗宓榭(Micheal Lackner)教授商讨合作翻译《史记》的相关事宜。在朗宓榭的介绍下,倪豪士与当时甫任教于慕尼黑大学(Ludwig-Maximilian University in Munich)的叶翰(Hans van Ess)建立了德国的《史记》翻译项目。
2002	6月,印第安纳大学出版社出版《史记》英译本第2册:*The Grand Scribe's Records, Volume II: The Basic Annals of the Han Dynasty*。8月,第3届《史记》国际工作坊在麦迪逊举办。参会学者及研究生名单参看《史记》英译本第5册《致谢》(p.ix)。

年份	事项
2003	2月，《史记》翻译工作坊首次在埃朗根举办。除朗宓榭、叶翰与倪豪士三位教授，另有明斯特大学（University of Münster）的艾默立（Emmerich）教授与会。此后，每年在德国举办《史记》翻译工作坊成为惯例，详见《史记》英译本第8册《致谢》（pp.ix–x）。
2004	9月，在麦迪逊举办第4届《史记》国际工作坊。参会学者及研究生名单参看《史记》英译本第8册《致谢》（p.x）。
2006	4月，印第安纳大学出版社出版《史记》英译本第5册第1部分：*The Grand Scribe's Records, Volume V.1: The Hereditary Houses of Pre-Han China, Part I*。
2008	8月，印第安纳大学出版社出版《史记》英译本第8册：*The Grand Scribe's Records, Volume VIII: The Memoirs of Han China, Part I*。 8月，在麦迪逊举办第5届《史记》国际工作坊。参会学者及研究生名单参看《史记》英译本第9册《致谢》（p.ix）。
2010	11月，印第安纳大学出版社出版《史记》英译本第9册：*The Grand Scribe's Records, Volume IX: The Memoirs of Han China, Part II*。
2012	10月，在麦迪逊举办第6届《史记》国际工作坊。参会学者及研究生名单参看《史记》英译本第9册《致谢》（p.x）。
2013	1月，在陈致教授的支持下，于香港浸会大学举办《史记》翻译工作坊。
2014	9月，在伦敦大学（University of London）亚非学院傅熊（Bernhard Fuerher）教授的支持下，于傅氏在法国多尔多涅河畔（Dordogne River）的乡村住宅举办《史记》翻译工作坊。
2016	6月，印第安纳大学出版社出版《史记》英译本第10册：*The Grand Scribe's Records, Volume X: The Memoirs of Han China, Part III*。 8月，首次于南京大学举行《史记》翻译工作坊。
2017	6月，于南京大学举行《史记》翻译工作坊。

年份	事项
2018	4月，与南京大学出版社签订出版合约，并于南京大学举行《史记》翻译工作坊。 6月，首次于天津南开大学举行《史记》翻译工作坊。 10月，印第安纳大学出版社和南京大学出版社共同出版《史记》英译本第1册（修订版）和第2册（再版）。 11月，于佛罗里达州萨拉索塔（Sarasota, Florida）的湾庄汉和图书馆（Elling O. Eide Center）举办《史记》翻译工作坊。参加学者及研究生名单见第11册《史记》英译本（p.x）。
2019	5月，于南京大学举办《史记》翻译工作坊。 7月，印第安纳大学出版社和南京大学出版社共同再版《史记》英译本的第4册：*The Grand Scribe's Records, Volume IX: The Memoirs of Han China, Part II*。 8月，印第安纳大学出版社和南京大学出版社共同出版《史记》英译本第11册：*The Grand Scribe's Records, Volume XI: The Memoirs of Han China, Part IV*。

◎本文由美国威斯康星大学麦迪逊分校亚洲语言与文化系博士生蔡译萱、苏哲宇撰写，经倪豪士先生审阅，发表于《史原》复刊第10期，2019年9月，391—407页。